Josef Haverkamp

Datenschutz

Grundlagen, Empfehlungen und Arbeitshilfen für Betriebs- und Personalräte

aktiv in Betriebs- und Personalrat

Josef Haverkamp

Datenschutz

Grundlagen, Empfehlungen und Arbeitshilfen für Betriebs- und Personalräte

4., umfassend überarbeitete und aktualisierte Auflage

BUND
VERLAG

Bibliografische Information der Deutschen Nationalbibliothek
Die Deutsche Nationalbibliothek verzeichnet diese Publikation in der Deutschen Nationalbibliografie; detaillierte bibliografische Daten sind im Internet über *http://dnb.d-nb.de* abrufbar.

4., umfassend überarbeitete und aktualisierte Auflage 2025

Umschlag: Bernd Adam, Weinheim
Satz: Dörlemann Satz, Lemförde
Druck: Schäfermedien, Am Heiligenstock 20, 35080 Bad Endbach

ISBN 978-3-7663-7394-6

www.bund-verlag.de

Vorwort

Die Digitalisierung und Arbeit 4.0 ist längst in den Betrieben und Behörden angekommen. Zwar noch nicht so, wie es die Bundesregierung geplant hatte, sie sind aber deutlich spürbar. Damit wachsen die Anforderungen an den Datenschutz. Die Europäische Datenschutz-Grundverordnung (DSGVO) und das Bundesdatenschutzgesetz (BDSG), sowie ihre Auslegung durch Gerichte und die europäischen und deutschen Datenschützer, machen es immer mehr zu einem wichtigen Instrument für die Rechte von Betroffenen und ihren gesetzlichen Interessenvertretungen. Die Bedenkenträger gegen den Datenschutz sind nicht wirklich weniger geworden, sie haben aber unrecht gehabt. Der Datenschutz ist besser geworden und der notwendige Mehraufwand an Arbeit ist notwendig und leistbar.

Es gilt weiterhin, dass eine grundlegende Kritik am neuen Datenschutzrecht unbegründet ist, da es personenbezogene Daten besser schützt als seine Vorgänger.

Die DSGVO regelt in allen Mitgliedsstaaten der Europäischen Union (EU) verbindlich den Umgang mit personenbezogenen Daten. Da sich in den Mitgliedsstaaten auch alle nationalen Gesetze an die Grundverordnung halten müssen, erhielten die deutschen Gesetze eine Anpassung. Zudem enthält die Verordnung Öffnungsklauseln, die es u. a. ermöglichen, den Beschäftigtendatenschutz in einem eigenen, nationalen Gesetz zu regeln. In Deutschland wurde diese Möglichkeit im neuen Bundesdatenschutzgesetz (BDSG) umgesetzt.

In der Arbeitswelt der Zukunft, der sogenannten »Industrie 4.0«, worunter nicht nur die klassische Industriearbeit, sondern auch der Dienstleistungsbereich fällt, ist »alles« miteinander vernetzt und es werden »automatisch« personenbezogene Daten erzeugt, weitergeleitet und ausgewertet. Diese Vernetzung führt dazu, dass es immer wieder Angriffe auf digitale Infrastrukturen gibt: Es wurde die größte Benzin-Pipeline in den USA angegriffen, sodass es Benzinknappheit an den Tankstellen gab. Die Funke Mediengruppe, zu der die Printtitel WAZ, NRZ, Hamburger Abendblatt oder auch Berliner Morgenpost gehören, konnte nur Notausgaben herausgeben, da Hacker sie mit einer Erpressersoftware angegriffen hatten. Ähnliche Angriffe verzeichnen Krankenhäuser, Firmen oder Verwaltungen. Nicht immer konnten die Angriffe von Kriminellen erfolgreich abgewehrt werden. Hinzu kommen noch globale Überwachungs- und Spionageversuche, wie die sogenannte NSA-Affäre, durch den amerikanischen Auslandsnachrichtendienst NSA (gemeinsam mit dem Vereinigten Königreich) oder durch die Spionage-App »Pegasus«. Weltweit arbeiten Geheimdienste mit »Pegasus«.

Es geht um Geld, Wirtschaftsspionage, Zerstörung von Infrastrukturen, um Wahlbeeinflussung, um Kriege oder darum eine Gesellschaft zu verunsichern.

Im kleineren, aber nicht unwichtigeren Maßstab, erleben dies die Menschen auch im privaten Bereich, durch Betrug bei digitalen Einkäufen oder Identitätsdiebstahl.

Die Digitalisierung schreitet in vielen Lebensbereichen beschleunigt voran und damit steigt der Zugriff auf personenbezogene Daten. Das macht den Datenschutz umso wichtiger und dies zeigt sich auch in Firmen und Behörden. Dort fallen täglich reichlich personenbezogene Daten an, die geschützt werden müssen. Daher müssen sich Betriebs- und Personalräte, Mitarbeiter- und Schwerbehindertenvertretungen intensiv mit Fragen der Überwachung an Arbeitsplätzen und dem Arbeitnehmerdatenschutz auseinandersetzen.

Einerseits ist es die Aufgabe von gesetzlichen Interessenvertretungen, darüber zu wachen, ob sich ihre Arbeitgeber an die bestehenden Gesetze halten, andererseits geht es aber auch darum, den Datenschutz im Büro und in der Arbeit der gesetzlichen Interessenvertretung einzuhalten.

Das ist nicht einfach, denn immer wieder legen Arbeitgeber die Datenschutzgesetze recht willkürlich aus oder ignorieren diese einfach. Allerdings kann dies zu hohen Strafzahlungen führen, sodass damit zu rechnen ist, dass sich die Datenschutzgesetze auf Dauer durchsetzen werden. Neben den durch die Geschäftsführungen und Dienststellenleitungen verursachten Datenschutzproblemen drohen weitere Gefahren im Datenschutz. So gibt es noch die Wirtschaftsspionage, denn die Unternehmenskonkurrenz schläft nicht. Sie interessiert sich für neue Produkte und Entwicklungen, für die Preisgestaltung bei Angeboten oder für die Strukturen in Betrieben und Behörden.

Das »Bundesamt für Sicherheit in der Informationstechnik« (BSI) stellt daher immer wieder fest, dass diese Art der Spionage das wirtschaftliche Überleben vieler Betriebe gefährdet und dass Datenschutz kein Luxus,

sondern ein Bereich ist, der höchste Aufmerksamkeit erfordert, um die Zukunft zu sichern.
In der innerbetrieblichen und innerbehördlichen Praxis zeigt sich zudem, dass selbst eine »exzellente« Zusammenarbeit mit der Firmen- oder Dienststellenleitung nur so lange funktioniert, wie es keine größeren Konflikte in Betrieb und Verwaltung gibt. Spätestens in einer harten Tarifrunde oder wenn eine Abteilung bzw. ein Standort geschlossen oder der Betrieb verlagert werden soll, geht es zur Sache; und der Arbeitgeber wüsste nur zu gerne, welche Aktionen die Interessenvertretung plant oder welche Position diese zu einer personellen Einzelmaßnahme einnimmt.
Juristisch umstritten ist, ob das Betriebsverfassungsgesetz (BetrVG), und das Bundespersonalvertretungsgesetz (BPersVG), eine Kontrolle der gesetzlichen Interessenvertretungen durch den betrieblichen oder behördlichen Datenschutzbeauftragten ermöglichen. Es spricht aber vieles dafür, dass es so ist.
So oder so sind gesetzliche Interessenvertretungen für die Umsetzung des Datenschutzes im Gremium selbst verantwortlich, und dies obwohl der Arbeitgeber bzw. die Dienststellenleitung Verantwortliche im Sinne des Datenschutzes sind. Das sind Anforderungen, auf die jedes Gremium reagieren muss. Dieses Buch bietet dazu Lösungsansätze an, die sich den Anforderungen der Praxis stellen.
Das alles lässt sich nicht nur technisch lösen – beim Datenschutz ist zudem jede:r Einzelne persönlich gefordert. Obwohl die Presse in den letzten Jahren über immer mehr Datenschutzprobleme berichtet und Datensicherheit immer wichtiger wird, ist gleichzeitig festzustellen, dass der persönliche Umgang mit Datenschutzfragen bei vielen Menschen lockerer wird. Ein Negativbeispiel ist Facebook, wo sehr viele personenbezogene Daten freiwillig preisgegeben werden. Denn obwohl der Stellenwert eines guten Datenschutzes theoretisch von vielen erkannt und gefordert wird, fühlen sich die meisten Menschen von ihrer praktischen Umsetzung überfordert. Das gilt leider auch für viele Mitglieder von gesetzlichen Interessenvertretungen. Der Datenschutz stand daher in den letzten Jahren oftmals immer noch weit hinten auf der To-do-Liste von Interessenvertretungen.
Diese Praxis hat natürlich noch weitere Gründe: So hat sich der Arbeitsdruck in den vergangenen Jahren immens erhöht, vielerorts fehlen daher Kraft und Zeit, sich dieses wichtigen Themas anzunehmen, und somit auch die Bereitschaft, sich mit oftmals sehr komplexen Inhalten auseinanderzusetzen. Zudem sind viele Interessenvertreter damit beschäftigt, überzogene Forderungen der Arbeitgeber abzuwehren.

Ein Blick in die Datenschutz- und Mitbestimmungsgesetze macht aber eindeutig klar, dass sich gesetzliche Interessenvertretungen im Datenschutz gut aufstellen müssen, wenn sie sich rechtskonform verhalten wollen.
Dieses Buch will eine kurze, aber fundierte Einführung in den Datenschutz aus der Sicht von Interessenvertretungen geben. Schwerpunkte sind dabei eine Einführung in den Datenschutz mit den wichtigsten Begriffen und Bestimmungen der DSGVO und des BDSG und die wichtigsten juristischen Aspekte so abzubilden, dass gesetzliche Interessenvertretungen erkennen können, worauf es ankommt. Hinzu kommt die konkrete Gefahrenlage in Betrieben und Verwaltungen und die praktische Umsetzung von datenschutzrelevanten Aspekten in der Praxis einer Interessenvertretung.
Besonders im Blick sind dabei die Betriebssysteme und Software von Microsoft, da sie zur Standardausstattung von Beschäftigten und den Büros der Interessenvertretungen gehören.
Bei der Nutzung eines Computers durch Beschäftigte und einer Interessenvertretung, vor allem im Netzwerk, bei mobilen Geräten (z.B. Notebooks, Tablets, USB-Sticks und Smartphones) oder bei einem Intra- und Internetanschluss, ist die Datensicherheit unter anderem gefährdet durch:

- ungenügendes technisches und juristisches Fachwissen zum Datenschutz,
- ein fehlendes Sicherheitskonzept der Interessenvertretung und seine praktische Umsetzung,
- den leichtfertigen Umgang mit personenbezogenen Daten,
- den fremden Zugriff auf personenbezogene Daten bei nicht gesicherten Computern,
- den fremden Zugriff auf personenbezogene Daten durch eine fehlende oder falsche Benutzerverwaltung,
- illegales Lesen von E-Mails und Dateien, beispielsweise durch den Systemverwalter,
- Sicherheitslücken im Betriebssystem oder in der benutzten Software,
- fehlende Verschlüsselungssoftware,
- Kontrollprogramme, die z.B. jeden Tastaturanschlag protokollieren und regelmäßig Bildschirmfotos machen,
- Hintertürprogramme, sogenannte »Trojanische Pferde«, die die vollkommene Kontrolle über fremde Rechner erlauben,
- Fernwartungstools (tool = Werkzeug), die die gleichen Funktionsmöglichkeiten wie Hintertürprogramme haben,
- Viren, die Daten zerstören können.

Selbst wenn die Computer der Interessenvertretung nicht an das Intranet oder Internet angeschlossen sind, bedeutet das nicht automatisch, dass der notwendige Datenschutz gegeben ist. Ein unverschlossenes Büro der Interessenvertretung und ein nicht durch Passwörter, Verschlüsselung oder andere Sicherheitsmaßnahmen geschützter PC ist vergleichbar mit einem unverschlossenen Auto mit steckendem Zündschlüssel, das auf der Straße parkt – ein lohnendes Objekt, selbst für Gelegenheitsdiebe.
Schon die normale Weitergabe von Dateien kann ein Datenschutzproblem sein. Denn Office-Dateien enthalten Informationen, die für den Arbeitgeber von Interesse sein können, und sie sind problemlos auszulesen.
Diese unvollständige Zusammenstellung der Risiken zeigt, wie wichtig der Datenschutz auch für eine gesetzliche Interessenvertretung ist. Und das ist keine Frage der Freiwilligkeit, denn die DSGVO und das BDSG gelten auch für die Interessenvertretung. Sie schreiben unter anderem zwingend den Schutz personenbezogener Daten vor unbefugtem Zugriff vor. Einen laxen Umgang mit Daten darf es daher auch und gerade bei einer Interessenvertretung nicht geben.
Es gibt viel zu tun, und unbestritten gibt es noch eine ganze Reihe von offenen datenschutzrechtlichen Fragen, die sich erst nach und nach klären werden. Immerhin ist nun eindeutig klar, dass die gesetzlichen Interessenvertretungen nicht »Verantwortliche« für den Datenschutz im Gremium sind, sondern der jeweilige Arbeitgeber (dazu später mehr). Allerdings sind die Gremien dazu verpflichtet, beim Datenschutz mit dem Arbeitgeber zusammenzuarbeiten. Das bedeutet in der Praxis, dass es ein umgesetztes Datenschutzkonzept für das Gremium geben muss.
Daher findet sich in diesem Ratgeber ein großes Kapitel zum Datenschutz im Büro der Interessenvertretung. Schritt für Schritt wird dargelegt, wie er umzusetzen ist: Angefangen mit der Frage welche Daten eine Interessenvertretung verarbeiten und wie lange sie gespeichert werden dürfen, über eine Bestandsaufnahme der Datenschutzpraxis im Gremium, bis hin zu einem kompletten Datenschutzkonzept und die regelmäßigen Kontrollen, ob das Datenschutzkonzept eingehalten wird.
Eine der großen offenen Fragen ist die Verschlüsselung von personenbezogenen Daten in E-Mails, da es dazu noch keine überall einsetzbare Software gibt. In diesem Buch werden aber Möglichkeiten aufgezeigt, diese Frage datenschutzkonform zu lösen.
Datenschutz ist im ständigen Wandel, so werden sich die DSGVO, das BDSG und die Auslegungen dieser Gesetze weiterentwickeln. Es wird also notwendig sein, die juristischen Entwicklungen in der Rechtsprechung genau zu beobachten und im Gremium darauf zu reagieren.

Vorwort

Das vorliegende Buch kann und soll natürlich nicht die großen Kommentare zur DSGVO, zum BDSG und anderen wichtigen datenschutzrelevanten Gesetzen ersetzen. Es möchte vielmehr dabei helfen, das Problembewusstsein für den Datenschutz zu schärfen und diesen in der Interessenvertretung zu verankern, und praxisbezogene Anregungen zur Umsetzung geben. Daher enthält das Buch viele praktisch umsetzbare Hinweise und Tipps.
Die hierzu relevante Rechtsprechung und Literatur wurden bis September 2024 berücksichtigt und eingearbeitet.

Josef Haverkamp

Inhaltsverzeichnis

Abkürzungsverzeichnis/ Quellenverzeichnis

Abs.	Absatz
ADK	Additional Decryption Key
AES	Advanced Encryption Standard
AiB	Arbeitsrecht im Betrieb (Zeitschrift)
Art.	Artikel
Aufl.	Auflage
BAG	Bundesarbeitsgericht
BBC	British Broadcasting Corporation
Bcc	Blind Carbon Copy = blinder Durchschlag
BDSG	neues Bundesdatenschutzgesetz in der Fassung ab 2018
BDSG-alt	altes Bundesdatenschutzgesetz
BeDaX	Index für Beschäftigtendatenschutz
BEM	betriebliches Eingliederungsmanagement
BetrVG	Betriebsverfassungsgesetz
BCR	Binding Corporate Rules (Verbindliche interne Datenschutzvorschriften)
BfDI	Bundesbeauftragter für den Datenschutz und die Informationsfreiheit
BIOS	Basic Input Output System
BPersVG	Bundespersonalvertretungsgesetz
BSI	Bundesamt für Sicherheit und Informationstechnik
Buchst.	Buchstabe
Cc	Carbon Copy = Durchschlag
CF	Computer Fachwissen (Zeitschrift)
CLOUD Act	Clarifying Lawful Overseas Use of Data Act
CuA	Computer und Arbeit (Zeitschrift)
DOS	Disk Operating System
DPF	Data Privacy Framework

DSB	betrieblicher oder behördlicher Datenschutzbeauftragter
DSFA	Datenschutz-Folgenabschätzung
DSGVO	Europäische Datenschutz-Grundverordnung
DSK	Datenschutzkonferenz (Konferenz der unabhängigen Datenschutzbehörden des Bundes und der Länder)
DSS	Data Storage Server (= ein Server zur Speicherung von Daten)
EDSA	Europäischer Datenschutzausschuss
EDV	Elektronische Datenverarbeitung
EFS	Encrypting File System
ENISA	Europäische Agentur für Netz- und Informationssicherheit
ErwGr	Erwägungsgrund
EU	Europäische Union
FAT	File Allocation Table
FBI	Federal Bureau of Investigation
f.	folgende
ff.	die nachfolgenden (Seiten)
FoeBuD	Verein zur Förderung des öffentlich bewegten und unbewegten Datenverkehrs e. V.
GAN	Global Area Network = Weltweites Netzwerk
GB	Gigabyte
GRCh	Grundrechtecharta EU
HinSchG	Hinweisgeberschutzgesetz
HTML	Hypertext Markup Language
ID	Identifikation/Benutzerkennung
IDC	International Data Corporation
IP	Internetprotokoll
IPSec	Internet Protocol Secure Protocol = Internetsicherheitsprotokoll
ISDN	Integrated Services Digital Network
IT	Informationstechnologie

KI	Künstliche Intelligenz
KI-VO	Künstliche Intelligenz-Verordnung
KMU	kleine und mittelständische Unternehmen
LAN	Local Area Network = Lokales Netzwerk
LPVG	Landespersonalvertretungsgesetz
MAV	Mitarbeitervertretung
Nr.	Nummer
NRW	Nordrhein-Westfalen
NSA	National Security Agency
NTFS	New Technology File System
OLE	Object Linking and Embedding = das Verknüpfen und Einbetten von Objekten
PC	Personal Computer
PGP	Pretty Good Privacy
PIN	Persönliche Identifikationsnummer
POP	Post Office Protocol
RTF	Rich Text Format
S.	Seite
SDM	Standard-Datenschutzmodell
SfD	Datenschutzspezialist der gesetzlichen Interessenvertretung (= Datenschutzspezialist des Betriebs- bzw. Personalrats)
SGB	Sozialgesetzbuch
SMS	Short Message Service
SRTP	Secure Real Time Protocol
SSD	Solid State Drive
SSL	Secure Socket Layer
StGB	Strafgesetzbuch
TOM	technische und organisatorische Maßnahmen
TSL	Transport Layer Security
USB	Universal Serial Bus = Universelle, externe Schnittstelle
usw.	und so weiter

VoIP	Voice over IP = Sprachübermittlung über das Internetprotokoll
WLAN	Wireless Local Area Network = drahtloses lokales Netzwerk
WPA	Wi-Fi Protected Access
WWW	World Wide Web
z. B.	zum Beispiel

Verzeichnis ausgewählter Literatur

Altvater, Baden, Baunack, Berg, Dierßen, Herget, Kröll, Lenders, Noll, BPersVG – Bundespersonalvertretungsgesetz. 11. Auflage, 2022

Beutelspacher, Kryptologie, Eine Einführung in die Wissenschaft vom Verschlüsseln, Verbergen und Verheimlichen, 10. Auflage, 2015

BSI, Die Lage der IT-Sicherheit in Deutschland 2022, 2023

BSI, IT-Grundschutz Kompendium Edition 2023

Däubler, Digitalisierung und Arbeitsrecht. Künstliche Intelligenz, Homeoffice, Arbeit 4.0, 8. Auflage, 2022

Däubler, Gläserne Belegschaften. Das Handbuch zum Beschäftigtendatenschutz, 9. Auflage, 2021

Däubler, Klebe, Wedde (Hrsg.), BetrVG Betriebsverfassungsgesetz. Mit Wahlordnung und EBR-Gesetz, 19. Auflage, 2024

Däubler, Wedde, Weichert, Sommer, EU-DSGVO und BDSG, 3. Auflage, 2024

Gieseke, Windows 11. Das Praxisbuch, 2022

Heiting, Windows 11. Das große Handbuch, 2023

Taeger, Gabel (Hrsg.), DSGVO – BDSG – TTDSG, 4. Auflage 2022

Schröder, Höfers, Praxishandbuch Künstliche Intelligenz, Handlungsanleitungen, Praxistipps, Prüffragen, Checklisten, 2022

Wedde (Hrsg.), Handbuch Datenschutz und Mitbestimmung, 3. Auflage, 2023

Wedde, Hinweisgeberschutzgesetz. Basiskommentar zum HinSchG, 2024

Verzeichnis der Checklisten

1. Datenschutz in Deutschland

Der gesetzliche Datenschutz hat eine rund fünfzigjährige Geschichte. Das erste formelle Datenschutzgesetz der Welt war 1970 das Hessische Datenschutzgesetz. Sieben Jahre später, also 1977 trat dann das erste Bundesdatenschutzgesetz (BDSG) in der alten Bundesrepublik in Kraft und 2018 folgte die letzte große Novellierung des BDSG.

In der DDR war es anders, denn dort gab es keinen vergleichbaren Datenschutz, da er »als Schutz des staatlichen Informationsmonopols vor den Bürgern« verstanden wurde.[1]

Unter den Stichworten Digitalisierung und Industrie 4.0 hat sich seitdem die Technik so rasant weiterentwickelt, dass das alte BDSG und erst recht das alte europäische Datenschutzrecht der aktuellen Entwicklung hinterherhinkten.

Die Politik war sich seit Jahren einig, in Europa braucht es einen einheitlichen Datenschutz. Nach rund vierjähriger europäischer Debatte ersetzte die Europäische Datenschutz-Grundverordnung (DSGVO) die alte EU-Datenschutzrichtlinie von 1975. Seit dem 25. Mai 2018 gilt in Deutschland die Datenschutz-Grundverordnung (DSVGO) und das neue BDSG.[2] Mit der DSGVO gilt in der Europäischen Union ein einheitliches Datenschutzrecht – allerdings mit einigen Öffnungsklauseln für die Mitgliedstaaten der EU, die beispielsweise das neue BDSG und die Landesdatenschutzgesetze ermöglichten.

Da eine EU-Verordnung juristisch über EU-Richtlinien steht, ist sie für alle Länder der EU, also auch für Deutschland bindend. Juristisch steht sie damit über dem Deutschen Bundesrecht.

---

1 Däubler, Wedde, Weichert, Sommer, EU-DSGVO und BDSG, 3. Aufl. 2024.

2 BDSG meint hier und im Folgenden das neue, seit 2018 gültige Bundesdatenschutzgesetz.

a. Was regelt die Europäische Datenschutz-Grundverordnung?

Das neue Datenschutzrecht regelt den Schutz von natürlichen Personen, also echten Menschen, beim Verarbeiten personenbezogener Daten und garantiert den freien Datenverkehr innerhalb der EU.
Der Datenschutz wird durch die DSGVO nicht einfacher, da diese sprachlich schwierig formuliert ist und viele Einzelfallregelungen mit zahlreichen Verweisen und unbestimmten Rechtsbegriffen enthält. Sie bringt aber auch einige gute Neuerungen mit sich, beispielsweise, dass personenbezogene Daten, die in Europa erhoben werden, nach den europäischen Datenschutzrichtlinien verarbeitet werden müssen (auch wenn dies im Ausland geschieht). Eine ganze Reihe der bisherigen Regelungen aus dem alten BSDG entsprechen denen der DSGVO. Es fehlen aber immer wieder präzise Regeln zum Beschäftigtendatenschutz. Diese können durch die nationalen Parlamente und Kollektivverträge (Tarifvertrag, Betriebs- oder Dienstvereinbarung) gestaltet werden (siehe »Kollektivverträge« im Kapitel 2. b. »Begriffe in der DSGVO und im BDSG und ihre Bedeutung«). Deutschland ist diesen Weg gegangen und hat ein neues Bundesdatenschutzgesetz und die Bundesländer entsprechende Landesdatenschutzgesetze an die Seite der DSGVO gestellt.
Die praktische Umsetzung der DSGVO ist in den letzten Jahren vorangekommen. Vieles ist nun klarer, aber noch sind viele Fragen offen und die Antworten in der juristischen Diskussion. Fest steht, dass bisherige Betriebs- und Dienstvereinbarungen auch weiterhin gelten, so sie nicht im Widerspruch zur DSGVO stehen. Sie müssen also mit Blick auf die DSGVO überprüft und gegebenenfalls überarbeitet werden.
Das große Problem beim Datenschutz in Deutschland war und ist, dass er nicht nur in der DSGVO, im BDSG und in den Landesdatenschutzgesetzen festgelegt ist, sondern auch in vielen anderen Gesetzen. Sie alle zu überblicken ist selbst für Fachleute schwierig.
In den vergangenen Jahren gab es daher immer wieder die Forderung (u. a. durch den DGB) nach einem Arbeitnehmerdatenschutzgesetz. Es sollte die datenschutzrelevanten Vorschriften bündeln und damit in einem Gesetz zusammenfassen, um die Datenschutzfragen im Zusammenhang betrachten zu können. Dazu ist es bislang leider immer noch nicht gekommen.
Durch die DSGVO ist der Datenschutz verbessert, leider aber auch noch komplexer geworden. Der »Europäische Datenschutzausschuss« (EDSA) (siehe Kapitel 7. »Aufsichtsbehörden beim Datenschutz«) legt immer wieder strittige Fragen europaweit aus. Eine ähnliche Aufgabe erfüllen in

Deutschland der Bundesbeauftragte für den Datenschutz und die Landesdatenschutzbeauftragten und, wie immer, auch die Gerichte.
Für gesetzliche Interessenvertretungen bietet die DSGVO und das BDSG jedenfalls neue Möglichkeiten den Datenschutz für die Beschäftigten zu stärken, beispielsweise durch Betriebs- und Dienstvereinbarungen, die in der DSGVO und dem BDSG unter dem Stichwort Kollektivvereinbarung verankert sind.

b. Gefährdungslage

Das »Bundesamt für Sicherheit in der Informationstechnik« (BSI) sieht Deutschland durch digitale Angriffe so gefährdet wie noch nie. Hauptursache sind nicht, wie vielleicht vermutet, prorussische Hacker-Angriffe wegen des Angriffskriegs Russlands gegen die Ukraine, sondern die Cyberkriminalität.
Ransomware, also Erpressersoftware, ist die Hauptbedrohung. Angegriffen wurden besonders kleine und mittlere Unternehmen (KMU), Kommunalverwaltungen und kommunale Betriebe. Auch Krankenhäuser wurden immer wieder zum Ziel von Cyberkriminalität.[3]
Was der Bericht des BSI »Die Lage der IT-Sicherheit in Deutschland 2023« verschweigt, ist die Gefährdungslage durch befreundete Nationen. Die Datenschutzskandale der vergangenen Jahre, die Angriffe auf digitale Infrastrukturen durch China, Nordkorea und Russland und insbesondere die globale Überwachungs- und Spionageaffäre des amerikanischen Geheimdienstes National Security Agency (NSA), zeigen, dass es mit dem Datenschutz in Deutschland nicht wirklich gutsteht. Wenn selbst die damalige Bundeskanzlerin Angela Merkel ausspioniert wird, so dürfte klar sein, dass es kaum eine Grenze bei der Spionage gibt.
Anfang Juni 2013 enthüllte der ehemalige Geheimdienstmitarbeiter Edward Snowden, wie die Vereinigten Staaten und das Vereinigte Königreich weltweit die Telekommunikation und das Internet überwachen. Und das nicht erst seit dem Terroranschlag auf die USA am 11. September 2001. Schon vor dieser Überwachung setzten die USA und andere Staaten das weltweite Spionagenetz »Echelon« ein, und spätestens 2007 das neue, viel effektivere System, das Edward Snowden aufdeckte. Angeblich dient dieses neue System dazu, so die Begründung der USA und des Vereinigten Königreiches, terroristischen Anschlägen vorzubeugen.

3 BSI, Die Lage der IT-Sicherheit in Deutschland 2023.

Es stellt sich hier die Frage, was die USA wirklich interessiert?
Sicherlich sind für die Vereinigten Staaten alle Fragen von Belang, die mit politischen Geschehnissen und Entwicklungen zusammenhängen, insbesondere die im Zusammenhang mit terroristischen Bedrohungen stehen. Andererseits interessieren sich die USA aber auch für wirtschaftliche Entscheidungen und ganz konkret für technische Entwicklungen. Die USA haben ihre Spionagetätigkeit schon immer auch als konkrete Hilfe für amerikanische Firmen verstanden, also als Wirtschaftsspionage. So verstehen auch Staaten wie Russland oder China ihre Spionage.
In Deutschland sind aber nicht nur Konzerne davon betroffen. Konkrete Angriffe gibt es selbst beim Mittelstand.

Abbildung 1: Diebstahl, Industriespionage, Sabotage durch Malware und Potenziell unerwünschte Anwendungen (PUA)

Quelle: AV-Test

Obwohl die meisten Angriffe von außen kommen, darf die Bedrohung durch Innentäter nicht unterschätzt werden, da neue Beschäftigte nur selten unter Sicherheitsgesichtspunkten überprüft werden. Im Extremfall erhalten Praktikant:innen und Beschäftigte von Drittunternehmen oftmals Zugang zu schützenswertem Know-how.
Neben den Angriffen auf Unternehmen zeigt die Sammelwut nach personenbezogenen Daten der Industrie und der Internetriesen wie Google, Facebook oder Microsoft überdeutlich den Handlungsbedarf zum Schutz personenbezogener Daten und zur Abwehr von Kontrollmöglichkeiten. Diese Situation hat sich in den letzten Jahren weiter verschärft und die Menschen werden, wie es aussieht, wohl damit leben müssen. Die weltweiten digitalen Gefährdungen der Menschen in diesem Land und des Wirtschaftsstandortes Deutschland muss die Bundesregierung daher einschätzen und entsprechend handeln.

Abbildung 2: Das Nationale IT-Lagezentrum im BSI

Quelle: Lammel Bundesfoto

Um die aktuelle Sicherheit beim Datenschutz in Deutschland zu erhöhen, betreibt das »Bundesamt für Sicherheit in der Informationstechnik« (BSI) das Nationale IT-Lagezentrum. In ihm werden ständig nationale und internationale Quellen zum Datenschutz und zu Datenschutzlücken ausgewertet. Es dient dazu, schneller auf aktuelle Bedrohungen reagieren zu

können. Daher sind die Webseiten des BSI (*www.bsi.de*) eine wichtige Informationsquelle über Gefährdungen. Zudem finden sich dort ausführliche technische und organisatorische Information zum richtigen Umgang mit der Technik rund um den Datenschutz.[4]
Die konkreten Gefährdungen des Datenschutzes und der Datensicherheit laufen auf verschiedenen Ebenen. Einerseits gibt es die gerade genannte weltweite Bedrohung durch Regierungen, anderseits durch sie oder andere (Konkurrenzfirmen, Hacker, …) durchgeführte Angriffe auf IT-Systeme.

Abbildung 3: Datenschutzlücken: Gefährdungen und Wege

Quelle: Josef Haverkamp

4 Z. B. BSI, IT-Grundschutz-Kompendium.

Das Schaubild verdeutlicht anhand weniger Schlagworte, auf welchen Ebenen Gefahren bestehen. Hier noch eine etwas erweiterte Liste:

- Schwachstellen in der IT (Hard- und Software, Bedienung)
- die Anwender im sorglosen Umgang mit Daten sowie Hard- und Software
- Social Engineering[5]
- Spam (Werbemüll)
- Schadsoftware
- Hacker
- Botnets (Bot-Netze)[6]
- Ransomware (Erpressersoftware)
- fehlerhafte Bedienung von Hard- und Software,
- unzureichendes Datenschutzwissen von Arbeitgebern und Betroffenen
- die fehlende Einhaltung von Datenschutzgesetzen durch Arbeitgeber
- unzureichend aus- und fortgebildete betriebliche und behördliche Datenschutzbeauftragte (DSB)
- veraltete und schlecht gewartete IT-Systeme
- zu wenige Datenschutzkontrollen durch die staatlichen Datenschutzbehörden.

Die unzureichenden Datenschutzkontrollen ergeben sich zwangsläufig aus der insgesamt schlechten personellen Ausstattung der Datenschutzbehörden. Wirklich gebessert hat sich seit dem Inkrafttreten von DSGVO und BDSG nur die personelle Ausstattung beim Bundesbeauftragten beim Datenschutz. Bei den Landesdatenschutzbehörden hingegen sieht es weitaus schlechter aus. Erstaunlich ist, dass im europäischen Vergleich Deutschland noch eine Spitzenstellung bei der personellen Ausstattung einnimmt.

Trotz dieser insgesamt schwierigen Lage für die Aufsichtsbehörden, zeigen die vielen, teilweise sehr hohen Strafen, für Datenschutzverstöße, dass sie eine wirkungsvolle Arbeit machen.

Seit 2018 ist das mögliche Strafmaß weitaus höher als vorher, sodass es mit diesen Strafen möglich ist auch die größten Internetkonzerne zum geforderten Datenschutz zu zwingen. Der *Art. 83 DSGVO* ermöglicht für Rechtsverstöße Bußgelder bis zu 20 Mio. Euro beziehungsweise 4 % des Jahresumsatzes eines Unternehmens, zu verhängen, wobei der jeweils

5 Der englische Begriff bedeutet »angewandte Sozialwissenschaft« oder auch »soziale Manipulation«. Konkret: Jemand versucht, durch zwischenmenschliche Beeinflussungen andere Personen bspw. dazu zu bringen, vertrauliche Informationen preiszugeben, bis hin zu Passwörtern für Computersysteme.

6 Hintertürprogramme, die Tausende von Rechnern befallen können.

höhere Wert gilt. Grundlage ist bei einer solchen Strafe der gesamte weltweite Jahresumsatz des betreffenden Unternehmens (siehe Abschnitt 2.q. »Sanktionen bei Verstößen«)! Die Wahrscheinlichkeit bei Datenverstößen auch echte Strafen zahlen zu müssen hat sich erhöht, sodass viele Firmen darauf reagiert und ihren Datenschutz merklich verbessert haben. Die Arbeit des BSI ist sinnvoll und wichtig und zeigt auch Erfolge, aber für den konkreten Datenschutz in Betrieben und Behörden ist dieses Amt nicht zuständig, auch wenn es Empfehlungen und sehr gute Handlungshilfen zum Datenschutz erarbeitet. Zuständig ist zuerst der Arbeitgeber (= Verantwortlicher) und in der praktischen Umsetzung, die von ihm bestellten betrieblichen und behördlichen Datenschutzbeauftragten (DSB). Darüber hinaus sind Betriebs- und Personalräte und die Aufsichtsbehörden (Bundes- und Landesdatenschutzbeauftragte) dazu verpflichtet, die Einhaltung bestehender Gesetze zu kontrollieren (siehe Kapitel 5. »Kontrolle des Datenschutzes durch die gesetzliche Interessenvertretung«).
In Betrieben und Behörden stellen sich ganz konkret die Fragen nach dem praktisch umzusetzenden Datenschutz. Also: Wer geht wie mit welchen personenbezogenen Daten um und wie wird der Datenschutz technisch und organisatorisch gewährleistet?

c. Gesetzliche Grundlagen des Datenschutzes in Deutschland

Die Erfahrungen mit der Zeit des Nationalsozialismus haben gezeigt, wie wichtig der Schutz personenbezogener Daten sein kann. Je mehr ein Staat über seine Bewohner erfährt, umso mehr kann er sie kontrollieren, unterdrücken und verfolgen.
Auch um dies zu verhindern, leitet sich der Datenschutz in Deutschland aus den ersten beiden Artikeln des Grundgesetzes ab:

»Die Würde des Menschen ist unantastbar. Sie zu achten und zu schützen ist die Verpflichtung aller staatlichen Gewalt.« (Artikel 1 Absatz 1 Grundgesetz)

und

»Jeder hat das Recht auf freie Entfaltung seiner Persönlichkeit, soweit er nicht die Rechte anderer verletzt und nicht gegen die verfassungsmäßige Ordnung oder das Sittengesetz verstößt.« (Artikel 2 Absatz 1 Grundgesetz)

Zu diesen großen Leitlinien des Datenschutzes kommt ein wegweisendes Urteil des Bundesverfassungsgerichtes, das sogenannte Volkszählungsurteil vom 15. Dezember 1983[7] hinzu, in dem es heißt:

»Das Grundrecht gewährleistet insoweit die Befugnis des Einzelnen, grundsätzlich selbst über die Preisgabe und Verwendung seiner persönlichen Daten zu bestimmen.«

Diese fundamentalen Aussagen zum Datenschutz finden sich auch im europäischen Recht wieder. In der *Grundrechtecharta (GRCh)* der Europäischen Union heißt es in *Artikel 7* und *Artikel 8*:

Achtung des Privat- und Familienlebens (Art. 7 GRCh)
»Jede Person hat das Recht auf Achtung ihres Privat- und Familienlebens, ihrer Wohnung sowie ihrer Kommunikation.«
Schutz personenbezogener Daten (Art. 8 GRCh)
(1) Jede Person hat das Recht auf Schutz der sie betreffenden personenbezogenen Daten.
(2) Diese Daten dürfen nur nach Treu und Glauben für festgelegte Zwecke und mit Einwilligung der betroffenen Person oder auf einer sonstigen gesetzlich geregelten legitimen Grundlage verarbeitet werden. Jede Person hat das Recht, Auskunft über die sie betreffenden erhobenen Daten zu erhalten und die Berichtigung der Daten zu erwirken.
(3) Die Einhaltung dieser Vorschriften wird von einer unabhängigen Stelle überwacht.

In der Grundrechtecharta der EU findet sich also der rechtliche Stand des Datenschutzes in Deutschland wieder.

d. Datenschutzziele

»Vorrangiges Ziel des Datenschutzes ist es, eine Gefährdung des Persönlichkeitsrechts des Einzelnen von vorneherein durch das Aufstellen von Verarbeitungsregeln für personenbezogene Daten und über die Gestaltung und den Einsatz von Informationstechnik zu verhindern.«[8]

---

7 BVerfG 15. 12. 1983 – 1 BvR 209/83 u. a. (sog. Volkszählungsurteil).
8 Bundesbeauftragte für den Datenschutz, DSGVO – BDSG. Texte und Erläuterungen, 2021, S. 10.

In dem oben genannten Volkszählungsurteil wurde erstmals das »informationelle Selbstbestimmungsrecht« als Teil des allgemeinen Persönlichkeitsrechts anerkannt und damit vom Bundesverfassungsgericht als Grundrecht gekennzeichnet.
Datenschützer müssen somit immer wieder danach fragen, ob das »informationelle Selbstbestimmungsrecht« der Betroffenen beim Datenschutz in Betrieben und Behörden gewährleistet ist.
Eine Einschränkung des »informationellen Selbstbestimmungsrechts« ist nur aufgrund eines Gesetzes zulässig. Ein solches Gesetz muss

- im überwiegenden Allgemeininteresse erforderlich sein,
- die Voraussetzungen für die Einschränkung des Grundrechts und deren Umfang für den Bürger erkennbar regeln,
- den Grundsatz der Verhältnismäßigkeit beachten.

Auch in der Europäischen Union ist das Recht auf den Schutz personenbezogener Daten Teil der für die Mitgliedsstaaten verbindlichen Gesetze, z. B. Artikel 8 der Grundrechtecharta der Europäischen Union (siehe oben).
Auf der Grundlage des »informationellen Selbstbestimmungsrechts« gilt beim Datenschutz in Europa als oberster Grundsatz die Datenvermeidung, also möglichst keine personenbezogene Daten zu nutzen, bzw. möglichst wenige personenbezogene Daten zu sammeln (Datensparsamkeit) und die Datenerhebung nur für den Zweck einzusetzen, für den diese letztlich erhoben wurden (Zweckbindung).

Abbildung 4: DSGVO

e. Anwendungsbereich und Marktortprinzip

»Diese Verordnung gilt für die ganz oder teilweise automatisierte Verarbeitung personenbezogener Daten sowie für die nichtautomatisierte Verarbeitung personenbezogener Daten, die in einem Dateisystem gespeichert sind oder gespeichert werden sollen«. (Art. 2. Abs. 1 DSGVO)

Der Gesetzestext macht deutlich, dass die DSGVO nicht nur für digitale Verarbeitung von personenbezogenen Daten gilt, sondern darüber hinaus auch da, wo beispielsweise noch klassische Akten benutzt werden, in denen die Dokumente nach festgelegten Kriterien abgelegt werden.
Konkret: Beim Datenschutz nach diesen Gesetzen geht es um die *automatisierte Verarbeitung*, also die *Erhebung*, *Verarbeitung* und *Nutzung* personenbezogener Daten, unter Einsatz von Datenverarbeitungsanlagen und darüber hinaus um jede andere, *nicht automatisierte Sammlung* personenbezogener Daten, die gleichartig aufgebaut ist, nach bestimmten Merkmalen zugänglich ist und ausgewertet werden kann.
Die Datenschutzregeln der DSGVO gelten für alle Mitgliedsstaaten der Europäischen Union. Neu und wichtig im Datenschutz ist dabei das *Marktortprinzip*. Konkret bedeutet das, dass die DSGVO nicht nur für die in der Europäischen Union niedergelassenen Unternehmen bindend ist. Sie gilt auch für außereuropäische Unternehmen, wenn sich ihr Angebot an einen nationalen Markt innerhalb der EU richtet *und/oder* wenn die Datenverarbeitung der Beobachtung des Verhaltens von Personen in der EU dient. Somit gilt die DSGVO auch für alle Unternehmen, sobald sie auf dem europäischen Markt tätig sind *(Art. 3 Abs. 2 DSGVO).*

f. Datenschutzregelungen

Datenschutz ist nicht nur für die Beschäftigten elementar wichtig, sondern auch für Betriebs- und Personalräte. Das Betriebsverfassungsgesetz (BetrVG) verpflichtet nach *§ 80 Abs. 1 Nr. 1 BetrVG* den Betriebsrat dazu, für geltende Gesetze, Verordnungen, Unfallverhütungsvorschriften, Tarifverträge und Betriebsvereinbarungen, also auch für die Einhaltung des Datenschutzrechts bei Arbeitnehmerdaten, zu sorgen.
Die Regelungen bei den Personalvertretungsgesetzen sind vergleichbar, beispielsweise beim *§ 62 Abs. 1 Nr. 2 im Bundespersonalvertretungsgesetz (BPersVG)* (siehe dazu Kapitel 5. b. »Beteiligungsrechte und andere

Rechtsvorschriften zur Sicherung des Beschäftigtendatenschutzes für Betriebs- und Personalräte«). Trotzdem gilt es hier einiges zu beachten.
Die wichtigsten Gesetze beim Datenschutz in Deutschland sind die DSGVO und das neue Bundesdatenschutzgesetz (BDSG). Sollte sich herausstellen, dass Teile des BDSG gegen eine Regelung der DSGVO verstoßen, so gilt die DSGVO, selbst dann, wenn das BDSG nicht geändert wird. Allerdings kann das kein Gremium einfach beschließen – dies muss durch ein Gericht festgestellt werden.
Die Datenschutzgesetze regeln den Datenschutz gegenüber natürlichen Personen (Mitarbeitern/Mitarbeiterinnen, Kunden, ...) für öffentliche Stellen (Bundesbehörden) und nicht-öffentliche Stellen (also insbesondere für die Privatwirtschaft, aber auch bei Institutionen oder Vereinen). Der Datenschutz bei Landes- und Kommunalbehörden wird durch die Landesdatenschutzgesetze geregelt. Die Kirchen haben ebenfalls eigene Datenschutzregeln erlassen. Sie ähneln der DSGVO und dem BDSG, präzisieren aber die Regelungen für ihren Geltungsbereich.
Um datenschutzrechtliche Regelungen und deren Wirksamkeit in Betrieben und Behörden zu überprüfen, muss eine gesetzliche Interessenvertretung daher immer in die entsprechenden Gesetze und Regelungen schauen.
Da weder in der Anordnung über den kirchlichen Datenschutz (KDO und KDSGO) der Katholischen Kirche, im Kirchengesetz über den Datenschutz der Evangelischen Kirche in Deutschland (EKD-Datenschutzgesetz – DSG-EKD), in den Landesdatenschutzgesetzen noch im Bundesdatenschutzgesetz alle in Betrieben und Verwaltungen aufkommenden Fragen im Einzelfall behandelt können, müssen zusätzlich andere Informationsquellen zu Rate gezogen werden.
Dies sind insbesondere aktuelle rechtskräftige Urteile. Besonders wichtig sind Kommentierungen zu den Datenschutzgesetzen, denn sie enthalten neben dem reinen Gesetzestext und den wichtigen Urteilen auch die Einordnung und Interpretation der Texte vor dem Hintergrund ihrer praktischen Folgen und ihrer Umsetzung in Firmen und Behörden.
Neben den gerade genannten Besonderheiten beim Kirchenrecht gibt es noch weitere Sonderregelungen: Das BDSG gilt nur eingeschränkt bei Rundfunkanstalten und es gibt eine Reihe von bereichsspezifischen Regelungen. Sie betreffen beispielsweise das Sozialgesetzbuch, das Bundesverfassungsschutzgesetz, das Bundespolizeigesetz oder das Telekommunikationsgesetz.
Nicht unter die Datenschutzgesetze fällt die Verarbeitung personenbezogener Daten ausschließlich für persönliche oder familiäre Tätigkeiten.

Abbildung 5: Datenschutz in Deutschland

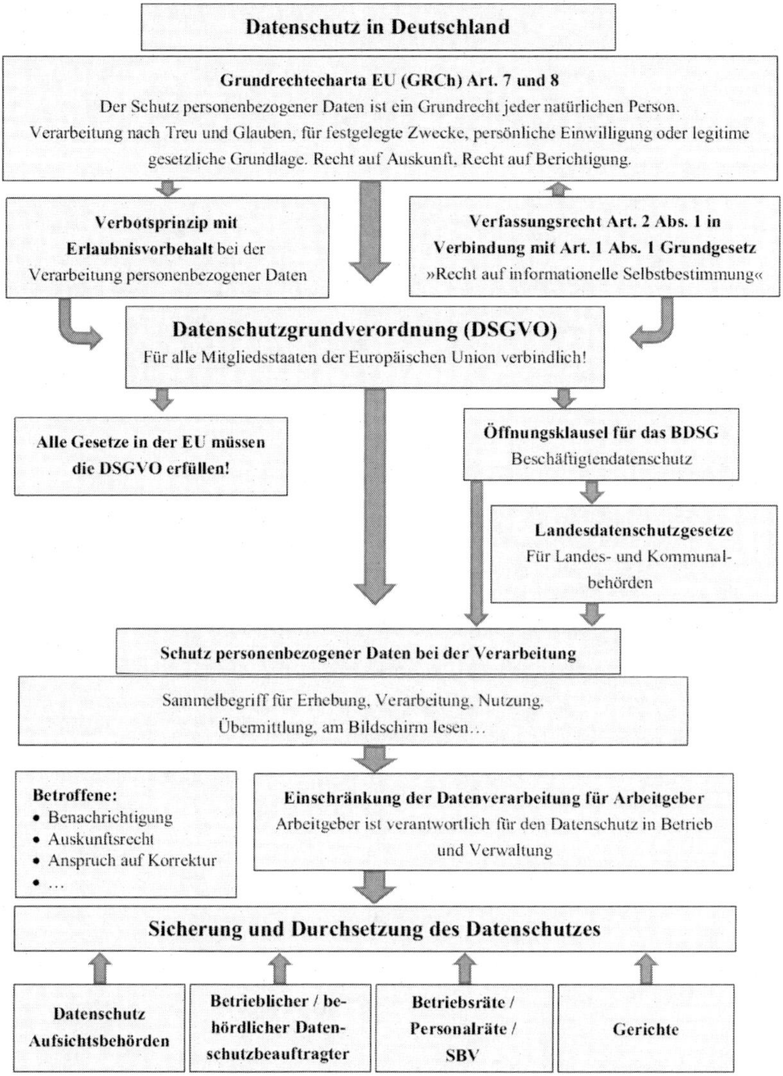

g. Datenschutz in der Bundesverwaltung

Für den Datenschutz in der Bundesverwaltung ist der »Bundesbeauftragte für den Datenschutz und die Informationsfreiheit« (BfDI) zuständig. Er hat den Leitfaden »Die DSGVO in der Bundesverwaltung« erstellt, der »einen ersten praktischen Überblick über die umzusetzenden Vorgaben« geben soll. Alle die in der Bundesverwaltung mit dem Datenschutz zu tun haben, sollten daher, neben den Gesetzestexten, auch diesen Leitfaden genau lesen.

Literatur

BfDI Die DSGVO in der Bundesverwaltung, 2020

https://www.bfdi.bund.de ist in der Infothek/Informationsmaterial/Broschüren zu finden.

h. Aufbau der DSGVO

Die DSGVO und das BDSG benutzen zur Gliederung der Gesetze unterschiedliche Begriffe:

- die DSGVO benutzt die Begriffe *Kapitel, Artikel* und *Erwägungsgründe,*
- das BDSG benutzt die Begriffe *Teile* und *Paragrafen*

An diesen Begrifflichkeiten ist dann immer auch gleich ersichtlich um welches Datenschutzgesetz es sich handelt.

Aufbau der DSGVO	
Die DSGVO besteht aus 99 Artikeln in elf Kapiteln. Vor den 99 Artikeln sind 173 Erwägungsgründe angeführt, die zur Auslegung der Artikel mit herangezogen werden müssen!	
Kapitel I. Allgemeine Bestimmungen (Artikel 1–4)	
Art. 1	Gegenstand und Ziele
Art. 2	sachlicher Anwendungsbereich
Art. 3	räumlicher Anwendungsbereich
Art. 4	Begriffsbestimmungen
Kapitel II. Grundsätze (Artikel 5–11)	
Art. 5	Grundsätze der Verarbeitung personenbezogener Daten
Art. 6	Rechtmäßigkeit der Verarbeitung personenbezogener Daten

Art. 7	Bedingungen für die Einwilligung
Art. 8	Einwilligung Kinder
Art. 9	Verarbeitung besonderer Kategorien personenbezogener Daten
Art. 10	Verarbeitung von personenbezogenen Daten über strafrechtliche Verurteilungen und Straftaten
Art. 11	Verarbeitung, für die eine Identifizierung der betroffenen Person nicht erforderlich ist
Kapitel III. Rechte der betroffenen Person (Artikel 12–23)	
Art. 12	Transparenz und Modalitäten
Art. 13	Informationspflicht bei Erhebung auf Auskunft zu personenbezogenen Daten
Art. 14	Informationspflicht, wenn die personenbezogenen Daten nicht bei der betroffenen Person erhoben wurden
Art. 15	Auskunftsrecht der betroffenen Person
Art. 16	Recht auf Berichtigung
Art. 17	Recht auf Löschung (»Recht auf Vergessenwerden«)
Art. 18	Recht auf Einschränkung der Verarbeitung
Art. 19	Mitteilungspflicht im Zusammenhang mit der Berichtigung oder Löschung personenbezogener Daten oder der Einschränkung der Verarbeitung
Art. 20	Recht auf Datenübertragbarkeit
Art. 21	Widerspruchsrecht
Art. 22	Automatisierte Entscheidungen im Einzelfall einschließlich Profiling
Art. 23	Beschränkungen
Kapitel IV. Verantwortlicher und Auftragsverarbeiter (Artikel 24–43)	
Art. 24	Verantwortung des für die Verarbeitung Verantwortlichen
Art. 25	Datenschutz durch Technikgestaltung (Privacy by Design) und durch datenschutzfreundliche Voreinstellungen (Privacy by Default)
Art. 26	Gemeinsam für die Verarbeitung Verantwortliche
Art. 27	Vertreter von nicht in der Union niedergelassenen Verantwortlichen oder Auftragsverarbeitern
Art. 28	Auftragsverarbeiter

Art. 29	Verarbeitung unter der Aufsicht des Verantwortlichen oder des Auftragsverarbeiters
Art. 30	Verzeichnis von Verarbeitungstätigkeiten
Art. 31	Zusammenarbeit mit der Aufsichtsbehörde
Art. 32	Sicherheit der Verarbeitung
Art. 33	Meldung von Verletzungen des Schutzes personenbezogener Daten an die Aufsichtsbehörde (Datenschutzpannen)
Art. 34	Benachrichtigung der von einer Verletzung des Schutzes personenbezogener Daten betroffenen Person (Datenschutzpannen)
Art. 35–36	Datenschutz-Folgenabschätzung und vorherige Konsultation
Art. 37–39	Datenschutzbeauftragter
Art. 40–41	Verhaltensregeln und deren Überwachung
Art. 42–43	Zertifizierung
Kapitel V. Übermittlungen personenbezogener Daten an Drittländer oder an internationale Organisationen (Artikel 44–50)	
Art. 44	Allgemeine Grundsätze der Datenübermittlung
Art. 45	Datenübermittlung auf der Grundlage eines Angemessenheitsbeschlusses
Art. 46	Datenübermittlung vorbehaltlich geeigneter Garantien
Art. 47	Verbindliche interne Datenschutzvorschriften
Art. 48	Nach dem Unionsrecht nicht zulässige Übermittlung oder Offenlegung
Art. 49	Ausnahmen für bestimmte Fälle
Art. 50	Internationale Zusammenarbeit zum Schutz personenbezogener Daten
Kapitel VI. Unabhängige Aufsichtsbehörden (Artikel 51–59)	
Art. 51–59	• Unabhängigkeit • Zuständigkeit, Aufgaben und Befugnisse
Kapitel VII. Zusammenarbeit und Kohärenz (Artikel 60–76)	
Art. 60–76	• Zusammenarbeit zwischen Aufsichtsbehörden • Kohärenz (gemeinsame Rechtsauslegung) • Europäischer Datenschutzausschuss
Kapitel VIII. Rechtsbehelfe, Haftung und Sanktionen (Artikel 77–84)	
Art. 77	Beschwerderecht

Art. 78–79	Recht auf wirksamen gerichtlichen Rechtsbehelf
Art. 80	Vertretung durch betroffene Personen
Art. 81	Aussetzung des Verfahrens
Art. 82	Haftung und Recht auf Schadensersatz
Art. 83	Geldbußen
Art. 84	Sanktionen
Kapitel IX. Vorschriften für besondere Verarbeitungssituationen (Artikel 85–91)	
Art. 85	Verarbeitung und Freiheit der Meinungsäußerung und Informationsfreiheit
Art. 86	Verarbeitung und Zugang der Öffentlichkeit zu amtlichen Dokumenten
Art. 87	Verarbeitung der nationalen Kennziffer
Art. 88	Datenverarbeitung im Beschäftigtenkontext
Art. 89	Verarbeitung zu im öffentlichen Interesse liegenden, wissenschaftlichen oder historischen Forschungszwecken und zu statistischen Zwecken
Art. 90	Geheimhaltungspflichten (Berufsgeheimnisse)
Art. 91	Bestehende Datenschutzvorschriften von Kirchen und religiösen Vereinigungen oder Gemeinschaften
Kapitel X. Delegierte Rechtsakte und Durchführungsrechtsakte (Artikel 92–93)	
Kapitel XI. Schlussbestimmungen (Artikel 94–99)	
Art. 94–99	• u.a. Aufhebung der Richtlinie 95/46/EG • Inkrafttreten der DSGVO

Wichtig:
In der DSGVO gibt es einige Öffnungsklauseln, die es ermöglichen Einzelaspekte des Datenschutzes in den Mitgliedsstaaten mit eigenen Gesetzen zur regeln. Dies sind beispielsweise der Beschäftigtendatenschutz in Artikel 88 DSGVO oder Artikel 85 DSGVO, das Medien- und Presserecht.

Aber: Nationalstaatliche Regelungen sind immer nur auf der Grundlage der DSGVO möglich und die Datenschutz-Grundverordnung bleibt immer das höherrangige Recht!
Für die gesetzlichen Interessenvertretungen sind nicht alle Artikel der DSGVO gleich wichtig, da sie beispielsweise Regelungen zum »Europäi-

schen Datenschutzausschuss« enthalten (die in diesem Buch nicht vorgestellt werden), und es muss immer beachtet werden, ob es im neuen BDSG spezielle Regelungen für Deutschland gibt.

Gesetzestexte DSGVO und BDSG

Die kompletten Gesetzestexte der Datenschutz-Grundverordnung (DSGVO) und des neuen Bundesdatenschutzgesetzes (BDSG) gibt es bei dem Bundesbeauftragten für den Datenschutz und die Informationsfreiheit (BfDI), *https://www.bfdi.bund.de* unter Service, Publikationen, Broschüren und dem Titel »DSGVO – BDSG. Texte und Erläuterung (Info 01)«.

Wer in diese Broschüre schaut, muss sich erst einmal zurechtfinden. Nach einem Einführungsteil, in dem kurz wichtige Aspekte der DSGVO und des BDSG erklärt werden, folgen im Anhang 1 das Inhaltsverzeichnis der DSGVO, die Erwägungsgründe (EG) zu den einzelnen Artikeln der DSGVO mit den Nummern 1 bis 178 und dann der eigentliche Gesetzestext der DSGVO mit seinen elf Kapiteln und 99 Artikeln.

Die Erwägungsgründe nacheinander zu lesen, macht keinen Sinn, da sie sich immer auf konkrete Artikel der DSGVO beziehen. Daher sollte man zuerst den Artikel zum Thema lesen und danach die Erwägungsgründe, denn sie müssen zur Auslegung der Artikel mit herangezogen werden! Nur dann wird klarer, was der Gesetzgeber sich dabei gedacht hat.

> **Wichtig:**
> In den Erwägungsgründen werden Begriffe wie »sollte« oder »müsste« benutzt. Anders als in der Umgangssprache ist damit nicht gemeint, dass man es tun oder auch lassen kann. In den Erwägungsgründen bedeutet dies immer, dass man es machen muss. Hier gibt es keine Entscheidungsfreiheit!

Doch wie findet man die passenden Erwägungsgründe?

In der Broschüre befinden sich neben den einzelnen Artikeln der DSGVO kleine, in grau gesetzte Felder in denen beispielsweise bei *Artikel 4 Begriffsbestimmungen* der *DSGVO* folgendes steht:

> EG 26–37
> § 2 BDSG

Das bedeutet: Zum *Art. 4 der DSGVO* sollten zusätzlich die Erwägungsgründe *EG 26–37* und der *§ 2 des BDSG* gelesen werden.

Im letzten Teil der Info 01-Broschüre, im Anhang 2, ist dann zusätzlich der Gesetzestext des BDSG mit seinen 86 Paragrafen abgedruckt.
So wichtig der Blick in die Gesetze ist und auch wenn sie oftmals schon gute Hinweise und Hilfen geben, allein mit den Gesetzestexten zu arbeiten ist wenig sinnvoll, da die Gesetze sich nur mit Hilfe eines Kommentars wirklich erschließen lassen.[9]

i. Aufbau des BDSG

Im BDSG sind nicht alle Paragrafen für Betriebs- und Personalräte wichtig. Auch in diesem Gesetz muss also genau darauf geachtet werden, dass die richtigen Paragrafen zu Rate gezogen werden, da man ansonsten Gefahr läuft mit falschen Gesetzestexten arbeitet (siehe Abschnitt »Wann gilt welches Gesetz? DSGVO und BDSG richtig einsetzen« und weiter unten die *§§ 45–84 BDSG*)!
Der Anwendungsbereich des BDSG erstreckt sich auf öffentliche Stellen des Bundes, öffentliche Stellen der Länder, soweit der Datenschutz nicht durch Landesdatenschutzgesetze geregelt ist und auf nicht-öffentliche Stellen, also Firmen (*§ 1 BDSG*).

Das Bundesdatenschutzgesetz (BDSG) im Überblick

Aufbau des BDSG	
Das BDSG gliedert sich in vier Teile mit 86 Paragrafen.	
Teil 1 §§ 1–21 Gemeinsame Bestimmungen	
§ 1	Anwendungsbereich des Gesetzes
§ 2	Begriffsbestimmungen
§ 3	Verarbeitung personenbezogener Daten durch öffentliche Stellen
§ 4	Videoüberwachung öffentlich zugänglicher Räume
§§ 5–7	Datenschutzbeauftragter öffentlicher Stellen
§§ 8–16	Bundesbeauftragte für den Datenschutz und die Informationsfreiheit

9 Beispielsweise Däubler,Wedde,Weichert,Sommer, EU-DSGVO und BDSG Kompaktkommentar, 3. Aufl. 2024.

§§ 17–19	Zur deutschen Vertretung im Europäischen Datenschutzausschuss
§§ 20–21	Gerichtlicher Rechtsschutz
Teil 2 §§ 22–44 Durchführungsbestimmungen	
§§ 22–25	Rechtsgrundlagen der Verarbeitung personenbezogener Daten (Verarbeitung besonderer Kategorien personenbezogener Daten, Verarbeitung zu anderen Zwecken, Datenübermittlungen durch öffentliche Stellen)
§§ 26–31	Besondere Verarbeitungssituationen
§ 26	Beschäftigungsverhältnis
§§ 27–31	Forschungs-, Archivzwecke, Verbraucherkredite, Scoring, Bonitätsprüfungen
§§ 32–37	Betroffenenrechte
§§ 38–39	Pflichten der Verantwortlichen und Auftragsverarbeiter
§ 40	Aufsichtsbehörde für nichtöffentliche Stellen
§§ 41–44	Sanktionen, Geldbußen bei Verstößen gegen die Datenschutz-Grundverordnung, Klagen
Teil 3 §§ 45–84 Umsetzung der Datenschutz-Richtlinie Polizei und Justiz	
§§ 45–84	*(dieser Teil des BDSG ist nur für die Polizei und die Justiz!)* Allgemeine Regelungen zur Datenverarbeitung Betroffenenrechte, Pflichten der Verantwortlichen. Übermittlung an Drittstaaten …
Teil 4 § 85 Besondere Bestimmungen für Verarbeitungen	
§ 85	Besondere Bestimmungen für Datenverarbeitungen, die nicht unter die EU-Rechtsakte fallen
§ 86	Verarbeitung personenbezogener Daten für Zwecke staatlicher Auszeichnungen und Ehrungen

Hier gilt, wie bei der DSGVO, dass es nicht sinnvoll ist, allein mit den Gesetzestexten zu arbeiten, da die Gesetze sich nur mithilfe eines Kommentars wirklich erschließen lassen.[10]

10 Däubler/Wedde/Weichert/Sommer, EU-DSGVO und BDSG Kompaktkommentar, 3. Aufl. 2024.Die kompletten Gesetzestexte der DSGVO und des neuen BDSG gibt es kostenlos beim BfDI unter *https://www.bfdi.bund.de* und Service/Publikationen/Broschüren und dem Titel »DSGVO – BDSG. Texte und Erläuterung (Info 01)«.

j. Wann gilt welches Gesetz? DSGVO und BDSG richtig einsetzen!

Zuerst muss in der DSGVO geprüft werden, was dort für die Verarbeitung personenbezogener Daten vorgeschrieben ist. Gibt es dort einen Regelungsspielraum, so ist zu prüfen, ob es ein bereichsspezifisches Datenschutzrecht gibt.[11] Wenn es ein bereichsspezifisches Datenschutzrecht nicht geben sollte oder die bereichsspezifischen Vorschriften nicht abschießend sind, gilt ergänzend das BDSG.
Die bereichsspezifischen Regelungen stehen in der rechtlichen Wirkung über dem BDSG, aber nicht über der DSGVO. Der Bundesbeauftragte für den Datenschutz und die Informationsfreiheit (BfDI) nennt als Beispiel:

»Eine gesetzliche Krankenkasse kann Sozialdaten nur nach der DSGVO und ergänzend den speziellen Vorschriften des SGB V und ggf. des SGB X übermitteln. Ein Rückgriff aus das BDSG ist hingegen ausgeschlossen.«[12]

Die beiden Gesetze greifen also ineinander, da das BDSG im Rechtsrahmen der DSGVO immer wieder Konkretisierungen für den Datenschutz in Deutschland macht. Das BDSG betrifft sowohl öffentliche Stellen des Bundes, wie auch nicht-öffentliche Stellen (Firmen …). Für die öffentlichen Stellen der Länder gelten die jeweiligen Landesdatenschutzgesetze. Hier einen Überblick zu behalten ist nicht so einfach und braucht wohl etwas Gewöhnung.
Wie das DSGVO und BDSG ineinandergreifen, wird aber vielleicht durch eine vergleichende Gegenüberstellung deutlicher (siehe nachfolgende Tabelle: Zuordnung von Paragrafen des BDSG zu den Artikeln der DSGVO und den Erwägungsgründen«).

11 Z. B. Medien also die Landesmedien- und Landesdatenschutzgesetze, Bücher des Sozialgesetzbuchs, BSI-Gesetz, Abgabenordnung.
12 DSGVO – BDSG. Texte und Erläuterung (Info 01), S. 13.

Tabelle: Zuordnung von Paragrafen des BDSG zu den Artikeln der DSGVO und den Erwägungsgründen

DSGVO	Erwägungsgründe	BDSG
Artikel 2 Sachlicher Anwendungsbereich	EG 14–21, 27	§ 1 Anwendungsbereich des Gesetzes
Artikel 4 Begriffsbestimmungen	EG 26–37	§ 2 Begriffsbestimmungen
Artikel 5 Grundsätze für die Verarbeitung personenbezogener Daten	EG 38, 39	§ 26 Abs. 5 Geeignete Maßnahmen des Verantwortlichen zur sicheren Verarbeitung personenbezogener Daten
Artikel 6 Rechtmäßigkeit der Verarbeitung	EG 40–50	§ 3 BDSG Verarbeitung personenbezogener Daten durch öffentliche Stellen § 4 BDSG Videoüberwachung öffentlich zugänglicher Räume § 23 BDSG Verarbeitung zu anderen Zwecken durch öffentliche Stellen § 24 BDSG Verarbeitung zu anderen Zwecken durch nichtöffentliche Stellen § 25 BDSG Datenübermittlungen durch öffentliche Stellen § 26 BDSG Datenverarbeitung für Zwecke des Beschäftigungsverhältnisses

DSGVO	Erwägungsgründe	BDSG
Artikel 9 Verarbeitung besonderer Kategorien personenbezogener Daten	EG 51–56	§ 22 BDSG Verarbeitung besonderer Kategorien personenbezogener Daten § 24 BDSG Verarbeitung zu anderen Zwecken durch nichtöffentliche Stellen § 26 Abs. 3 BDSG Datenverarbeitung zum Zwecke des Beschäftigungsverhältnisses § 27 BDSG Datenverarbeitung zu wissenschaftlichen oder historischen Forschungszwecken und zu statistischen Zwecken § 28 BDSG Datenverarbeitung zu im öffentlichen Interesse liegenden Archivzwecken
Artikel 13 Informationspflicht bei Erhebung von personenbezogenen Daten bei der betroffenen Person	EG 60–62	§ 32 BDSG Informationspflicht bei Erhebung von personenbezogenen Daten bei der betroffenen Person § 29 BDSG Rechte der betroffenen Person und aufsichtsbehördliche Befugnisse im Fall von Geheimhaltungspflichten
Artikel 14 Informationspflicht, wenn die personenbezogenen Daten nicht bei der betroffenen Person erhoben wurden	EG 60–62	§ 33 BDSG Informationspflicht, wenn die personenbezogenen Daten nicht bei der betroffenen Person erhoben wurden § 29 BDSG Rechte der betroffenen Person und aufsichtsbehördliche Befugnisse im Fall von Geheimhaltungspflichten

DSGVO	Erwägungsgründe	BDSG
Artikel 15 Auskunftsrecht der betroffenen Person	EG 63, 64	§ 34 BDSG Auskunftsrecht der betroffenen Person § 29 BDSG Rechte der betroffenen Person und aufsichtsbehördliche Befugnisse im Fall von Geheimhaltungspflichten
Artikel 17 Recht auf Löschung (»Recht auf Vergessenwerden«)	EG 65, 66	§ 35 Recht auf Löschung
Artikel 18 Recht auf Einschränkung der Verarbeitung	EG 67	§ 35 Recht auf Löschung
Artikel 21 Widerspruchsrecht	EG 69, 70	§ 36 Widerspruchsrecht
Artikel 22 Automatisierte Entscheidungen im Einzelfall einschließlich Profiling	EG 71, 72	§ 31 BDSG Schutz des Wirtschaftsverkehrs bei Scoring und Bonitätsauskünften § 37 BDSG Automatisierte Entscheidungen im Einzelfall einschließlich Profiling
Artikel 34 Benachrichtigung der von einer Verletzung des Schutzes personenbezogener Daten betroffenen Person	EG 85–88	§ 29 Rechte der betroffenen Person und aufsichtsbehördliche Befugnisse im Fall von Geheimhaltungspflichten
Artikel 37 Benennung eines Datenschutzbeauftragten	EG 97	§ 5 Benennung § 38 Datenschutzbeauftragte nicht-öffentlicher Stellen
Artikel 38 Stellung des Datenschutzbeauftragten	EG 97	§ 6 Stellung
Artikel 39 Aufgaben des Datenschutzbeauftragten	EG 97	§ 7 Aufgaben

DSGVO	Erwägungsgründe	BDSG
Artikel 43 Zertifizierungsstellen	EG 100	§ 39 Akkreditierung
Artikel 58 Befugnisse (Aufsichtsbehörde)	EG 129	§ 21 Antrag der Aufsichtsbehörde auf gerichtliche Entscheidung bei angenommener Rechtswidrigkeit eines Beschlusses der Europäischen Kommission § 40 Aufsichtsbehörden der Länder
Artikel 78 Recht auf wirksamen gerichtlichen Rechtsbehelf gegen eine Aufsichtsbehörde	EG 143	§ 29 Gerichtlicher Rechtsschutz
Artikel 79 Recht auf wirksamen gerichtlichen Rechtsbehelf gegen Verantwortliche oder Auftragsverarbeiter	EG 145	§ 44 Klagen gegen den Verantwortlichen oder Auftragsverarbeiter
Artikel 83 Allgemeine Bedingungen für die Verhängung von Geldbußen	EG 148, 150, 151	§ 41 Anwendung der Vorschriften über das Bußgeld- und Strafverfahren § 43 Bußgeldvorschriften
Artikel 84 Sanktionen	EG 149, 152	§ 42 Strafvorschriften
Artikel 88 Datenverarbeitung im Beschäftigungskontext	EG 155	§ 26 Datenverarbeitung für Zwecke des Beschäftigungsverhältnisses
Artikel 90 Geheimhaltungspflichten	EG 164	§ 89 Rechte der betroffenen Person und aufsichtsbehördliche Befugnisse im Fall von Geheimhaltungspflichten

> **Hinweis:**
> In diese Tabelle sind nur die Artikel und Paragrafen der DSGVO und des BDSG aufgenommen worden, die die Arbeitswelt betreffen. Die hier nicht aufgelisteten Artikel der DSGVO sind natürlich ebenfalls geltendes Recht. Sie haben aber keine Ergänzung durch das BDSG erfahren.

Bei den Individualrechten hat der deutsche Gesetzgeber mit dem BDSG leider fast durchweg Einschränkungen gegenüber der DSGVO vorgesehen, z. B. das Recht auf Berichtigung oder Löschung steht in der DSGVO, die möglichen Einschränkungen im BDSG.

2. Datenschutzgesetze konkret

Um als gesetzliche Interessenvertretung mit den Datenschutzgesetzen arbeiten zu können, ist es notwendig zuerst einmal die inhaltlichen Voraussetzungen zu kennen und zumindest eine grobe Orientierung der Anforderungen und Rechte zu haben. Dazu werden in diesem Kapitel die Grundlagen gelegt.

Nach dem Abschnitt der *Grundsätze beim Datenschutz nach der DSGVO*, werden wichtige *Begriffe der Datenschutzgesetze* mit Inhalten gefüllt. Danach folgen Abschnitte zu besonders wichtigen Aspekten des Datenschutzes, wie die *Datenschutz-Folgenabschätzung, Auftragsverarbeitung, Datenübermittlung ins Ausland, technische und organisatorische Maßnahmen, Datenschutzpannen und die Rechte der Betroffenen.*

Zur leichteren Orientierung stehen am Ende eines Abschnitts immer die **Rechtsgrundlagen** zu dem gerade behandelten Stichwort mit den entsprechenden Artikeln (Art.) der DSGVO, den Erwägungsgründen (EG), und den Paragrafen (§) des BDSG.

a. Grundsätze beim Datenschutz nach der DSGVO

Die DSGVO legt in ***Artikel 5* »Grundsätze für die Verarbeitung personenbezogener Daten**« Regeln fest, an denen sich der Datenschutz verbindlich orientieren muss!

Mit dem *Artikel 5* ist es für ein Gremium sehr schnell möglich zu prüfen, ob die Verarbeitung von personenbezogenen Daten rechtmäßig ist (siehe Grafik).

Grundlegend geht es bei der Frage der Rechtmäßigkeit immer um Datenvermeidung, Datensparsamkeit und darum, dass die Daten nur für den Zweck, für den sie erhoben wurden, benutzt werden dürfen. In Artikel 5 finden sich aber noch mehr entscheidende Punkte für die Praxis.

Zum besseren Verständnis des Artikel 5 ist es notwendig, den dazugehörigen Erwägungsgrund 39 zu lesen.
Hierbei unbedingt bedenken, dass die in den Erwägungsgründen benutzten Begriffe wie »sollte« oder »müsste« nicht bedeuten, dass man selber entscheiden kann, ob man es macht oder nicht. In den Erwägungsgründen bedeuten diese Begriffe immer, dass man es machen muss. Hier gibt es keine Entscheidungsfreiheit!

Rechtmäßigkeit, Verarbeitung nach Treu und Glauben, Transparenz

Nach *Art. 5 Abs. 1 Buchst. a der DSGVO* müssen personenbezogene Daten …

- auf »*rechtmäßige Weise*« verarbeitet werden. Konkret bedeutet das, dass zumindest eine der in *Art. 6 Abs. 1 DSGVO* genannten Rechtsgrundlagen vorliegt (z. B. gesetzliche Regelung, Einwilligung der betroffenen Person (siehe Abschnitt »Alles, was nicht ausdrücklich erlaubt ist, ist verboten«).
- nach »*Treu und Glauben*« verarbeitet werden. In der englischen Fassung der DSGVO steht der Begriff »fairly«, also Fairness. Gemeint ist damit, dass die Verarbeitung vorhersehbar sein muss, also Betroffene nicht mit »Fallen« rechnen müssen. Dazu gehört dann auch, dass Verarbeiter der personenbezogenen Daten davon ausgehen, dass sie rechtmäßig die Daten so verarbeiten, wie es nach dem Gesetz erlaubt ist. Haben sie selbst Zweifel daran, so ist eine Verarbeitung verboten.
- »*in einer für die betroffene Person nachvollziehbaren Weise*« (Transparenz) verarbeitet werden. Es muss also klar sein, warum, in welchem Umfang Daten verarbeitet werden, wer sie erhält und welche Risiken dadurch entstehen. Dadurch hat der Verantwortliche weitgehende Informationspflichten (*Art. 13 und 14 DSGVO)* (siehe Kapitel 3. »Rechte der Betroffenen«). Der Inhalt der Informationen und die Art und Weise der Daten müssen präzise, leicht zugänglich und verständlich, sowie in klarer und einfacher Sprache gegeben werden (siehe auch *Art. 12 DSGVO*).

Rechtsgrundlage:
Art. 5 Abs. 1 DSGVO

Zweckbindung

Personenbezogene Daten dürfen nicht nach Gutdünken erhoben und verarbeitet werden. Die DSGVO hat dafür Regeln erstellt. Sie dürfen nur …

»für festgelegte, eindeutige und legitime Zwecke erhoben werden und dürfen nicht in einer mit diesen Zwecken nicht zu vereinbarenden Weise weiterverarbeitet werden; eine Weiterverarbeitung für im öffentlichen Interesse liegende Archivzwecke, für wissenschaftliche oder historische Forschungszwecke oder für statistische Zwecke gilt gemäß Artikel 89 Absatz 1 nicht als unvereinbar mit den ursprünglichen Zwecken (‚Zweckbindung')« (Art. 5 Abs. 1 Buchst. b DSGVO)

Der Zweck muss also nach dem Wortlaut des Gesetzes
- festgelegt,
- eindeutig und
- legitim sein.

Der Verantwortliche muss schon bei der Datenerhebung genau festlegen, für welchen Zweck er die Daten verarbeiten will und sicherstellen, dass der Zweck gesetzlich auch erlaubt ist.

Rechtsgrundlage:
Art. 5 Abs. 1 Buchst. b DSGVO

Datenminimierung (Datensparsamkeit)

Personenbezogene Daten müssen nach den Grundsätzen der DSGVO …

»dem Zweck angemessen und erheblich sowie auf das für den Zweck der Verarbeitung notwendige Maß beschränkt sein (Datenminimierung)« (Art. 5 Abs. 1 Buchst. c) DSGVO)

Damit sagt das Gesetz, dass es keine wilden Datensammlungen unter dem Motto »Mal schauen, was wir irgendwann mal mit den Daten anfangen können« geben darf und die Verarbeitung, also jeglicher Umgang mit personenbezogenen Daten, auf das absolut Notwendige beschränkt sein muss.

Rechtsgrundlage:
Art. 5 Abs. 1 Buchst. c DSGVO

Richtigkeit

Unter dem Grundsatz der *Richtigkeit* versteht die DSGVO, dass die personenbezogenen Daten sachlich richtig und, wenn notwendig, auf dem neuesten Stand sind. Sollte das nicht der Fall sein, müssen sie »unverzüglich gelöscht oder berichtigt werden«.

Rechtsgrundlage:
Art. 5 Abs. 1 Buchst. d DSGVO

Speicherbegrenzung

Personenbezogene Daten dürfen nur so lange gespeichert bleiben, wie es zur Erfüllung der Zwecke, für die sie gespeichert wurden, notwendig ist. Dazu müssen sie mit einer Speicherfrist versehen werden und sind nach Ablauf der Frist zu vernichten. Eine Anonymisierung[13] der Daten erlaubt es die Daten weiter zu verarbeiten (siehe weiter unten im Abschnitt »Pseudonymisierung«).

Rechtsgrundlage:
Art. 5 Abs. 1 Buchst. e DSGVO

Integrität und Vertraulichkeit

Um die personenbezogenen Daten wirklich zu schützen, ist eine funktionierende Datensicherheit von entscheidender Bedeutung. Diese wird durch geeignete technische und organisatorische Maßnahmen (sogenannte TOM, siehe Kapitel 2. n. »Sicherung der Verarbeitung. Technische und organisatorische Maßnahmen (TOM)«) erreicht, die der Verantwortliche oder sein Auftragsverarbeiter zu treffen haben. Dabei geht es sowohl darum, den Verlust von Daten zu verhindern, sie bei Verlust schnell wieder herstellen zu können, als auch die Daten vor unbefugter oder unrechtmäßiger Verarbeitung zu schützen.
Der Begriff *Integrität* steht für die Vollständigkeit und Unverfälschtheit der Daten, der Begriff *Vertraulichkeit* beinhaltet, dass nur berechtigte Stellen oder Personen die Daten verarbeiten dürfen.
Das anzuwendende Sicherheitslevel ist vom *Sicherheitsrisiko* abhängig und muss dem Risiko angemessen sein. Zu berücksichtigen sind dabei:

- der Stand der Technik,
- die Implementierungskosten,

---

13 Wenn personenbezogene Daten so verändert werden, dass die vorliegenden Informationen nicht mehr oder nur mit einem unverhältnismäßig großen Aufwand an Zeit, Kosten und Arbeitskraft einer Person zugeordnet werden können, spricht man von Anonymisierung.

- die Art, Umstände und der Zweck der Datenverarbeitung,
- die unterschiedliche Eintrittswahrscheinlichkeit und
- die Schwere des Risikos für die persönlichen Rechte und Freiheiten.

Mögliche Wege die Sicherheit zu erhöhen, sind eine Pseudonymisierung oder Verschlüsselung der Daten.

Rechtsgrundlagen:
Art. 5 Abs. 1 Buchst. f, Art. 32 DSGVO

Rechenschaftspflicht

Die Arbeitgeber beklagen den Punkt der Rechenschaftspflicht nach *Art. 5 Abs. 2 DSGVO*, der sie dazu verpflichtet, die in *Art. 5 Abs. 1 DSGVO* genannten Grundsätze des Datenschutzes einzuhalten **und** schriftlich zu dokumentieren (siehe Kapitel 2. j. »Verzeichnis der Verarbeitungstätigkeiten«)! Diese Dokumentationspflicht wird aber zu Unrecht kritisiert, denn dadurch, dass der Verantwortliche den Nachweis über die rechtmäßige Verarbeitung personenbezogener Daten führen muss, wird es möglich, die Einhaltung des Datenschutzes in Betrieb und Verwaltung durch die Aufsichtsbehörden und durch die gesetzliche Interessenvertretung zu kontrollieren. Mit der folgenden Grafik lässt sich in der Arbeitspraxis des Datenschutzes sehr schnell prüfen, ob die Verarbeitung von personenbezogenen Daten rechtmäßig erfolgt!

Abbildung 6: Grundsätze für die Verarbeitung von personenbezogenen Daten

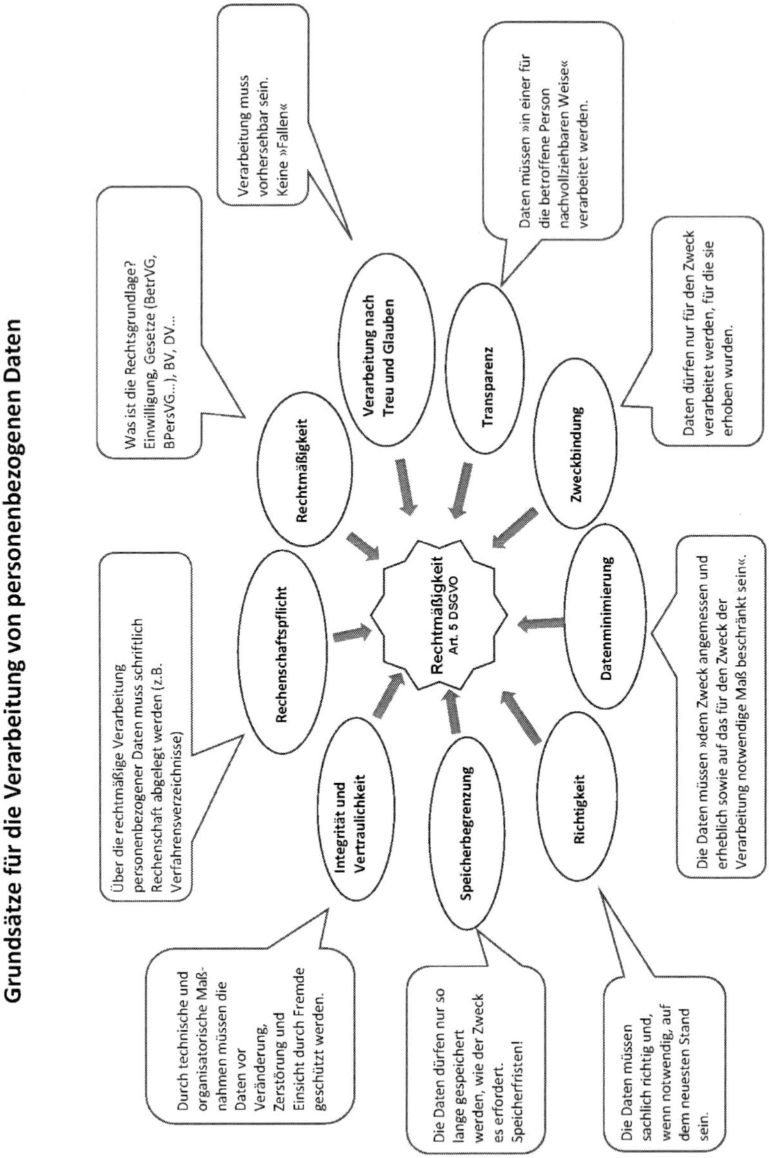

Quelle: Josef Haverkamp

Rechtsgrundlage:
Art. 5 Abs. 2 DSGVO

Rechtsgrundlagen rund um den Art. 5 DSGVO:
Art. 5 DSGVO, EG 38, 39, § 26 Abs. 5 BDSG

b. Begriffe in der DSGVO und im BDSG und ihre Bedeutung

Auf den gerade beschriebenen Grundsätzen des Datenschutzes in der DSGVO fußen die Begriffe in der DSGVO und im BDSG, die eine gesetzliche Interessenvertretung erst einmal mit Inhalten füllen können muss, damit sie mit ihnen arbeiten kann. Im Folgenden werden daher wichtige Begriffe und Regelungen in den beiden Datenschutzgesetzen in aller Kürze vorgestellt. Sie sind nicht vollständig und werden auch nicht in der notwendigen Tiefe bearbeitet, um sie als Interessenvertretung vollständig einschätzen und nutzen zu können. Das kann nur eine weitaus umfangreichere Kommentierung oder ein einer Kommentierung vergleichbares Buch leisten. Dieser Ratgeber hingegen bietet einen juristischen Einstieg in das Thema und in den nachfolgenden Kapiteln eine konkrete und praxisorientierte Auseinandersetzung mit Blick auf die technischen und organisatorischen Fragen einer gesetzlichen Interessenvertretung beim Datenschutz.
Hier sind einige zentrale Begriffe des Datenschutzes genannt, um die es bei der Verarbeitung personenbezogener Daten in der DSGVO und im BDSG geht. Sie werden in den nachfolgenden Abschnitten des Buches immer wieder auftauchen und dann mit konkreten Inhalten beim Beschäftigtendatenschutz gefüllt.

Was sind personenbezogene Daten?

»… ‚personenbezogene Daten‘ (sind) alle Informationen, die sich auf eine identifizierte oder identifizierbare natürliche Person (im Folgenden ›betroffene Person‹) beziehen; als identifizierbar wird eine natürliche Person angesehen, die direkt oder indirekt, insbesondere mittels Zuordnung zu einer Kennung wie einem Namen, zu einer Kennnummer, zu Standortdaten … identifiziert werden kann …« (Art. 4 Abs. 1 DSGVO).

Es geht in den Gesetzen also um Daten *zu einzelnen Menschen*, die über die gesammelten Einzelinformationen konkret zu benennen, also zuzuordnen sind. Solche Einzelangaben müssen nicht unbedingt den Namen enthalten, denn auch über die Anschrift, das Alter, das Vermögen, Überzeugungen, eine Online-Kennung und Äußerungen etc. lässt sich erschließen, um welche Person es sich konkret handelt.

Rechtsgrundlage:
Art. 4 Abs. 1 DSGVO

Verarbeitung

Zentraler Begriff beim Umgang mit personenbezogenen Daten ist die *Verarbeitung*. Das Verarbeiten von Daten ist ein Sammelbegriff für Einzelaspekte des Umgangs mit den gesammelten Daten, also das Speichern, Verändern, Übermitteln, Sperren, Löschen und Nutzen von personenbezogenen Daten. Gemeint ist damit beispielsweise schon der Abruf auf einem Bildschirm. Genau betrachtet also jeglicher Umgang mit personenbezogenen Daten.
Daher finden sich in der DSGVO und im BDSG eine Reihe von Artikeln und Paragrafen, die die Rechtmäßigkeit der Verarbeitung regeln und zahlreiche Ausnahmen zulassen. Eine andere Nutzung ist allerdings nur unter **bestimmten Bedingungen** erlaubt. Hier nur die wichtigsten Stichworte zu den Ausnahmen:

- wenn der Betroffene eingewilligt hat,
- wenn es notwendig ist zur Erfüllung eines Vertrages,
- wenn es notwendig ist zur Erfüllung einer rechtlichen Verpflichtung,
- wenn eine Rechtsvorschrift (z. B. Gesetz, Rechtsverordnung) dies vorsieht oder zwingend voraussetzt,
- um lebenswichtige Interessen einer Person zu schützen,
- wenn die Verarbeitung für die Wahrnehmung einer Aufgabe erforderlich ist, die im öffentlichen Interesse liegt oder in Ausübung öffentlicher Gewalt erfolgt,
- wenn die Verarbeitung zur Wahrung der berechtigten Interessen des Verantwortlichen oder eines Dritten erforderlich ist, sofern nicht die Interessen oder Grundrechte und Grundfreiheiten der betroffenen Person, die den Schutz personenbezogener Daten erfordern, überwiegen.

Rechtsgrundlagen:
Art. 4 Nr. 11 DSGVO, Art. 6 DSGVO, EG 40–50, §§ 3, 4, 22–25 BDSG, Art. 7 DSGVO

Verarbeitung zu einem anderen Zweck

Sollen Daten zu einem anderen Zweck verarbeitet werden, als zu dem sie erhoben wurden, müssen die Voraussetzungen aus *Art. 6 Abs. 4 DSGVO* »*Rechtmäßigkeit der Verarbeitung*« erfüllt sein. Da es auch im BDSG einige Paragrafen zur Verarbeitung zu einem anderen Zweck gibt, bitte unbedingt in der Tabelle »Zuordnung von Paragrafen des BDSG zu den Artikeln der DSGVO« den *Art. 6 DSGVO* und die dazugehörigen *§§ 3, 4, 22 BDSG* anschauen.
Wie gerade schon erwähnt, gilt also grundsätzlich beim Datenschutz in Europa und damit auch in Deutschland, dass personenbezogene Daten nur zu den Zwecken verarbeitet werden dürfen, für die sie erhoben bzw. gespeichert worden sind. Juristisch ist das der sogenannte *Zweckbindungsgrundsatz*. Die Öffnungsklauseln dürfen aber nie außer Acht gelassen werden und es wird immer wieder notwendig sein, sie sich mit Hilfe einer Kommentierung genau anzuschauen, um Begehrlichkeiten des Arbeitgebers begegnen zu können.
Hinweis: *Art. 6 Abs. 4 DSGVO* kann bei einer Weiterverarbeitung von pseudonymisierten bzw. verschlüsselten Daten für Big-Data-Anwendungen von Bedeutung sein.

Rechtsgrundlagen:
Art. 6 DSGVO, EG 40–50, §§ 3, 4, 22 BDSG

Einschränkung der Verarbeitung

Im alten BDSG gab es den Begriff des *Sperrens* von Daten. Die *Einschränkung der Verarbeitung* in der DSGVO entspricht der alten Begrifflichkeit des Sperrens. Liegt beispielsweise ein Widerspruch gegen eine Datennutzung vor, so müssen die Daten gesperrt oder die Datenverarbeitung muss zumindest eingeschränkt werden. Auch Daten zur Datensicherung müssen für andere Verarbeitungen gesperrt werden (*Art. 6 DSGVO*).
Abhängig vom jeweiligen Fall wird die Datenverarbeitung für bestimmte Zwecke oder auf bestimmte Nutzer eingeschränkt.
Die dazu notwendigen technischen und organisatorischen Maßnahmen (TOM) müssen eine Verarbeitung zu anderen Zwecken ausschließen!

Rechtsgrundlagen:
Art. 6 DSGVO, EG 40–50, §§ 22–28 BDSG, Art. 9 DSGVO, EG 51–56, §§ 22, 27, 28 BDSG, Art. 10 DSGVO, Art. 11 DSGVO, EG 51, 64, § 4 BDSG

Dritter

Ein weiterer wichtiger Begriff im Datenschutz ist die Bezeichnung *Dritter*. Gemeint ist damit jede Person oder Stelle außerhalb des Verantwortlichen, des Betroffenen und desjenigen, der im Auftrag für die verantwortliche Stelle personenbezogene Daten verarbeitet. Dritte dürfen nur dann auf die personenbezogenen Daten zugreifen, wenn dies durch ein Gesetz geregelt ist oder wenn Betroffene der Nutzung zugestimmt haben.

> **Wichtig:**
> Es gibt beim Datenschutz kein Konzernprivileg. Gemeint ist damit der Durchgriff des Konzerns bis zu den einzelnen Beschäftigten in den Konzerntöchtern. Eine rechtlich eigenständige betriebliche Einheit (z. B. eine GmbH) eines Konzerns ist Dritter im Sinne der DSGVO und bleibt damit die für den Datenschutz verantwortliche Stelle (siehe Kapitel 2. e. »Beschäftigtendaten«). Der Konzern hat nicht das Recht, automatisch auf die personenbezogenen Daten, die die eigenständige betriebliche Einheit gespeichert hat, zuzugreifen.

Rechtsgrundlage:
Art. 4 Nr. 10 DSGVO

Kollektivvereinbarungen

Erstmals werden in Datenschutzgesetzen, hier in der DSGVO und dem BDSG, Kollektivvereinbarungen als legitime Voraussetzung für die Verarbeitung von personenbezogenen Daten genannt. Nach der *DSGVO* (*Art. 88 Abs. 1*) und dem neuen BDSG (*§ 26 Abs. 1 und 4*) sind Kollektivvereinbarungen wie Tarifverträge, Betriebs- oder Dienstvereinbarungen möglich, um personenbezogene Daten von Beschäftigten für die Zwecke des Beschäftigungsverhältnisses zu verarbeiten (siehe Kapitel 2. e. »Beschäftigtendaten« und Kapitel 4. Beschäftigtendatenschutz – die Präzisierung durch den § 26 BDSG). Es müssen dabei immer die Persönlichkeitsrechte der Beschäftigten geschützt werden und natürlich können die Vorgaben der DSGVO und des BDSG damit nicht aufgehoben oder aufgeweicht werden.

Rechtsgrundlagen:
Art. 88 Abs. 1 DSGVO, EG 155, § 26 Abs. 1 BDSG (siehe unbedingt 4. Beschäftigtendatenschutz – die Präzisierung durch den § 26 BDSG)

Empfänger: Wer bekommt Daten?

Sogenannte *Empfänger* sind natürliche oder juristische Personen, Behörden, Einrichtungen oder andere Stellen, die personenbezogene Daten erhalten. Das können auch Dritte sein. Nicht gemeint sind damit Behörden, die per Gesetz dazu verpflichtet sind, wie z. B. Steuer- und Finanzbehörden. Für diese sogenannten Empfänger muss es immer eine Rechtsgrundlage geben (dazu später mehr).

Rechtsgrundlage:
Art. 4 Nr. 9 DSGVO

Bewertung durch Profiling

Beim *Profiling* geht es um die Bewertung der persönlichen Aspekte einer Person. Gemeint ist damit *»jede Art der automatisierten Verarbeitung personenbezogener Daten, die darin besteht, dass diese personenbezogenen Daten verwendet werden, um bestimmte persönliche Aspekte, die sich auf eine natürliche Person beziehen, zu bewerten« (Art. 4 Nr. 4 DSGVO)*.
Zu diesen persönlichen Aspekten gehören Arbeitsleistung, wirtschaftliche Lage, Gesundheit, persönliche Vorlieben, Interessen, Zuverlässigkeit, Verhalten, Aufenthaltsort oder Ortswechsel. Mit ihr können Menschen analysiert und ihr Verhalten vorhergesagt werden.
Der Aspekt des Profiling wird im Datenschutz immer wichtiger, da durch die Auswertung von Big Data, also ungeheuren Datenmengen, immer genauere Profile jedes einzelnen Menschen möglich werden.

Rechtsgrundlage:
Art. 4 Nr. 4 DSGVO

Pseudonymisierung

Für den Arbeitgeber und auch für jede Interessenvertretung sind die Anonymisierung und Pseudonymisierung von personenbezogenen Daten besonders zu beachten. Wie unterscheiden sich die Begriffe?
Beim *Anonymisieren* werden personenbezogene Daten so verändert, dass die Einzelangaben über persönliche oder sachliche Verhältnisse nicht

mehr oder nur mit einem unverhältnismäßig großen Aufwand an Zeit, Kosten und Arbeitskraft einer Person zugeordnet werden können.
Pseudonymisieren ist das Ersetzen des Namens und anderer Identifikationsmerkmale durch ein Kennzeichen, sodass Betroffene nicht herauszufinden sind oder dies zumindest wesentlich erschwert ist. Allerdings lässt sich das Pseudonymisieren auch wieder rückgängig machen.
Eingesetzt werden diese Verfahren beispielsweise bei der Planung, der Organisationskontrolle, der Qualitätssicherung, bei Protokolldaten oder für die Forschung, wenn es nicht darum geht über einzelne Menschen etwas auszusagen, sondern darum aussagekräftige Daten zu haben, die eine Weiterarbeit ermöglichen.
Im Art. 4 Nr. 5 der DSGVO wird der Begriff der *Pseudonymisierung* definiert, nicht so der Begriff *Anonymisieren*, wie das noch im alten BDSG der Fall war. Gleichwohl können und sollten beide Verfahren in der Praxis eingesetzt werden.

Rechtsgrundlagen:
Art. 4 Nr. 5 DSGVO, Art. 6 Abs. 4 Buchst. e DSGVO, § 22 Abs. 2 Nr. 5 BDSG, Art. 25 Abs. 1 DSGVO, Art. 32 Abs. 1 Buchst. a DSGVO, Art. 40 Abs. 2 Buchst. d DSGVO, Art. 89 Abs. 1 DSGVO, EG 26, 28, 29, 75, 78, 85, 156

Begriffe im BDSG

Die Begriffe der DSGVO gelten auch im BDSG, allerdings gibt es dort noch fünf weitere Begriffe, die hier nur aufgezählt werden, da ihre Bedeutung sich leicht mit einem Blick in das BDSG erschließt:

1. öffentliche Stellen des Bundes,
2. öffentliche Stellen der Länder,
3. Vereinigungen des privaten Rechts von öffentlichen Stellen des Bundes und der Länder, die Aufgaben der öffentlichen Verwaltung wahrnehmen,
4. nichtöffentliche Stellen, soweit sie hoheitliche Aufgaben der öffentlichen Verwaltung wahrnehmen und
5. öffentliche Stellen des Bundes und der Länder, die als öffentlich-rechtliche Unternehmen am Wettbewerb teilnehmen (oder bei Ländern Bundesrecht ausführen und der Datenschutz nicht durch Landesgesetz geregelt ist).

Die Auflistung der Begriffe der DSGVO und des BDSG ist hier nicht vollständig. Weitere Begriffe werden in diesem Buch dann erklärt, wenn sie im Zusammenhang mit einem Themenbereich relevant werden.

Rechtsgrundlage:
§ 2 BDSG

c. Alles, was nicht ausdrücklich erlaubt ist, ist verboten

Welche Daten dürfen nun benutzt werden? Die Verarbeitung personenbezogener Daten unterliegt dem sogenannten Verbot mit *Erlaubnisvorbehalt*. Konkret bedeutet das, dass die Verarbeitung personenbezogener Daten nur dann erlaubt ist, wenn sie durch eine Rechtsvorschrift ausdrücklich erlaubt oder angeordnet ist *oder* der Betroffene dazu seine Einwilligung gegeben hat.

Eine Einwilligung ist nur dann rechtsgültig, wenn

- sie tatsächlich freiwillig war,
- sie schriftlich erfolgt ist (»soweit nicht wegen besonderer Umstände eine andere Form angemessen ist«),
- der Betroffene über die Tragweite der Einwilligung aufgeklärt wurde,
- der Betroffene über die Folgen einer Nichteinwilligung aufgeklärt wurde (soweit dies erforderlich ist oder die betroffene Person dies verlangt).

Rechtsgrundlagen:
Art. 4 Nr. 11 DSGVO,
Art. 6 DSGVO, EG 40–50, §§ 3, 4, 22–25 BDSG, Art. 7 DSGVO, EG 42, 43, 181, Art. 9 DSGVO, EG 51–56, §§ 22, 27, 28 BDSG

d. Verantwortlicher, gemeinsam Verantwortliche

Was im Datenschutz in Betrieben oder Verwaltungen geschieht, hat der Arbeitgeber zu verantworten, er ist somit der Verantwortliche und muss die Einhaltung nachweisen können (sogenannte Rechenschaftspflicht *Art. 5 Abs. 2 DSGVO*).

Der Verantwortliche kann die personenbezogenen Daten auch als Auftrag verarbeiten lassen (z. B. externe Lohnbuchhaltung). Diese sogenannten Auftragsverarbeiter müssen neben dem Verantwortlichen alle Datenschutzgesetze einhalten. Sie sind damit gleichzeitig aber auch ein Verantwortlicher im Sinne des *Art. 24 DSGVO*. Für den Datenschutz in Betrieb und Behörden ist die Verantwortlichkeit in der DSGVO klar geregelt. *Art. 4 Nr. 7 DSGVO* legt fest, dass

»‚Verantwortlicher' die natürliche oder juristische Person, Behörde, Einrichtung oder andere Stelle, die allein oder gemeinsam mit anderen über die Zwecke und Mittel der Verarbeitung von personenbezogenen Daten entscheidet« …

Die Aufgaben des Verantwortlichen sind im *Art. 24 der DSGVO* präzisiert: Er ist für die Einhaltung der DSGVO zuständig und auch für Meldungen an die Aufsichtsbehörde.
Der Begriff des *gemeinsam Verantwortlichen* war für die bisherige Datenschutzpraxis in Deutschland unwichtig, wird zukünftig aber eine wichtige Rolle spielen.
Im *Art. 26 der DSGVO* sind die Aufgaben und Pflichten von gemeinsam Verantwortlichen festgelegt.
Eine gemeinsame Verantwortlichkeit ist gegeben, wenn zwei oder mehr Verantwortliche die Zwecke der Datenverarbeitung und die Mittel zur Verarbeitung festlegen. Dazu müssen sie in einer transparenten Vereinbarung Regelungen treffen, wer welche Verpflichtung erfüllt. Dies gilt insbesondere für die Rechte der betroffenen Personen und die Informationspflichten gegenüber den betroffenen Personen.

Rechtsgrundlagen:
Art. 4 Nr. 7 DSGVO, Art. 24 DSGVO, EG 74–77, Art. 26 DSGVO, EG 79

e. Beschäftigtendaten

Darf der Arbeitgeber personenbezogene Daten über seine Beschäftigten sammeln?

Ja, aber das ist an Bedingungen geknüpft, die auch für Bewerberinnen und Bewerber gelten. Als Grundsatz gilt, der Arbeitgeber muss sich auf das »Erforderliche« beschränken, also ein »berechtigtes, billigenswertes und schutzwürdiges Interesse« (vgl. BAG[14]) haben (ausführliche Informa-

14 Grundlegend BAG 5.12.1957 – 1 AZR 594/56 – AP Nr. 2 zu § 123 BGB; weiter BAG 20.2.1986 – 2 AZR 244/85 – NZA 1986, S. 739; BAG 22.10.1986 – 5 AZR 660/85 – NZA 1987, 415 = DB 1987, S. 1049.

tionen stehen im Kapitel 4. »Beschäftigtendatenschutz – die Präzisierung durch den § 26 BDSG«).

Rechtsgrundlagen:
Art. 6 DSGVO, EG 40–50 und §§ 22–26 BDSG, § 26 Abs. 1 BDSG

f. Kategorien personenbezogener Daten, betroffene Personen und Empfänger

Im Datenschutzrecht, insbesondere bei den Verfahrensverzeichnissen, geht es immer wieder darum, bestimmte Eigenschaften einer Gruppe zuzuordnen, also in Kategorien zusammenzufassen, damit nicht jeder Einzelfall benannt werden muss.
Zur **Kategorie der personenbezogenen Daten** fallen *alle* Informationen durch die Betroffene direkt oder indirekt identifizierbar sind: Name, Kennnummer, Standortdaten, Telefonnummer, Kreditkarten- oder Personalnummern, Kontodaten, Kfz-Kennzeichen, IP-Adresse, Anschrift oder körperliche Merkmale, etc.
Zur **Kategorie der Beschäftigten** gehören Mitarbeiter-Stammdaten mit Adressdaten, Geburtsdatum, Bankverbindung, Steuermerkmale, Lohngruppe, Arbeitszeit, bisherige Tätigkeitsbereiche, Qualifikationen …, Bewerbungen mit Kontaktdaten, Qualifikationsdaten, Tätigkeiten …, Arbeitszeugnisse mit Adressdaten, Leistungsdaten, Beurteilungsdaten … Abmahnungen mit Adressdaten, Arbeitsverhalten, Leistungsdaten …, Betriebsarztuntersuchungen mit Adressdaten, Gesundheitsdaten …, Videoüberwachung an Arbeitsplätzen etc.
Zur **Kategorie der Empfänger** gehören diejenigen, gegenüber denen die personenbezogenen Daten offengelegt worden sind oder noch offengelegt werden, einschließlich Empfänger in Drittländern oder internationalen Organisationen. Zum Beispiel bei Lohn- und Gehaltsabrechnungen: Banken, Sozialversicherungsträger, Finanzämter, unternehmensinterne andere Datenempfänger (z. B. Betriebsarzt, Personalrat), Gläubiger bei Lohn-/Gehaltspfändungen, Träger der Betriebsrente, Auftragsverarbeiter, Muttergesellschaft.

g. Besondere Kategorien personenbezogener Daten

Die *besonderen Kategorien personenbezogener Daten* unterliegen immer dem besonderen Schutz der DSGVO und des BDSG.
Handelt es sich bei den Beschäftigtendaten um »besondere Kategorien personenbezogener Daten«, so gibt es eindeutige Grenzen.
Die Verarbeitung von personenbezogenen Daten ist verboten, wenn aus ihnen,

- die rassische oder ethnische Herkunft
- politische Meinungen
- religiöse oder weltanschauliche Überzeugungen oder
- die Gewerkschaftszugehörigkeit

herauszulesen ist, oder wenn es sich um

- genetische Daten,
- biometrische Daten zur eindeutigen Identifizierung einer natürlichen Person,
- Gesundheitsdaten und
- Daten zum Sexualleben oder zur sexuellen Orientierung handelt.

Allerdings gibt es in besonderen Fällen Ausnahmen, die in *Art. 9 Abs. 2 DSGVO* und im *§ 22 BDSG* geregelt sind.
Diese besonderen Kategorien von personenbezogenen Daten sind nicht nur für den Arbeitergeber, sondern auch für gesetzliche Interessenvertretungen von besonderer Bedeutung. (siehe das Kapitel 11. »Datenschutz in der Schwerbehindertenvertretung (SBV) und Kapitel 12 »Datenschutz im BEM«)

Rechtsgrundlagen:
Art. 4 Nr. 13 DSGVO, EG 34, Art. 4 Nr. 14 DSGVO, EG 51, Art. 4 Nr. 15 DSGVO, EG 35, Art. 9 DSGVO
Art. 9 Abs. 1 DSGVO, EG 51–56
§ 22 BDSG

Literatur

DSK Kurzpapier Nr. 17 Besondere Kategorien personenbezogener Daten *https://www.datenschutzkonferenz-online.de/kurzpapiere.html*

h. Speicherdauer

Erhebt ein Verantwortlicher personenbezogene Daten, so muss er gleich die Speicherdauer festlegen und in einem Verfahrensverzeichnis dokumentieren und Betroffenen die Speicherdauer mitteilen. Ist dies nicht möglich, so müssen die Gründe hierfür benannt werden. Nimmt ein Betroffener sein Auskunftsrecht wahr, so müssen ihm diese Informationen übermittelt werden.

Rechtsgrundlagen:
Art. 13 Abs. 2 Buchst. a), Art. 14 Abs. 2 Buchst. a), Art. 15 Abs. 1 Buchst. d) DSGVO

i. Auftragsverarbeitung

Der Verantwortliche eines Betriebs oder einer Behörde muss nicht unbedingt im eigenen Haus die anfallenden personenbezogenen Daten verarbeiten. Er kann die Verarbeitung auch nach außerhalb vergeben. Dann kommt es zu einer Auftragsverarbeitung (*Art. 28 DSGVO*). Das kann eine fremde Firma sein, aber beispielsweise auch die Konzernmutter.
Eine Konzernverarbeitung ist aber nur unter bestimmten Bedingungen möglich, und zwar dann, wenn Konzernarbeitsverträge existieren oder es eine Betriebsvereinbarung für die Datenverarbeitung im Konzern gibt. Es gibt aber *kein* Konzernprivileg, denn eine rechtlich eigenständige Einheit (z. B. eine GmbH) eines Konzerns ist Dritter (siehe Kapitel 2. b. »Begriffe in der DSGVO und im BDSG und ihre Bedeutung. Stichwort ›Dritte‹«) im Sinne der DSGVO. Sie ist als rechtlich eigenständige Einheit für den Datenschutz selbst verantwortlich.
Grundsätzlich bleibt der Auftraggeber einer Auftragsverarbeitung der Verantwortliche für den Datenschutz. Dadurch entstehen ihm Pflichten.
Er muss das Unternehmen für die Auftragsdatenverarbeitung sorgfältig auswählen, und dabei insbesondere auf die Eignung der getroffenen technischen und die organisatorischen Maßnahmen des Unternehmens achten und darauf, *»dass die Verarbeitung im Einklang mit den Anforderungen dieser Verordnung erfolgt und den Schutz der Rechte der betroffenen Person gewährleistet.«* (*Art. 28 Abs. 1 DSGVO*).
Dann muss er einen schriftlichen Auftrag vergeben, in dem mindestens folgende Punkte geregelt sind:

1. der Gegenstand und die Dauer des Auftrags,

2. der Umfang, die Art und der Zweck der vorgesehenen Erhebung, Verarbeitung oder Nutzung von Daten, die Art der Daten und der Kreis der Betroffenen,
3. die zu treffenden technischen und organisatorischen Maßnahmen (*Art. 32 DSGVO: Sicherheit der Verarbeitung*)
4. die Berichtigung, Löschung und Sperrung von Daten,
5. die bestehenden Pflichten des Auftragnehmers, insbesondere die von ihm vorzunehmenden Kontrollen,
6. die etwaige Berechtigung zur Begründung von Unterauftragsverhältnissen,
7. die Kontrollrechte des Auftraggebers und die entsprechenden Duldungs- und Mitwirkungspflichten des Auftragnehmers,
8. mitzuteilende Verstöße des Auftragnehmers oder der bei ihm beschäftigten Personen gegen Vorschriften zum Schutz personenbezogener Daten oder gegen die im Auftrag getroffenen Festlegungen,
9. der Umfang der Weisungsbefugnisse, die sich der Auftraggeber gegenüber dem Auftragnehmer vorbehält,
10. die Übermittlung aller erforderlichen Informationen zum Nachweis der Einhaltung der in *Art. 28 DSGVO* niedergelegten Pflichten,
11. die Rückgabe überlassener Datenträger und die Löschung gespeicherter Daten beim Auftragnehmer nach Beendigung des Auftrags.

Der Auftrag zur Datenverarbeitung kann bei öffentlichen Stellen auch durch die Fachaufsichtsbehörde erteilt werden. Da der Auftragnehmer die Daten nur im Rahmen der Weisungen des Auftraggebers verarbeiten darf, muss sich der Auftraggeber vor Beginn der Datenverarbeitung und danach regelmäßig von der Einhaltung der beim Auftragnehmer getroffenen technischen und organisatorischen Maßnahmen überzeugen. Das Ergebnis muss dokumentiert werden.
Wurde ein Auftragsverarbeitungsvertrag abgeschlossen, so ist das beauftragte Unternehmen ebenfalls für den Datenschutz verantwortlich. Man spricht dann von gemeinsam Verantwortlichen.

Rechtsgrundlage:
Art. 28 DSGVO, EG 81

j. Verzeichnis der Verarbeitungstätigkeiten

Um den ordnungsgemäßen Umgang mit personenbezogenen Daten nachweisen zu können, ist der Verantwortliche für die Verarbeitung personenbezogener Daten nach *Art. 30 Abs. 1 DSGVO* verpflichtet, ein »Verzeichnis aller Verarbeitungstätigkeiten« zu führen, das folgende Angaben enthalten *muss*:

a) *den Namen und die Kontaktdaten des Verantwortlichen und gegebenenfalls des gemeinsam mit ihm Verantwortlichen, des Vertreters des Verantwortlichen sowie eines etwaigen Datenschutzbeauftragten;*

b) *die Zwecke der Verarbeitung;* (z. B. Personalaktenführung/Stammdaten, Lohn-, Gehalts- und Bezügeabrechnungen, Arbeitszeiterfassung, Urlaubsdatei, Nutzungsprotokollierungen IT/Internet/E-Mail, Bewerbungsverfahren, Telefondatenerfassung, Firmenparkplatzverwaltung … (Für jede Verarbeitung müssen vorher die Zwecke festgelegt werden).

c) *Beschreibung der Kategorien betroffener Personen und der Kategorien personenbezogener Daten;*
Beispiel »Kategorie Beschäftigte«: Mitarbeiter-Stammdaten mit Adressdaten, Geburtsdatum, Bankverbindung, Steuermerkmale, Lohngruppe, Arbeitszeit, bisherige Tätigkeitsbereiche, Qualifikationen etc., Bewerbungen mit Kontaktdaten, Qualifikationsdaten, Tätigkeiten …, Arbeitszeugnisse mit Adressdaten, Leistungsdaten, Beurteilungsdaten …, Abmahnungen mit Adressdaten, Arbeitsverhalten, Leistungsdaten …, Betriebsarztuntersuchungen mit Adressdaten, Gesundheitsdaten …, Stundenplan als Einsatzplan für Lehrkräfte, Videoüberwachung an Arbeitsplätzen etc.
Beispiel »Kategorie Kundendaten«: Kunden-Kontaktdaten mit Adressdaten, Ansprechpartnern …, Kundengruppe/-interesse, Umsatzdaten bisher, Bonitätsdaten, Zahlungsdaten etc.

d) *die Kategorien von Empfängern, gegenüber denen die personenbezogenen Daten offengelegt worden sind oder noch offengelegt werden, einschließlich Empfänger in Drittländern oder internationalen Organisationen;*
Beispiel Lohn- und Gehaltsabrechnung: Banken, Sozialversicherungsträger, Finanzämter, unternehmensinterne andere Datenempfänger (z. B. Betriebsarzt, Personalrat), Gläubiger bei Lohn-/Gehaltspfändungen, Träger der Betriebsrente, Auftragsverarbeiter, Muttergesellschaft.

e) *gegebenenfalls Übermittlungen von personenbezogenen Daten an ein Drittland oder an eine internationale Organisation … sowie bei den in Art. 49 Abs. 1 Unterabs. 2 genannten Datenübermittlungen die Dokumentierung geeigneter Garantien;*

f) *wenn möglich, die vorgesehenen Fristen für die Löschung der verschiedenen Datenkategorien;*

z. B. die geltenden handels- und steuerrechtlichen Aufbewahrungspflichten für Personaldaten, Kundendaten ..., geltende Aufbewahrungs- und Löschfristen für Prüfungsunterlagen ..., gesetzlich vorgesehene Löschungsfristen (z. B. § 14 Bundesmeldegesetz), vom Verantwortlichen festgelegte Überprüfungs-/Löschungsfristen.
Ein allgemeiner Verweis auf Aufbewahrungspflichten reicht nicht.

g) *wenn möglich, eine allgemeine Beschreibung der technischen und organisatorischen Maßnahmen gemäß Art. 32 Abs. 1 DSGVO.*

Nach *Art. 30 Abs. 2 DSGVO* ist auch jeder Auftragsverarbeiter dazu verpflichtet, ein »*Verzeichnis zu allen Kategorien von im Auftrag eines Verantwortlichen durchgeführten Tätigkeiten der Verarbeitung*« zu führen, die folgendes enthält:

a) *den Namen und die Kontaktdaten des Auftragsverarbeiters oder der Auftragsverarbeiter und jedes Verantwortlichen, in dessen Auftrag der Auftragsverarbeiter tätig ist, sowie gegebenenfalls des Vertreters des Verantwortlichen oder des Auftragsverarbeiters und eines etwaigen Datenschutzbeauftragten;*
b) *die Kategorien von Verarbeitungen, die im Auftrag jedes Verantwortlichen durchgeführt werden;*
c) *gegebenenfalls Übermittlungen von personenbezogenen Daten an ein Drittland oder an eine internationale Organisation ... sowie bei den in Art. 49 Abs. 1 Unterabs. 2 genannten Datenübermittlungen die Dokumentierung geeigneter Garantien;*
d) *wenn möglich, eine allgemeine Beschreibung der technischen und organisatorischen Maßnahmen gemäß Art. 32 Abs. 1.*

   Für die Datenschutzkonferenz (DSK) bedeutet die Formulierung »wenn möglich« nicht, dass es der Freiwilligkeit unterliegt, sondern dass es nach *Art. 32 Abs. 1 DSGVO* der Regelfall sein muss.

   In diesem Zusammenhang müssen zwei weitere Artikel der DSGVO beachtet werden:

   - Der Verantwortliche muss für die Einhaltung der Grundsätze bei der Verarbeitung personenbezogener Daten sorgen und deren Einhaltung dokumentieren (Rechenschaftspflicht), *Art. 5 Abs. 2 DSGVO.*
   - Der Verantwortliche muss die Sicherheit der Verarbeitung gewährleisten, *Art. 32 Abs. 1 Buchst. d DSGVO* und die Wirksamkeit der ergriffenen Maßnahmen regelmäßig überprüfen, *Art. 32 Abs. 1 Buchst. d DSGVO.*

   Daraus ergibt sich die logische Konsequenz, dass der Verantwortliche alle technischen und organisatorischen Maßnahmen beschreiben muss – sinnvollerweise in einem Sicherheitskonzept.

Beide Verzeichnisse müssen schriftlich geführt werden und können auch als digitale Datei erstellt werden. Diese Verzeichnisse, also Verfahrensverzeichnis und Sicherheitskonzept, müssen auf Anfrage der Aufsichtsbehörde zur Verfügung gestellt werden.
Unvollständige oder fehlende Verzeichnisse oder das Nichtvorlegen nach Aufforderung durch die Aufsichtsbehörde können mit einer Geldbuße belegt werden (*Art. 83 DSGVO*).
Leider haben Kunden oder Beschäftigte nicht das Recht, diese Verzeichnisse einzusehen. Sie haben allerdings das Recht kostenfrei zu erfahren, welche personenbezogenen Daten zu welchem Zweck über sie gespeichert werden und was mit diesen Daten geschieht. Gesetzliche Interessenvertretungen haben mit der Einsicht in das Verzeichnis der Verarbeitungstätigkeiten eine Möglichkeit, die Einhaltung der Datenschutzgesetze zu kontrollieren.

Der Betriebsrat hat folgende Aufgaben:
1. darüber zu wachen, dass die zugunsten der Arbeitnehmer geltenden Gesetze, Verordnungen, Unfallverhütungsvorschriften, Tarifverträge und Betriebsvereinbarungen durchgeführt werden.

Fast identisch formuliert steht es im *§ 62 Bundespersonalvertretungsgesetz (BPersVG):*

Der Personalrat hat folgende allgemeine Aufgaben:
2. darüber zu wachen, dass die zugunsten der Beschäftigten geltenden Gesetze, Verordnungen, Tarifverträge, Dienstvereinbarungen und Verwaltungsanordnungen durchgeführt werden.

Es gibt also **kein öffentliches Verzeichnis mit Einsichtsrecht für jedermann** und keine Meldepflicht mehr, die in § 4d und e BDSG-alt geregelt waren. Dafür gibt es aber umfangreiche Informationspflichten des Verantwortlichen, und Kunden und Beschäftigte haben das Recht zu erfahren, welche personenbezogenen Daten über sie gespeichert sind (siehe Abschnitt »Auskunftsrecht Betroffener«).

Ausnahmen von der Verzeichnistätigkeit

Die Verzeichnisse müssen nicht von Unternehmen oder Einrichtungen, die weniger als 250 Mitarbeiter beschäftigen, erstellt werden (*Art. 30 Abs. 5 DSGVO).*

Die Ausnahmen für diese Unternehmen oder Einrichtungen gelten nicht, wenn

- die Verarbeitung ein Risiko für die Rechte und Freiheiten der betroffenen Personen birgt (z. B. Videoüberwachung, Bonitätsscorings- und Betrugspräventionsverfahren, Ortung von Mitarbeitern, z. B. mittels GPS, Verarbeitungen, bei denen Kommunikationsinhalte betroffen sind)
- die Verarbeitung nicht nur gelegentlich erfolgt,
- eine Verarbeitung besonderer Datenkategorien gemäß *Art. 9 Abs. 1 DSGVO* stattfindet,
- eine Verarbeitung von personenbezogenen Daten über strafrechtliche Verurteilungen und Straftaten im Sinne des Art. 10 DSGVO erfolgt.

Da wohl fast überall zumindest einer der aufgelisteten Sachverhalte vorliegen wird, wird es nur wenige Unternehmen und Einrichtungen geben, die keine Verzeichnisse führen müssen.

Weitere Verzeichnisse

Das Verzeichnis der Verarbeitungstätigkeiten reicht nicht aus, um die nach Art. 5 Abs. 2 DSGVO geforderten Dokumentationspflichten zu erfüllen.
Weitere Verzeichnisse sind beispielsweise:

- Einwilligungen von Betroffenen (*Art. 7 Abs. 1 DSGVO*)
- die Ordnungsmäßigkeit der gesamten Verarbeitung (*Art. 24 Abs. 1 DSGVO*)
- Ergebnis von Datenschutz-Folgenabschätzungen (*Art. 35 Abs. 7 DSGVO*)

> **Wichtig:**
> Betriebs- oder Personalräte müssen nach den Novellierungen des BetrVG und des BPersVG offiziell zwar keine Verzeichnisse führen, werden in der Praxis aber wohl nicht darum herumkommen, um dem Verantwortlichen gegenüber den ordnungsgemäßen datenschutzrechtlichen Umgang mit personenbezogenen Daten nachzuweisen (siehe Kapitel 10g »Keine Verarbeitungsverzeichnisse, aber eine Nachweisliste«).

Rechtsgrundlagen:
Art. 30 Abs. 1 DSGVO, EG 82

Literatur

Eine ausführliche und gut lesbare Hilfe zu den Verarbeitungstätigkeiten nach Art. 20 DSGVO findet sich auf der Website der Datenschutzkonferenz (DSK).

Kurzpapier Nr. 1 Verzeichnis von Verarbeitungstätigkeiten – Art. 30 DSGVO *https://www.datenschutzkonferenz-online.de/kurzpapiere.html* und Hinweise zum Verzeichnis von Verarbeitungstätigkeiten, Art. 30 DSGVO *https://www.datenschutzkonferenz-online.de/anwendungshinweise.html*

k. Datenschutz-Folgenabschätzung (DSFA)

Wenn besondere Risiken »aufgrund der Art, des Umfangs, der Umstände und der Zwecke der Verarbeitung voraussichtlich ein hohes Risiko für die Rechte und Freiheiten« von Betroffenen bei einer automatisierten Verarbeitung denkbar sind, so muss vor der Verarbeitung eine Prüfung erfolgen – eine sogenannte Datenschutz-Folgenabschätzung (DSFA).
Notwendig wird sie insbesondere, wenn

- eine systematische und umfassende Bewertung persönlicher Aspekte von Menschen möglich ist, die sich auf automatisierte Verarbeitung einschließlich Profiling gründet und die ihrerseits als Grundlage für Entscheidungen dient, die Rechtswirkung gegenüber natürlichen Personen entfalten oder diese in ähnlich erheblicher Weise beeinträchtigen;
- umfangreiche Verarbeitung besonderer Kategorien von personenbezogenen Daten gemäß *Art. 9 Abs. 1* DSGVO oder von personenbezogenen Daten über strafrechtliche Verurteilungen und Straftaten gemäß *Art. 10 DSGVO* oder
- wenn eine systematische umfangreiche Überwachung öffentlich zugänglicher Bereiche erwogen wird.

Eine Datenschutz-Folgenabschätzung muss mindestens enthalten:

- eine systematische Beschreibung der geplanten Verarbeitungsvorgänge
- eine systematische Beschreibung der Zwecke der Verarbeitung,
- die berechtigten Interessen des Verantwortlichen,
- eine Bewertung der Notwendigkeit und Verhältnismäßigkeit der Verarbeitungsvorgänge in Bezug auf den Zweck;
- eine Bewertung der Risiken für die Rechte und Freiheiten der betroffenen Personen,
- die zur Bewältigung der Risiken geplanten Abhilfemaßnahmen, einschließlich Garantien,

- Sicherheitsvorkehrungen und Verfahren, durch die der Schutz personenbezogener Daten sichergestellt und der Nachweis dafür erbracht wird, dass diese Verordnung eingehalten wird, wobei den Rechten und berechtigten Interessen der betroffenen Personen und sonstiger Betroffener Rechnung getragen wird.

Das DSK Kurzpapier 5 zur Datenschutz-Folgenabschätzung der unabhängigen Datenschutzbehörden des Bundes und der Länder (Datenschutzkonferenz – DSK) weist ausdrücklich darauf hin, dass »auch bereits bestehende Verarbeitungsvorgänge (…) unter die Pflicht einer DSFA fallen«[15] können.

Für die Durchführung der DSFA muss der Verantwortliche sorgen und sich dazu den Rat des Datenschutzbeauftragten einholen.

Die Datenschutzkonferenz hat Positiv- und Negativlisten für den nicht öffentlichen Bereich erstellt, in denen Software gelistet ist, bei der eine DSFA notwendig oder eben nicht notwendig ist. Das sind Listen, die sich immer wieder verändern werden. Ist eine Software nicht aufgelistet, so muss genau geschaut werden, ob eine DSFA notwendig ist.

Rechtsgrundlage:
Art. 35 DSGVO, EG 84, 89–93

Literatur

DSK Kurzpapier Nr. 5. Datenschutz-Folgenabschätzung nach Art. 35 DSGVO unter: *https://www.datenschutzzentrum.de/dsgvo/*

Liste von Verarbeitungsvorgängen nach Art. 35 Abs. 4 DSGVO für den nichtöffentlichen Bereich (Datenschutz Folgenabschätzung) unter: *https://www.datenschutzkonferenz-online.de/anwendungshinweise.html*

DSK Kurzpapier Nr. 18 Risiko für die Rechte und Freiheiten natürlicher Personen unter: *https://www.datenschutzzentrum.de/dsgvo/*

I. Datenübermittlung ins Ausland

Grundsätzlich ist die Übermittlung zwischen den Mitgliedsstaaten der Europäischen Union und den anderen Vertragsstaaten des Abkommens über den Europäischen Wirtschaftsraum (EWR) hinaus im Anwendungsbereich des Unionsrechts genauso zu behandeln, als wenn es sich um einen inländischen Datenverkehr handeln würde.

---

15 DSK Kurzpapier Nr. 5. Datenschutz-Folgenabschätzung nach Art. 35 DSGVO, S. 2.

Anders sieht es bei sogenannten Drittländern, also bei einem Land außerhalb der Europäischen Union, aus. Eine Datenübermittlung ist nur dann erlaubt, wenn der Betroffene kein schutzwürdiges Interesse an der Nichtübermittlung hat. Das ist insbesondere dann der Fall, wenn in dem Drittland kein angemessenes Datenschutzniveau gewährleistet ist.
Grundsätzlich fordern die *Art. 44–50 DSGVO*, dass die im *Art. 5 der DSGVO* niedergeschriebenen Bedingungen eingehalten werden müssen (siehe Kapitel 2. a. »Grundsätze beim Datenschutz nach der DSGVO«). Das gilt auch für schon vor Inkrafttreten der DSGVO bestehende Übermittlungen (also sogenannte Weiterübermittlungen)!
Da stellt sich sofort die Frage, wie ein angemessenes Datenschutzniveau festzustellen ist. Dazu gibt es die folgenden Wege:

1. Die Europäische Kommission prüft, ob ein Drittland, ein Gebiet oder spezifische Sektoren ein angemessenes Datenschutzniveau haben und erlaubt die Datenübermittlung. Das gibt es beispielsweise für Länder wie die Schweiz, Israel oder Kanada (*Art. 45 DSGVO*).
2. Falls kein Beschluss der Europäischen Kommission vorliegt, können personenbezogene Daten übermittelt werden, »sofern der Verantwortliche oder der Auftragsverarbeiter geeignete Garantien vorgesehen hat und sofern den betroffenen Personen durchsetzbare Rechte und wirksame Rechtsbehelfe zur Verfügung stehen«. Dann muss die zuständige Aufsichtsbehörde die Datenübermittlung genehmigen (*Art. 46 DSGVO*).
3. Möglich ist eine Übermittlung von personenbezogenen Daten auch dann, wenn es »verbindliche interne Datenschutzvorschriften« (Binding Corporate Rules = BCR) gibt. Diese Möglichkeit werden insbesondere international tätige Konzerne nutzen. Die verbindlichen internen Datenschutzvorschriften müssen im Wesentlichen der DSGVO entsprechen, den Betroffenen durchsetzbare Rechte gewähren und für alle in der Unternehmensgruppe bindend sein. Die Genehmigung erfolgt dann durch die zuständige Aufsichtsbehörde. Ist sie erfolgt, so müssen einzelne Datenübermittlungen auf der Grundlage der BCR nicht mehr genehmigt werden (*Art. 47 DSGVO*).

Hinweis:
Unter dem Begriff Unternehmensgruppe versteht die *DSGVO in Art. 4 Abs. 19* »eine Gruppe, die aus einem herrschenden Unternehmen und den von diesem abhängigen Unternehmen besteht.«

4. Die Übermittlung personenbezogener Daten in die USA ist seit vielen Jahren ein großes datenschutzrechtliches Problem. Das alte *Safe-Harbor-Abkommen* mit den USA wurde, da es keinen angemessenen Datenschutz gewährleistete, 2015 vom Europäischen Gerichtshof für ungültig erklärt. Sein Nachfolger, das *EU-US-Privacy Shields* wurde 2020 vom Europäischen Gerichtshof ebenso für ungültig erklärt.
   Seit dem 10.7.2023 gibt es ein neues Abkommen mit den USA. Das *EU-US-Data Privacy Framework (DPF)* legitimiert die Übermittlung europäischer Daten in die USA. Die Konferenz der Datenschutzaufsichtsbehörden in Deutschland hat Hinweise vorgelegt, welche die Anwendung des DPF erleichtern.
   Ob Data Privacy Framework vor dem Europäischen Gerichtshof bestehen kann, oder ob es, wie seine Vorgänger, für ungültig erklärt wird, bleibt abzuwarten. Auf jeden Fall kritisieren viele Datenschützer das Abkommen und halten es für nicht ausreichend.
5. »Ausnahme für bestimmte Fälle«: Zu den genannten Möglichkeiten gibt es noch Ausnahmen. Einige Beispiele: die betroffene Person hat der Datenübermittlung zugestimmt, Übermittlung zur Erfüllung eines Vertrags, aus wichtigen Gründen des öffentlichen Interesses, zum Schutz lebenswichtiger Interessen der betroffenen Person … (*Art. 47 DSGVO*).

Die Kritik der Datenschützer in Europa hat dazu geführt, dass Microsoft aktiv wurde und nach eigenen Angaben bald die Anforderungen der DSGVO erfüllen kann. Der US-Konzern will die Verarbeitung und Speicherung aller Daten in der EU über die wichtigsten Clouddienste von Microsoft hinweg – Azure, Microsoft 365, Power Platform und Dynamics 365 – sicherstellen, indem sie nur in Europa gespeichert und verarbeitet werden.

Microsoft hat dazu drei Stufen geplant:

1. Alle personenbezogenen Daten, auch pseudonymisierte oder in automatisch generierten Logdateien, werden nur in Europa verarbeitet.
2. Microsoft will sogenannte Transparenz-Ressourcen zur Verfügung, einschließlich Dokumentationen und anderer Informationen, um so die Kontrolle durch die User zu gewährleisten.
3. EU-basierte Technik soll eine Überwachung des Systemzustands ermöglichen, ohne dass die Daten Europa verlassen.

Was das konkret in der Umsetzung bedeutet, kann momentan noch nicht genau eingeschätzt werden. Es könnte aber ein großer Schritt vorwärts zu mehr Datenschutz bei Microsoft sein. Problematisch wird es aber bleiben, dass nach amerikanischem Recht US-amerikanische Unternehmen dazu verpflichtet werden können, außerhalb der USA verarbeitete Daten herauszugeben.

Rechtsgrundlagen:
Art. 44–50 DSGVO, EG 101–116

Literatur

DSK Kurzpapier Nr. 4 Datenübermittlung in Drittländer unter: *https://www.datenschutzkonferenz-online.de/kurzpapiere.html*

Übermittlung personenbezogener Daten aus Europa an die USA Anwendungshinweise der Datenschutzkonferenz *https://www.datenschutzkonferenz-online.de/anwendungshinweise.html*

m. Datenschutz durch Technikgestaltung und datenschutzfreundliche Einstellungen

Verantwortlich für den Datenschutz in Betrieben und Verwaltungen ist der Arbeitgeber oder die gemeinsam Verantwortlichen (siehe Kapitel 2. d. »Verantwortlicher, gemeinsam Verantwortliche«). Sie müssen dafür sorgen, dass durch die Technikgestaltung und durch datenschutzfreundliche Einstellungen ein effektiver Datenschutz möglich ist. Gemeint ist damit einerseits, dass eine Anlage oder Software technisch so aufgebaut ist, dass sie nur so viel personenbezogene Daten erzeugt, wie unbedingt notwendig ist und andererseits die Einstellungen so sind, dass datenschutzfreundliche Einstellungen von vorneherein aktiv sind und nicht durch den User erst aktiviert werden müssen. Davon sind Systeme beispielsweise das Betriebssystem »Windows« oder das Office-Paket »Microsoft 365« noch weit entfernt.

Nach *Art. 25 Abs. 1 DSGVO* müssen beim Datenschutz durch Technikgestaltung (Privacy by Design) und den datenschutzfreundlichen Einstellungen (Privacy by Default) einige Punkte berücksichtigt werden:

- Stand der Technik
- Implementierungskosten
- Art, Umfang, Umstände und der Zweck der Verarbeitung
- Eintrittswahrscheinlichkeit
- Schwere der mit der Verarbeitung verbundenen Risiken für die Rechte und Freiheiten natürlicher Personen

Deutlich wird, dass es dem Gesetzgeber wichtig ist, das Risiko einzuschätzen und darauf aufbauend die notwendigen Maßnahmen vorzunehmen. Der Verantwortliche muss daher sowohl bei der Planung der Mittel für die Verarbeitung, als auch beim Einsatz der eigentlichen Verarbeitung, geeignete technische und organisatorische Maßnahmen (TOM) festlegen um diesen Schutz zu gewährleisten (siehe Kapitel 2. n. »Sicherung der Verarbeitung. Technische und organisatorische Maßnahmen (TOM)«).
Um den Datenschutz bei Datenverarbeitungssystemen zu erreichen, fordert die DSGVO, dass bereits bei der Konzeption von IT-Systemen insbesondere der Grundsatz der Datenminimierung bedacht wird z. B. durch Pseudonymisierung. (*Art. 25 Abs. 1 DSGVO*). Die eingesetzten Mittel müssen »die notwendigen Garantien in die Verarbeitung« haben, um die Rechte betroffener Personen zu schützen. Diese sind, wenn es erforderlich ist, immer wieder zu überprüfen und zu aktualisieren.
Die geeigneten technischen und organisatorischen Maßnahmen (TOM) sollen durch datenschutzfreundliche Voreinstellungen (Privacy by Default) nach *Art. 25 Abs. 2 DSGVO* sicherstellen, dass personenbezogene Daten

- nur erhoben werden, wenn es notwendig ist,
- nur begrenzt verarbeitet werden,
- nur für den vorher festgelegten Zweck verarbeitet werden,
- eine Speicherfrist haben,
- nur für diejenigen zugänglich sind, die dafür eine Berechtigung haben.

Ein genehmigtes Zertifizierungsverfahren nach *Art. 42 DSGVO* kann als Faktor herangezogen werden, um die oben genannten Anforderungen des *Art. 25 Abs. 1, 2 DSGVO* nachzuweisen.

> **Wichtig:**
> Die Zertifizierung ist nur ein Faktor. Es muss also trotzdem genau geprüft werden, ob die geeigneten technischen und organisatorischen Maßnahmen ausreichen.

Die DSGVO betont den Grundsatz der datenschutzfreundlichen Verarbeitung, indem sie die Aspekte des Datenschutzes durch Technikgestaltung und durch datenschutzfreundliche Voreinstellungen in *Art. 25 DSGVO* in einen – auch mit Geldbußen – durchsetzbaren rechtlichen Rahmen gießt.
Die Umsetzung dieser Vorgaben der DSGVO ist noch weit entfernt. Richtig in Schwung wird die Umsetzung erst kommen, wenn Verstöße angemessen sanktioniert werden oder wenn die Datenschutzbehörden

die Nutzung einer Software untersagen. Das es das schon gibt, zeigte der »Hessische Beauftragte für Datenschutz und Informationsfreiheit (HBDI)«, der zum 1. August 2021 die Nutzung des Videokonferenztools »Microsoft Teams« in Schulen u. a. wegen Datenschutzmängeln verboten hatte. Es bleibt zu hoffen, dass es weitere Reaktionen durch die Datenschutzaufsichtsbehörden geben wird, sodass sich der Datenschutz durch Technikgestaltung und datenschutzfreundliche Voreinstellungen durchsetzen wird.

Rechtsgrundlage:
Art. 25 Abs. 1 DSGVO, EG 78

Literatur
Wolfgang Däubler, Datenschutz durch Technik, CuA 9/2018, S. 25–30

n. Sicherung der Verarbeitung. Technische und organisatorische Maßnahmen (TOM)

Um den Datenschutz in der Praxis zu gewährleisten, muss es gut durchdachte und kontrollierte technische und organisatorische Maßnahmen (TOM) geben. Der *Art. 32 Sicherung der Verarbeitung* ist hierbei die zentrale Vorschrift der DSGVO. Er sagt in *Abs. 1*:

»Unter Berücksichtigung des Stands der Technik, der Implementierungskosten und der Art, des Umfangs, der Umstände und der Zwecke der Verarbeitung sowie der unterschiedlichen Eintrittswahrscheinlichkeit und Schwere des Risikos für die Rechte und Freiheiten natürlicher Personen treffen der Verantwortliche und der Auftragsverarbeiter geeignete technische und organisatorische Maßnahmen, um ein dem Risiko angemessenes Schutzniveau zu gewährleisten.«

Grundlegend unterscheidet der *Art. 32 DSGVO* zuerst einmal zwischen »technischen und organisatorische Maßnahmen« (TOM). Unter die *technischen Maßnahmen* fallen alle Schutzmaßnahmen die physisch, also körperlich, möglich sind. Das reicht von baulichen Maßnahmen über Alarmanlagen bis zu Einstellungen in Soft- und Hardware, wie Benutzerkonten, Passworterzwingung oder Protokolldateien. *Organisatorische Maßnahmen* bieten den Schutz über Handlungsanweisung, Verfahrens-

und Vorgehensweisen, wie Besucheranmeldung, Arbeitsanweisung zum Umgang mit fehlerhaften Druckerzeugnissen, Vier-Augen-Prinzip, Intervalle zur Stichprobenprüfungen.
Zusammen sollen die TOM dann »ein dem Risiko angemessenes Schutzniveau (...) gewährleisten«.
Dabei müssen sich die Grundsätze der TOM orientieren an:

- dem Stand der Technik
- den Implementierungskosten
- der Art der Verarbeitung
- dem Umfang der Verarbeitung
- den Umständen der Verarbeitung
- dem Zweck der Verarbeitung
- sowie der Eintrittswahrscheinlichkeit und
- der Schwere des Risikos

Konkret bedeutet das, dass abhängig von den Gefährdungen für die Rechte und Freiheiten der Betroffenen, der Verantwortliche und der Auftragsverarbeiter anhand dieser Punkte geeignete, technische und organisatorische Maßnahmen treffen müssen, um ein angemessenes Schutzniveau zu gewährleisten. Dabei gelten sie gleichermaßen für elektronische wie analoge Verarbeitungen.

> **Hinweis:**
> Es geht hier nicht darum die Kosten zu senken, sondern darum eine Bewertung zu erhalten, in welchem Verhältnis Risiken und Kosten stehen! Die Kosten sind zudem nur bei der Implementierung, also der Einführung eines Systems zu berücksichtigen, nicht beim dann folgenden Einsatz.

Art. 32 Abs. 1 Buchst. a-d DSGVO nennt Kriterien, die unter anderem erfüllt werden müssen. Sie sind also *nur eine bespielhafte Aufzählung*, die gegebenenfalls erweitert werden muss:

a) *die Pseudonymisierung und Verschlüsselung personenbezogener Daten;*
b) *die Fähigkeit, die Vertraulichkeit, Integrität, Verfügbarkeit und Belastbarkeit der Systeme und Dienste im Zusammenhang mit der Verarbeitung auf Dauer sicherzustellen;*
c) *die Fähigkeit, die Verfügbarkeit der personenbezogenen Daten und den Zugang zu ihnen bei einem physischen oder technischen Zwischenfall rasch wiederherzustellen;*
d) *ein Verfahren zur regelmäßigen Überprüfung, Bewertung und Evaluierung der Wirksamkeit der technischen und organisatorischen Maßnahmen zur Gewährleistung der Sicherheit der Verarbeitung.*

Um das notwendige Schutzniveau festzulegen, muss *insbesondere* geprüft werden, ob unbeabsichtigt oder vorsätzlich eine Vernichtung, der Verlust, eine Veränderung, eine unbefugte Offenlegung oder ein unbefugter Zugang zu personenbezogenen Daten möglich ist. Das gilt auf allen Ebenen der Verarbeitung von personenbezogenen Daten.
Die Einhaltung genehmigter Verhaltensregeln gemäß (*Art. 40 DSGVO*) oder eines genehmigten Zertifizierungsverfahrens (*Art. 42 DSGVO*) können als Kriterien zur Erfüllung des angemessenen Schutzniveaus herangezogen werden.
Verantwortliche und der Auftragsverarbeiter müssen sicherstellen, dass in ihrem Bereich Mitarbeiter personenbezogene Daten nur auf Anweisung des Verantwortlichen verarbeiten.
Eine Hilfe zu den TOM bieten die in der Anlage zum *§ 9 BDSG-alt* formulierten Anforderungen, die inhaltlich auch im neuen Datenschutzrecht noch relevant sind und gesetzlichen Interessenvertretungen dabei helfen, den Datenschutz in Betrieb und Verwaltungen konkret zu kontrollieren und auch im Büro der Interessenvertretung umzusetzen (siehe auch Kapitel 9. »Datenschutz im Büro der Interessenvertretung«).

»Anlage zu § 9 Satz 1 BDSG-alt
Werden personenbezogene Daten automatisiert verarbeitet oder genutzt, ist die innerbehördliche oder innerbetriebliche Organisation so zu gestalten, dass sie den besonderen Anforderungen des Datenschutzes gerecht wird. Dabei sind vor allem Maßnahmen zu treffen, die je nach der Art der zu schützenden personenbezogenen Daten oder Datenkategorien geeignet sind,

1. *Unbefugten den Zutritt zu Datenverarbeitungsanlagen, mit denen personenbezogene Daten verarbeitet oder genutzt werden, zu verwehren (Zutrittskontrolle),*
2. *zu verhindern, dass Datenverarbeitungssysteme von Unbefugten genutzt werden können (Zugangskontrolle),*
3. *zu gewährleisten, dass die zur Benutzung eines Datenverarbeitungssystems Berechtigten ausschließlich auf die ihrer Zugriffsberechtigung unterliegenden Daten zugreifen können, und dass personenbezogene Daten bei der Verarbeitung, Nutzung und nach der Speicherung nicht unbefugt gelesen, kopiert, verändert oder entfernt werden können (Zugriffskontrolle),*
4. *zu gewährleisten, dass personenbezogene Daten bei der elektronischen Übertragung oder während ihres Transports oder ihrer Speicherung auf Datenträger nicht unbefugt gelesen, kopiert, verändert oder entfernt werden können, und dass überprüft und festgestellt werden kann, an*

welchen Stellen eine Übermittlung personenbezogener Daten durch Einrichtungen zur Datenübertragung vorgesehen ist (Weitergabekontrolle),
5. *zu gewährleisten, dass nachträglich überprüft und festgestellt werden kann, ob und von wem personenbezogene Daten in Datenverarbeitungssysteme eingegeben, verändert oder entfernt worden sind (Eingabekontrolle),*
6. *zu gewährleisten, dass personenbezogene Daten, die im Auftrag verarbeitet werden, nur entsprechend den Weisungen des Auftraggebers verarbeitet werden können (Auftragskontrolle),*
7. *zu gewährleisten, dass personenbezogene Daten gegen zufällige Zerstörung oder Verlust geschützt sind (Verfügbarkeitskontrolle),*
8. *zu gewährleisten, dass zu unterschiedlichen Zwecken erhobene Daten getrennt verarbeitet werden können.*

Eine Maßnahme nach Satz 2 Nummer 2 bis 4 ist insbesondere die Verwendung von dem Stand der Technik entsprechenden Verschlüsselungsverfahren.« (Text: § 9 Satz 1 und Anlage zu § 9 Satz 1 Bundesdatenschutzgesetz-alt (BDSG-alt))

Diese Punkte dienten, so die ehemalige Bundesbeauftragte für Datenschutz und Informationsfreiheit (BfDI), zum Erreichen von Schutzzielen für den technisch-organisatorischen Datenschutz. Diese Ziele waren im Einzelnen:

- *Verfügbarkeit: Verfahren und Daten stehen zeitgerecht zur Verfügung und können ordnungsgemäß angewendet werden.*
- *Vertraulichkeit: Auf Verfahren und Daten darf nur befugt zugegriffen werden.*
- *Integrität: Daten aus Verfahren bleiben unversehrt, zurechenbar und vollständig.*
- *Transparenz: Erhebung, Verarbeitung und Nutzung personenbezogener Daten müssen mit zumutbarem Aufwand nachvollzogen, überprüft und bewertet werden können.*
- *Unverkettbarkeit: Verfahren sind so einzurichten, dass deren Daten nicht oder nur mit unverhältnismäßig hohem Aufwand für einen anderen als den ausgewiesenen Zweck erhoben, verarbeitet und genutzt werden können (technisch-organisatorische Gewährleistung der Zweckbindung).*
- *Intervenierbarkeit: Verfahren sind so zu gestalten, dass sie dem Betroffenen die Ausübung der ihm zustehenden Rechte wirksam ermöglichen.*[16]

16 BfDI, Bundesdatenschutzgesetz – Text und Erläuterung, (BfDI-Info 1), 2016, S. 36 (BDSG-alt).

Die alte BfDI Andrea Voßhoff wies ausdrücklich darauf hin, dass die technischen und organisatorischen Maßnahmen als ein zusammenwirkendes Schutzsystem verstanden werden müssten.
Diese Einschätzung der BfDI trifft zu, da ansonsten Sicherheitslücken entstehen, die das ganze System infrage stellten, sobald Teilaspekte des Schutzsystems nicht oder nur unzureichend funktionieren. Das, was die BfDI zum alten BDSG schrieb, ist daher auch im neuen Datenschutzrecht noch gültig.
Die im *Art. 32 DSGVO* formulierten Anforderungen an den technisch-organisatorischen Datenschutz in Verbindung mit den von der BfDI formulierten Schutzzielen und die praktischen Hinweise aus der Anlage zu *§ 9 Satz 1 BDSG-alt* bieten den Interessenvertretungen einerseits die Möglichkeit, den Datenschutz in Betrieben und Behörden zu prüfen, andererseits helfen sie aber auch, den eigenen Umgang mit personenbezogenen Daten zu hinterfragen und entsprechende Schutzmaßnahmen zu ergreifen.
Da die in *Art. 32 DSGVO* technisch-organisatorischen Maßnahmen nicht abschließend sind, müssen die Maßnahmen immer wieder überprüft und neuen technischen oder organisatorischen Bedingungen angepasst werden.
Die »technischen und organisatorische Maßnahmen« (TOM) müssen dokumentiert werden. *(Art. 5 DSGVO)*

Wichtig:
Die hier beschriebenen Maßnahmen sind nicht nur für den Arbeitgeber wichtig, sondern müssen auch im Gremium der gesetzlichen Interessenvertretung umgesetzt werden (dazu mehr im Kapitel 9. »Datenschutz im Büro der Interessenvertretung«).

Rechtsgrundlage:
Art. 32 DSGVO, EG 83

o. Videoüberwachung

In der DSGVO ist die Videoüberwachung nicht geregelt, wohl aber im *§ 4 BDSG*. Sie regelt allerdings nur den öffentlich zugänglichen Raum.
Eine Videoüberwachung öffentlich zugänglicher Räume ist in folgenden Fällen erlaubt (*§ 4 Abs. 1 BDSG*):
- zur Aufgabenerfüllung öffentlicher Stellen,
- zur Wahrnehmung des Hausrechts oder

- zur Wahrnehmung berechtigter Interessen für konkret festgelegte Zwecke, soweit sie erforderlich ist und keine Anhaltspunkte bestehen, dass schutzwürdige Interessen der Betroffenen überwiegen

Darüber hinaus auch bei öffentlich zugänglichen Anlagen (Sport-, Versammlungsorten, Parkplätzen ...) oder im Schienen-, Schiffs- und Busverkehr. Hier gilt der Schutz von Leben, Gesundheit oder Freiheit von sich dort aufhaltenden Personen als ein besonders wichtiges Interesse (*§ 4 Abs. 1 BDSG).*

Abbildung 7: Hinweis auf Videoüberwachung

Der *§ 4 BDSG* regelt *nicht* die Videoüberwachung von Arbeitsplätzen in nicht-öffentlichen Bereichen von Betrieben oder Dienststellen und lässt sich somit dort nicht anwenden.
Bei der Wahrung des Hausrechts oder anderer »berechtigter Interessen« ist *Art. 6 Abs. 1 Buchst. f DSGVO* in Betrieben und Behörden anwendbar. Inhaltlich ergibt sich aber keine Veränderung, sodass weiterhin eine Interessenabwägung zwischen »schutzwürdigen Interessen des Betroffenen« und »berechtigten Interesse« des Arbeitgebers die Grundlage für Entscheidungen zur Videoüberwachung sein muss.
Wie auch bislang schon, muss man sich hier an gerichtlichen Entscheidungen orientieren.
Beim Einsatz einer Videoüberwachung muss immer abgewogen werden, ob sie wirklich notwendig ist, oder ob es Alternativen gibt, die weniger in das Persönlichkeitsrecht eingreifen.
Für einen anderen, als den vorher festgelegten Zweck dürfen die durch eine Videoüberwachung gewonnenen Daten nur weiterverarbeitet werden, soweit dies zur Abwehr von Gefahren für die staatliche und öffentliche Sicherheit sowie zur Verfolgung von Straftaten erforderlich ist.
Zum frühestmöglichen Zeitpunkt muss für Betroffene erkennbar sein, dass ein Bereich beobachtet wird und es müssen der Name und die Kontaktdaten des Verantwortlichen lesbar sein (*§ 4 Abs. 2 BDSG).*

Betroffene müssen benachrichtigt werden, wenn die durch die Videoüberwaschung gewonnen Daten ihnen zugeordnet werden (*§ 4 Abs. 4 BDSG).* Die Fülle von Ausnahmen die in den *Art. 14 DSGVO* und im *§ 32 BDSG* aufgeführt sind, wird aber wahrscheinlich häufig dazu führen, dass es keine Benachrichtigung gibt.
Die durch die Videoüberwachung gewonnenen Daten müssen unverzüglich gelöscht werden, wenn sie nicht mehr erforderlich sind, oder wenn schutzwürdige Interessen des Betroffenen der weiteren Speicherung entgegenstehen (*§ 4 Abs. 5 BDSG).*
Bei Arbeitsplätzen in öffentlich zugänglichen Bereichen muss sichergestellt werden, dass die Beschäftigten keinem unzulässigen Überwachungsdruck ausgesetzt sind, d. h. es müssen kontrollfreie Bereiche bleiben, in denen sie unbeobachtet sind.
Verdeckte Kameras sind in öffentlichen Bereichen verboten.
Stehen Arbeitgebern Überwachungs- und Kontrollmöglichkeiten zur Verfügung, die weniger in Grundrechte eingreifen als der Einsatz von Videosystemen, müssen diese selbst dann zur Anwendung kommen, wenn hierfür ein erhöhter Personalaufwand erforderlich ist.
Da eine Videoüberwachung ein hohes Risiko für die Rechte und Freiheiten natürlicher Personen auslöst, besteht die Verpflichtung zur Durchführung einer *Datenschutz-Folgenabschätzung* nach *Art. 35 DSGVO* (siehe Kapitel 2. k. »Datenschutz-Folgenabschätzung (DSFA))«.
Die Videoüberwachung des Arbeitsverhaltens ist ein Bereich, der auf jeden Fall der Mitbestimmung unterliegt. Bei Betriebsräten nach *§ 8 Abs. 1 Nr. 6 BetrVG* und bei Personalräten *§ 80 Abs. 1 und 2 BPersVG.*
Wie bei vielen anderen Themen im BDSG müssen zur Einschätzung der Rechtmäßigkeit einer Videoüberwachung Kommentare zum BDSG und BetrVG bzw. BPersVG, andere Fachbücher und die Rechtsprechung zurate gezogen werden.

Rechtsgrundlage:
§ 4 BDSG

Literatur

DSK Kurzpapier Nr. 15. Videoüberwachung nach der Datenschutz-Grundverordnung unter: *https://www.datenschutzkonferenz-online.de/kurzpapiere.html*

Wolfgang Däubler, Gläserne Belegschaften. Das Handbuch zum Beschäftigtendatenschutz, 9. Auflage, 2021, S. 218 ff.

p. Aktualisierungen

Es gibt einige Punkte beim Datenschutz in Betrieben, Verwaltungen und Behörden, die ständig durch den Arbeitgeber und eventuell auch vom Gremium aktuell gehalten werden müssen. Das hat dann Dokumentationspflichten und eventuell auch Informationspflichten zur Folge.
Eine ständige Überprüfung und gegebenenfalls Aktualisierung muss beispielsweise in folgenden Bereichen erfolgen:

- Änderungen bei den technischen und organisatorischen Maßnahmen (TOM) (siehe Kapitel 2. n. »Sicherung der Verarbeitung. Technische und organisatorische Maßnahmen (TOM)«)
- Vervollständigung des Verfahrensverzeichnisses (siehe Kapitel 2. j. »Verzeichnis der Verarbeitungstätigkeiten«)
- Zweckänderungen (siehe Kapitel 3. a. »Informationspflichten bei der Erhebung personenbezogener Daten bei der betroffenen Person«)
- Berichtigungen, Löschungen und Einschränkungen (siehe Kapitel 3. g. »Recht auf Löschung«).

q. Sanktionen bei Verstößen

Die Aufregung beim Inkrafttreten der DSGVO war groß. Alle redeten von ungeheuren Summen, die als Strafen verhängt werden können. Zurecht, denn erstmals können Datenschutzverstöße so sanktioniert werden, dass diese Summen nicht aus der »Portokasse« zu bezahlen sind. Das ist ein Fortschritt, der die Chance auf die Durchsetzung des Datenschutzes immens erhöht.
Willkür sind diese Sanktionen aber nicht. Viele nationale und internationale Firmen haben sich bislang zu wenig um den Datenschutz gekümmert. Nun sind sie im Datenschutz gefordert.
Nach *Art. 83 DSGVO* müssen die Sanktionen gegen Datenschutzverstöße *»in jedem Einzelfall wirksam, verhältnismäßig und abschreckend sein«*. Sie können aus Geldbußen von bis zu 10 Millionen Euro oder zwei Prozent des weltweit erzielten Jahresumsatzes bestehen (das betrifft die *Art. 8, 11, 25–39, 41 Abs. 4, 42 und 43 DSGVO*).
Welche Strafe ergeht, ist davon abhängig, welcher der Beträge höher ist.
Verstöße gegen Verarbeitungsgrundsätze, Betroffenenrechte und andere Rechtsvorschriften können mit bis zu 20 Millionen Euro oder bis zu vier Prozent des weltweit erzielten Jahresumsatzes belegt werden. Auch die

Nichtbefolgung einer Anweisung oder Beschränkung der Datenübermittlung durch die Aufsichtsbehörde kann so sanktioniert werden.
Keine Geldbuße müssen Verwaltungen und Behörden, also öffentliche Stellen befürchten, denn sie können nach *§ 43 Abs. 3 BDSG* keine erhalten. Das führt momentan leider mancherorts dazu, dass behördliche Datenschutzbeauftragte die Anforderungen der DSGVO, des BDSG und der Landesdatenschutzgesetze zu gelassen angehen.
Der Europäische Datenschutzausschuss (EDSA) hat im Jahr 2022 endlich konkretisiert, was bei strafbewehrten Verstößen beachtet werden muss und wie die Summer errechnet wird.
Die EDSA hat eine Methodik entwickelt, nach der in fünf Schritten die Strafe berechnet wird.

1. Die Verarbeitungsvorgänge personenbezogener Daten müssen festgestellt und die Anwendung des *Art. 83. Abs. 3 DSGVO* beurteilt werden.
   Art. 83 Allgemeine Bedingungen für die Verhängung von Geldbußen
   (3) Verstößt ein Verantwortlicher oder ein Auftragsverarbeiter bei gleichen oder miteinander verbundenen Verarbeitungsvorgängen vorsätzlich oder fahrlässig gegen mehrere Bestimmungen dieser Verordnung, so übersteigt der Gesamtbetrag der Geldbuße nicht den Betrag für den schwerwiegendsten Verstoß.
2. Dann wird der Ausgangspunkt für die weitere Berechnung der Höhe des Bußgeldes errechnet.
   Dieser Ausgangspunkt wird über drei Elemente ermittelt:
   1. Die Einordnung des Falles nach den Verstößen in *Art. 83 Abs. 4–6 DSGVO*,
   2. die Schwere des Verstoßes und
   3. der Umsatz des Unternehmens.
   Durch diesen Punkt wird sichergestellt, dass die Strafe wirksam, verhältnismäßig und abschreckend ist (*Art. 83 Abs. 1 DSGVO*).
3. In diesem Schritt werden strafschärfende und -mildernde Umstände berücksichtigt.
4. Dann werden die Höchstbeträge für die vorliegenden Verstöße ermittelt. Die Gesamtsumme des Bußgeldes darf die Gesamtsumme aber nicht überschreiten.
5. Im letzten Schritt die Bußgeldhöhe ggf. mit Hinblick auf *Art. 83 Abs. 1 DSGVO* angepasst, ohne dass die rechtlichen Maximalgrenzen überschritten werden.

Die EDSA weist zudem ausdrücklich darauf hin, dass bei den Schritten zu berücksichtigen ist, dass die Berechnung eines Bußgeldes keine bloße mathematische Übung sei. »*Vielmehr sind die Umstände des konkreten*

Falles ausschlaggebend für den endgültigen Betrag, der in jedem Fall bis zur gesetzlichen Höchstgrenze und in jedem Fall beliebig sein kann.«[17]

> **Beispiel für Sanktionen nach der alten Berechnung:**
> Weil im Modehaus H&M von über mehreren hundert Mitarbeiter:innen des H&M Servicecenters in Nürnberg durch die Center-Leitung private Informationen gesammelt und bis zu 50 Führungskräften zur Nutzung zur Verfügung gestellt wurden, hat der »Hamburgische Beauftragte für Datenschutz und Informationsfreiheit« ein Bußgeld von über 35 Millionen Euro verhängt. Das Bußgeld wurde von H&M akzeptiert. Zudem wurden durch H&M einschneidende Veränderungen zum Datenschutz im Nürnberger Servicecenter vorgenommen (Personelle Veränderungen auf der Führungsebene, Zusätzliche Schulungen zum Datenschutz und Arbeitsrecht, verbesserte IT-Lösungen …) und allen im Servicecenter Beschäftigten eine finanzielle Entschädigung gezahlt.

Rechtsgrundlagen:
Art. 83 DSGVO, EG 148, 150, 151, §§ 41–43 BDSG
EDSA, Guidelines 04/2022 on the calculation of administrative fines under the GDPR, Version 2.1, Adopted on 24 May 2023

Literatur

Zum Zeitpunkt des Erscheinens dieses Buches gab es nur die englischsprachige Fassung der Richtlinie. Es ist aber nur eine Frage der Zeit, bis auch die deutsche Fassung erscheinen wird.

Download der Richtlinie: *https://www.edpb.europa.eu/system/files/2024-01/edpb_guidelines_042022_calculationofadministrativefines_de_0.pdf*

r. Keine Bußgelder gegen Behörden und öffentliche Stellen, aber Ausnahmen

Wie gerade schon festgestellt müssen Behörden und öffentliche Stellen *keine* Geldbuße befürchten, allerdings gibt es Ausnahmen. Das war beispielsweise in Hessen der Fall, obwohl auch das Hessische Datenschutz- und Informationsfreiheitsgesetz (HDSIG) in *§ 36 Abs. 2* ein Ahndungsverbot festlegt, das besagt, dass gegen Behörden und sonstige öffentliche Stellen keine Geldbußen verhängt werden.

17 EDSA, Guidelines 04/2022 on the calculation of administrative fines under the GDPR, Version 2.1, Adopted on 24 May 2023, S. 3.

»Eine Ausnahme davon ist aber dann zu machen, wenn das schädigende Verhalten einer Mitarbeiterin oder eines Mitarbeiters dem öffentlichen Arbeitgeber nicht zuzurechnen ist. Wie die beiden nachfolgenden Beispiele zeigen, gibt es Formen des Mitarbeiterexzesses, die zu einem Bußgeld gegen Mitarbeiterinnen und Mitarbeiter im öffentlichen Dienst führen können.«[18]

Was war passiert?

Fall 1: Zweckwidriger Datenabruf im Ordnungsamt

In einer hessischen Stadt hatte eine Mitarbeiterin des Ordnungsamtes, ohne dass es dazu einen dienstlichen Anlass gab, Angaben zu den Daten einer bestimmten Person über eine elektronische Einwohnermeldeabfrage (Intranet) angefordert. Es lag in diesem Fall damit keine Rechtsgrundlage vor und zudem wurden die Daten zu einem anderen Zweck benutzt als dem, zu dem sie erhoben wurden. Somit bestanden zwei Datenschutzverstöße. Da hier kein Verschulden des Ordnungsamts, sondern das Verschulden der Mitarbeiterin vorlag, wurde der Verstoß mit einem Bußgeld von 150 Euro geahndet.

Fall 2: Zweckwidrige Verwendung dienstlich erlangter Daten

Ein Polizeibeamter veröffentliche in einem sogenannten Gruppenchat bei WhatsApp das Foto eines dienstlichen Dokuments, einer Strafanzeige, mit den Informationen, dass es eine Anzeige sei, von wem diese stammte und aus welchem Anlass sie erstattet worden war. Wie im Fall 1 lag das Fehlverhalten nicht bei der Dienststelle und es war eine Zweckentfremdung der personenbezogenen Daten. Das Bußgeld lag bei 500 Euro.

Fazit für Interessenvertretungen

Beschäftigte im Öffentlichen Dienst müssen in Datenschutzunterweisungen erfahren, dass sie persönlich dafür haftbar gemacht werden können, wenn sie Vorgaben des Datenschutzes nicht einhalten.

Aus diesen Fällen lässt sich der Schluss ziehen, dass auch Personalratsmitglieder noch einen Grund mehr haben, sich an die Datenschutzgesetze zu halten.

Rechtsgrundlagen:

Art. 83 DSGVO, EG 148, 150, 151, §§ 41–43 BDSG

---

18 *Der Hessische Beauftragte für Datenschutz und Informationsfreiheit,* Achtundvierzigster Tätigkeitsbericht zum Datenschutz und Zweiter Tätigkeitsbericht zur Informationsfreiheit, 2019, S. 129.

s. Persönliche Strafen bei Datenschutzverstößen

Für Betriebs- und Personalratsmitglieder gibt es keine Strafen bei Datenschutzverstößen, wenn sie sich an die Datenschutzgesetze halten. Ignorieren sie sie aber grob fahrlässig oder mit Vorsatz, so können auch sie persönliche Strafen durch die Aufsichtsbehörde bekommen. Das gilt natürlich auch für alle Beschäftigten.

t. Datenschutzpannen

Wenn personenbezogenen Daten in fremde Hände gelangen, so handelt es sich um eine Datenschutzpanne, die der Aufsichtsbehörde gemeldet werden muss, *»es sei denn, dass die Verletzung des Schutzes personenbezogener Daten voraussichtlich nicht zu einem Risiko für die Rechte und Freiheiten natürlicher Personen führt.« (Art. 33 Abs. 1 DSGVO).*
Aber anders als im **alten** BDSG geht es dabei nicht mehr nur um besonders sensible Daten, sondern um alle personenbezogenen Daten, z. B. um Beschäftigtendaten.
Bei jeder Datenschutzpanne in Betrieben und Verwaltungen muss der Verantwortliche (= der Arbeitgeber) reagieren. Führt die Datenschutzpanne voraussichtlich nicht zu einem Risiko für die Rechte und Freiheiten von Menschen, so kann er die Panne intern regeln. Ist die Panne schwerwiegender, muss er in dreifacher Weise reagieren: intern, gegenüber der Aufsichtsbehörde und gegenüber den Betroffenen.
In der DSGVO regeln die *Art. 33 und Art. 34* das Vorgehen des Verantwortlichen bei einer Datenschutzpanne.
Liegt eine Datenschutzpanne vor, so muss der Verantwortliche

- prüfen, ob sie zu einem Risiko für die Rechte und Freiheiten der Person(en) führen kann (*Art. 33 Abs. 1 DSGVO*),
- diese unverzüglich und möglichst binnen 72 Stunden nach dem Bekanntwerden der zuständigen Aufsichtsbehörde melden.

Wird sie erst später gemeldet, *»so muss ihr eine Begründung für die Verzögerung beigefügt werden.«* (*Art. 33 Abs. 1 DSGVO*).
Ein Auftragsverarbeiter muss eine Datenschutzpanne unverzüglich dem Verantwortlichen melden, ist aber nicht zuständig für die Meldung an die Aufsichtsbehörde. Hierzu ist allein der Verantwortliche verpflichtet (*Art. 33 Abs. 2 DSGVO*).
Bei einer Datenschutzpanne müssen zudem die Betroffenen vom Verantwortlichen informiert werden.

In der Meldung der Datenschutzpanne an die Aufsichtsbehörde nach *Art. 33 Abs. 3 DSGVO* muss mindestens enthalten sein:

- eine (detaillierte) Beschreibung der Art der Verletzung des Schutzes personenbezogener Daten,
- soweit möglich mit Angabe der Kategorien und der ungefähren Zahl der betroffenen Personen, der betroffenen Kategorien und der ungefähren Zahl der betroffenen personenbezogenen Datensätze;
- den Namen und die Kontaktdaten des Datenschutzbeauftragten oder einer sonstigen Anlaufstelle für weitere Informationen;
- eine Beschreibung der wahrscheinlichen Folgen der Verletzung des Schutzes personenbezogener Daten;
- eine Beschreibung der von dem Verantwortlichen ergriffenen oder vorgeschlagenen Maßnahmen zur Behebung der Verletzung des Schutzes personenbezogener Daten und gegebenenfalls Maßnahmen zur Abmilderung ihrer möglichen nachteiligen Auswirkungen

Darüber hinaus muss der Verantwortliche die Datenschutzpanne *»einschließlich aller im Zusammenhang mit der Verletzung des Schutzes personenbezogener Daten stehenden Fakten, von deren Auswirkungen und der ergriffenen Abhilfemaßnahmen«* dokumentieren. Diese Dokumentation muss so konkret sein, dass die Aufsichtsbehörde überprüfen kann, ob die Bestimmungen des *Art. 33 DSGVO* eingehalten wurden (*Art. 33 Abs. 5 DSGVO*).

Natürlich müssen Datenschutzpannen auch des Gremiums gemeldet werden.

Die *Art. 33 und 35 DSGVO* ermöglichen Betriebs- und Personalräten, wie überhaupt das gesamte neue Datenschutzrecht, ihr Überwachungsrecht nach dem BetrVG und dem Personalvertretungsgesetz wahrzunehmen.

Mehr zu diesem Thema findet sich im Abschnitt »Information nach Datenschutzpannen«.

Rechtsgrundlage:

Art. 33 Abs. 1 DSGVO, EG 85–88

Literatur

Däubler/Wedde/Weichert/Sommer, EU-DSGVO und BDSG, 3. Aufl. 2024, S. 518–537

3. Rechte der Betroffenen

Neben der gerade angesprochenen Benachrichtigung von Betroffenen bei *Datenschutzpannen* gibt es in der DSGVO und im BDSG einige Pflichten des Verantwortlichen und Rechte von Betroffenen. Besonders wichtige sind die Informationspflicht von Verantwortlichen und die Auskunftsrechte von Betroffenen.

a. Informationspflichten des Arbeitgebers

Es gibt eine Reihe von Informationspflichten des Verantwortlichen gegenüber der Aufsichtsbehörde und den Beschäftigten. Der Verantwortliche muss auf die den Betroffenen zustehenden Rechte, auf Berichtigung, Löschung, Widerspruch, Widerruf der Einwilligung und die Möglichkeit zur Beschwerde bei der Aufsichtsbehörde hinweisen. Besteht eine Informationspflicht muss der Verantwortliche zudem auf das Auskunftsrecht hinweisen.

> **Wichtig:**
> Prinzipiell haben alle Betroffenen das Recht auf Auskunft über die von Ihnen gespeicherten Daten. Dazu gehört auch, warum sie gespeichert werden, woher die Daten stammen und an wen sie auf welcher gesetzlichen Grundlage weitergeben werden. Eine solche Auskunft ist kostenlos.

Rechtsgrundlagen:
Art. 13 Abs. 2 Buchst. b, c, d, Art. 14 Abs. 2 Buchst. c, d, e, Art. 15 Abs. 1 Buchst. e, f DSGVO, EG 60–62, § 32 BDSG

aa. Informationspflicht bei der Erhebung personenbezogener Daten bei der betroffenen Person

Der Arbeitgeber hat eine Informationspflicht bei der Erhebung personenbezogener Daten bei der betroffenen Person.
Er muss zum Zeitpunkt der Erhebung der personenbezogenen Daten der betroffenen Person nach *Art. 13 Abs. 1 DSGVO* folgendes mitteilen:

a. Name und Kontaktdaten des Verantwortlichen,
b. gegebenenfalls die Kontaktdaten des Datenschutzbeauftragten;
c. die Zwecke und die Rechtsgrundlage für die beabsichtigte Verarbeitung der personenbezogenen Daten
d. wenn die Verarbeitung auf *Art. 6 Abs. 1 Buchst. f DSGVO*, also für die berechtigten Interessen des Verantwortlichen oder eines Dritten beruht,
e. wer die Empfänger oder Kategorien von Empfängern der personenbezogenen Daten sind und
f. wenn der Verantwortliche beabsichtigt, die personenbezogenen Daten an ein Drittland zu übermitteln
g. den Hinweis, dass es geeignete oder angemessene Garantien gibt und die Möglichkeit davon eine Kopie zu erhalten, bzw. wo sie verfügbar sind.

Des Weiteren müssen nach *Art. 13 Abs. 2 DSGVO* zusätzlich mitgeteilt werden:

a. die Dauer, für die die Daten gespeichert werden oder, falls dies nicht möglich ist, die Kriterien für die Festlegung dieser Dauer (also wann sie gelöscht werden);
b. das Bestehen eines Rechts auf Auskunft seitens des Verantwortlichen über die betreffenden personenbezogenen Daten sowie auf Berichtigung oder Löschung oder auf Einschränkung der Verarbeitung oder eines Widerspruchsrechts gegen die Verarbeitung sowie des Rechts auf Datenübertragbarkeit;
c. das Bestehen eines Rechts, die Einwilligung jederzeit zu widerrufen;
d. das Bestehen eines Beschwerderechts bei einer Aufsichtsbehörde;
e. ob die Bereitstellung der personenbezogenen Daten gesetzlich oder vertraglich vorgeschrieben oder für einen Vertragsabschluss erforderlich ist, ob die betroffene Person verpflichtet ist, die personenbezogenen Daten bereitzustellen, und welche möglichen Folgen die Nichtbereitstellung hätte und
f. ob eine automatisierte Entscheidungsfindung einschließlich Profiling (siehe Kapitel 2. b. »Begriffe in der DSGVO und im BDSG und ihre Bedeutung. Stichwort ›Bewertung durch Profiling‹«) besteht. In die-

sem Fall muss der Arbeitgeber auch aussagekräftige Informationen über die involvierte Logik (Methoden und Kriterien der Datenverarbeitung, Bildung eines Algorithmus), sowie die möglichen Folgen einer derartigen Verarbeitung für die betroffene Person mitteilen.

Bei einer Zweckänderung müssen nach *Art. 13 Abs. 3 DSGVO* zusätzlich folgende Informationen mitgeteilt werden:

- ob die personenbezogenen Daten für einen anderen Zweck weiterverarbeitet werden sollen, als für den Zweck, zu dem sie erhoben wurden
- dann müssen vor dieser Weiterverarbeitung Informationen über den anderen Zweck und alle anderen maßgeblichen Informationen zur Verfügung gestellt werden (dieser Teil der Vorschrift wird im *§ 32 BDSG* präzisiert – siehe unten).

Ist der Betroffene schon vorher über die oben aufgelisteten Inhalte nach *Art. 13 Abs. 2 DSGVO* informiert, so muss der Verantwortliche keine erneute Information vornehmen *(Art. 13 Abs. 4 DSGVO).*

Nach *§ 32 BDSG* muss der Verantwortliche bei einer Zweckänderung die Betroffenen *nicht* informieren, bei

- analog gespeicherten Daten (also ohne Einsatz eines PCs)
- Gefährdung der Erfüllung öffentlicher Aufgaben
- Gefährdung der öffentlichen Sicherheit und Ordnung
- Beeinträchtigung rechtlicher Ansprüche
- Bruch zugesagter Vertraulichkeit.

Rechtsgrundlagen:
Art. 13 DSGVO, EG 60–62, § 32 BDSG

bb. Informationspflicht, wenn die personenbezogenen Daten nicht bei der betroffenen Person erhoben wurden

Das, was den Betroffenen mitgeteilt werden muss, unterscheidet sich erst einmal nicht von den Informationspflichten, die bei der Erhebung personenbezogener Daten bei der betroffenen Person entstehen.

Allerdings gibt es eine Reihe von Ausnahmen. Es besteht nach *Art. 14 Abs. 5 DSGVO keine* Informationspflicht, wenn

- die betroffene Person bereits über die Informationen verfügt,
- die Erteilung dieser Informationen sich als unmöglich erweist oder einen unverhältnismäßigen Aufwand erfordern würde. Der Verantwortliche muss dann geeignete Maßnahmen zum Schutz der Rechte und Freiheiten sowie der berechtigten Interessen der betroffenen Person, einschließlich der Bereitstellung dieser Informationen für die Öffentlichkeit treffen,

- die Erlangung oder Offenlegung durch Rechtsvorschriften (z. B. Lohnsteuer, Sozialabgaben) ausdrücklich geregelt ist,
- die Daten dem Berufsgeheimnis unterliegen.

Der *§ 33 BDSG* ergänzt die gerade genannten Ausnahmen: Dabei unterscheidet der Paragraf zwischen *öffentlichen und nicht-öffentlichen* Stellen: Eine öffentliche Stelle muss die betroffene Person *nicht* informieren, wenn

- die ordnungsgemäße Erfüllung der Aufgaben gefährdet würde,
- die öffentliche Sicherheit oder Ordnung gefährden würde,
- dem Wohl des Bundes oder eine Landes Nachteile bereitet würden.

Durch eine nicht-öffentliche Stelle muss die betroffene Person *nicht i*nformiert werden, wenn

- zivilrechtliche Ansprüche beeinträchtigen würden,
- die Verarbeitung Daten aus zivilrechtlichen Verträgen beinhaltet und der Verhütung von Schäden durch Straftaten dient (sofern nicht das berechtigte Interesse der betroffenen Person an der Informationserteilung überwiegt)
- wenn das Bekanntwerden der Daten die öffentliche Sicherheit oder Ordnung gefährden oder sonst dem Wohl des Bundes oder eines Landes Nachteile bereiten würde (wenn die zuständige öffentliche Stelle dies dem Verantwortlichen mitteilt)

Rechtsgrundlagen:
Art. 14 DSGVO, EG 60–62, § 33 BDSG

b. Information nach Datenschutzpannen

Entsteht durch die Datenschutzpanne ein Risiko für die persönlichen Rechte und Freiheiten einer Person, so müssen Betroffene direkt vom Verantwortlichen benachrichtigt werden. Das gilt, anders als im alten BDSG, auch für öffentliche Stellen.

Diese Benachrichtigung muss *»in klarer und einfacher Sprache die Art der Verletzung des Schutzes personenbezogener Daten«* darlegen und *»zumindest die in Art. 33 Abs. 3 Buchst. b, c und d DSGVO genannten Informationen und Maßnahmen«* enthalten (*Art. 34 DSGVO*).

Im *Art. 33 Abs. 3 Buchst. b, c und d DSGVO* sind das

- Namen und die Kontaktdaten des Datenschutzbeauftragten oder einer sonstigen Anlaufstelle für weitere Informationen;
- eine Beschreibung der wahrscheinlichen Folgen der Verletzung des Schutzes personenbezogener Daten;

- eine Beschreibung der von dem Verantwortlichen ergriffenen oder vorgeschlagenen Maßnahmen zur Behebung der Verletzung des Schutzes personenbezogener Daten und gegebenenfalls Maßnahmen zur Abmilderung ihrer möglichen nachteiligen Auswirkungen.

Keine Benachrichtigung ist notwendig, wenn eine der folgenden Bedingungen erfüllt ist:

- Durch erneute technische und organisatorische Sicherheitsvorkehrungen sind die personenbezogenen Daten geschützt (etwa durch Verschlüsselung);
- nachfolgende Maßnahmen durch den Verantwortlichen haben sichergestellt, dass das hohe Risiko aller Wahrscheinlichkeit nach nicht mehr besteht;
- wenn eine persönliche Benachrichtigung ein unverhältnismäßiger Aufwand wäre. Dann würde eine öffentliche Bekanntmachung oder eine ähnliche Maßnahme ausreichen.

Hat der Verantwortliche die betroffene Person nicht benachrichtigt, kann die Aufsichtsbehörde von dem Verantwortlichen verlangen, dies nachzuholen und die Inhalte der Benachrichtigung festlegen. Sie kann aber auch feststellen, dass eine der Voraussetzungen für eine Nicht-Benachrichtigung erfüllt ist.

Verstöße gegen *Art. 33 und 34 DSGVO* können mit Sanktionen belegt werden (siehe Abschnitt 2.q. »Sanktionen bei Verstößen«).

Rechtsgrundlage:

Art. 34 DSGVO, EG 84–88

Literatur

Däubler/Wedde/Weichert/Sommer, EU-DSGVO und BDSG, 3. Aufl. 2024, S. 518–537

c. Auskunftsrecht Betroffener

Nach *Art. 15 Abs. 1 DSGVO* haben Betroffene das Recht vom Verantwortlichen folgende Informationen abzufragen:

- die Verarbeitungszwecke;
- die Kategorien personenbezogener Daten, die verarbeitet werden;
- die Empfänger oder Kategorien von Empfängern;

- falls möglich die geplante Dauer, für die die personenbezogenen Daten gespeichert werden, oder, falls dies nicht möglich ist, die Kriterien für die Festlegung dieser Dauer (also Löschfristen);
- das Bestehen eines Rechts auf Berichtigung oder Löschung der sie betreffenden personenbezogenen Daten oder auf Einschränkung der Verarbeitung durch den Verantwortlichen oder eines Widerspruchsrechts gegen diese Verarbeitung;
- das Bestehen eines Beschwerderechts bei einer Aufsichtsbehörde;
- wenn die personenbezogenen Daten nicht bei der betroffenen Person erhoben werden, alle verfügbaren Informationen über die Herkunft der Daten;
- ob eine automatisierte Entscheidungsfindung einschließlich Profiling vorliegt, nach welchen Kriterien dies geschieht und welche Folgen und angestrebten Auswirkungen das für die betroffene Person haben kann.

Art. 15 Abs. 2 DSGVO regelt das Informationsrecht bei der Übermittlung personenbezogener Daten an ein Drittland oder an eine internationale Organisation. Betroffene Personen haben das Recht, über die geeigneten Garantien für den Datenschutz gemäß *Art. 46 DSGVO* im Zusammenhang mit der Übermittlung unterrichtet zu werden.

Art. 15 Abs. 3 DSGVO verpflichtet den Verantwortlichen dazu, eine Kopie der personenbezogenen Daten, die Gegenstand der Verarbeitung sind, dem Betroffenen zur Verfügung zu stellen.

Kein Auskunftsrecht

Zu den gerade behandelten Informationsrechten (*Art. 15 DSGVO*) gibt es Einschränkungen, die in unterschiedlichen Paragrafen geregelt sind.

Kein Auskunftsrecht besteht:

- Wenn eine Auskunft voraussichtlich die Forschungs- oder Statistikzwecke unmöglich machen oder ernsthaft beinträchtigen würde und die Beschränkung der Auskunft für die Erfüllung der Forschungs- oder Statistikzwecke notwendig ist *(Art. 14 Abs. 5 Buchst. b DSGVO, § 28 Abs. 2 BDSG).*
- Wenn die Daten für Zwecke der wissenschaftlichen Forschung erforderlich sind und die Auskunftserteilung einen unverhältnismäßigen Aufwand erfordern würde *(§ 27 Abs. 2 BDSG).*
- Wenn das Archivgut nicht durch den Namen der Person erschlossen ist oder keine Angaben gemacht werden, die das Auffinden des betreffenden Archivguts mit vertretbarem Verwaltungsaufwand ermöglichen *(§ 28 Abs. 2 BDSG).*

- Soweit durch die Auskunft Informationen offenbart würden, die nach einer Rechtsvorschrift oder ihrem Wesen nach, insbesondere wegen der überwiegenden berechtigten Interessen eines Dritten, geheim gehalten werden müssen (§ 29 Abs. 1 Satz 2 BDSG).
- Wenn die Daten bei Dritten erhoben wurden *(§ 33 Abs. 1 Nr. 1, 2 Buchst. b, Abs. 3 BDSG)*
- Wenn die Daten
  - nur deshalb gespeichert sind, weil sie aufgrund gesetzlicher oder satzungsmäßiger Aufbewahrungsvorschriften nicht gelöscht werden dürfen, oder
  - ausschließlich Zwecken der Datensicherung oder der Datenschutzkontrolle dienen und die Auskunftserteilung einen unverhältnismäßigen Aufwand erfordern würde sowie eine Verarbeitung zu anderen Zwecken durch geeignete technische und organisatorische Maßnahmen ausgeschlossen ist (*§ 34 Abs. 1 Nr. 2 BDSG).*

Rechtsgrundlagen:
Art. 14 Abs. 5 Buchst. b DSGVO, §§ 27 Abs. 2, 28 Abs. 2 BDSG, § 33 Abs. 1 Nr. 1, 2 Buchst. b, Abs. 3 BDSG, § 34 Abs. 1 Nr. 2 BDSG

d. Wie müssen die Informationen aussehen?

Besteht für den Arbeitgeber die Pflicht einer Mitteilung an Betroffene, so müssen die Informationen präzise und in einer klaren und einfachen Sprache abgefasst sein und in einem leicht zugänglichen Dateiformat zur Verfügung gestellt werden.
Die Informationen müssen innerhalb eines Monats nach Eingang des Antrags der betroffenen Person erfolgen. Nur wenn es besonders kompliziert ist die Anfrage zu beantworten oder wenn es sehr viele Anfragen gibt, kann die Frist um weitere zwei Monate verlängert werden. Diese Fristverlängerung und die Gründe dafür müssen dem Betroffenen mitgeteilt werden.

Rechtsgrundlage:
Art. 12 DSGVO, EG 58, 59

e. Übersicht über Regelungen und Ausnahmen bei der Informationspflicht und Auskunftsrechte

Die entsprechenden Regelungen und Ausnahmen finden sich sowohl in der DSGVO wie auch im BDSG. Die nachfolgenden Tabellen geben eine Übersicht zu den Informationspflichten und Auskunftsrechten.[19]
Dabei muss immer unterschieden werden, wo die personenbezogenen Daten erhoben worden sind – bei der betroffenen Person oder bei einer dritten Quelle – und ob ein Auskunftsanspruch besteht.

Informations- und Auskunftsrecht besteht …	**Erhebung bei der betroffenen Person Art. 13 DSGVO**	**Erhebung aus dritter Quelle Art. 14 DSGVO**	**Auskunftsanspruch des Betroffenen Art. 14 DSGVO**
Zweck der Verarbeitung Ein Verantwortlicher muss eindeutig und ganz konkret angeben, warum er die Daten verarbeiten will, z. B. für die Personalakte und die Gehaltsabrechnung. *Art. 13 Abs. 1 Buchst. c, 14 Abs. 1 Buchst. c, 15 Abs. 1 Buchst. a DSGVO*	X	X	X
Absicht der Übermittlung und Empfänger bzw. Empfängerkategorien Der Verantwortlich muss mitteilen, ob die Daten an Dritte übermittelt werden sollen. Er muss die Kategorien an Empfängern nennen, z. B. Steuerberater, Banken, Finanzamt. *Art. 13 Abs. 1 Buchst. e, 14 Abs. 1 Buchst. e, 15 Abs. 1 Buchst. c DSGVO*	X	X	X

19 Die inhaltlichen Grundlagen der beiden Tabellen sind der Broschüre »DSGVO – BDSG. Texte und Erläuterung (Info 1)« des Bundesbeauftragten für den Datenschutz und die Informationsfreiheit, 2022 S. 48–63 entnommen.

Informations- und Auskunftsrecht besteht …	**Erhebung bei der betroffenen Person Art. 13 DSGVO**	**Erhebung aus dritter Quelle Art. 14 DSGVO**	**Auskunftsanspruch des Betroffenen Art. 14 DSGVO**
Speicherdauer und -kriterien Wie lange die Daten gesichert werden sollen oder nach welchen Kriterien sich die Speicherdauer ergibt. *Art. 13 Abs. 2 Buchst. a, 14 Abs. 2 Buchst. a, 15 Abs. 1 Buchst. d DSGVO*	X	X	X
Hinweis auf Ihre Rechte Neben dem Auskunftsrecht gehören auch die übrigen Rechte dazu, wie Benachrichtigung, Löschung, Widerspruch, Widerruf der Einwilligung, Beschwerde bei der Aufsichtsbehörde. *Art. 13 Abs. 2 Buchst. b, c, d, Art. 14 Abs. 2 Buchst. c, d, e, Art. 15 Abs. 1 Buchst. e, f DSGVO*	X	X	X
Hinweis auf automatische Entscheidungsfindung Wenn auf Grundlage der persönlichen Daten eine automatisierte Entscheidung gefällt werden soll, die rechtlich oder in einer anderen Weise erheblich ist. Dazu gehört auch Profiling. *Art. 13 Abs. 2 Buchst. f, 14 Abs. 2 Buchst. g, 15 Abs. 1 Buchst. h DSGVO*	X	X	X
Kontaktdaten des Verantwortlichen sowie seines Datenschutzbeauftragten Gibt es einen Datenschutzbeauftragten, so müssen auch diese Kontaktdaten genannt werden. *Art. 13 Abs. 1 Buchst. a, b, 14 Abs. 1 Buchst. a, b DSGVO*	X	X	

Übersicht über Regelungen und Ausnahmen bei der Informationspflicht

Informations- und Auskunftsrecht besteht …	**Erhebung bei der betroffenen Person Art. 13 DSGVO**	**Erhebung aus dritter Quelle Art. 14 DSGVO**	**Auskunftsanspruch des Betroffenen Art. 14 DSGVO**
Rechtsgrundlage der Verarbeitung Normalerweise ergibt sie sich aus dem Art. 6 Abs. 1 DSGVO. Eventuell muss sie durch weitere Artikel aus der DSGVO und Paragrafen des BDSG ergänzt werden. *Art. 13 Abs. 1 Buchst. c, 14 Abs. 1 Buchst. c DSGVO*	X	X	
Berechtigte Interessen des Verantwortlichen Der Verantwortliche muss sein berechtigtes Interesse an den personenbezogenen Daten anhand der DSGVO nachweisen. *Art. 13 Abs. 1 Buchst. d, 14 Abs. 2 Buchst. b DSGVO*	X	X	
Absicht der Zweckänderung Plant der Verantwortliche eine Zweckänderung für die von ihm schon erhobenen personenbezogenen Daten, so muss er dies mitteilen. Ebenso »alle anderen maßgeblichen Informationen gemäß Absatz 2«. *Ausnahme:* Die Informationen liegen den Betroffenen schon vor. *Art. 13 Abs. 3, 14 Abs. 4 DSGVO*	X	X	
Die eigenen personenbezogenen Daten Die personenbezogenen Daten müssen der betroffenen Person selbst ausgehändigt werden. *Art. 5, 14, 15 Abs. 1 DSGVO*			X

Informations- und Auskunftsrecht besteht …	**Erhebung bei der betroffenen Person Art. 13 DSGVO**	**Erhebung aus dritter Quelle Art. 14 DSGVO**	**Auskunftsanspruch des Betroffenen Art. 14 DSGVO**
Kategorien der verarbeiteten Daten Die Kategorien der verarbeiteten Daten müssen der betroffenen Person mitgeteilt werden. *Art. 14 Abs. 1 Buchst. d, 15 Abs. 1 Buchst. b DSGVO*		X	X
Quelle der Daten Der Verantwortliche muss die Quellen seiner Daten angeben. *Art. 14 Abs. 2 Buchst. f, 15 Abs. 1 Buchst. g DSGVO*		X	X
Pflicht zur Verarbeitung Der Verantwortliche muss darüber informieren, ob die personenbezogenen Daten gesetzlich oder vertraglich vorgeschrieben sind oder für einen Vertragsabschluss notwendig sind. Zudem muss er darüber informieren, ob der Betroffene zur Bereitstellung der Daten verpflichtet ist, und über die Folgen einer Verweigerung der Daten. *Art. 13 Abs. 2 Buchst. e DSGVO*		X	

Es gibt auch Gründe, um eine Auskunft zu verweigern, beispielsweise wenn durch eine Auskunft die öffentliche Sicherheit oder Ordnung gefährdet würde. Diese Ausnahmen sind im Folgenden zusammengefasst.

Übersicht über Regelungen und Ausnahmen bei der Informationspflicht

Keine Informationspflicht und Auskunftsrecht besteht …	Erhebung bei der betroffenen Person Art. 13 DSGVO	Erhebung aus dritter Quelle Art. 14 DSGVO	Auskunftsanspruch von Betroffenen Art. 15 DSGVO
Wenn die Aufgabenerfüllung einer öffentlichen Stelle gefährdet ist Wenn die Wahrnehmung der Rechte der betroffenen Person die Aufgabenerfüllung einer öffentlichen Stelle gefährdet. Aber nur, wenn die Interessen der betroffenen Person nicht überwiegen. *§§ 32 Abs. 1 Nr. 2, 33 Abs. 1 Nr. 1 Buchst. a, 34 Abs. 1 Nr. 1 BDSG*	X*	X	X
Wenn die öffentliche Sicherheit und Ordnung gefährdet ist Das gilt auch, wenn dem Wohl des Bundes oder eines Landes Nachteile entstehen würden. Aber nur, wenn die Interessen der betroffenen Person nicht überwiegen. *§§ 32 Abs. 1 Nr. 3, 33 Abs. 1 Nr. 1 Buchst. b, 34 Abs. 1 Nr. 1 BDSG*	X*	X	X
Wenn Betroffene bereits über die Informationen verfügen *Art. 13 Abs. 4, Art. 14 Abs. 5 Buchst. a DSGVO*	X	X	
Für Forschung, Wissenschaft, Archive Wenn ansonsten Forschungs- oder Statistikzwecke unmöglich gemacht oder ernsthaft beeinträchtigen würden. Dies gilt zudem auch dann, wenn Daten für wissenschaftliche Zwecke erforderlich sind und eine Auskunft über die Daten einen unverhältnismäßigen Aufwand erfordern würde. *Art. 14 Abs. 5 Buchst. b DSGVO, §§ 27 Abs. 2, § 28 Abs. 2 BDSG*		X	X

<u>Keine</u> Informationspflicht und Auskunftsrecht besteht …	Erhebung bei der betroffenen Person Art. 13 DSGVO	Erhebung aus dritter Quelle Art. 14 DSGVO	Auskunftsanspruch von Betroffenen Art. 15 DSGVO
Für den Schutz allgemein anerkannter Geheimnisse Dritter *Art. 14 Abs. 5 Buchst. c DSGVO, § 29 Abs. 1 BDSG*		X	X
Bei Übermittlung an Sicherheitsbehörden Anfragen an deutsche Nachrichtendienste oder wenn dadurch die Sicherheit der Bunderepublik Deutschlands berührt wird. Im Einzelfall können die Behörden Auskünfte erteilen. *§§ 33 Abs. 3, 34 Abs. 1 Nr. 1 BDSG*		X	X
Durch einen unverhältnismäßigen Aufwand Wenn es nur ein als gering anzusehendes Interesse des Betroffenen an den Daten gibt und die Erhebung beim Betroffenen ein unverhältnismäßiger Aufwand bedeuten würde. *Art. 14 Abs. 5 Buchst. b DSGVO, §§ 32, Abs. 1 Nr. 1, 34 Abs. 4 BDSG*	X*	X	X
Wenn die Übermittlung an eine öffentliche Stelle durch die Anfrage gefährdet ist *§ 32 Abs. 1 Nr. 5 BDSG*	X*		
Bei der Geltendmachung von Ansprüchen Wenn dadurch die Verfolgung von rechtlichen Ansprüchen gefährdet sein könnte und die Interessen des Betroffenen nicht überwiegen. *§ 32 Abs. 1 Nr. 4 BDSG*	X*		

<u>Keine</u> Informationspflicht und Auskunftsrecht besteht …	Erhebung bei der betroffenen Person Art. 13 DSGVO	Erhebung aus dritter Quelle Art. 14 DSGVO	Auskunftsanspruch von Betroffenen Art. 15 DSGVO
Durch eine vertragliche oder gesetzliche Aufbewahrungspflicht Wenn Daten von Betroffenen aufgrund gesetzlicher, satzungsgemäßer oder vertraglicher Aufbewahrungsfristen nicht gelöscht werden dürfen, nur der Datensicherung dienen, eine anderweitige Verarbeitung ausgeschlossen ist und eine Auskunftserteilung unverhältnismäßig aufwendig wäre. *§ 34 Abs. 1 Nr. 2 BDSG*			X
Aufgrund anderer Rechtsvorschriften Soweit der Verantwortliche personenbezogene Daten auf der Grundlage von europäischen oder nationalen Gesetzen erheben darf und diese Gesetze ohnehin schon den Schutz der Interessen der betroffenen Person vorsehen. *Art. 14 Abs. 5 Buchst. d DSGVO*		X	

* Seine Informationspflicht und das Auskunftsrecht eines Betroffenen *muss* der Verantwortliche erfüllen, wenn die Daten bei der betroffenen Person erhoben wurden *und* der Verantwortliche die Daten für andere als die ursprünglich vorgesehen Zwecke nutzen möchte. Verarbeitet der Verantwortliche allerdings die Daten für die ursprünglichen Zwecke, so gelten die mit * versehenen Ausnahmen nicht.

f. Recht auf Berichtigung

Sind Daten unrichtig, so haben Betroffene ein Recht darauf, dass sie unverzüglich berichtigt werden, das heißt ohne schuldhafte Verzögerung seitens des Verantwortlichen (*Art. 16 DSGVO).*

Kommt es zu einer Datenschutzpanne, so muss unter Umständen der Betroffene darüber informiert werden (*Art. 34 DSGVO* siehe Kapitel 2. s.

»Datenschutzpannen« und 3. b. »Information nach Datenschutzpannen«).

Rechtsgrundlagen:
Art. 16 DSGVO, EG 65, Art. 34 DSGVO, EG 84–88

g. Recht auf Löschung (»Recht auf Vergessenwerden«)

Betroffene haben das Recht auf Löschung von personenbezogenen Daten, wenn
- die Daten von vornherein unrechtmäßig verarbeitet wurden
- die Daten nicht mehr notwendig sind
- sie ihre Einwilligung in die Datenverarbeitung widerrufen haben und es keine weitere Rechtsgrundlage für die Verarbeitung gibt
- sie Widerspruch gegen die Verarbeitung eingelegt haben und es keine schützenswerten Gründe auf Seiten des Verantwortlichen gibt
- die Löschung aufgrund von anderen Rechtsgrundlagen notwendig ist
- wenn ein Kind oder Jugendlicher sich eigenständig bei einem sozialen Netzwerk oder Diensten der Informationsgesellschaft angemeldet hat

Kein Recht auf Löschung besteht, wenn
- Betroffenendaten im Rahmen der freien Meinungsäußerung und Information verwendet werden, z. B. in sozialen Netzwerken oder Bewertungsportalen
- die Verarbeitung der Geltendmachung von Rechtsansprüchen dient
- die Verarbeitung der Daten einer legitimen öffentlichen Aufgabe oder dem öffentlichen Interesse dient, z. B. öffentliche Gesundheit
- die Verarbeitung der Daten für Zwecke der Forschung, Wissenschaft oder Statistik erforderlich ist und deren Löschung dies unmöglich machen oder zumindest ernsthaft beeinträchtigen würde
- in Fällen nicht automatisierter Datenverarbeitung (siehe *§ 35 BDSG*)

> **Wichtig:**
> Ein Verantwortlicher muss auch ohne Aufforderung durch Betroffene personenbezogene Daten löschen, wenn er die Daten für den jeweiligen Zweck nicht mehr benötigt. (*Art. 5 Abs. 1 Buchst. b, e DSGVO)*

Zum Recht auf Vergessenwerden gehört es auch, dass der Verantwortliche versuchen muss, andere Stellen zu informieren, die die von ihm erstellten Daten eines Betroffenen verarbeiten, damit die Daten dort ebenfalls gelöscht werden.

Rechtsgrundlagen:
Art. 17 Abs. 1 bis 3 DSGVO, EG 65–66, § 35 BDSG

Literatur
DSK Kurzpapier 11, Recht auf Löschung-Recht auf Vergessenwerden

h. Einschränkung der Verarbeitung

Gibt es berechtigte Gründe gegen eine Verarbeitung personenbezogener Daten, so können Betroffene eine Einschränkung der Verarbeitung verlangen. Während dieser Einschränkung dürfen die Daten nur noch gespeichert, aber nicht mehr auf andere Weise verarbeitet werden.
Eine Verarbeitung muss auf Verlangen eingeschränkt werden (*Art. 18 Abs. 1 Buchst. a bis d DSGVO)*, wenn

- die Richtigkeit der personenbezogenen Daten von der betroffenen Person bestritten wird (Sperrung bis der Verantwortliche die Daten überprüft hat),
- der Betroffene statt einer Löschung ausdrücklich eine Einschränkung der Verarbeitung verlangt,
- der Verantwortliche die Daten nicht mehr für eigene Zwecke benötigt, der Betroffene die Daten aber noch für die Verfolgung eigener Rechtsansprüche nutzen möchte,
- vom Betroffenen Widerspruch gegen die Verarbeitung eingelegt wurde, aber noch geprüft werden muss, ob nicht die Gründe des Verantwortlichen überwiegen.

Eine Einschränkung der Verarbeitung gibt es nicht, wenn in Forschung und Statistik der ursprüngliche Zweck durch die Einschränkung der Verarbeitung nicht mehr erreicht oder ernsthaft beeinträchtigt würde (*§ 27 Abs. 2 BDSG)*.
Ebenso ist es bei im öffentlichen Interesse stehenden Archivzwecken. Fordert ein Betroffener die Einschränkung der Verarbeitung wegen der Geltendmachung von Rechtsansprüchen, so stehen sie über den Archivzwecken (*§ 28 Abs. 4 BDSG)*.

Rechtsgrundlage:
Art. 18 DSGVO, EG 67

i. Mitteilungspflicht bei Berichtigung, Einschränkung oder Löschung

Jede Berichtigung, Einschränkung der Verarbeitung oder Löschung muss der Verantwortliche allen Empfängern der Daten mitteilen, die sich aus den *Art. 16, Art. 17 Abs. 1 und Art. 18 DSGVO* ergeben. Der Verantwortliche hat also dafür zu sorgen, dass alle, ganz konkret benennbaren Empfänger diese Informationen erhalten.
Ausnahme: Der Verantwortliche muss die Mitteilungen nicht versenden, wenn dies unmöglich oder mit einem unverhältnismäßigen Aufwand verbunden ist (*Art. 19 DSGVO).*

Rechtsgrundlagen:
Art. 16, Art. 17 Abs. 1 und Art. 18 DSGVO

j. Recht auf Datenübertragbarkeit

Damit die personenbezogenen Daten bei einem Wechsel zwischen verschiedenen Anbietern, beispielsweise Banken, Versicherungen, sozialen Netzwerken oder anderen Unternehmen nicht immer erneut mitgeteilt werden müssen, gibt es im neuen Datenschutzrecht das Recht auf Datenübertragbarkeit.
Unter bestimmten Voraussetzungen kann man die eigenen Daten zu einem anderen Anbieter »mitnehmen«.
Der Verantwortliche muss dann die Daten eines Betroffenen in einem gängigen, maschinenlesbaren Format an die betroffene Person oder – wenn technisch möglich – an einen vom Betroffen benannten Dritten herausgeben.
Voraussetzungen für eine Datenübertragung:
- die betroffene Person gibt ihre Einwilligung oder
- es liegt ein Vertrag zwischen dem Betroffen und dem Verantwortlichen vor und

- die Datenübertragung wird mithilfe automatisierter Verfahren durchgeführt

Wenn es technisch möglich ist, kann ein Betroffener verlangen, dass die Daten direkt an einen anderen Verantwortlichen gesendet werden.
Keine Datenübertragbarkeit erfolgt, wenn

- die Verarbeitung eine öffentliche Aufgabe ist oder
- Archivzwecken dient oder
- aufgrund eines überwiegenden berechtigten Interesses des Verantwortlichen erfolgt.

Rechtsgrundlage:
Art. 20 DSGVO, EG 68

k. Widerspruchsrecht

Es ist möglich einer an sich rechtmäßigen Datenverarbeitung der personenbezogenen Daten zu widersprechen. Ist dies geschehen, darf der Verantwortliche die Daten zu den von ihm vorgesehen Zwecken nicht mehr bearbeiten.
Bei der Verarbeitung von Daten für Direktwerbung, gibt es ein uneingeschränktes Widerspruchsrecht und eine Begründung ist dafür nicht notwendig.
Kein Widerspruchsrecht – Ausnahmen:

- der Verantwortliche kann einen zwingend schutzwürdigen Grund nachweisen, der gegenüber den Interessen des Betroffenen überwiegt
- wenn eine öffentliche Stelle durch Rechtsvorschrift zur Verarbeitung verpflichtet ist
- wenn eine öffentliche Stelle an der Verarbeitung ein zwingendes öffentliches Interesse hat
- wenn dadurch Forschungs- oder Statistikprojekte ernsthaft beeinträchtigt werden würden

> **Wichtig:**
> Betroffene müssen ausdrücklich, in verständlicher Form und getrennt von jeglicher anderen Information, auf das Widerspruchsrecht hingewiesen werden!

Rechtsgrundlagen:
Art. 21 DSGVO, EG 69, 70, § 36 BDSG

l. Recht auf Widerruf einer Einwilligung

Zumeist versuchen Verantwortliche von den Betroffenen eine freiwillige Einwilligung zur Verarbeitung der personenbezogenen Daten zu bekommen. Damit sie rechtsgültig ist, müssen einige Bedingungen erfüllt sein.
Die Einwilligung
- muss freiwillig erfolgen,
- in verständlicher und leicht zugänglicher Form in einer klaren und einfachen Sprache erfolgen,
- muss von anderen Sachverhalten klar zu unterscheiden sein,
- darf nur dann die Bedingung für den Abschluss eines Vertrags oder die Inanspruchnahme einer Dienstleistung sein, wenn die Daten dafür auch notwendig sind.
- Auf das Recht zum Widerruf der Einwilligung muss der für die Datenverarbeitung Verantwortliche gesondert hinweisen.

Eine Einwilligung kann jederzeit widerrufen werden. *»Der Widerruf der Einwilligung muss so einfach sein, wie die Erteilung der Einwilligung« (Art. 7 Abs. 3 DSGVO).*
Die bis zum Widerruf schon verarbeiteten Daten bleiben rechtmäßig.

Rechtsgrundlage:
Art. 7 DSGVO, EG 42, 43, 181

m. Recht auf nicht-automatisierte Entscheidung

Damit eine Maschine nicht über Menschen entscheidet, dürfen Entscheidungen, die für Betroffene eine rechtliche Folge nach sich ziehen oder diese erheblich beeinträchtigen, nicht alleine aufgrund der automatisierten Verarbeitung personenbezogener Daten erfolgen. Daher gibt es ein Recht auf nicht-automatisierte Entscheidung, einschließlich Profiling (siehe Kapitel 2. b. »Begriffe in der DSGVO und im BDSG und ihre Bedeutung. Stichwort ›Bewertung durch Profiling‹«).

Ausnahmen

Eine automatisierte Entscheidung ist erlaubt, wenn
- sie für die Erfüllung eines Vertrags erforderlich ist oder
- aufgrund von anderen Rechtsvorschriften (Gesetze, Verordnungen) erlaubt ist und diese

- angemessene Maßnahmen zur Wahrung der Rechte und Freiheiten sowie der berechtigten Interessen der betroffenen Person enthalten oder
- wenn Betroffene ihr ausdrücklich zugestimmt haben.
- Weitere Ausnahmen gibt es beim Scoring und Bonitätsauskünften (*§ 31 BDSG*) und
- bei der Leistungserbringung nach einem Versicherungsvertrag (*§ 37 BDSG*)

Rechtsgrundlagen:
Art. 22 DSGVO, §§ 31, 37 BDSG

n. Rechte gegenüber der Aufsichtsbehörde

Gibt es Probleme beim Datenschutz so haben Betroffene, aber auch gesetzliche Interessenvertretungen das Recht sich direkt an die zuständige Aufsichtsbehörde zu wenden.

Rechtsgrundlage:
Art. 77 DSGVO, EG 141

o. Recht auf Rechtsbehelf gegen Verantwortliche oder Auftragsverarbeiter

Betroffene haben das Recht auf einen wirksamen gerichtlichen Rechtsbehelf gegen Verantwortliche oder Auftragsverarbeiter, wenn sie der Ansicht sind, dass ihre Rechte nach der DSGVO verletzt wurden. Das bedeutet, dass eine Klage möglich ist. Dabei muss niemand befürchten dorthin reisen zu müssen, wo der Verantwortliche seinen Standort hat. Betroffene können den Gerichtsstand wählen, also beim Gericht »vor der Tür« klagen (Urteil VGH Kassel 1. 12. 2022 (Az.: 10 B 1898/22).

Rechtsgrundlage:
Art. 79 DSGVO, EG 145
§ 44 BDSG

4. Beschäftigtendatenschutz – die Präzisierung durch den § 26 BDSG

Durch die Öffnungsklausel des *Art. 88 Abs. 1 DSGVO* kann jedes Mitgliedsland der Europäischen Union u. a. den Beschäftigtendatenschutz in einem eigenen Gesetz regeln: Das hat Deutschland mit dem BDSG umgesetzt, wobei wie im Abschnitt »Wann gilt welches Gesetz?« (Kapitel 1. j.) schon dargelegt wurde, dass die DSGVO zunächst die Grundlage für den Datenschutz in der EU und damit in Deutschland ist. Das BDSG erweitert »nur« den Datenschutz mit Präzisierungen für Deutschland. Beim Beschäftigtendatenschutz ist dies insbesondere der *§ 26 BDSG »Datenverarbeitung für Zwecke des Beschäftigungsverhältnisses«*.
Allerdings beinhaltet der *Art. 88 Abs. 1 DSGVO* klare Regeln (Normen), wie eine solche länderspezifische Regelung aussehen darf.
Der Europäischen Gerichtshofs (EuGH) hat am 30. 3. 2023 entschieden, dass *§ 26 Abs. 1 Satz 1 BDSG* nicht auf die Öffnungsklausel des *Art. 88 Abs. 1 DSGVO* gestützt werden kann. Aus Sicht des EuGH verstößt es gegen *Art. 88 Abs. 2 DSGVO*, also gegen die Vorgaben der DSGVO für eine länderspezifische Regelung. Dazu müssten dort mehr Schutzmaßnahmen für Beschäftigte geregelt sein.
Auf der Grundlage der Entscheidung des EuGH stimmt das BAG der Auffassung zu, dass *§ 26 Abs. 1 Satz 1 BDSG* nicht die Voraussetzungen des *Art. 88 DSGVO* erfüllt. Dafür sieht das BAG aber eine Rechtsgrundlage im *Art. 6 DSGVO*.
Wahrscheinlich wird dieser Streit wenig an der betrieblichen und behördlichen Praxis ändern. Trotzdem muss genau auf die gesetzliche Grundlage beim Beschäftigtendatenschutz geschaut werden. Neben dem *§ 26 Abs. 1 Satz 1 BDSG* ist nach dem Urteil des EuGH der gesamte Paragraf kritisch zu hinterfragen. Momentan sieht es aber so aus, dass nur der *§ 26 Abs. 1 Satz 1 BDSG* den Anforderungen der DSGVO nicht genügt.
Der *§ 26 BDSG »Datenverarbeitung für Zwecke des Beschäftigungsverhältnisses«* baut auf *Art. 6 DSGVO »Rechtmäßigkeit der Verarbeitung«* auf.

In *Art. 6 DSGVO* ist festgelegt, dass grundsätzlich eine Datenverarbeitung erlaubt ist, wenn mindestens eine der nachfolgenden Bedingungen erfüllt ist:

- Die Verarbeitung ist für die Erfüllung eines Vertrags, dessen Vertragspartei die betroffene Person ist, erforderlich (z. B. Arbeitsvertrag).
- Die Verarbeitung ist zur Durchführung vorvertraglicher Maßnahmen erforderlich, die auf Anfrage der betroffenen Person erfolgen (z. B. Bewerbung).
- Die Verarbeitung ist zur Erfüllung einer rechtlichen Verpflichtung erforderlich, der der Verantwortliche unterliegt (z. B. Abfuhr von Lohnsteuer, Sozialversicherungsbeiträgen).
- Die Verarbeitung ist erforderlich, um lebenswichtige Interessen der betroffenen Person oder einer anderen natürlichen Person zu schützen.
- Die Verarbeitung ist für die Wahrnehmung einer Aufgabe erforderlich, die im öffentlichen Interesse liegt oder in Ausübung öffentlicher Gewalt erfolgt, die dem Verantwortlichen übertragen wurde.
- Die Verarbeitung ist zur Wahrung der berechtigten Interessen des Verantwortlichen oder eines Dritten erforderlich, sofern nicht die Interessen oder Grundrechte und Grundfreiheiten der betroffenen Person, die den Schutz personenbezogener Daten erfordern, überwiegen (z. B. um effektives Arbeiten in Betrieb oder Verwaltung zu ermöglichen).
- Die betroffene Person hat ihre Einwilligung zu der Verarbeitung gegeben.

§ 26 BDSG präzisiert *Art. 6 DSGVO*:

Nach *§ 26 Nr. 1 BDSG* dürfen personenbezogene Daten von Beschäftigten für Zwecke des Beschäftigungsverhältnisses verarbeitet werden,

- wenn dies für die Entscheidung über die Begründung eines Beschäftigungsverhältnisses oder nach Begründung des Beschäftigungsverhältnisses für dessen Durchführung oder Beendigung erforderlich ist,
- wenn es zur Ausübung oder Erfüllung der sich aus einem Gesetz oder einem Tarifvertrag, einer Betriebs- oder Dienstvereinbarung (Kollektivvereinbarung) ergebenden Rechte und Pflichten der Interessenvertretung der Beschäftigten erforderlich ist,
- zur Aufdeckung von Straftaten, wenn zu dokumentierende tatsächliche Anhaltspunkte den Verdacht begründen, dass die betroffene Person im Beschäftigungsverhältnis eine Straftat begangen hat, die Verarbeitung zur Aufdeckung erforderlich ist und das schutzwürdige Interesse der oder des Beschäftigten an dem Ausschluss der Verarbeitung nicht überwiegt, insbesondere Art und Ausmaß im Hinblick auf den Anlass nicht unverhältnismäßig sind.

> **Hinweis:**
> Anstatt des *§ 26 Abs. 1 Satz 1 BDSG* muss als Rechtsgrundlage auf *Art. 6 Abs. 1 Buchst. b und f bzw. Buchst. c DSGVO* zur Rechtmäßigkeit der Verarbeitung zurückgegriffen werden.

Nach *§ 26 Nr. 2 BDSG* ist die Verarbeitung personenbezogener Daten von Beschäftigten auf der Grundlage einer Einwilligung erlaubt, allerdings muss genau geprüft werden, ob wirklich eine Freiwilligkeit besteht. Zum Nachweis der Freiwilligkeit bedarf es im Normalfall der Schriftform. Es besteht auf jeden Fall auch später noch ein Widerrufsrecht, auf das die beschäftigte Person schriftlich hingewiesen werden muss.

Nach *§ 26 Nr. 3 BDSG* ist die Verarbeitung besonderer Kategorien personenbezogener Daten für Zwecke des Beschäftigungsverhältnisses zulässig, wenn sie zur Ausübung von Rechten oder zur Erfüllung rechtlicher Pflichten aus dem Arbeitsrecht, dem Recht der sozialen Sicherheit und des Sozialschutzes erforderlich ist und kein Grund zu der Annahme besteht, dass das schutzwürdige Interesse der betroffenen Person an dem Ausschluss der Verarbeitung überwiegt. *Abs. 2* gilt auch für die Einwilligung in die Verarbeitung besonderer Kategorien personenbezogener Daten; die Einwilligung muss sich dabei ausdrücklich auf diese Daten beziehen. *§ 22 Abs. 2 BDSG* gilt entsprechend.

Nach *§ 26 Nr. 4 BDSG* ist die Verarbeitung personenbezogener Daten, einschließlich besonderer Kategorien personenbezogener Daten von Beschäftigten für Zwecke des Beschäftigungsverhältnisses, auf der Grundlage von Kollektivvereinbarungen (Tarifvertrag, Betriebs- und Dienstvereinbarungen) zulässig.

Nach *§ 26 Nr. 5 BDSG* muss der Verantwortliche geeignete Maßnahmen (TOM) ergreifen, um sicherzustellen, dass die Grundsätze für die Verarbeitung personenbezogener Daten eingehalten werden.

Nach *§ 26 Nr. 6 BDSG* bleiben die **Beteiligungsrechte der Interessenvertretungen** der Beschäftigten unberührt.

Nach *§ 26 Nr. 7 BDSG* sind die *Abs. 1 bis 6* auch anzuwenden, ohne dass die personenbezogenen Daten in einem Dateisystem gespeichert sind oder gespeichert werden sollen, also auch dann, wenn sie lediglich in Papierform vorhanden sind.

Der *§ 26 Nr. 8 BDSG* regelt, wer Beschäftigter im Sinne dieses Gesetzes ist. Dazu gehören nicht nur angestellte Mitarbeiterinnen und Mitarbeiter, sondern beispielsweise auch Bewerberinnen und Bewerber für ein Beschäftigungsverhältnis, sowie Personen, deren Beschäftigungsverhältnis beendet ist.

Beschäftigtendatenschutz in Landesdatenschutzgesetzen:
Neben dem BDSG gibt es auch neue Landesdatenschutzgesetze. Zumeist orientieren sie sich an *§ 26 BDSG*. Einige Länder haben aber »voneinander teilweise stark abweichende Regelungen« erlassen.[20] Eine gesetzliche Interessenvertretung, für die ein Landesdatenschutzgesetz gilt, ist daher gut beraten, sich die Paragrafen im Gesetz genau anzuschauen.
Zusammenfassung:
Die oben genannten Vorgaben sind der Dreh- und Angelpunkt, wenn es darum geht, ob ein Arbeitgeber personenbezogene Daten verarbeiten darf. Leider enthält *§ 26 BDSG* nur allgemeine Vorgaben und Regelungen zum Beschäftigtendatenschutz. Es fehlen konkrete und umfassende Vorschriften zu wichtigen Fragen wie der Zulässigkeit von Videokontrolle im Betrieb, dem Einsatz von GPS als Kontrollinstrument sowie der Verwendung von Big Data oder KI-Algorithmen bei Personalentscheidungen. Grundsätzlich sollte eine gesetzliche Interessenvertretung zuerst prüfen, ob die vom Arbeitgeber beabsichtigte Verarbeitung der personenbezogenen Daten von Beschäftigten nach *§ 26 BDSG* erlaubt ist. Erst, wenn dies der Fall ist, geht es im nächsten Schritt darum, eine gute Regelung zu finden. Das wird aber häufig ohne einen Kommentar zur DSGVO und zum BDSG nicht gehen.

Grundsätzlich ist die Verarbeitung personenbezogener Daten durch den Arbeitgeber oder der gesetzlichen Interessenvertretung erlaubt, wenn mindestens *eine* der nachfolgenden Bedingungen erfüllt ist:

- die betroffene Person hat ihre Einwilligung zu der Verarbeitung gegeben;
- die Verarbeitung ist für die Erfüllung eines Vertrags, dessen Vertragspartei die betroffene Person ist, oder zur Durchführung vorvertraglicher Maßnahmen erforderlich, die auf Anfrage der betroffenen Person erfolgen;
- die Verarbeitung ist zur Erfüllung einer rechtlichen Verpflichtung erforderlich, der der Verantwortliche unterliegt (z. B. Abfuhr von Lohnsteuer, Sozialversicherungsbeiträgen);
- die Verarbeitung ist erforderlich, um lebenswichtige Interessen der betroffenen Person oder einer anderen natürlichen Person zu schützen;
- die Verarbeitung ist für die Wahrnehmung einer Aufgabe erforderlich, die im öffentlichen Interesse liegt oder in Ausübung öffentlicher Gewalt erfolgt, die dem Verantwortlichen übertragen wurde;

20 Weichert, »Kraut und Rüben im Landesdatenschutz«, CuA 11/2018, S. 27.

- die Verarbeitung ist zur Wahrung der berechtigten Interessen des Verantwortlichen oder eines Dritten erforderlich, sofern nicht die Interessen oder Grundrechte und
- Grundfreiheiten der betroffenen Person, die den Schutz personenbezogener Daten erfordern, überwiegen, insbesondere dann, wenn es sich bei der betroffenen Person um ein Kind handelt.

Da der *§ 26 BDSG* zumindest in Teilen nicht den Anforderungen der DSGVO entspricht, ist damit zu rechnen, dass der deutsche Gesetzgeber das BDSG korrigieren wird.

Rechtsgrundlagen:
Art. 6 DSGVO, EG 40–50 und §§ 22–26 BDSG

5. Kontrolle des Datenschutzes durch die gesetzliche Interessenvertretung

In Betrieben und Behörden wird Datenschutz gerade im Zuge der Digitalisierung immer wichtiger, da die Arbeitgeber genauer »sehen« können, was, wann, welche Beschäftigte machen. Ein leicht nachvollziehbares Beispiel ist »Microsoft 365«, dass eine wahre Datenschleuder und ein mächtiges Kontrollelement sein kann (siehe Kapitel 34. a. »Microsoft 365 – Überwachung und Bewertung«).
Zwar haben Aufsichtsbehörden und betriebliche und behördliche Datenschutzbeauftragte (DSB) die Aufgabe, den Datenschutz zu gewährleisten, aber ohne den speziellen Arbeitnehmerblick der Betriebs- und Personalräte, Mitarbeiter- und Schwerbehindertenvertretung bleibt dieser Datenschutz unvollständig. Denn sie kennen die konkrete Arbeitsrealität genauer als Aufsichtsbehörden und der DSB (siehe auch die Kapitel 7. »Aufsichtsbehörden beim Datenschutz« und 8. »Betriebliche und behördliche Datenschutzbeauftragte (DSB)«).

a. Datenschutz und Mitbestimmungsrechte

Für die DSGVO und das BDSG stellt der Gesetzgeber ausdrücklich fest:

Die Beteiligungsrechte der Interessenvertretungen der Beschäftigten bleiben unberührt.
(§ 26 Nr. 6 BDSG)

Das bedeutet, dass der Arbeitgeber keine Mitbestimmungsrechte nach den Datenschutzgesetzen verweigern kann, wenn sie einer Interessenvertretung nach den gesetzlichen Vorgaben der Mitbestimmungsrechte zustehen.
Konkrete einsetzbare Mittel für gesetzliche Interessenvertretungen bieten die Mitbestimmungsrechte des BetrVG, BPersVG und die Personalver-

tretungsgesetze der Länder, die Mitarbeitervertretungsgesetze oder des Schwerbehindertenrecht. Hinzu kommt die Möglichkeit Kollektivvereinbarungen nach der DSGVO und dem BDSG abzuschließen (siehe Kapitel 2. b. »Begriffe in der DSGVO und im BDSG und ihre Bedeutung«).
Mit dem *§ 80 Abs. 1 Nr. 1 BetrVG* für Betriebsräte und *§ 62 Abs. 1 Nr. 2 BPersVG* für Personalräte und den entsprechenden Paragrafen in den Personalvertretungsgesetzen der Länder (siehe nachfolgende Tabelle »Beteiligungsrechte und andere Rechtsvorschriften zur Sicherung des Beschäftigtendatenschutzes für Betriebs- und Personalräte«), haben Betriebs- und Personalräte die Aufgabe, die zugunsten der Arbeitnehmer geltenden Gesetze, Verordnungen usw. zu überwachen.
Dazu kommen noch einige Mitbestimmungs- und Beteiligungsrechte, die auch beim Datenschutz anwendbar sind, wie

- Einführung und Anwendung von technischen Einrichtungen, die dazu bestimmt sind, das Verhalten oder die Leistung der Arbeitnehmer zu überwachen *(§ 87 Abs. 1 Nr. 6 BetrVG und § 80 Abs. 1 Nr. 21 BPersVG)*
- das Informations- und Beratungsrecht *(§§ 90, 91 BetrVG und § 66 BPersVG)*
- Informationspflichten des Arbeitgebers *(§ 90 BetrVG und § 66 Abs. 1 BPersVG)*
- Personalfragebögen *(§ 94 Abs. 1 BetrVG und § 80 Abs. 1 Nr. 15 BPersVG)*
- Aufstellung allgemeiner Beurteilungsgrundsätze *(§ 94 Abs. 2 BetrVG und § 80 Abs. 1 Nr. 11 BPersVG)*
- Richtlinien über die personelle Auswahl bei Einstellungen, Versetzungen, Umgruppierungen und Kündigungen *(§ 95 Abs. 1 BetrVG und § 78 BPersVG)*
- Hinzuziehung eines Sachverständigen *(§ 80 Abs. 3 BetrVG und § 46 Abs. 1 BPersVG)*
- Schulung und Fortbildung *(§ 37 Abs. 6 BetrVG und § 78 Abs. 1 Nr. 13 BPersVG)*

Wie bei den Mitbestimmungsrechten in anderen Bereichen auch, muss man bei den Rechten der Personalräte im Bereich Datenschutz immer genau prüfen, wie weit sie gehen, da vieles zwar vergleichbar wie bei Betriebsräten geregelt ist, aber nicht alles.

Literatur

Altvater, Baden, Baunack, Berg, Dierßen, Pätzel, Kröll, Lenders, Noll, BPersVG – Bundespersonalvertretungsgesetz, 11. Aufl. 2022

Däubler, Klebe, Wedde, BetrVG Betriebsverfassungsgesetz Mit Wahlordnung und EBR-Gesetz. 19. Aufl. 2024

b. Beteiligungsrechte und andere Rechtsvorschriften zur Sicherung des Beschäftigtendatenschutzes für Betriebs- und Personalräte

Um im Datenschutz handlungsfähig zu sein, benötigt jede Interessenvertretung die rechtlichen Grundlagen der Mitbestimmungs- und Beteiligungsrechte. Die nachfolgende Tabelle ermöglicht einen schnellen Überblick zu den ihnen zustehenden Rechten.

Beim Umgang mit dieser Tabelle muss aber immer das jeweils gültige Datenschutzrecht mitbedacht werden. Also zuerst einmal die DSGVO, und dann das BDSG, bzw. die Landesdatenschutzgesetze.

Beteiligungsrechte und andere Rechtsvorschriften zur Sicherung des Beschäftigtendatenschutzes für Betriebs- und Personalräte

Gegenstand	BetrVG	BPers VG	LPVG BW	BayPVG	PersVG Bln	PersVG Bbg	PersVG Brem	Hmb PersVG	HPVG	PersVG MV
rechtzeitige und umfassende Information	§ 80 Abs. 2	§ 66 Abs. 1 und 2	§ 71 u. § 80	Art. 69 Abs. 2	§ 73 Abs. 1	§ 60 Abs. 1	§ 54 Abs. 3	§ 78 Abs. 2	§ 61 Nr. 1	§ 60 Nr. 1
Überwachungsrecht	§ 80 Abs. 1 Nr. 1	§ 80 Abs. 1 Nr. 21	§ 70 Abs. 1 Nr. 2	Art. 69 Abs. 1b	§ 72 Abs. 1 Nr. 2	§ 58 Abs. 1 Nr. 1	§ 54 Abs. 1b	§ 88 Abs. 1 Nr. 32	§ 62 Abs. 1 Nr. 2	§ 70 Nr. 2
Hinzuziehung von Sachverständigen, Auskunftspersonen, sachkundige Personen	§§ 80 Abs. 3	*§ 68 Abs. 2*	§ 32 Abs. 7 1	Art. 44 Abs. 1	§ 40 Abs. 3	§§ 40 Abs. 4	§§ 32 Abs. 3	§§ 36 Abs. 4	§ 62 Nr. 3	§ 58 Nr. 1, § 35 Abs. 4
Personalfragebogen	§ 94 Abs. 1	§ 80 Abs. 1 Nr. 15	§ 75 Abs. 4 Nr. 3	Art. 75 Abs. 4 Nr. 10	§ 85 Abs. 2 Nr. 5	§ 66 Nr. 13	§ 52 *Allzuständigkeit*	§ 88 Abs. 1 Nr. 23	§ 77 Nr. 1	§ 68 Abs. 1 Nr. 18
Beurteilungsrichtlinien	§ 94 Abs. 2	§ 80 Abs. 1 Nr. 11	§ 75 Abs. 4 Nr. 4	Art. 75 Abs. 4 Nr. 11	§ 85 Abs. 2 Nr. 6	§ 66 Nr. 11	§ 52 *Allzuständigkeit*	§ 88 Abs. 1 Nr. 24	§ 77 Nr. 3	§ 68 Abs. 1 Nr. 20
Auswahlrichtlinien	§ 95	§ 80 Abs. 1 Nr. 12	§ 75 Abs. 4 Nr. 6	Art. 75 Abs. 4 Nr. 13	§ 90 Nr. 1	–	§ 52 *Allzuständigkeit*	§ 87 Abs. 1 Nr. 26	§ 77 Nr. 4	§ 68 Abs. 1 Nr. 19

Gegenstand	BetrVG	BPers VG	LPVG BW	BayPVG	PersVG Bln	PersVG Bbg	PersVG Brem	Hmb PersVG	HPVG	PersVG MV
Mitbestimmungsrecht technische Überwachung	§ 87 Abs. 1 Nr. 6	§ 80 Abs. 1 Nr. 21	§ 74 Abs. 4 Nr. 11	Art. 75a Abs. 1 Nr. 1	§ 85 Abs. 1 Nr. 13a und b	§ 65 Nr. 2	§ 52 *All-zuständigkeit*	§ 88 Abs. 1 Nr. 32	§ 63 Nr. 66	§ 70 Abs. 1 Nr. 2
Ausgestaltung mobiler Arbeit	§ 87 Abs. 1 Nr. 14	-	-	-	-	-	-	-	§ 78 Abs. 1 Nr. 3-	-
Künstliche Intelligenz	§ 80 Abs. 1 Nr. 3, § 90,	-	-	-			-		-	-
automatisierte Verarbeitung personenbezogener Daten	–	-	Art. 75a	§ 75 Abs. 4 Nr. 13	§ 85 Abs. 2 Nr. 8	-	-	-	§ 78 Abs. 2 Nr. 7	
Mitbestimmung betriebliche Kommunikationsnetze	–	–	§ 75 Abs. 4 Nr. 13	Art. 75a Abs. 1 Nr. 2	§ 85 Abs. 2 Nr. 8	§ 65 Nr. 1	§ 52 *All-zuständigkeit*	–	§ 78 Abs. 2 Nr. 9	§ 70 Nr. 5
Betriebs-/Dienstvereinbarungen	§ 77	§ 63	§ 75 Abs. 4 Nr. 16	–	§ 85 Abs. 2 Nr. 10	§ 70	§ 52 *All-zuständigkeit*	–	§ 61 Abs. 2–	§ 66
Bestellung und Abberufung des DSB	--	-	§ 85	Art. 7 Abs. 4 Nr. 7		§ 66 Abs. 6	-	§ 84	§ 78 Abs. 6	§ -

Gegenstand	BetrVG	BPers VG	LPVG BW	BayPVG	PersVG Bln	PersVG Bbg	PersVG Brem	Hmb PersVG	HPVG	PersVG MV
Kontrolle durch DSB	Ungeklärt, aber wahrscheinlich	Ungeklärt, aber wahrscheinlich	Ungeklärt, aber wahrscheinlich	Ungeklärt	Ungeklärt	§ 94 Abs. 1	Ungeklärt		Ungeklärt	Ungeklärt
Schweigepflicht des DSB zu Interna des BR/PR	§ 79a	ungeklärt	–	–	-	–	-	§ 74	§ 42	ungeklärt
Sitzungen des BR/PR per Video- und Telefonkonferenz	§ 30 Abs. 2 und Abs. 3, § 33, § 34 Abs. 1, § 51 Abs. 3	§ 38 Abs. 3	Art. 5	§ 34	§ 32 Nr. 3	-	-	§ 36 Abs. 2	§ 29 Abs. 3	
Weitere Regelungen zum Datenschutz	§ 79a Abs. 2	- -	-	§ 34	-	-	-	§ 78 Abs. 2 Nr. 6	§ 61 Abs. 2	

Erklärung zum Begriff Allzuständigkeit: Im Personalvertretungsgesetz Bremen (PersVG Brem) ist es gut erklärt »Der Personalrat hat die Aufgabe, für alle in der Dienststelle weisungsgebunden tätigen Personen in allen sozialen, personellen und organisatorischen Angelegenheiten gleichberechtigt gemäß den Bestimmungen der §§ 58 bis 62 mitzubestimmen.«

Stand 09/2024 Die Landesdatenschutzgesetze werden bei der Kontrolle durch DSB wahrscheinlich der Rechtsprechung oder Praxis des BPersVG folgen.

Gegenstand	BetrVG	BPers VG	NPers VG	LPVG NRW	LPersVG RP	SPersVG	Sächs PersVG	PersVG LSA	MBG Sl-H.	Thür PersVG
rechtzeitige und umfassende Information	§ 80 Abs. 2	§ 66 Abs. 1 und 2	§ 60	§ 65 Abs. 1	§ 69 Abs. 2	§ 69 Abs. 3	§ 73 Abs. 2	§ 57 Abs. 2 und 3	§ 49	§ 68 Abs. 2
Überwachungsrecht	§ 80 Abs. 1 Nr. 1	§ 80 Abs. 1 Nr. 21	§ 59 Nr. 2	§ 64 Nr. 2	§ 69 Abs. 1 Nr. 2	§ 71 b	§ 73 Abs. 1 Nr. 2	§ 57 Abs. 1 Nr. 2	§ 2 Abs. 2 Nr. 1	§ 68 Abs. 1 Nr. 2
Hinzuziehung von Sachverständigen, Auskunftspersonen, sachkundige Personen	§§ 80 Abs. 3 i.V.	*§ 68 Abs. 2*	§ 30 Abs. 2, § *46 Nr. 3, 62 Nr. 2.3*	§ 31 Abs. 2-	§ 28 Abs. 2, § 69 Abs. 5	§ 34 Abs. 6	§ 41 Abs. §	§ 38 Abs. 3	§ 30 Abs. 1	§ 36 Abs. 2, § 68 Abs. 2 Satz 2
Personalfragebogen	§ 94 Abs. 1	§ 80 Abs. 1 Nr. 15	§ 66 Abs. 1 Nr. 13	§ 72 Abs. 4 Nr. 17	§ 78 Abs. 3 Nr. 1	§ 80 Abs. 1b Nr. 13	§ 80 Abs. 2 Nr. 3	–	§ 51 *Allzuständigkeit*	§ 73 Abs. 3 Nr. 3
Beurteilungsrichtlinien	§ 94 Abs. 2	§ 80 Abs. 1 Nr. 11	§ 65 Abs. 2 Nr. 18	§ 72 Abs. 4 Nr. 15	§ 78 Abs. 3 Nr. 2	§ 80 Abs. 1b Nr. 13	§ 80 Abs. 2 Nr. 4	–	§ 51 *Allzuständigkeit*	§ 73 Abs. 2 Nr. 12
Auswahlrichtlinien	§ 95	§ 80 Abs. 1 Nr. 12	–	§ 72 Abs. 4 Nr. 14	§ 79 Abs. 3 Nr. 4	§ 83 Abs. 1 Nr. 2	§ 80 Abs. 2 Nr. 6	–	§ 51 *Allzuständigkeit*	§ 73 Abs. 2 Nr. 14
Mitbestimmungsrecht technische Überwachung	§ 87 Abs. 1 Nr. 6	§ 80 Abs. 1 Nr. 21	§ 67 Abs. 3 Nr. 2	§ 72 Abs. 3 Nr. 2	§ 80 Abs. 2 Nr. 3	§ 84 Nr. 2	§ 81 Abs. 2 Nr. 12	§ 69 Nr. 2	§ 51 *Allzuständigkeit*	§ 74 Abs. 3 Nr. 11

Gegenstand	BetrVG	BPers VG	NPers VG	LPVG NRW	LPersVG RP	SPersVG	Sächs PersVG	PersVG LSA	MBG Sl-H.	Thür PersVG
Ausgestaltung mobiler Arbeit	§ 87 Abs. 1 Nr. 14	-	-	-	-	-	-	§ 57 Abs. 3	-	**§ 72 Abs. 5 Nr. 15**
Künstliche Intelligenz	§ 80 Abs. 1 Nr. 3, § 90	-	-	-	-	-	-	-	-	-
automatisierte Verarbeitung personenbezogener Daten	–	-	§ 67 Abs. 1 Nr. 1	§ 72 Abs. 3 Nr. 1	§ 80 Abs. 2 Nr. 2	§ 84 Nr. 1	–	§ 69 Nr. 1	§ 51 *All-zuständigkeit*	§ 73 Abs. 3 Nr. 1
Mitbestimmung betriebliche Kommunikationsnetze	–	–	–	§ 72 Abs. 3 Nr. 5	–	§ 84 Nr. 6	–	§ 69 Nr. 6	§ 51 *All-zuständigkeit*	–
Betriebs-/Dienstvereinbarungen	§ 77	§ 63	§ 78	§ 70	§ 76	§ 76	§ 84	§ 70	§ 57	§ 75
Bestellung und Abberufung des DSB	-–	-	§ 67 Abs. 1 Nr. 9	§ 72 Abs. 4 Nr. 6	§ 80 Abs. 2 Nr. 8	–	–	–	–	§ 80 Ja, eigener oder gemeinsamer DSB

Gegenstand	BetrVG	BPers VG	NPers VG	LPVG NRW	LPersVG RP	SPersVG	Sächs PersVG	PersVG LSA	MBG Sl-H.	Thür PersVG
Kontrolle durch DSB	§ 79a	Un-geklärt aber wahr-schein-lich	Un-geklärt, aber wahr-schein-lich	Un-geklärt, aber wahr-schein-lich	Unge-klärt, aber wahr-scheinlich	Ungeklärt	Un-geklärt	Un-geklärt	Un-geklärt	§ 80 Ja, eigener oder gemein-samer DSB
Schweigepflicht des DSB zu Interna des BR/PR	§ 79a Abs. 2	Un-geklärt	Un-geklärt	Un-geklärt	Ungeklärt	Ungeklärt	Un-geklärt	Un-geklärt	Un-geklärt	§ 80 Ja, eigener oder gemein-samer DSB
Sitzungen des BR/PR per Video- und Telefonkonferenz	§ 30 Abs. 2 und Abs. 3, § 33, § 34 Abs. 1, § 51 Abs. 3	§ 38 Abs. 3	§ 29 Abs. 4	§ 31 Abs. 3	-	-	-	-	-	**§ 37 Ab-satz 5-**

Gegenstand	BetrVG	BPers VG	NPers VG	LPVG NRW	LPersVG RP	SPersVG	Sächs PersVG	PersVG LSA	MBG Sl-H.	Thür PersVG
Weitere Regelungen zum Datenschutz	§ 79a Abs. 2	- -	§ 61 Nr. 3	§ 65 Abs. 4		–	–	§ 11a	§ 49 Abs. 6	§ 68 Abs. 11 Nr. 9; § 80

Erklärung zum Begriff Allzuständigkeit: Im Personalvertretungsgesetz Bremen (PersVG Brem) ist es gut erklärt »Der Personalrat hat die Aufgabe, für alle in der Dienststelle weisungsgebunden tätigen Personen in allen sozialen, personellen und organisatorischen Angelegenheiten gleichberechtigt gemäß den Bestimmungen der §§ 58 bis 62 mitzubestimmen.«

Stand 09/2024 Die Landesdatenschutzgesetze werden bei der Kontrolle durch DSB wahrscheinlich der Rechtsprechung oder Praxis des BPersVG folgen.

c. Landesdatenschutzgesetze

In Folge der DSGVO und des BDSG wurden auch die Landesdatenschutzgesetze aktualisiert. Inzwischen haben die Bundesländer ihre neuen Landesdatenschutzgesetze in Kraft gesetzt. In vielen Dingen haben sie sich dabei an dem neuen *§ 26 BDSG* orientiert (siehe Kapitel 4. Beschäftigtendatenschutz – die Präzisierung durch den § 26 BDSG). Einige Länder haben »voneinander teilweise stark abweichende Regelungen« erlassen.[21] Daher sprengt es den Rahmen dieses Buches auf die länderspezifischen Regelungen einzugehen. Eine gesetzliche Interessenvertretung, für die ein Landesdatenschutzgesetz gilt, ist daher gut beraten sich die Regelungen im Gesetz genau anzuschauen.[22] So sind in vielen Ländern »Verhaltens- und Leistungskontrollen mit Daten aus der technisch-organisatorischen Datensicherung nach Art. 32 DSGVO absolut verboten.«[23] Der Jurist und Datenschutzexperte Thilo Weichert kommt insgesamt aber zurecht zu dem Fazit: »Von Harmonisierung kann keine Rede sein, ebenso wenig von Rechtsklarheit. In den Ländern werden eher willkürlich einzelne Fragestellungen geregelt, andere nicht.«[24] Das hat sich leider bis heute nicht gebessert.

Es ist damit zu rechnen, dass noch weitere Änderungen folgen werden, da die Landespersonalvertretungsgesetze sich immer besonders am BPersVG orientieren. Da seit 2021 ein neues BPersVG gilt, bleibt abzuwarten, was die Länder daraus übernehmen und wo sie eigene Wege gehen.

d. Sachverständige

Gerade beim Datenschutz, bei dem Betriebs- und Personalräte teilweise hochkomplexe technische Zusammenhänge und Auswertungsmöglichkeiten verstehen müssen, um sinnvolle Regelungen mit dem Arbeitgeber zu finden, wird es immer wieder notwendig sein, Sachverständige hinzuzuziehen *(§ 80 Abs. 3 BetrVG, § 46 Abs. 1 BPersVG etc.).* Beschäftigte des Arbeitgebers oder der Herstellerfirma sind nicht unbedingt die besten Berater, da sie die Software, die eingesetzt werden soll, wohl kaum »ob-

21 Weichert, »Kraut und Rüben im Landesdatenschutz«, CuA 11/2018, S. 27.

22 Einige wichtige Hinweise bietet der Artikel Weichert, »Kraut und Rüben im Landesdatenschutz«, CuA 11/2018, S. 26–29.

23 Ebenda S. 28.

24 Ebenda S. 29.

jektiv« beurteilen. Voraussetzung für die Einschaltung eines Sachverständigen ist, dass die gesetzliche Interessenvertretung zuerst selbst versuchen muss sich sachkundig zu machen. Ist das (im angemessenen Rahmen) nicht möglich und bleiben Informationslücken, so muss sie, möglichst konkret, ihren Wunsch nach einem Sachverständigen dem Arbeitgeber mitteilen. Ob der Sachverständige nur kurzfristig oder längerfristig, also als begleitende Beratung erforderlich ist, ist davon anhängig, ob es einen wiederkehrenden Bedarf an Beratung gibt. Das ist beispielsweise bei SAP oder Microsoft 365 denkbar.
Durch das 2021 verabschiedete »Betriebsrätemodernisierungsgesetz« wurden einige Änderungen im BetrVG, die auch den Datenschutz betreffen, vorgenommen.
Zwei wichtige Änderung betreffen den Einsatz von »Künstlicher Intelligenz« und damit auch den Datenschutz.
§ 80 Abs. 3 BetrVG wurden zusätzlich die folgenden Sätze angefügt:

»Muss der Betriebsrat zur Durchführung seiner Aufgaben die Einführung oder Anwendung von Künstlicher Intelligenz beurteilen, gilt insoweit die Hinzuziehung eines Sachverständigen als erforderlich. Gleiches gilt, wenn sich Arbeitgeber und Betriebsrat auf einen ständigen Sachverständigen in Angelegenheiten nach Satz 2 einigen.«

§ 90 BetrVG Unterrichtungs- und Beratungsrechte

(1) Der Arbeitgeber hat den Betriebsrat über die Planung

1. *von Neu-, Um- und Erweiterungsbauten von Fabrikations-, Verwaltungs- und sonstigen betrieblichen Räumen,*
2. *von technischen Anlagen,*
3. *von Arbeitsverfahren und Arbeitsabläufen* ***einschließlich des Einsatzes von Künstlicher Intelligenz*** *oder*
4. *der Arbeitsplätze*

rechtzeitig unter Vorlage der erforderlichen Unterlagen zu unterrichten.
(2) Der Arbeitgeber hat mit dem Betriebsrat die vorgesehenen Maßnahmen und ihre Auswirkungen auf die Arbeitnehmer, insbesondere auf die Art ihrer Arbeit sowie die sich daraus ergebenden Anforderungen an die Arbeitnehmer, so rechtzeitig zu beraten, dass Vorschläge und Bedenken des Betriebsrats bei der Planung berücksichtigt werden können. Arbeitgeber und Betriebsrat sollen dabei auch die gesicherten arbeitswissenschaftlichen Erkenntnisse über die menschengerechte Gestaltung der Arbeit berücksichtigen.

(2a) Die Absätze 1 und 2 finden auch dann Anwendung, wenn bei der Aufstellung der Richtlinien nach diesen Absätzen Künstliche Intelligenz zum Einsatz kommt.

(Hinweis: die durch das »Betriebsrätemodernisierungsgesetz« dem BetrVG hinzugefügten Textstellen sind ***durch Fettdruck hervorgehoben***).

Die Arbeitgeber muss also das Mitbestimmungsgremium über den Einsatz von »Künstlicher Intelligenz« informieren. Zudem hat es das Recht einen Sachverständigen für die Beurteilung der Chancen und Gefahren des Einsatzes der »Künstlichen Intelligenz« zu bestellen.
Das Personalräte keine vergleichbaren Regelungen im neuen BPersVG und auch keine Regelung in einem der Landesdatenschutzgesetze erhalten haben, ist nicht nachvollziehbar.
Grundsätzlich gilt: Die Kosten des Sachverständigen muss der Arbeitgeber tragen *(§ 40 BetrVG, § 46 Abs. 1 BPersVG).*

6. BeDaX – Datenschutz in Betrieb und Verwaltung prüfen

Einen Überblick zum Stand des Datenschutzes in Betrieb oder Verwaltung zu bekommen ist nicht leicht. Zu viele Aspekte müssen mitbedacht und bewertet werden – erst recht für gesetzliche Interessenvertretungen. Eine hervorragende Hilfe ist BeDaX. Das Forschungs- und Entwicklungsprojekt der Input Consulting gGmbH wird von der Gewerkschaft ver.di unterstützt. Die Abkürzung BeDaX steht für »Index Beschäftigtendatenschutz« und will analog dem DGB-Index »Gute Arbeit« (*https://index-gute-arbeit.dgb.de/*) ein wissenschaftlich fundiertes Instrument zur Bewertung des Beschäftigtendatenschutzes im Betrieb, Unternehmen oder in der Verwaltung zur Verfügung stellen.

Abbildung 8: BeDaX Logo

Quelle: INPUT Consulting gGmbH

Dieses Instrument besteht aus einem methodisch abgesicherten Befragungsmodul, mit dem die komplexen datenschutzrechtlichen Sachverhalte und rechtlichen Anforderungen für eine Selbstbewertung des Datenschutzes in Betrieben und Verwaltungen möglich ist.
Damit greift das Projekt den von ver.di eingebrachten Vorschlag aus dem »Weißbuch Arbeit 4.0« des Bundesministeriums für Arbeit und Soziales zur Entwicklung eines »Index Beschäftigtendatenschutz« auf. Dort wird dies als wichtiges Instrument benannt, um Arbeitgeber, Betriebs- und Personalräte und KMU (kleine und mittelständische Unternehmen) hinsichtlich der konkreten Umsetzung von gesetzlichen Datenschutzvorga-

ben in einer digitalisierten Arbeitswelt zu unterstützten. Ziele hierbei sind »wissenschaftlich fundierte, anwendungsbezogene Qualitätsmaßstäbe für den Beschäftigtendatenschutz, die – im Sinne eines wissenschaftlichen Tools für die Selbstbewertung oder auch im Rahmen einer Zertifizierung – den Beschäftigtendatenschutz in Betrieben vergleichbarer und handhabbarer machen«.[25]

Abbildung 9: Website von BeDaX

Bedax – Index Beschäftigtendatenschutz

BeDaX ist ein Forschungs- und Entwicklungsprojekt der Input Consulting gGmbH unterstützt von ver.di, der Vereinten Dienstleistungsgewerkschaft. Die Abkürzung steht für Index Beschäftigtendatenschutz und will analog dem DGB-Index Gute Arbeit (https://index-gute-arbeit.dgb.de/) Anwendungsklarheit im Themenkomplex des Beschäftigtendatenschutzes schaffen.

Es werden komplexe rechtliche Vorgaben des Beschäftigtendatenschutzes – einschließlich ungeklärter Rechtsfragen – so systematisiert, dass sie in ein schematisiertes, auf Erhebungsfragen basierendes System zur Selbstbewertung des Schutzniveaus für Beschäftigten überführt werden kann. Aus sozialwissenschaftlicher Perspektive wird ein methodisch abgesichertes Befragungsinstrument entwickelt, mit dem die komplexen Sachverhalte und rechtlichen Anforderungen für eine Selbstbewertung zur Verfügung gestellt werden.

Quelle: INPUT Consulting gGmbH

Das Befragungstool basiert auf einem Katalog von Erhebungsfragen zu verschiedenen Risikobereichen des betrieblichen Datenschutzes und ist zielgerichtet für unterschiedliche Benutzergruppen konzipiert: Beschäftigte, Betriebs- und Personalräte, Arbeitgeber/Datenschutzbeauftragte. Da das Tool auf Betriebsebene angewendet wird, ergibt sich aus den Antworten auf die dort gestellten Fragen ein gewichteter Index-Wert. Dadurch wird das datenschutzrechtliche Schutzniveau insgesamt deutlich und zugleich nach Risikobereichen ausdifferenziert. Die Stärken und Schwächen in den einzelnen Feldern des Datenschutzes lassen sich so genau benennen und verdeutlichen den Handlungsbedarf beim Beschäftigtendatenschutz. Nutzen einzelne Beschäftigte das Befragungstool, be-

25 BMAS, Weißbuch Arbeiten 4.0, 2017, S. 150.

zeichnet der Index-Wert das individuelle Schutzniveau und schärft das Bewusstsein für bestehende Risiken.
Dazu wurden in der ersten Phase des Projektes »Index Beschäftigtendatenschutz« grundlegende Anforderungskataloge und Qualitätsmaßstäbe (Rechtsgrundsätze und Gütekriterien) für die Ziele und Verfahren des Beschäftigtendatenschutzes ermittelt.
Um diese Anforderungskataloge und Qualitätsmaßstäbe mit Inhalten zu füllen, wurden die erforderlichen technischen, rechtlichen, ethischen und sozialwissenschaftlichen Kenntnisse zusammengetragen und die Faktoren den Qualitätsmaßstäben zugeordnet und daraus Fragen formuliert, aus deren Beantwortung sich Indikatoren[26] für den Stand des Beschäftigtendatenschutzes ergeben.
Praktisch wurden

1. Qualitätsmaßstäbe definiert,
2. den Qualitätsmaßstäben Faktoren zugeordnet und
3. zu jedem Faktor konkrete Fragen entwickelt, die die Inhalte weiter untergliedern und bewertbar machen.

Der Projektleiter von BeDaX Karl-Heinz (Charly) Brandl beschreibt die Funktion der Fragen so:
»Diese Fragen dienen als Anzeiger für die untersuchten Sachverhalte und Eigenschaften. Alle Qualitätsmaßstäbe, Faktoren und Indikatoren beziehen sich auf das Beschäftigungsverhältnis. Damit wird die Überprüfung des Schutzniveaus für den Beschäftigtendatenschutz ermöglicht und konkrete Schutzlücken angezeigt. Aus dem Ergebnis des Indexes können Empfehlungen für eine praxistaugliche, angemessene sowie rechtskonforme Lösung unterbreiten werden.«

Zusammenfassung aller Qualitätsmaßstäbe und Faktoren des Index Beschäftigtendatenschutzes

Qualitätsmaßstäbe:	Faktoren:
Ethik und Anstand	Schutz, Fairness, Würde, Gleichbehandlung, Teilhabe
Rechtskonformität	Zulässigkeit, Erlaubnistatbestand, Zweckbindung, Drittlandtransfer, Auftragsverarbeitung, Datenschutz by Design und by Default, Automatisierte Entscheidungen, Datenschutzfolgenabschätzung, Datensparsamkeit, Datenschutzbeauftragter, Betroffenenrechte, Meldepflichten

26 Mit Indikatoren sind hier Umstände oder Merkmale gemeint, die als statistisch verwertbares Anzeichen für eine Situation gewertet werden muss.

Qualitätsmaßstäbe:	**Faktoren:**
Verantwortung	Zuordnung – Transparenz der Verantwortung, Datenschutzmanagementsystem, Gemeinsame Verantwortung, Ressourcen bei der Datenschutzorganisation
Transparenz	Datenschutzleitlinien, Verzeichnis von Verarbeitungstätigkeiten, Verständlichkeit, Meldung der Schutzverletzung
Kontrollfähigkeit	Informations- und Auskunftsrechte, Revision, Löschroutine, Steuerbarkeit
Qualitätssicherung	Datensicherheit, technische und organisatorische Maßnahmen, Dokumentation
Risikoangemessenheit	Risikoanalyse und Robustheit der Systeme,
Kompetenz	Qualifizierung, Praxisrelevanz der Vorgaben, Selbstdatenschutz, Datenschutzbeauftragte

Das so entstandene Fragemodul wurde dann in ausgewählten Betrieben und Verwaltungen getestet und weiterentwickelt.
Neben dem Index, also dem Befragungstool, wurde ein Informationsangebot zum Datenschutz im Internet zur Verfügung gestellt. Das Informationsangebot enthält alle grundlegenden Themen zum Beschäftigtendatenschutz, wie die Bewerbung, Durchführung und Beendigung eines Beschäftigungsverhältnisses, sowie aktuelle Themen wie z. B. Big Data, Data Analytics, Workflowsysteme, Künstliche Intelligenz, GPS-Ortung, Mobiles Arbeiten, Homeoffice, Agiles Arbeiten, cloudbasiertes Arbeiten usw.
Da es zu den Themen teilweise unterschiedliche Positionen gibt, werden sowohl die gesetzlichen Grundlagen, die Rechtsprechung, die Sichtweise der Datenschutzaufsicht und die gewerkschaftliche Bewertung vorgestellt.

Fazit

Gesetzliche Interessenvertretungen sollten den Index auf ihre Betriebe oder Verwaltungen anwenden und so wichtige Hinweise zum Handlungsbedarf vor Ort im Datenschutz herausfinden.

Weitere Infos
www.bedax.net
Das Passwort für den Zugang kann per E-Mail (brandl@input-consulting.de) angefordert werden.

7. Aufsichtsbehörden beim Datenschutz

Um den Datenschutz in Deutschland und in der EU zu gewährleisten, gibt es auf verschiedenen Ebenen Aufsichtsbehörden. Die oberste Datenschutzbehörde für die EU ist der Europäische Datenschutzausschuss (EDSA). Als Einrichtung der Europäischen Union überwacht der EDSA die ordnungsgemäße Anwendung der Datenschutz-Grundverordnung und achtet darauf, dass sie in den EU-Mitgliedsstaaten einheitlich angewandt wird. Zudem berät sie unter anderem die Europäische Kommission in Datenschutzfragen und erstellt Leitlinien und Empfehlungen. Zum Ausschuss gehören die Leiter der Datenschutzbehörden der EU-Mitgliedsstaaten und der Europäische Datenschutzbeauftragte.

In allen Mitgliedsländern der EU gibt es zudem staatliche Aufsichtsbehörden als Kontrollinstanzen beim Datenschutz. In Deutschland ist das für die Bundesbehörden der Bundesbeauftragte für den Datenschutz. Bei den Landes- bzw. Kommunalbehörden und bei nicht-öffentlichen Stellen (u. a. Privatwirtschaft) sind es die Landesdatenschutzbeauftragten.

Diese Aufsichtsbehörden haben nach *Art. 58 Abs. 1 Buchst. b DSGVO* und *§ 16 BDSG* (Bundesbeauftragter für den Datenschutz) das Recht, die Einhaltung der Datenschutzvorschriften auch mit einem Besuch in Betrieben, Verwaltungen oder Behörden zu kontrollieren. Sie dürfen eine solche Kontrolle sogar ohne konkreten Anlass vornehmen. In der Praxis geschieht dies leider nicht sehr oft, da dazu die personelle Ausstattung der Aufsichtsbehörden nicht ausreicht. Um das Datenschutzrecht durchzusetzen, können sie empfindliche Bußgelder verhängen.

Literatur

Eine aktuelle Liste der Aufsichtsbehörden mit den entsprechenden Kontaktdaten findet sich im Datenschutz-WIKI der Bundesbeauftragten für den Datenschutz und die Informationsfreiheit (BfDI) unter: *https://www.bfdi.bund.de/bfdi_wiki/index.php/Aufsichtsbehörden_und_Landesdatenschutzbeauftragte*

8. Betriebliche und behördliche Datenschutzbeauftragte (DSB)

In Deutschland gibt es das Konzept der Datenschutzbeauftragten schon länger. Die *DSGVO* schreibt in *Artikel 37* nun erstmals für alle Mitgliedsstaaten der EU verpflichtend Datenschutzbeauftragte vor. Das ist ein wichtiger Fortschritt beim europäischen Datenschutz, der es zukünftig leichter macht, mit Konzernteilen im EU-Ausland über den Datenschutz zu sprechen.

Das Konzept der Datenschutzbeauftragten

In Betrieben, Verwaltungen und Behörden ist für die Einhaltung der DSGVO und des BDSG und anderer Rechtsvorschriften der betriebliche bzw. der behördliche Datenschutzbeauftragte (DSB) zuständig.

Die Bestellung, die Aufgaben und die Rechte und Pflichten eines DSB sind in den *Art. 37–39 DSGVO* und in den *§§ 5–7, 38 BDSG*; die des Bundesbeauftragten für den Datenschutz in den *§§ 8–16 BDSG* geregelt. Darüber hinaus finden sich gesonderte Regelungen in den Landesdatenschutz-, den Personalvertretungsgesetzen und im BetrVG (siehe Tabelle »Beteiligungsrechte und andere Rechtsvorschriften zur Sicherung des Beschäftigtendatenschutzes für Betriebs- und Personalräte«).

Für das Betriebsrats- oder Personalratsgremium ist es wichtig, sich genauer mit der Rolle von Datenschutzbeauftragten auseinanderzusetzen, da sie in der Praxis die Ansprechpartner vor Ort sind. Insbesondere geht es um die Rechte und Pflichten von DSB und deren Aufgabenbereiche. Nur so lässt sich ihre Arbeit einschätzen und eine Form der Kooperation finden.[27]

27 Ausführlich in: Däubler, Gläserne Belegschaften. Das Handbuch zum Beschäftigtendatenschutz, 9. Aufl., 2021, S. 442–463.

a. Bestellung eines betrieblichen bzw. behördlichen Datenschutzbeauftragten

Im Rahmen dieser Einführung in den Datenschutz werden nur die wichtigsten Punkte im Zusammenhang mit betrieblichen und behördlichen Datenschutzbeauftragten (DSB) genannt. Ist es beispielsweise umstritten, ob ein DSB bestellt werden muss, so ist es notwendig in eine Kommentierung der DSGVO und des BDSG, oder eines Landesdatenschutzgesetzes zu schauen. Notfalls hilft auch eine Anfrage bei dem zuständigen Landesdatenschutzbeauftragten weiter.

Ein Datenschutzbeauftragter muss nach *Art. 37 DSGVO* durch den Verantwortlichen und den Auftragsverarbeiter bestellt werden,

- bei allen öffentlichen Stellen und Behörden, außer bei Gerichten und unabhängigen Justizbehörden im Rahmen ihrer justiziellen Tätigkeit,
- wenn die Kerntätigkeit in der Durchführung von Verarbeitungsvorgängen besteht, welche aufgrund ihrer Art, ihres Umfangs und/oder ihrer Zwecke eine umfangreiche regelmäßige und systematische Überwachung von betroffenen Personen erforderlich machen, oder
- in der umfangreichen Verarbeitung besonders schützenswerter Kategorien von Daten nach Art. 9 DSGVO oder von personenbezogenen Daten über strafrechtliche Verurteilungen und Straftaten gemäß Art. 10 DSGVO besteht.

Darüber hinaus legt *§ 38 BDSG* fest, dass ein Datenschutzbeauftragter ernannt werden muss, wenn

- in der Regel mindestens zwanzig Personen ständig mit der automatisierten Verarbeitung personenbezogener Daten beschäftigt sind oder
- eine Datenschutz-Folgenabschätzung (siehe Abschnitt »Datenschutz-Folgenabschätzung (DSFA)«) durchgeführt werden muss.

> **Hinweis:**
> **Mindestens zwanzig Personen?**
> Der Bezugspunkt für die Regelung, dass mindestens zwanzig Personen ständig mit der automatisierten Verarbeitung personenbezogener Daten beschäftigt sind, ist nicht der Betrieb, sondern das Unternehmen. Mitgerechnet werden müssen alle Personen, die irgendwann mit dem Speichern, Bearbeiten, Nutzen oder Übermitteln der personenbezogenen Daten befasst sind. Dazu gehören auch Teilzeitbeschäftigte, arbeiternehmerähnliche Personen und Auszubildende. Selbst dann, wenn sie nur einmal monatlich auf die Daten zugreifen.

Eine freiwillige Bestellung eines DSB ist ebenfalls möglich.

Rechtsgrundlagen:
Art. 37 DSGVO, § 38 BDSG

b. Gemeinsamer Datenschutzbeauftragter

Eine Unternehmensgruppe oder Behörden und öffentliche Stellen können auch einem gemeinsamen Datenschutzbeauftragten benennen:

»Eine Unternehmensgruppe darf einen gemeinsamen Datenschutzbeauftragten ernennen, sofern von jeder Niederlassung aus der Datenschutzbeauftragte leicht erreicht werden kann.« (Art. 37 Abs. 1 Nr. 2 DSGVO)
»Falls es sich bei dem Verantwortlichen oder dem Auftragsverarbeiter um eine Behörde oder öffentliche Stelle handelt, kann für mehrere solcher Behörden oder Stellen unter Berücksichtigung ihrer Organisationsstruktur und ihrer Größe ein gemeinsamer Datenschutzbeauftragter benannt werden.« (Art. 37 Abs. 1 Nr. 3 DSGVO)

Einen gemeinsamen Datenschutzbeauftragten wird es häufig geben. Ihn zu bestellen ist aber keine Verpflichtung, da für jedes Unternehmen auch ein eigener Datenschutzbeauftragter bestellt werden kann.
Ist der Betrieb sehr groß, oder liegen die dazugehörigen Standorte weit auseinander, müssen nach dem Gesetz einige Punkte bei einem gemeinsamen Datenschutzbeauftragten beachtet werden:

- der gemeinsame Datenschutzbeauftragte muss die anstehende Arbeit zeitlich schaffen können
- er muss »leicht erreichbar« sein, d. h. ein Kontakt muss per E-Mail oder telefonisch möglich sein, ebenso ein persönliches Gespräch ohne übermäßigen Aufwand

Denkbar ist also, dass er ein Team benötigt, um die Aufgabe zu erfüllen. (siehe dazu auch Kapitel 8. g. »Hilfskräfte des DSB, Datenschutzkoordinatoren und technischer Datenschutz«)

Rechtsgrundlage:
Nichtöffentliche Stellen: *Art. 37 Abs. 7 DSGVO*
Öffentliche Stellen: *§ 5 Abs. 2 BDSG*

c. Wer kann Datenschutzbeauftragter werden?

Der DSB kann, muss aber nicht, Mitarbeiter der Firma, Verwaltung oder Behörde sein. Es ist auch möglich externe Datenschutzbeauftragte zu benennen.

Sobald klar ist, dass ein DSB zu benennen ist, muss dies auch geschehen und die Kontaktdaten des DSB müssen sofort der Aufsichtsbehörde mitgeteilt und zudem veröffentlicht werden, z. B. auf der Website des Unternehmens. Datenschutzbeauftragte können nur sogenannte natürliche Personen sein, also keine Firmen.

Der Datenschutzbeauftragte wird auf der Grundlage

- einer beruflichen Qualifikation und
- insbesondere des Fachwissens benannt, das er auf dem Gebiet des Datenschutzrechts und der Datenschutzpraxis besitzt, sowie
- auf der Grundlage seiner Fähigkeit zur Erfüllung der in Art. 39 DSGVO genannten Aufgaben *(Art. 37. Abs. 5 DSGVO)*

Rechtsgrundlagen:
Art. 37 – 39 DSGVO, EG 97, §§ 5 – 7, 38 BDSG

d. Stellung des betrieblichen bzw. behördlichen Datenschutzbeauftragten

Der DSB ist weisungsfrei und geschützt gegen Abberufung. Zudem besteht ein Benachteiligungsverbot.

Art. 38 DSGVO fordert daher, dass der DSB

- frühzeitig bei datenschutzrelevanten Themen eingebunden wird,
- vom Verantwortlichen tatkräftig unterstützt wird (Ressourcen, Fortbildungen, Zugang zu den personenbezogenen Daten und Verarbeitungsvorgängen),
- weisungsfrei arbeiten kann,
- wegen der Erfüllung seiner Aufgaben nicht abberufen oder benachteiligt werden darf,
- von betroffenen Personen zu Rate gezogen werden kann,
- sich an die Wahrung der Geheimhaltung und Vertraulichkeit zu halten hat,
- durch die Erfüllung anderer Aufgaben und Pflichten nicht in einen Interessenkonflikt geraten darf.

Ein Interessenkonflikt liegt vor, wenn der DSB Systemadministrator, Leiter der EDV-, Rechts- oder Personalabteilung oder Betriebsratsvorsitzende:r wäre. Solche Personen kommen als DSB nicht in Frage, da sie sich in diesem Fall selbst kontrollieren müssten.

Rechtsgrundlagen:
Art. 38 DSGVO, EG 87, § 6 BDSG

e. Mitbestimmungsrechte bei der Bestellung oder Abberufung eines betrieblichen bzw. behördlichen Datenschutzbeauftragten

Mitbestimmungsrechte der Betriebsräte

Bei der Bestellung eines Datenschutzbeauftragten sind Betriebsräte zumeist nicht beteiligt. Allerdings ist es möglich, dass sie beispielsweise von ihrem Zustimmungsverweigerungsrecht nach *§ 99 BetrVG* Gebrauch machen.
Denkbar ist die Zustimmungsverweigerung bei fehlender Sachkunde oder bei Interessenkollisionen nach *§ 99 BetrVG,* wenn

- ein Beschäftigter aus dem Betrieb zum DSB wird (Versetzung)
- eine Person als DSB eingestellt wird (Einstellung)
- ein »Externer« im Rahmen eines Dienstvertrags tätig wird – es kann eine »Eingliederung« in den Betrieb vorliegen (Eingliederung)
- ein leitender Angestellter zum DSB wird, so liegt eine »Hereinnahme« in den Bereich der Nicht-Leitenden vor, also eine Einstellung (Einstellung)

Mitbestimmungsrechte der Personalvertretungen

Im Bundespersonalvertretungsrecht gibt es keine Mitbestimmung bei der Bestellung und Abberufung von Datenschutzbeauftragten.
Eine eingeschränkte Mitbestimmung gibt es aber in einigen Landespersonalvertretungsgesetzen (LPVG): beispielsweise in Baden-Württemberg mit dem *§ 75 Abs. 4 Nr. 1b LPVG BW*. Das Bundesland Thüringen geht hier am weitesten, da das Landespersonalvertretungsgesetz vorsieht, dass der Personalrat einen eigenen DSB erhält oder sich mit dem Dienstherrn auf einen gemeinsamen DSB einigt (für die anderen Bundesländer siehe

Tabelle »Beteiligungsrechte und andere Rechtsvorschriften zur Sicherung des Beschäftigtendatenschutzes für Betriebs- und Personalräte«). Eingeschränkte Mitbestimmung bedeutet, dass bei der Anrufung einer Einigungsstelle der Schiedsspruch nicht für den Arbeitgeber verbindlich ist, sondern nur eine Empfehlung an die oberste Dienstbehörde.

Rechtsgrundlagen:
§ 99 BetrVG, Landespersonalvertretungsgesetze (siehe Tabelle »Beteiligungsrechte und andere Rechtsvorschriften zur Sicherung des Beschäftigtendatenschutzes für Betriebs- und Personalräte«)

f. Aufgaben eines betrieblichen bzw. behördlichen Datenschutzbeauftragten

Nach *Art. 39 DSGVO* hat der Datenschutzbeauftragte für nicht-öffentliche Stellen und nach *§ 7 BDSG* der Datenschutzbeauftragte für öffentliche Stellen zumindest die folgenden Aufgaben:

- Unterrichtung und Beratung des Verantwortlichen, des Auftragsverarbeiters und der Beschäftigten, die Verarbeitungen durchführen, beim Datenschutz
- Überwachung der Einhaltung der DSGVO und des BDSG und anderer Datenschutzrechte
- Überwachung der Strategien des Verantwortlichen oder des Auftragsverarbeiters für den Schutz personenbezogener Daten mit entsprechenden Überprüfungen
- Überwachung der Zuweisung von Zuständigkeiten mit entsprechenden Überprüfungen
- Überwachung der Sensibilisierung und Schulung der an den Verarbeitungsvorgängen beteiligten Mitarbeiter
- Auf Anfrage Beratung bei einer Datenschutz-Folgenabschätzung und die Überwachung ihrer Durchführung
- Zusammenarbeit mit der Aufsichtsbehörde

Die 2021 in Kraft getretenen Novellierungen des BetrVG und des BPersVG ermöglichen vielleicht eine Kontrolle der gesetzlichen Interessenvertretungen durch den DSB. Diese Position vertreten zumindest einige Datenschützer. Sollte es so sein, gibt es bei dieser Kontrollmöglichkeit noch rechtlich offene Fragen. Genauere Informationen hierzu finden sich im Abschnitt 9.b. »Kontrolle des Betriebs- und Personalrats durch den Datenschutzbeauftragten«.

Rechtsgrundlagen:
Art. 39 DSGVO, § 7 BDSG, § 69a BetrVG, § 69 BPersVG

g. Hilfskräfte des DSB, Datenschutzkoordinatoren und technischer Datenschutz

Damit bestellte Datenschutzbeauftragte ihre Aufgaben erledigen können, werden ihnen in größeren Betrieben und Verwaltungen Hilfskräfte zur Verfügung gestellt, die sie unterstützen. Sie übernehmen einen Teil der Aufgaben und sind beispielsweise Ansprechpartner bei Datenschutzfragen von Beschäftigten vor Ort.
Die gesetzliche Grundlage für die Hilfskräfte des DSB findet sich in *Art. 38 Abs. 2 DSGVO:*

»Der Verantwortliche und der Auftragsverarbeiter unterstützen den Datenschutzbeauftragten bei der Erfüllung seiner Aufgaben gemäß Artikel 39, indem sie die für die Erfüllung dieser Aufgaben erforderlichen Ressourcen und den Zugang zu personenbezogenen Daten und Verarbeitungsvorgängen sowie die zur Erhaltung seines Fachwissens erforderlichen Ressourcen zur Verfügung stellen.«

Die Hilfskräfte des DSB fallen unter den Begriff der »erforderlichen Ressourcen«. Christof Sterin, der Sprecher des »Bundesbeauftragten für den Datenschutz« (BfDI), stellt zum Thema DSB und Hilfspersonal fest:

»Der BfDI erachtet ab einer Zahl von 500 Beschäftigten eine Freistellung des DSB und bei entsprechend größerer Beschäftigtenzahl auch die Zuweisung von Hilfspersonal als erforderlich.«[28]

Damit ist klargestellt, dass es Hilfspersonal zumeist in größeren Betrieben und Verwaltungen geben wird. Denkbar sind sie aber auch in kleineren Einheiten mit mehreren Standorten.
Hilfspersonal des DSB einzusetzen ist allein schon deshalb sinnvoll, da ein:e DSB die vielen anfallenden Arbeiten ansonsten oftmals kaum erledi-

28 E-Mail von Christof Stein, Pressesprecher des BfDI an den Autor (28.7.2021).

gen kann. Der Einsatz von Hilfspersonal für den DSB rechnet sich zudem für den Verantwortlichen. Er spart Kosten (insbesondere bei externen Datenschutzbeauftragten), und das aus dem Betrieb oder der Verwaltung stammende Hilfspersonal kennt die Praxis vor Ort.
Oftmals werden diese Mitarbeiter als »Datenschutzkoordinatoren« bezeichnet, aber nicht überall. So sind sie in Bayern eher unbekannt, obwohl es dort natürlich auch Hilfskräfte des DSB gibt. Je nach Örtlichkeit kann es also auch andere Begriffe für das Hilfspersonal des betrieblichen und behördlichen Datenschutzbeauftragten (DSB) geben, beispielsweise »Datenschutz-Ansprechpartner« oder »Datenschutzstelle«. Sie müssen aber immer von Mitarbeitern im »administrativen Datenschutz« unterschieden werden.
In der Praxis sieht diese Zweiteilung zumeist so aus, dass ein oder mehrere Beschäftigte für einen oder mehrere Betriebsteile als sogenannte »Datenschutzkoordinatoren« ernannt werden und Aufgaben des Datenschutzbeauftragten unterstützen. Daneben gibt es oftmals noch Mitarbeiter:innen die im sogenannten »administrativen Datenschutz« tätig sind und den Verantwortlichen bei der Umsetzung seiner Pflichten aus der DSGVO oder anderen datenschutzrechtlichen Bestimmungen unterstützen.

Wer arbeitet wem zu?

Hier muss genau unterschieden werden, wer wem zugeordnet ist, ob also dem Verantwortlichen oder dem DSB. Da Mitarbeiter:innen im »administrativen Datenschutz« keine Hilfskräfte des DSB, sondern dem Verantwortlichen zugeordnet sind, dürfen sie keine Aufgaben des DSB übernehmen.
Hilfskräfte des DSB können sehr unterschiedlich benannt sein, die Bezeichnung »Datenschutzkoordinator« muss daher nicht unbedingt bedeuten, dass diese Hilfskraft dem DSB zugeordnet ist. Da die Bezeichnung nicht geschützt ist, kann sie auch im »administrativen Datenschutz« benutzt werden. Eine Person kann aber nicht gleichzeitig als Hilfskraft des DSB und im »administrativen Datenschutz« tätig sein, da ansonsten ein Interessenkonflikt nach *Art. 38 Abs. 6 DSGVO* entsteht! Wie bei der Ernennung zum DSB, darf nicht jede beliebige Person zu einer Hilfskraft des DSB ernannt werden. Insbesondere darf es nicht zu einem Interessenkonflikt kommen. Wie schon beim DSB liegt ein Interessenkonflikt vor, wenn die Hilfskraft des DSB Systemadministrator, Leiter der EDV-, Rechts- oder Personalabteilung oder im »administrativen Datenschutz« tätig ist.

Sinnvoll wäre es, wenn die Hilfskräfte Fachwissen auf dem Gebiet des Datenschutzrechts und der Datenschutzpraxis besitzen. Zudem müssen auch Hilfskräfte des DSB vor und während ihres Einsatzes fundierte datenschutzrechtliche Schulungen und Fachinformationen in Form von Fachliteratur erhalten. Reicht dieses Fachwissen nicht aus, so kann es schnell zu falschen Auskünften und Einschätzungen kommen, da diese Personen wohl häufig die Interessen des Unternehmens vertreten werden. Zudem benötigt das Hilfspersonal ein entsprechendes Zeitkontingent für diese Tätigkeit. In der Praxis wird dies häufig viel zu kurz bemessen, sodass sie ihren Aufgaben als Hilfskraft des DSB nicht wirklich nachkommen können.
Hilfskräfte des DSB können, wenn die Aspekte Fachwissen und Zeitkontingent stimmen, die Arbeit von Datenschutzbeauftragten unterstützen und somit auch für die Beschäftigten und eventuell für Gremien hilfreiche Ansprechpartner sein.

Eine Hilfskraft des DSB

- ist nicht dem Verantwortlichen untergeordnet (also nicht dem Arbeitgeber), sondern dem DSB
- beantwortet einfache Anfragen von Beschäftigten und von Fachabteilungen zu Datenschutzfragen
- beantwortet einfache Datenschutzfragen der gesetzlichen Interessenvertretungen
- sammelt offene Datenschutzfragen für den DSB
- pflegt, aktualisiert und verwaltet Datenschutzdokumente
- bereitet neue Datenschutzdokumente vor
- bereitet die Beantwortung von Betroffenenanfragen vor
- setzt Standardprozesse um
- schult Beschäftigte im Datenschutz
- unterstützt die Datenschutzkontrolle des DSB
- achtet auf die Einhaltung von datenschutzrechtlichen Vorgaben
- führt regelmäßige Gespräche mit dem DSB
- etc.

Diese Liste lässt sich sicherlich noch verlängern.

Rechtsfragen

Auf dieser Grundlage ergeben sich allerdings einige Rechtsfragen. Der ausgewiesene Datenschutzexperte Professor Dr. Wolfgang Däubler schreibt dazu:

»Die Rechtsstellung dieser Personengruppe ist nirgends geregelt; insoweit gelten ähnliche Grundsätze wie bei der Bestellung eines Datenschutzbeauftragten in einem Betrieb mit weniger als 20 Beschäftigten. Partielle Freistellung und Kündigungsschutz richten sich nach den vertraglichen Vereinbarungen mit dem Arbeitgeber. Ist der Datenschutzbeauftragte in einem sehr großen Unternehmen oder Konzern tätig, so kann er gegenüber dem Arbeitgeber einen Anspruch geltend machen, mit einem solchen Unterbau versehen zu werden. Soweit es um die Kontrolle der Einhaltung des Datenschutzrechts geht, ist der Koordinator nicht den Weisungen des Arbeitgebers, sondern nur denen des Datenschutzbeauftragten unterworfen. Auch dies ist keine zwingende Vorgabe; möglich ist auch, ihm dieselbe Unabhängigkeit wie dem Datenschutzbeauftragten einzuräumen, was sich insbesondere bei der Frage niederschlägt, welche Arbeitsschwerpunkte er wählt.«[29]

Verschwiegenheitspflicht von Hilfskräften

Rechtlich schwierig ist die Frage nach der Verschwiegenheitspflicht von Hilfskräften gegenüber dem Arbeitgeber. Der neue *§ 79a BetrVG* fordert vom Datenschutzbeauftragten die Verschwiegenheit gegenüber dem Arbeitgeber, und zwar »über Informationen, die Rückschlüsse auf den Meinungsbildungsprozess des Betriebsrats zulassen«.

Das ist eindeutig, aber betrifft sie auch die Verschwiegenheitspflicht von »Datenschutzkoordinatoren« oder anders benanntem Hilfspersonal des DSB? Rechtlich geklärt ist das nicht und die Kommentare zum BetrVG schweigen sich dazu aus.

Dr. Wolfgang Däubler hält es für denkbar, dass sich die Verschwiegenheitspflicht auch auf Hilfspersonen des DSB erstreckt, ähnlich wie es bei anderen Berufsgeheimnisträgern (z. B. Arzt, Rechtsanwalt) ist. Der Autor dieses Artikels hat zu diesem Thema den Bundesbeauftragten für den Datenschutz, Ulrich Kelber und alle Landesbeauftragten für den Datenschutz kontaktiert.

In den Antworten wird eine Verschwiegenheitspflicht nach den Datenschutzgesetzen bejaht, bei denen es um die personenbezogenen Daten von Kunden oder Beschäftigtendaten geht.

Ebenso sehen sie eine Verschwiegenheitspflicht des DSB gegenüber dem Arbeitgeber nach dem BetrVG. Schwieriger ist es bei Personalräten bei der Frage, wie es mit der Verschwiegenheitspflicht des DSB und seiner Hilfskräfte nach dem BPersVG steht, da in § 69 BPersVG nichts über eine

29 E-Mail von Prof. Dr. Wolfgang Däubler an den Autor (16.6.2021).

Verschwiegenheitspflicht gegenüber dem Arbeitgeber über Informationen, die Rückschlüsse auf den Meinungsbildungsprozess des Personalrats zulassen, steht.
Dazu stellt Martina Schlögel, stellvertretende Pressesprecherin des BfDI klar:

»Allerdings wird man wohl auch bei Behörden eine Verschwiegenheitspflicht des DSB gegenüber der Dienststelle annehmen müssen. Anderenfalls würde § 11 BPersVG hier umgangen werden. Diese spezifischen Verschwiegenheitspflichten gegenüber dem Verantwortlichen (=Arbeitgeber/Dienstherr) gelten hier nur für den DSB und dessen Hilfspersonal. Das ergibt auch Sinn, da auch nur sie gem. Art. 38 Abs. 2 DSGVO überhaupt Zugang zu den Daten der Personalvertretung haben.«[30]

Da nicht alle Landesdatenschutzbeauftragten die Position des BfDI zur Verschwiegenheitspflicht von Hilfskräften des DSB teilen bzw. sich noch keine abschließende Meinung zu dem Thema gebildet haben, wird erst die Zukunft zeigen, ob die Gerichte den Hilfskräften des DSB eine Verschwiegenheitspflicht gegenüber dem Arbeitgeber ausurteilen werden.
Die Konsequenz aus dieser noch nicht endgültig geklärten Frage muss sein, dass das Gremium vom Verantwortlichen eine entsprechende Verschwiegenheitsverpflichtung für die Hilfskraft des DSB fordert!
Nils Schröder, der Pressesprecher der Landesbeauftragten für den Datenschutz NRW schreibt dazu:

»Eine Möglichkeit, eine vergleichbare Pflicht zur Vertraulichkeit und Verschwiegenheit für das Hilfspersonal zu gewährleisten, könnte darin bestehen, dass Verantwortliche unternehmensinterne Regelungen treffen, aufgrund derer Personen, soweit sie Unterstützungstätigkeiten für Datenschutzbeauftragte erbringen, im gleichen Maße zur Verschwiegenheit verpflichtet werden wie die Datenschutzbeauftragten selbst.«[31]

Für Betriebsräte kann dies nur bedeuten, dass das Hilfspersonal des DSB eine Verschwiegenheitsverpflichtung unterschreiben muss, die die Verschwiegenheit gegenüber dem Arbeitgeber über Informationen, die Rückschlüsse auf den Meinungsbildungsprozess des Betriebsrats/Personalrats sichert und in dieser Funktion nur den Weisungen des DSB folgen darf.

---

30 E-Mail von Martina Schlögel, stellvertretende Pressesprecherin des BfDI an den Autor (2.8.2021).

31 E-Mail von Nils Schröder, Pressesprecher des LDI NRW an den Autor (30.7.2021).

Ist der Verantwortliche nicht bereit, eine solche Verschwiegenheitsverpflichtung unterschreiben zu lassen, hat das Konsequenzen für das Hilfspersonal des DSB und den DSB selbst.

»Das Fehlen einer für den Datenschutzbeauftragten geltenden Verschwiegenheitsverpflichtung auf Seiten ihres Hilfspersonals hat zur Konsequenz, dass die Hilfspersonen Unterstützungstätigkeiten für Datenschutzbeauftragte nur insoweit erbringen können, als dies ohne Verstoß gegen datenschutzrechtliche Bestimmungen möglich ist.«[32]

Konkret bedeutet dies, dass sie keinen Einblick in personenbezogene Daten haben dürfen, sondern nur andere Hilfsleistungen für den DSB erbringen dürfen.

»Hilfspersonen ohne Verschwiegenheitsverpflichtung dürfen somit nicht als »zwingende Vorstufe« zur Kontaktaufnahme mit Datenschutzbeauftragten vorgeschaltet werden, da dies auf ratsuchende Personen abschreckend wirken könnte. Den Personen, die sich an einen »Datenschutz-Koordinator« wenden, muss jedenfalls klar gemacht werden, welche Aufgaben dieser hat und ob er vertraglich zur Verschwiegenheit verpflichtet ist.«[33]

Die letzten Zitate zeigen eine mögliche Rechtsposition zur Verschwiegenheitspflicht von Hilfspersonal des DSB – Rückfragen bei anderen Landesbeauftragten für den Datenschutz können aber auch davon abweichende Antworten ergeben.

Aufgabe der Datenschutzkonferenz

In dieser rechtlich verworrenen Lage wäre es daher hilfreich, wenn sich die DSK, also die »Datenschutzkonferenz« (Konferenz der unabhängigen Datenschutzbehörden des Bundes und der Länder) auf eine einheitliche, rechtliche Auslegung einigen würde, die auch das geänderte BetrVG und das neue BPersVG mit seinen Datenschutzbestimmungen berücksichtigt und die Verschwiegenheitspflicht des Hilfspersonals des DSB klärt.

32 Ebenda.
33 Ebenda.

Fazit

Betriebs- und Personalräte sollten prinzipiell genau prüfen, wer zur Hilfskraft des DSB ernannt wird und Fragen nach Fachwissen, Interessenkonflikten, Verschwiegenheitspflicht und vertraglichen Vereinbarungen mit dem Arbeitgeber stellen.
Solange die Frage nach der Verschwiegenheitspflicht rechtlich nicht eindeutig geklärt ist, sollte eine Interessenvertretung wichtige Datenschutzangelegenheiten nur mit dem DSB und nicht mit dem Hilfspersonal des DSB klären. Denkbar wären aber Betriebs- oder Dienstvereinbarungen, die die Verschwiegenheitspflicht und andere Aufgaben und Pflichten von Hilfskräften des DSB vor Ort verbindlich regeln.

Checkliste Hilfspersonal des DSB

- ist nicht dem Verantwortlichen untergeordnet, sondern dem DSB (also nicht dem Arbeitgeber)
- ist eine Person, die nicht in einem Interessenkonflikt zu seinen Aufgaben als Hilfspersonal des DSB steht
- unterliegt einer Verschwiegenheitsverpflichtung über Interna der gesetzlichen Interessenvertretung
- hat ein ausreichendes Fachwissen um die Aufgaben als Hilfspersonal des DSB zu erfüllen
- hat ein ausreichendes Zeitkontingent für die anstehenden Aufgaben
- erhält Fachliteratur und Schulungen im Datenschutz
- hat vertragliche Vereinbarungen mit dem Arbeitgeber, die die oben genannten Punkte enthält
- dem Beschäftigten ist bekannt, welchen Aufgaben, Rechten und Pflichten das Hilfspersonal des DSB unterliegt.

9. Datenschutz im Büro der Interessenvertretung

In einem Betriebsrats- oder Personalratsbüro fallen »automatisch« viele personenbezogene Daten im Zusammenhang mit personellen Einzelmaßnahmen, Protokollen der Sitzungen oder Briefen an, und natürlich sind auch hier die Anforderungen des Datenschutzes zu erfüllen.

Der Datenschutz nach der DSGVO und dem BDSG gilt also nicht nur für Arbeitgeber, sondern *auch* für die gesetzlichen Interessenvertretungen, also für Betriebs- und Personalräte, Mitarbeiter- und Schwerbehindertenvertretungen.

Zudem sollte eine gesetzliche Interessenvertretung schon aus Eigeninteresse Datenschutz und Datensicherheit ernst nehmen, damit beispielsweise Beschlüsse und Planungen der Interessenvertretung nicht vorzeitig durch Außenstehende gelesen werden und auch keine personenbezogenen Daten von Beschäftigten in unbefugte Hände geraten. Sie muss daher genau schauen, welche Anforderungen der Datenschutz an sie stellt, und auf dieser Grundlage ihre eigenen Vorgaben und Kontrollen entwickeln. Dazu bedarf es eines verpflichtenden, schriftlichen Datenschutzkonzeptes und seiner Umsetzung, so wie es in diesem Kapitel angeregt wird. Sollte sich der Arbeitgeber nicht um alle Vorgaben der DSGVO und des BDSG kümmern, so ist das für eine gesetzliche Interessenvertretung kein Argument, sich ebenfalls nicht daran zu halten. Das Gremium muss Vorbild beim Umgang mit personenbezogenen Daten sein, insbesondere gegenüber der Belegschaft.

a. Betriebs- und Personalrat keine Verantwortlichen im Datenschutz

Im alten Datenschutzrecht waren sich die Juristen einig: Eine gesetzliche Interessenvertretung ist Teil der verantwortlichen Stelle. Gemeint ist damit, dass die Interessenvertretung Teil des Betriebes und der Arbeitgeber der Verantwortliche für den Datenschutz ist.

Im Zusammenhang mit der Diskussion um die Auswirkungen der DSGVO auf die gesetzlichen Interessenvertretungen, vertraten einige Juristen die Ansicht, dass eine Interessenvertretung selbst Verantwortlicher im Sinne des Datenschutzrechts sei.

Diese Frage wurde 2021 mit den Novellierungen des BetrVG und des BPersVG geklärt.

Die Bundesregierung hat in den Gesetzen folgende Paragrafen eingefügt:

§ 79a Datenschutz BetrVG

Bei der Verarbeitung personenbezogener Daten hat der Betriebsrat die Vorschriften über den Datenschutz einzuhalten. Soweit der Betriebsrat zur Erfüllung der in seiner Zuständigkeit liegenden Aufgaben personenbezogene Daten verarbeitet, ist der Arbeitgeber der für die Verarbeitung Verantwortliche im Sinne der datenschutzrechtlichen Vorschriften. Arbeitgeber und Betriebsrat unterstützen sich gegenseitig bei der Einhaltung der datenschutzrechtlichen Vorschriften.

Die oder der Datenschutzbeauftragte ist gegenüber dem Arbeitgeber zur Verschwiegenheit verpflichtet über Informationen, die Rückschlüsse auf den Meinungsbildungsprozess des Betriebsrats zulassen. § 6 Absatz 5 Satz 2, § 38 Absatz 2 des Bundesdatenschutzgesetzes gelten auch im Hinblick auf das Verhältnis der oder des Datenschutzbeauftragten zum Arbeitgeber.

Ganz ähnlich sind die Formulierungen in der ersten zwei Sätzen der Novellierung des BPersVG, allerdings ohne den dritten Satz, der die besondere Verschwiegenheitspflicht des Datenschutzbeauftragten (DSB) hervorhebt.

§ 69 Datenschutz BPersVG

Bei der Verarbeitung personenbezogener Daten hat der Personalrat die Vorschriften über den Datenschutz einzuhalten. Soweit der Personalrat zur Erfüllung der in seiner Zuständigkeit liegenden Aufgaben personenbezogene Daten verarbeitet, ist die Dienststelle der für die Verarbeitung Verantwortliche im Sinne der datenschutzrechtlichen Vorschriften. Die Dienststelle und der Personalrat unterstützen sich gegenseitig bei der Einhaltung der datenschutzrechtlichen Vorschriften.

Diese Änderungen enthalten vier wichtige Aspekte:

- Die gesetzliche Interessenvertretung muss die Vorschriften beim Datenschutz einhalten.

- Der Arbeitgeber bzw. die Dienststelle ist für den Datenschutz verantwortlich.
- Gremium und Arbeitgeber müssen sich gegenseitig bei der Einhaltung der datenschutzrechtlichen Vorschriften unterstützen.
- Die besondere Verschwiegenheitspflicht des DSB über interne Vorgänge im Betriebsrat.

Der erste Aspekt macht deutlich, dass eine gesetzliche Interessenvertretung im Gremium den gesetzlichen Datenschutz umsetzen muss. Es gibt hier also keine Möglichkeit sich zu entziehen und untätig zu bleiben!

Beim zweiten Aspekt wird endlich klargestellt, dass der Arbeitgeber bzw. die Dienststelle für den Datenschutz verantwortlich ist und nicht das Gremium selbst.

Die Interessenvertretung ist damit, wie bislang auch schon, Teil der verantwortlichen Stelle und kein Dritter im Sinne des Datenschutzes. Aber für die Umsetzung des Datenschutzes im Büro der gesetzlichen Interessenvertretung ist *nicht* der Verantwortliche zuständig, sondern das Gremium selbst!

Dies ist im ersten Moment irritierend, da eigentlich der Arbeitgeber verantwortlich für den Datenschutz im Gremium ist, also juristisch dafür einstehen muss.

Das lässt sich so erklären, dass durch die Rechtsprechung des Bundesarbeitsgerichts (BAG) zur Kontrollkompetenz des betrieblichen oder behördlichen Datenschutzbeauftragten (DSB) die Interessenvertretung als unabhängige Größe behandelt wird.

Der dritte Aspekt fordert von Gremium und Arbeitgeber, dass sie sich gegenseitig unterstützen bei der Einhaltung der datenschutzrechtlichen Vorschriften.

Insbesondere der dritte Aspekt wirft Fragen auf:

- Wie soll die Unterstützung konkret aussehen?
- Was muss das Gremium dem Verantwortlichen (Arbeitgeber/Dienststelle) liefern, damit er beispielsweise gegenüber einer Aufsichtsbehörde den Nachweis führen kann, dass das Gremium sich an den Datenschutz hält?
- Ist es nicht notwendig ein Datenschutzkonzept zu entwickeln und es auch umzusetzen, um diese Anforderungen erfüllen zu können?

Der vierte Aspekt, der die Verschwiegenheitspflicht des DSB hervorhebt, ist nur dann an dieser Stelle sinnvoll, wenn der DSB das Gremium kontrollieren darf.

Ähnlich haben es die meisten Landespersonalvertretungsgesetze geregelt.

b. Kontrolle des Betriebs- und Personalrats durch den Datenschutzbeauftragten

Wer darf eine Interessenvertretung beim Datenschutz kontrollieren? Eine Kontrolle durch den Arbeitgeber ist nicht erlaubt, selbst wenn er den Verdacht einer Vertragsverletzung oder einer strafbaren Handlung hat. Macht er es trotzdem, so können die so erlangten Informationen vor Gericht nicht verwertet werden.
Auch dem Systemverwalter (Administrator, Netzwerkadministrator) ist eine Kontrolle der gesetzlichen Interessenvertretung verboten! Denkbar wäre eine Kontrolle durch den betrieblichen oder behördlichen Datenschutzbeauftragten. Eine »automatische« Kontrolle war bislang laut Urteil des Bundesarbeitsgerichts (BAG 11.11.1997 – 1 ABR 21/97) nicht erlaubt, da Datenschutzbeauftragte Vertreter des Arbeitgebers sind.

Neue Gesetzeslage: Darf der DSB das Gremium kontrollieren?

Wie bei allen Gesetzen steht im Gesetzesentwurf eine vorangestellte Einleitung, die einige Erklärungen zum Gesetz formuliert, beispielsweise warum es das neue Gesetz gibt, welche Aspekte warum besonders wichtig sind und/oder auch Klarstellungen zur Auslegung enthält. Das ist auch beim Betriebsrätemodernisierungsgesetz mit seinen Änderungen im BetrVG und im neuen BPersVG so erfolgt.
Als Klarstellung zu *§ 79a BetrVG* stand im Gesetzesentwurf:

»Die Stellung und die Aufgaben des Datenschutzbeauftragten richten sich nach der Datenschutz-Grundverordnung (Artikel 38 und 39) und bestehen somit auch gegenüber dem Betriebsrat als Teil der verantwortlichen Stelle. Soweit erforderlich, sollte der Betriebsrat die Beratung durch den Datenschutzbeauftragten in Anspruch nehmen.«[34]

Für Personalräte lautet die Einleitung bei der Novellierung des BPersVG ebenso. Der einzige Unterschied ist, dass dort von Personalrat und Dienststelle gesprochen wird. In den Art. 38 und 39 DSGVO geht es um die Stellung des Datenschutzbeauftragten und seine Aufgaben.

---

34 Entwurf eines Gesetzes zur Förderung der Betriebsratswahlen und der Betriebsratsarbeit in einer digitalen Arbeitswelt (Betriebsrätemodernisierungsgesetz), Drucksache 19/28899, S. 22 und Entwurf eines Gesetzes zur Novellierung des Bundespersonalvertretungsgesetzes. S. 130.

Das bedeutet in der Praxis, auch wenn es schwammig formuliert ist, dass der Datenschutzbeauftragte das Gremium kontrollieren kann.
Deutlich wird dies in den Sätzen 3 und 4 in *§ 79a BetrVG*:

»Die oder der Datenschutzbeauftragte ist gegenüber dem Arbeitgeber zur Verschwiegenheit verpflichtet über Informationen, die Rückschlüsse auf den Meinungsbildungsprozess des Betriebsrats zulassen. Die §§ 6 Absatz 5 Satz 2, 38 Absatz 2 des Bundesdatenschutzgesetzes gelten auch im Hinblick auf das Verhältnis der oder des Datenschutzbeauftragten zum Arbeitgeber.«

Diese Sätze stehen nicht im novellierten BPersVG. Das wird in der Praxis sicherlich zu Irritationen führen. Vielmehr gilt die allgemeine Vorschrift, dass Datenschutzbeauftragte eine grundsätzliche Verschwiegenheitspflicht nach *§ 6 Abs. 5 Satz 2 BDSG* haben.

»Die oder der Datenschutzbeauftragte ist zur Verschwiegenheit über die Identität der betroffenen Person sowie über Umstände, die Rückschlüsse auf die betroffene Person zulassen, verpflichtet, soweit sie oder er nicht davon durch die betroffene Person befreit wird.«

Gemeint sind damit zuerst einmal die personenbezogenen Daten von Beschäftigten oder Kunden, etc.
Ob die Schweigepflicht des Datenschutzbeauftragten über die Arbeit des Betriebsrats nach dem BetrVG vergleichbar auch für den Personalrat nach dem BPersVG anzuwenden ist, wird vom Bundesbeauftragten für den Datenschutz bejaht. Kommentierungen oder Urteile zu dieser wichtigen Frage liegen aber noch nicht vor. Bislang wird die Möglichkeit einer besonderen Schweigepflicht noch nicht einmal diskutiert.
So oder so, die entscheidende Frage ist hier, ob ein Datenschutzbeauftragter sich in der Praxis daran halten wird, da er grundsätzlich vom Arbeitgeber zum Datenschutzbeauftragten gemacht wurde und er diese Funktion auch gerne behalten möchte.
Auf jeden Fall ist es sinnvoll, die im novellierten BetrVG und dem neuen BPersVG empfohlene Beratung des Datenschutzbeauftragten vor Ort in Anspruch zu nehmen und darüber hinaus eine gute Zusammenarbeit mit ihm zu suchen.
Zurück zu der Frage der Rechtmäßigkeit der Kontrolle durch den DSB.
Der Datenschutzexperte Prof. Dr. Wolfgang Däubler bemerkt zurecht kritisch an: »Gravierender ist, dass der betriebliche Datenschutzbeauftragte ersichtlich auch den Betriebsrat kontrollieren kann, denn andernfalls wäre seine Verschwiegenheitspflicht nicht verständlich. Das BAG

hat eine solche Kontrollkompetenz abgelehnt, weil sie die Unabhängigkeit des Betriebsrats gefährdet. Der gesetzliche Abbau dieser bestehenden Autonomie wird durch die Geheimhaltungspflicht nicht ausgeglichen.«[35] Der Bundesbeauftragte für den Datenschutz und die Mehrzahl der Datenschutzbeauftragten der Länder vertreten jedenfalls die Auffassung, dass die DSB die gesetzlichen Interessenvertretungen kontrollieren können.[36] Einige Landesdatenschutzbeauftragte befinden sich noch im Klärungsprozess zu dieser Frage oder formulieren ihre Antwort sehr vorsichtig, wie der Landesbeauftragte für Datenschutz Schleswig-Holstein/Unabhängiges Landeszentrum für Datenschutz Schleswig-Holstein: »... sehen auch wir in der Vorschrift des § 79a BetrVG Anhaltspunkte dafür, dass der betriebliche Datenschutzbeauftragte nun eine Kontrollzuständigkeit für den Betriebsrat haben soll, zumal eine besondere Verschwiegenheitspflicht normiert wurde.«[37]

> **Hinweis:**
> Die Rechtslage ist umstritten. Während einige wichtige Juristen die Rechtsauffassung vertreten, dass ein DSB die gesetzlichen Mitbestimmungsgremien kontrollieren dürfen, halten andere wichtige Juristen eine solche Kontrolle für nicht statthaft. Die Gewerkschaften haben sich darauf festgelegt, eine Kontrolle abzulehnen.

Umgang mit Kontrollen durch den DSB

Mit diesen Stellungnahmen ist leider noch nicht alles geklärt. Die entscheidende Frage wird sein, wie eine Kontrolle in der Praxis aussieht.
Da der DSB immer durch den Arbeitgeber bestellt wird (außer beispielsweise bei Personalräten in Thüringen, die dem ThürPersVG unterliegen), ist davon auszugehen, dass sie nicht unabhängig sind. »Für die Beachtung des Datenschutzes hatte der Betriebsrat stets in eigener Verantwortung zu sorgen. Es sei – so das BAG[38] – nicht Sache des Arbeitgebers, dem Betriebsrat insoweit Vorschriften zu machen.«[39] Auch unter der neuen Gesetzgebung des BetrVG und des BPersVG dürfte dieses Urteil noch Bestand haben. Die Rechtsanwälte Benedikt Rüdesheim und Lukas Mid-

---

35 Betriebsrat und Mitbestimmung (Sonderausgabe), Betriebsrätemodernisierungsgesetz, Juli 2021, S. 9.

36 Stand 15.9.2021.

37 E-Mail vom Unabhängigen Landeszentrum für Datenschutz Schleswig-Holstein an den Autor vom 13.8.2021.

38 BAG 18.7.2012 – 7 ABR 23/11.

39 Rüdesheim/Middel, Neu oder alles beim Alten?, AiB 9/2021, S. 30–32.

del vertreten daher die folgende Ansicht: »Stellt der Betriebsrat eigene Datenschutzregeln auf, organisiert er deren Einhaltung und kann sie auch nachweisen, bleibt kein Raum für ein Kontrollrecht des Datenschutzbeauftragten.«[40]

Eine interessante Rechtsauffassung, die sich hoffentlich durchsetzen wird. Bis zur Klärung ist es empfehlenswert Juristen zu Rate zu ziehen, wenn der oder die DSB Einsicht in die Daten des Gremiums verlangt.

Möchte der/die Datenschutzbeauftragte beim Gremium oder der SBV eine Kontrolle durchführen, so sollte sie abgelehnt werden. Spätestens wenn der Arbeitgeber oder die Dienststellenleitung darauf negativ reagiert und klagt, ist es sinnvoll, einen arbeits- und datenschutzrechtlich sachkundigen Anwalt zu kontaktieren.

Erzwingen können die Kontrolle weder der/die Datenschutzbeauftragte noch der Arbeitgeber. Per Hausrecht in den Räumlichkeiten des Gremiums oder der SBV kann der Zutritt verwehrt werden. Um eine Kontrolle durchzusetzen, müssten sie/er klagen und den Prozess auch gewinnen.

Weitere Kontrollen

Unabhängig von den Kontrollmöglichkeiten des betrieblichen oder behördlichen Datenschutzbeauftragten kann eine staatliche Aufsichtsbehörde, anlasslos, nicht nur den Arbeitgeber, sondern auch das Gremium kontrollieren. Dass der Bundesbeauftragte für den Datenschutz oder ein Landesdatenschutzbeauftragter dies wirklich macht, ist denkbar, aber eher unwahrscheinlich. Das liegt daran, dass die Aufsichtsbehörden im Datenschutz personell zu schwach aufgestellt sind.

Checkliste Datenschutzbeauftragter und gesetzliche Interessenvertretung

- Akzeptiert der DSB das Datenschutzkonzept des Gremiums?
- Ist der Datenschutzbeauftragte ein Gesprächspartner, der die Fragen der gesetzlichen Interessenvertretung offen und hilfreich beantwortet und konstruktiv mit dem Gremium zusammenarbeitet?
- Versucht der Datenschutzbeauftragte den BR oder PR übermäßig häufig oder intensiv zu kontrollieren (mehr als andere Beschäftigte)?
- Ist der Datenschutzbeauftragte für das Gremium zeitnah zu kontaktieren?
- Hält sich der DSB an seine Verschwiegenheitspflicht?

40 Ebenda S. 32.

c. Ihr habt kein Datenschutzkonzept? Dann bekommt ihr die Daten nicht!

Wer kein »Verantwortlicher« ist, muss sich auch nicht um den Datenschutz kümmern? So einfach ist es nicht. Der neue *§ 79a BetrVG* legt fest:

»Bei der Verarbeitung personenbezogener Daten hat der Betriebsrat die Vorschriften über den Datenschutz einzuhalten.«

Ganz ähnlich steht es im neuen BPersVG oder auch in Landespersonalvertretungsgesetzen.
Um die komplexen Vorgaben des Datenschutzes im Gremium umzusetzen, gibt es daher keine Alternative zu einem eigenen Datenschutzkonzept. Nur dann kann eine gesetzliche Interessenvertretung den Anforderungen des Datenschutzes entsprechen.
Schon vor der Novellierung des BetrVG und des BPersVG zeigte dies ein Urteil des Bundesarbeitsgerichts.[41]
Der Fall: Ein Betriebsrat wollte, um seine Kontrollaufgabe nach *§ 80 BetrVG* wahrzunehmen, vom Arbeitgeber Auskunft über alle Schwangerschaften im Betrieb. Da eine betroffene Arbeitnehmerin nicht mit der Weitergabe der Daten einverstanden war, verweigerte der Arbeitgeber die Weitergabe.
Das BAG bezweifelte im Urteil nicht das Kontrollrecht des Betriebsrats, auch ohne eine vorherige Einwilligung der Betroffenen, da es durch die Mitbestimmungsrechte geregelt sei. Allerdings müsse dazu der Betriebsrat die datenschutzrechtlichen Grenzen beachten – gerade bei sensiblen Gesundheitsdaten wie einer Schwangerschaft. Um diese Auskünfte zu erhalten, müsse daher der Betriebsrat darlegen, wie er diese besondere »Schutzpflicht« erfülle.
Das BAG hat es so formuliert:

»Daher hat der Betriebsrat bei der Geltendmachung eines auf sensitive Daten gerichteten Auskunftsbegehrens das Vorhalten von Maßnahmen darzulegen, welche die berechtigten Interessen der betroffenen Arbeitnehmer vorliegend der ihre Schwangerschaft mitteilenden Arbeitnehmerinnen wahren.«[42]

---

41 BAG 9.4.2019 – 1 ABR 51/17.

42 Urteilstext unter *https://www.bag-urteil.com/09_04_2019_1-abr-51_17/*, zuletzt abgerufen am 29.5.2020.

Übersetzt bedeutet das, dass ein Gremium ein Datenschutzkonzept für den Umgang mit personenbezogenen Daten benötigt und dieses auch umsetzen muss.
Zusätzlich fordert das BAG,

»dass der Betriebsrat die Schutzvorschriften zugunsten der Beschäftigten, deren Einhaltung er überwachen soll, konkretisieren muss.«[43]

Fehlender Datenschutz – Auflösung des Betriebsrats

In einem anderen Fall führten u. a. Verletzungen des Betriebsverfassungsgesetzes und Datenschutzverstöße zur Auflösung eines Betriebsrates.
Der Fall: In der Automobilzuliefererbranche sprach ein Arbeitgeber betriebsbedingt Kündigungen aus. Im Konflikt mit dem Arbeitgeber verschickte der Betriebsrat mehr als 921 Seiten betriebsinterner Unterlagen, u. a. auch Kundendaten, unverschlüsselt an mehrere Kanzleien und den gewerkschaftlichen Rechtsschutz. Der Richter sah dadurch den Grundsatz der vertrauensvollen Zusammenarbeit mit dem Arbeitgeber durch den Betriebsrat verletzt und in der Weitergabe auch massive Verstöße gegen den Datenschutz.
Dieses Urteil wurde zwar durch das Landesarbeitsgericht Hamm aufgehoben, es liegt nunmehr aber, wegen seiner grundsätzlichen Bedeutung, dem Bundearbeitsgericht vor. Ein Warnsignal ist das Urteil des Arbeitsgerichtes aber allemal.[44]
Diese zwei Fälle zeigen überdeutlich, dass sich eine gesetzliche Interessenvertretung um den Datenschutz kümmern und ein Datenschutzkonzept entwickeln und umsetzen muss.

---

43 Kiesche, jurisPR-ArbR 26/2020 Anm. 1.

44 Natürlich ist der Fall noch komplizierter, als er hier dargestellt werden kann. Weitere Informationen: *https://www.justiz.nrw.de/nrwe/arbgs/hamm/arbg_iserlohn/j2020/2_BV_5_19_Beschluss_20200114.html.*; Landesarbeitsgericht Hamm Az. 13 TaBV 12/20 Beschluss vom 18.6.2021; Bundesarbeitsgericht Az. 7 ABR 21/21.

10. Der Weg zum Datenschutzkonzept der Interessenvertretung in sechs Schritten

Wie wohl schon deutlich wurde, stellen DSGVO, BDSG und die Landesdatenschutzgesetze eine Reihe von Anforderungen an die Umsetzung des Datenschutzes in Betrieben und Verwaltungen, also auch an die gesetzlichen Interessenvertretungen. Nach dem 2021 novellierten BetrVG und BPersVG sind zwei bislang strittige Fragen geklärt: Der Arbeitgeber bzw. die Dienststelle ist Verantwortlicher im Datenschutz und für die praktische Umsetzung des Datenschutzes ist das Gremium zuständig. Umstritten ist, ob betriebliche oder behördliche Datenschutzbeauftragte die gesetzlichen Interessenvertretungen kontrollieren dürfen.

Für die konkrete Umsetzung des Datenschutzes ist also das Gremium eigenverantwortlich zuständig. Wenn ein Gremium *nicht* der oder dem betrieblichen oder behördlichen Datenschutzbeauftragten und dem Verantwortlichen alle *Entscheidungswege und Arbeitsweisen* im Gremium offenlegen will, so muss der rechtskonforme, datenschutzrechtliche Umgang mit personenbezogenen Daten gegenüber dem Datenschutzbeauftragten und dem Verantwortlichen nachweisbar sein. Um dies zu erreichen, sollten insbesondere sechs Punkte umgesetzt werden:

1. die Benennung eines »Sonderbeauftragten für den Datenschutz« (SfD),
2. die Durchführung eines Audits, also die Überprüfung des Umgangs mit personenbezogenen Daten im Gremium,
3. das Anlegen von Verzeichnissen und Löschkonzepte,
4. die Umsetzung von technisch-organisatorischen Maßnahmen (TOM),
5. das Erstellen eines Datenschutzkonzeptes, beispielsweise in Form einer »Geschäftsordnung Datenschutz«,
6. Eine regelmäßige Kontrolle durch den SfD, ob der Datenschutz im Gremium eingehalten wird.

a. Der »Sonderbeauftragte für den Datenschutz« (SfD) – der Datenschutzspezialist der gesetzlichen Interessenvertretung

Obwohl der DSB ein Gremium beim Datenschutz kontrollieren kann, ist es notwendig eine oder einen »Sonderbeauftragten für den Datenschutz« (SfD) zu benennen – als ein Mitglied der Interessenvertretung, das sich für den Datenschutz im Betriebs- oder Personalratsbüro in besonderer Weise verantwortlich fühlt und sich entsprechend qualifiziert. Denn nur so ist zu gewährleisten, dass eine gesetzliche Interessenvertretung den gesetzlich geforderten Datenschutz im Gremium und die Kontrollmöglichkeiten und Beteiligungs- und Mitbestimmungsrechte beim Arbeitnehmerdatenschutz im Blick hat.

Eine solche Funktion gibt es zwar offiziell nicht, da diese weder das Betriebsverfassungsgesetz, die Personalvertretungsgesetze noch die DSGVO oder das BDSG vorsehen. Gleichwohl ist sie immer notwendig, auch wenn eine regelmäßige und vertrauensvolle Zusammenarbeit mit dem betrieblichen oder behördlichen Datenschutzbeauftragten relativ gut laufen sollte. Denn diese haben selten die Mitbestimmungsrechte der Interessenvertretungen im Blick.

Zu den Aufgaben eines Datenschutzspezialisten der gesetzlichen Interessenvertretung (SfD) gehört die umfassende Kontrolle und Umsetzung des Datenschutzes. Sie oder er

- arbeitet aktiv mit dem DSB zusammen
- achtet auf die Einhaltung der Datenschutzgesetze in Betrieb oder Behörde und im Gremium der Interessenvertretung,
- dokumentiert der Belegschaft gegenüber den sorgsamen Umgang mit personenbezogenen Daten,
- unterweist die Mitglieder der gesetzlichen Interessenvertretung im datenschutzrechtlichen Umgang mit personenbezogenen Daten,
- sorgt für bzw. koordiniert die technische Umsetzung des Datenschutzes und
- erstattet den anderen Gremienmitgliedern regelmäßig Bericht über den Datenschutz in Betrieb und Behörde und im Gremium sowie im Büro der Interessenvertretung.

Auch wenn der Datenschutzbeauftragte des Betriebs oder der Verwaltung das Gremium kontrollieren darf, muss der Datenschutz vom Gremium selbst umgesetzt werden. Das erfordert von dem dafür zuständigen Mitglied der gesetzlichen Interessenvertretung (in größeren Betrieben oder Verwaltungen können es auch zwei oder sogar drei Betriebsrats- bzw.

Personalratsmitglieder plus Datenschutzausschuss sein) ein hohes Maß an selbstkritischer Einschätzung und eine dauernde, intensive Beschäftigung mit datenschutzrechtlichen Fragen. Das wird ohne regelmäßige Fortbildungen nicht möglich sein – ein zeitlicher Aufwand, der bei der Freistellungsregelung natürlich berücksichtigt werden muss.

Checkliste zum »Sonderbeauftragten für den Datenschutz« (SfD)

- Einen oder mehrere »Sonderbeauftragte für den Datenschutz« (SfD) wählen. Es sollte(n) an Datenschutzfragen und technischen Lösungen besonders interessierte(s) Gremienmitglied(er) sein.
- Stellvertretung des SfD für Krankheit, Urlaub, Ausscheiden usw. bestimmen.
- Der SfD sollte von einem IT-Ausschuss beraten werden.
- Besuch einer grundlegenden Datenschutzschulung zu DSGVO und BDSG, bei der die Besonderheiten des Beschäftigtendatenschutzes aus der Sicht von Beschäftigten- und Mitbestimmungsgremien dargestellt wird.
- Regelmäßig weitere Datenschutzschulungen oder Tagungen besuchen, um auf dem aktuellen Stand der Technik und juristischen Entwicklung des Datenschutzes zu bleiben und neuen Gefahren rechtzeitig begegnen zu können.
- Der SfD erarbeitet ein Datenschutzkonzept für die gesetzliche Interessenvertretung und legt dieses Papier, beispielsweise als »Geschäftsordnung Datenschutz«, dem Gremium zur Abstimmung vor.
- Ist Ansprechpartner(in) für den betrieblichen oder behördlichen Datenschutzbeauftragten und die IT-Abteilung.
- Der SfD achtet auf die Einhaltung der Datenschutzgesetze in Betrieb oder Behörde und im Gremium der Interessenvertretung.
- Er dokumentiert der Belegschaft gegenüber den sorgsamen Umgang mit personenbezogenen Daten durch das Gremium.
- Er unterweist die Mitglieder der gesetzlichen Interessenvertretung im datenschutzrechtlichen Umgang mit personenbezogenen Daten.
- Er sorgt für die technisch-organisatorische Umsetzung (TOM) des Datenschutzes im Gremium.
- Er überprüft in regelmäßigen Abständen die Wirksamkeit und Einhaltung der im eigenen Datenschutzkonzept vorgegebenen Richtlinien und macht Vorschläge für eine Optimierung des Datenschutzes.
- Er erstattet den anderen Gremienmitgliedern regelmäßig Bericht über den Datenschutz in Betrieb und Behörde, im Büro der Interessenvertretung und im Gremium.
- Er besitzt Fachbücher als Arbeitsgrundlage, wie Kommentare zur DSGVO und BDSG und Fachliteratur (z. B. die Fachzeitschrift »Computer und Arbeit« (CuA), *www.cua-web.de*).

Kommentierte Literaturliste

- Bundesbeauftragter für den Datenschutz und die Informationsfreiheit, DSGVO – BDSG – Texte und Erläuterung, (BfDI-Info 1).

Eine kurze Einführung in die DSGVO und das BDSG mit den Gesetzestexten. Hilfreich ist hier, dass bei den Artikeln des Gesetzestextes zur DSGVO in einem kleinen grauen Feld auch immer die dazugehörigen Erwägungsgründe und der Paragraf des BDSG aufgelistet werden. Als erster Einstieg in Ordnung, reicht aber als Wissensgrundlage für die *gesetzliche* Interessenvertretung nicht aus.

- Däubler/Wedde/Weichert/Sommer, EU-DSGVO und BDSG. Kompaktkommentar.

Der Kompaktkommentar blickt vor allem auf die betrieblichen Anforderungen und richtet sich an Praktiker. Entsprechend ist die Sprache auch für Nichtjuristen leichter verständlich. Ein Muss für jede gesetzliche Interessenvertretung.

- Däubler, Gläserne Belegschaften. Das Handbuch zum Beschäftigtendatenschutz.

Ein grundlegendes Werk zu konkreten Fragestellungen rund um den Arbeitnehmerdatenschutz in Betrieben und Dienststellen.

- Wedde (Hrsg.), Handbuch Datenschutz und Mitbestimmung.

Der Titel verrät es schon, hier geht es auch um die betriebliche Praxis beim Datenschutz. Neben zahlreichen wichtigen Urteilen nationaler und internationaler Gerichte werden das BDSG und auch weitere Datenschutzvorschriften aus anderen Gesetzen thematisiert.

b. Welche Daten darf die Interessenvertretung verarbeiten?

»Im Beschäftigungskontext« darf eine gesetzliche Interessenvertretung personenbezogene Daten verarbeiten, um ihre gesetzlichen oder kollektivvertraglichen Rechte und Pflichten zu erfüllen (*§ 26 Abs. 1 Satz 1 BDSG und Art. 88 Nr. 1 DSGVO.*[45]

Konkret heißt das, die vom Arbeitgeber übermittelten und auch anders erlangten Daten dürfen im Gremium gespeichert und weiterverarbeitet werden. Voraussetzung ist dabei immer, dass das im Rahmen des BetrVG bzw. der Personalvertretungsgesetze und der Kollektivverträge (Tarifverträge, Betriebs- oder Dienstvereinbarungen) geschieht.

45 Siehe auch Art. 6 DSGVO Rechtmäßigkeit der Verarbeitung.

Beispiel Bewerbungsdaten

Der Landesbeauftragte für den Datenschutz und die Informationsfreiheit Baden-Württemberg empfiehlt, Bewerbungsunterlagen vier Monate nach Abschluss des Auswahlverfahrens automatisch zu löschen.[46] Einige Aufsichtsbehörden halten auch eine Aufbewahrung für bis zu sechs Monate für zulässig. Hintergrund ist eine mögliche Klage eines abgelehnten Bewerbers oder einer Bewerberin, der/die innerhalb von zwei Monaten nach der Ablehnung schriftlich eine Diskriminierung geltend machen müsste. Eine sich daran anschließende Klage muss wiederum innerhalb von drei Monaten erhoben werden. Daraus ergibt sich der Richtwert von sechs Monaten (Zustellungsverzögerungen eingerechnet).
An diesem Beispiel zeigt sich ein grundsätzliches Problem des Datenschutzes. Da sowohl die DSGVO wie auch das BDSG noch relativ neu sind, gibt es viele nicht abschließend geklärte Fragen. So kann es sein, dass die Antworten von den jeweiligen Landesdatenschutzbeauftragten unterschiedlich ausfallen. Es ist daher zu empfehlen, Einzelfragen mit dem zuständigen Landesdatenschutzbeauftragten zu klären. Daher sollte ein Gremium prüfen, ob es notwendig ist, die Bewerbungsunterlagen vier oder sechs Monate aufzubewahren.

Beispiel Auskunftsverlangen

Zu den Daten, die einem Gremium zustehen, gehört beispielsweise auch das Namensverzeichnis aller schwerbehinderten und gleichgestellten Menschen im Betrieb. Eine solche Liste steht nicht nur der SBV zu.
Der Fall:
Ein Betriebsrat wollte nach *§ 80 Abs. 1 Nr. 4 BetrVG* in Verbindung mit *§ 176 SGB IX*, die Eingliederung schwerbehinderter Menschen fördern und verlangte daher die Liste aller schwerbehinderten und ihnen gleichgestellten Beschäftigten vom Arbeitgeber. Dieser verweigerte aus Datenschutzgründen die geforderte Liste.
Das Bundesarbeitsgericht sah das anders und gab dem BR recht.[47]
Da ein BR für ein Auskunftsverlangen eine konkrete Aufgabe und die Relevanz der erwünschten Auskünfte für seine Amtspflichten darlegen muss,[48] formulierte das Gremium sein Auskunftsverlangen gegenüber dem Arbeitgeber genau:

---

46 LfDI BW, Ratgeber Beschäftigten-Datenschutz 2019, Fall 6, S. 31 f.
47 BAG Beschluss 9.5.2023 – 1 ABR 14/22.
48 BAG Beschluss 12.3.2019 – 1 ABR 48/17.

Zu den Aufgaben des Gremiums gehört *§ 80 Abs. 1 Nr. 4 BetrVG* in Verbindung mit dem Sozialgesetzbuch (SGB) IX (*§ 176 Satz 1 und 2, § 164 Abs. 4 Satz 1 Nr. 1, 4 und 5 sowie Abs. 5 Satz 3 SGB IX*), um die Förderung der Eingliederung schwerbehinderter Menschen und darum »zu überprüfen, ob der sich aus *§ 164 Abs. 4 Satz 1 Nr. 1 SGB IX* ergebende Anspruch schwerbehinderter und ihnen gleichgestellter behinderter Menschen (*§ 151 Abs. 1 und 3 SGB IX*) gegenüber ihrem Arbeitgeber auf eine Beschäftigung, bei der sie ihre Fähigkeiten und Kenntnisse möglichst voll verwerten und weiterentwickeln können, erfüllt wird«[49]. Den Anspruch des Gremiums sah das BAG als gerechtfertigt an. Zudem stellt das Gericht fest, dass zu dieser Liste auch die schwerbehinderten und ihnen gleichgestellten leitenden Angestellten gehören.
Auf diesem Hintergrund stand dem BR vonseiten der Mitbestimmungsrechte die Namenliste schon mal zu.
Zusätzlich muss bei Gesundheitsdaten immer bedacht werden, dass sie dem besonderen Schutz des Datenschutzes unterliegen. Aus diesem Grunde legte der BR dem Arbeitgeber für die Verarbeitung der Daten ein detailliertes Datenschutzkonzept vor.
Das BAG sah die besonderen Anforderungen aus *§ 26 Abs. 3 Satz 3* in Verbindung mit *§ 22 Abs. 2 BDSG* im Datenschutzkonzept des Gremiums als gegeben an. Darüber hinaus stellte das Gericht fest:
»Die Erfüllung der dem Betriebsrat von Gesetzes wegen zugewiesenen Aufgaben ist nicht von einer Einwilligung der Arbeitnehmer abhängig«[50].

Fazit

Wird ein Auskunftsbegehren gut begründet und gibt es ein detailliertes **und** wirkungsvolles Datenschutzkonzept des Gremiums, hat der Arbeitgeber keine Möglichkeit, es abzulehnen, wenn es mit den Mitbestimmungs- und Mitwirkungsrechten zu begründen ist.

Datenverarbeitung im Gremium

Wie die Datenverarbeitung im Gremium konkret durchgeführt wird, entscheidet die gesetzliche Interessenvertretung selbst.
Einige Regelungen bei der Datenverarbeitung, die das Gremium entscheidet, sind:

49 BAG Beschluss 9.5.2023 – 1 ABR 14/22.
50 Ebenda.

- die technisch-organisatorischen Maßnahmen (TOM).
- Konfiguration der Software des Gremiums.
- Verschlüsselung der personenbezogenen Daten im Gremium.
- Kontrolle durch den SfD über den ordnungsgemäßen Umgang mit personenbezogenen Daten.

Betriebsvereinbarungen und Wünsche des Arbeitgebers über die Datenverarbeitung im Betrieb sind für das Gremium nicht bindend, allerdings müssen die Anregungen und Anmerkungen des DSB genau geprüft werden.

c. Personenbezogene Daten der Belegschaft dauerhaft speichern?

Wie lange dürfen beispielsweise Stammdaten von Beschäftigten gespeichert werden. Diese immer wieder auftauchende Frage bedarf der Klärung.

Grundsätzlich so lange, wie es für den erhobenen Zweck notwendig ist *(Art. 5 Abs. 1 Buchst. c DSGVO*, siehe Kapitel 2. a. »Grundsätze beim Datenschutz nach der DSGVO«). Um die Aufgaben der Interessenvertretung erledigen zu können, muss das Gremium immer wieder auf die Stammdaten zugreifen. Sie dürfen dann »dauerhaft« gespeichert werden. Anders sieht es aus mit personenbezogenen Daten, deren Zweck sich erledigt hat. Dazu gehören beispielsweise Bewerberdaten. Sie müssen gelöscht werden, sobald der Prozess der Bewerbung und die Probezeit etc. beendet sind (siehe oben).

Da der *§ 26 Abs. 1 Satz 1 BDSG* vom EuGH als nicht rechtsgültig erklärt wurde, muss auf *Art. 6 Abs. 1 Buchst. b und f bzw. Buchst. c DSGVO* zur Rechtmäßigkeit der Verarbeitung zurückgegriffen werden.[51]

Desweiteren ist der *Art. 5 DSGVO* (Grundsätze für die Verarbeitung personenbezogener Daten) Grundlage der rechtmäßigen Verarbeitung durch ein Gremium.

Für eine gesetzliche Interessenvertretung bedeutet dies, dass sie »im Beschäftigungskontext« personenbezogene Daten verarbeiten darf, um ihre gesetzlichen oder kollektivvertraglichen Rechte und Pflichten zu erfüllen. Die vom Arbeitgeber übermittelten und auch andere, rechtmäßig erlangte Daten aus der Arbeit des Gremiums darf sie daher speichern und weiter-

51 Siehe auch Kapitel 4. Beschäftigtendatenschutz – die Präzisierung durch den *§ 26 BDSG*.

verarbeiten. Voraussetzung ist dabei immer, dass das im Rahmen des BetrVG, des BPersVG bzw. der Personalvertretungsgesetze und/oder der Kollektivverträge (Tarifverträge, Betriebs- oder Dienstvereinbarungen) in Verbindung mit der DSGVO und dem BDSG geschieht.
Das Gremium entscheidet jedoch selbst darüber, wie die Datenverarbeitung durchgeführt wird – allerdings, immer auf der Grundlage der aktuellen Datenschutzgesetze.
Zu diesen selbst festzulegenden Normen bei der Datenverarbeitung gehören:

- die Organisation des Datenschutzes im Gremium,
- das Datenschutzkonzept des Gremiums,
- die technisch-organisatorischen Maßnahmen (TOM),
- Berechtigungskonzepte sowie
- die Konfiguration der Software des Gremiums.

Wünsche oder Anordnungen des Arbeitgebers über die Datenverarbeitung im Betrieb sind für das Büro der Interessenvertretung nicht bindend. Die Vorstellungen des DSB dürfen allerdings nicht einfach übergangen werden und natürlich ist es sinnvoll, sich diese anzuschauen, gute Regelungen zu übernehmen und ansonsten einen Konsens herzustellen.

Checkliste zur Rechtmäßigkeit der Nutzung personenbezogener Daten durch die Interessenvertretung

Vor, während und nach dem Umgang mit personenbezogenen Daten sollte eine Interessenvertretung diese Checkliste prüfend zur Hand nehmen:

- Wofür benötigt die Interessenvertretung die personenbezogenen Daten?
- Rechtliche Grundlage: Gibt es für die Nutzung der personenbezogenen Daten eine rechtliche Grundlage? Welches Gesetz? Welche Artikel oder Paragrafen?
- Zweck: Wofür benötigt die Interessenvertretung die personenbezogenen Daten?
- Zweckbindung: Werden diese personenbezogenen Daten auch nur für diesen Zweck eingesetzt?
- Datensparsamkeit und Datenvermeidung: Werden die Anforderungen der DSGVO und des BDSG an Datensparsamkeit und Datenvermeidung eingehalten?
- Datenminimierung: Ist eine Anonymisierung oder Pseudonymisierung möglich?
- Zugriffsberechtigung: Haben nur die damit befassten Mitglieder der Interessenvertretung auf diese personenbezogenen Daten Zugriff?
- Löschkonzept: Werden personenbezogene Daten gelöscht, wenn die Erforderlichkeit der Daten nicht mehr gegeben ist?

- Dokumentation: Wird der Umgang mit personenbezogenen Daten dokumentiert?
- Datenschutzkonzept: Gibt es ein eigenes Datenschutzkonzept des Gremiums, das den Datenschutz garantiert?
- Werden die technischen und organisatorischen Maßnahmen (TOM) zur Sicherheit der personenbezogenen Daten eingehalten (siehe Kapitel 2. n. »Sicherung der Verarbeitung. Technisch-organisatorische Maßnahmen (TOM)«)?

d. Personenbezogene E-Mails der Interessenvertretung

Zum Austausch von Informationen zwischen Mitgliedern eines Gremiums sind E-Mails unverzichtbar. Allerdings sagt man zurecht, dass E-Mails so sicher seien wie ein Text auf einer Postkarte, also überhaupt nicht. Das zeigt dann auch die Grenzen von E-Mails auf, insbesondere wenn es um Betriebs- und Geschäftsgeheimnisse und personenbezogene Daten geht. Sie sollten in E-Mails verschlüsselt sein. Leider geschieht dies viel zu selten. Das Hauptproblem ist, dass sich im Bereich von E-Mails Verschlüsselungen noch nicht durchgesetzt haben, da es keine einfache und überall einsetzbare Verschlüsselung zur Verfügung gibt. Zwei Verfahren stehen für eine sichere E-Mail-Kommunikation zur Verfügung. Die *Ende-zu-Ende-Verschlüsselung* und die *Transportverschlüsselung*. Beide müssen vom Verantwortlichen geprüft und abgewogen werden, um zu ermitteln, welche Verschlüsselung notwendig ist.

Transportverschlüsselung

Eine Orientierungshilfe der Datenschutzkonferenz (DSK) mit dem Titel »Maßnahmen zum Schutz personenbezogener Daten bei der Übermittlung per E-Mail«[52] hat das Problem thematisiert.
In dieser Orientierungshilfe geht es aber nur um die Sicherheit während des *Transportes* und nicht um die anderen Risiken, die dann gesondert betrachtet werden müssen:

»Risiken, denen ruhende Daten wie bereits empfangene E-Mails ausgesetzt sind oder die durch eine Weiterverarbeitung wie z. B. automatische Wei-

52 *https://www.datenschutzkonferenz-online.de/orientierungshilfen.html.*

terleitungen entstehen, werden in dieser Orientierungshilfe nicht betrachtet und können weitere Maßnahmen oder eine andere Gewichtung der im Folgenden aufgeführten Maßnahmen notwendig machen. Können die Anforderungen an eine sichere Übermittlung per E-Mail nicht erfüllt werden, so muss ein anderer Kommunikationskanal gewählt werden.«[53]
»Der Einsatz von Transportverschlüsselung bietet einen Basis-Schutz und stellt eine Mindestmaßnahme zur Erfüllung der gesetzlichen Anforderungen dar. In Verarbeitungssituationen mit normalen Risiken wird dabei bereits durch die Transportverschlüsselung eine ausreichende Risikominderung erreicht.[54]

Eindeutig nicht ausreichen dürfte eine Transportverschlüsselung, wenn es um »besondere Kategorien«[55] personenbezogener Daten geht, beispielsweise im BEM-Verfahren,[56] also um Daten aus dem Betrieblichen Eingliederungsmanagement. Solche Daten dürfen per E-Mail nur besser verschlüsselt versendet werden.

Ende-zu-Ende-Verschlüsselung

Da eine Ende-zu-Ende-Verschlüsselung eindeutig der sicherere Schutz ist, sollte sie, wenn möglich immer genutzt werden. Konkret wäre das laut DSK Orientierungshilfe, nach dem jetzigen Stand der Technik:

»die Internet-Standards S/MIME (RFC 5751) und OpenPGP (RFC 4880) i. d. R. in Verbindung mit PGP/MIME (RFC 3156).«[57]

Auch wem diese technischen Anforderungen nichts sagen, sollte sich dadurch nicht abschrecken lassen. Die IT-Abteilung vor Ort kennt diese Verfahren und kann sie problemlos einrichten (siehe Kapitel 26. a. »OpenPGP – E-Mails von Betriebs- und Personalräten und Schwerbehindertenvertretungen verschlüsseln«).
Sicherlich ist es zudem sinnvoll, eine VPN-Leitung einzurichten, um den Schutz noch weiter zu erhöhen. Sie schützt zwar nicht die E-Mails, aber

53 DSK, Orientierungshilfe »Maßnahmen zum Schutz personenbezogener Daten bei der Übermittlung per E-Mail«, Stand: 13.3.2020, S. 1.

54 DSK, a. a. O., S. 2.

55 Siehe Abschnitt »Besondere Kategorien personenbezogener Daten«.

56 Siehe Abschnitt » Datenschutz beim Betrieblichen Eingliederungsmanagement (BEM)«.

57 DSK, a. a. O., S. 2.

die direkte Verbindung und den Datentausch zwischen einem PC und dem Server auf der Arbeit.[58]
Die Leitlinie, nach der sich gerichtet werden muss, ist die Orientierungshilfe für eine sichere E-Mail-Kommunikation. Die Landesbeauftragte für den Datenschutz Niedersachsen – sie ist Vorsitzende des Arbeitskreises Beschäftigtendatenschutz innerhalb der Datenschutzkonferenz (DSK) schreibt dazu:

»Die dort genannten Anforderungen zum Versand von personenbezogenen Daten sind vom Verantwortlichen stets bezogen auf den Einzelfall zu berücksichtigen und auch von Betriebs- und Personalräten zu beachten. Art und Umfang einer notwendigen Verschlüsselung von E-Mails richtet sich an dem Risiko aus, das bei einer unbefugten Kenntnisnahme der Inhalte (»was«) und der Kommunikationsumstände (wer schreibt wann an wen, gegebenenfalls mit welchem Betreff) für die Betroffenen besteht.«[59]

Wenn möglich, so sollten die E-Mails von gesetzlichen Interessenvertretungen verschlüsselt sein. Ein hausinternes E-Mail-System dürfte, die richtige Konfiguration vorausgesetzt, sicherer sein als ein Drittanbieter. Immer aber gilt:

»Wenn sich hier aufgrund von Risiken (etwa Fremdzugriffe) besondere Sicherheitserfordernisse für Personaldaten ergeben, wäre sie auch hausintern zu verschlüsseln. Dies wäre aber unabhängig von der Kommunikation mit dem Betriebsrat/Personalrat, sondern würde auch für die Kommunikation mit der Personalabteilung gelten.«[60]

Das bedeutet dann für ein Gremium, dass es ebenfalls bei personenbezogenen Daten verschlüsselte E-Mails einsetzen muss, wenn es die Personalabteilung macht.
Durch ein Berechtigungskonzept mit entsprechenden E-Mail-Konten muss zudem immer sichergestellt sein, dass nur berechtigte Personen auf die E-Mails zugreifen können.

»Verwendet der Betriebsrat/Personalrat eigene E-Mailsysteme oder beauftragt eigenständig einen Dritten, so handelt es sich bei der Kommunikation

58 Siehe Kapitel 22.e. »VPN – der Sicherheitstunnel«.
59 E-Mail an den Autor von der Landesbeauftragten für den Datenschutz Niedersachsen vom 10.8.2020.
60 Ebenda.

zwischen Arbeitgeber und Personalvertretung technisch um eine Außenkommunikation, die nach Maßgabe der Orientierungshilfe zu verschlüsseln ist.«[61]

Eine Verschlüsselung ist in einem solchen Fall unumgänglich, ebenso wenn die E-Mails des Betriebs oder der Verwaltung über einen kommerziellen E-Mail-Anbieter versendet werden. Bleibt noch die Frage, was bei einer hausinternen E-Mail-Lösung notwendig ist?
Da das Gremium nur mit einer Verschlüsselung einen akzeptablen Sicherheitsstandard für die von ihm verarbeiteten personenbezogenen Daten erreichen kann, sollte es auf eine Verschlüsselung bestehen. Das gilt grundsätzlich auch für die interne E-Mail-Kommunikation zwischen den Gremienmitgliedern. Einfach ist das, wenn der Arbeitgeber eine E-Mail-Verschlüsselung bei einer hausinternen E-Mail-Lösung einsetzt (egal auf welcher Ebene). Dann hat auch das Gremium einen Anspruch darauf. Benutzt der Arbeitgeber keine E-Mail-Verschlüsslung, so muss das Gremium mit ihm verhandeln, um sie zu erhalten. Da das Gremium nach den Neuregelungen im BetrVG und BPersVG für die Umsetzung des Datenschutzes im Gremium zuständig ist, wird ein Verantwortlicher dem Gremium eine Verschlüsselung kaum verwehren können.
Die jeweiligen DSB sind in Betrieb oder Verwaltung natürlich die ersten Ansprechpartner für eine gesetzliche Interessenvertretung, wenn es um die Frage von verschlüsselten E-Mails geht.

»Den Betriebs- und Personalräten wird empfohlen, die Beratungsangebote der Datenschutzbeauftragten (DSB) zu nutzen. Die oder der DSB ist nach Artikel 39 Absatz 1 Buchstabe a DSGVO für die Beratung des Verantwortlichen und der Beschäftigten, die Verarbeitungen durchführen, sowie nach Artikel 39 Absatz 1 Buchstabe b DSGVO für die Überwachung der Einhaltung der DSGVO sowie anderer Datenschutzvorschriften zuständig Zudem kennt die oder der DSB die Gegebenheiten vor Ort und kann daher im konkreten Einzelfall beratend tätig werden.«[62]

Die digitale Sicherheit ist in vielen Betrieben und Verwaltungen noch nicht besonders gut entwickelt, daher müssen das Gremium und sein SfD selbst prüfen, ob eine Verschlüsselung und welche Art der Verschlüsselung notwendig ist (siehe auch Kapitel 29. »Topsecret! Dateien und E-Mails verschlüsseln«).

61 Ebenda.
62 Ebenda.

e. Das Datenschutzkonzept der Interessenvertretung

Wie auch immer die Interessenvertretung das Problem »ihres« SfD gelöst hat oder noch lösen wird, das Gremium muss in jedem Fall eine Analyse der Datenschutzsituation im Büro der Interessenvertretung vornehmen und darauf aufbauend ein Sicherheitskonzept entwickeln. Ziel eines solchen Konzepts ist es,

- die Integrität von Software und Daten gegen vorsätzliche oder fahrlässige Veränderungen zu schützen,
- die Vertraulichkeit von Daten zu garantieren,
- den datenschutzgerechten Umgang mit personenbezogenen Daten zu garantieren,
- die Computer, Tablets und Smartphones der Interessenvertretung vor Diebstahl, Zerstörung und Datenverlusten zu schützen,
- die Mitglieder der gesetzlichen Interessenvertretung für den Datenschutz zu sensibilisieren,
- gegenüber dem DSB den Nachweis zu führen, dass im Gremium personenbezogene Daten entsprechend der Vorgaben der datenschutzrelevanten Gesetze und Vorschriften eingehalten werden.

Wenn eine gesetzliche Interessenvertretung noch am Anfang des Themas »Datenschutz in eigener Sache« steht, wird sie zunächst wohl nur wenige dieser »Kernfragen« beantworten können. Das macht deutlich, dass die Erarbeitung eines umfassenden Sicherheitskonzepts ein Prozess ist, zu dessen Beginn ein »Sonderbeauftragter für den Datenschutz« (SfD) ernannt werden sollte. Wer also bei diesen Fragen schnell »am Ende seines Lateins« ist, sollte dies als Ermunterung auffassen, die Datensicherheitsfragen in Ruhe und systematisch anzugehen. Am Schluss wird dann ein Sicherheitskonzept stehen, das exakt auf die Situation der eigenen Interessenvertretung zugeschnitten ist.

DSB als Verbündete und die Aufgaben des Datenschutzbeauftragten

Da der Datenschutzbeauftragte die gesetzliche Aufgabe hat, für die Einhaltung des Datenschutzes in Unternehmen oder Dienststellen zu sorgen, sollte dieser ein natürlicher Verbündeter von Betriebs- und Personalräten sein; denn die gesetzlichen Interessenvertretungen haben für die Einhaltung aller Gesetze zugunsten der Arbeitnehmer zu sorgen.[63] Leider

63 § 80 Abs. 1, § 79a BetrVG, §§ 62 Nr. 2, 69 BPersVG und entsprechend in den Landespersonalvertretungsgesetzen.

ist das nicht so einfach, denn DSB werden vom Arbeitgeber bestellt und die Interessenvertretungen haben zumeist kein Mitbestimmungsrecht. Ein eingeschränktes Mitbestimmungsrecht bei der Bestellung oder Abberufung eines DSB haben Interessenvertretungen nur in einigen Bundesländern nach den Landespersonalvertretungsgesetzen (siehe Tabelle »Beteiligungsrechte und andere Rechtsvorschriften zur Sicherung des Beschäftigtendatenschutzes für Betriebs- und Personalräte«).

Da DSB zumeist vom Arbeitergeber bestellt werden, haben sie folglich kein besonderes Interesse daran, in Konflikt mit dem Verantwortlichen, also dem Arbeitgeber zu geraten. Das ist verständlich, da externe DSB gerne den Auftrag erneut bekommen und interne Mitarbeiter sich ihre Aufstiegsmöglichkeiten nach dem Ende ihrer Zeit als DSB nicht verbauen möchten. Im Extremfall kann das dazu führen, dass Datenschutzbeauftragte die gesetzlichen Datenschutzvorgaben zu locker auslegen oder die Kontrolle des Gremiums übertreiben. Zudem ist es sinnvoll dem DSB immer wieder klar zu machen, welche Rechte ein Gremium hat, da wohl nur die wenigsten DSB die Beteiligungs- und Mitbestimmungsrechte im Blick haben.

Somit ist es sinnvoll, den Kontakt zum DSB zu suchen und mit ihm datenschutzrelevante Fragen zu besprechen. Die Praxis wird dann zeigen, wie sich die Zusammenarbeit mit dem DSB umsetzen lässt, um den Datenschutz in Betrieb und Dienststellen zu stärken.

f. Datenschutz-Bestandsaufnahme (Audit) im Gremium

Bevor ein Datenschutzkonzept der gesetzlichen Interessenvertretung erstellt werden kann, ist eine Analyse des Ist-Zustandes, also ein Audit, beim Datenschutz notwendig. Nur wenn ganz genau darauf geschaut wurde, wie mit dem Datenschutz umgegangen wird und was verbessert werden muss, lässt sich ersehen, was in einem Datenschutzkonzept des Gremiums zu regeln ist. Ein Audit kann mit Hilfe der nachfolgenden Checkliste durchgeführt werden, die natürlich mit den Gegebenheiten vor Ort abgeglichen und erweitert werden muss.

Checkliste Audit: Datenschutz im Büro der Interessenvertretung

Hinweis für den Audit: Die folgende, sicherlich noch unvollständige Liste prüfen und bei jedem Punkt während der Überprüfung notieren, wie der mo-

mentane Stand ist. Am Ende eines Oberpunktes notieren, welchen Weg das Gremium gehen will, um eine sichere Lösung zu finden, und daraus gleich eine To-do-Liste erstellen.
Da diese Liste auch für sehr kleine Gremien gedacht ist, werden größere Gremien viele Punkte streichen können.

Datenschutz im Büro der Interessenvertretung

1. **Zugang zum BR-/PR-Büro**
1.1 Wer hat einen Zugang zum Büro?
1.2 Gibt es darüber eine Liste?
1.3 Wo wird diese Liste aufbewahrt?
1.4 Wer kann Personen zur Liste hinzufügen und entfernen?
1.5 Hat der Hausmeister einen Schlüssel?
1.6 Haben die Reinigungskräfte einen Schlüssel?
1.7 Existiert ein Notfallschlüssel?
1.8 Wer hat Zugriff auf den Notfallschlüssel?
1.9 Ist es ein Sicherheitsschloss?
1.10 Gehört das Schloss zur allgemeinen Schließanlage?
1.11 Ist es möglich, den Zugriff auf die Schlüssel nur auf Mitglieder des Gremiums zu begrenzen?
1.12 Gibt es eine klare Regelung darüber, den Raum immer abzuschließen, selbst bei einer kurzen Abwesenheit (Toilettengang etc.)?
1.13 Bewahrt der Pförtner den Schlüssel auf?
1.14 Hat der Pförtner eine klare Anweisung, an wen er den Schlüssel herausgeben darf?
1.15 Wird ein Schlüsselbuch beim Pförtner geführt, um die Herausgabe zu kontrollieren?

2. **Schränke und Schreibtischschubladen mit Schlüsseln gesichert**
2.1 Sind es Sicherheitsschlösser?
2.2 Wer hat dafür Schlüssel?
2.3 Gibt es darüber eine Liste?
2.4 Wo wird diese Liste aufbewahrt?
2.5 Besitzen nur berechtigte Personen einen Schlüssel?

3. **Digitale Geräte des Gremiums**
3.1 Existiert eine Liste aller im Gremium eingesetzter Geräte wie PC, Notebook, Tablet, Smartphone, Drucker, Kopierer, Fax …?
3.2 Befinden sich diese Geräte im Büro der Interessenvertretung?
3.3 Falls nicht, wie wird verhindert, dass Dritte beispielsweise Ausdrucke oder Faxschreiben von oder an das Gremium lesen können?
3.4 Ist die Software der Geräte aktuell?
3.5 Wie wird die Software aktuell gehalten?
3.6 Erhalten alle Geräte des Gremiums Updates (PC, Fax, Drucker, Kopierer, Monitore, Smartphones, Tablets etc.)?
3.7 Erfolgen diese Updates automatisch?

3.8 Sind die Geräte richtig konfiguriert?
3.9 Wer ist dafür verantwortlich?
3.10 Wie wird das dokumentiert?
4. **Drucker, Netzwerkdrucker, Fax und Kopierer**
4.1 Haben Personen, die nicht zum Gremium gehören, darauf Zugriff?
4.2 Hat das Gerät eine Festplatte, auf der alle Ausdrucke, Faxschreiben oder Kopien, sowie die Empfänger und die Absender von Faxschreiben gespeichert werden?
4.3 Gibt es Protokolldateien, die die Zugriffe auf die Geräte dokumentieren? Wer hat auf diese gespeicherten Daten Zugriff?
4.4 Gibt es Protokolldateien, die die angewählten oder sendenden Faxnummern speichern? Wer hat auf diese gespeicherten Daten Zugriff?
4.5 Wie ist der Zugriff auf die gespeicherten Daten gesichert?
4.6 Was passiert mit den gespeicherten Daten bei einer Wartung oder dem Austausch des Gerätes?
4.7 Erfolgen Installation, Wartung und Datenschutz durch die IT-Abteilung?
4.8 Was ist mit der IT-Abteilung zu klären?
5. **Zugang zu diesen Geräten per Passwort?**
5.1 Gibt es sichere, eigenständige Passwörter?
6. **Regeln für Passwörter?**
6.1 Passwortlänge?
6.2 Wie viele Zeichen muss das Passwort haben?
6.3 Klein- und Großbuchstaben, Zahlen, Sonderzeichen?
6.4 Aufbewahrung von Passwörtern?
7. **Berechtigungskonzept/Benutzerkonten für jedes Mitglied**
7.1 Hat jedes Mitglied ein eigenes Benutzerkonto mit einem eigenen Passwort?
7.2 Gibt es einen gemeinsamen Ordner für alle Mitglieder des Gremiums? Wie ist er gesichert?
7.3 Gibt es für jedes Mitglied des Gremiums eigene Ordner, auf die ansonsten niemand Zugriff hat?
7.4 Wer hat ansonsten noch Zugriff auf die Benutzerkonten?
7.5 Hat der betriebliche oder behördliche Systemverwalter Zugriff auf die Dateien der Interessenvertretung?
8. **Software auf den Geräten des Gremiums**
8.1 Gibt es eine Liste der eingesetzten Software (dazu gehört auch das Betriebssystem)?
8.2 Wer bestimmt darüber, welche Software installiert ist?
8.3 Welche Funktionen der jeweiligen Software sind nicht freigeschaltet?
8.4 Benötigt das Gremium nicht freigeschaltete Funktionen?
8.5 Ist die Software auf dem aktuellen Funktions- und Sicherheitsstand (Updates)?
8.6 Wie ist sichergestellt, dass Updates regelmäßig aufgespielt werden?

8.7 Erfolgen diese Updates automatisch?
8.8 Ist die Software richtig konfiguriert? Benutzerfreundliche Einstellungen und Berechtigungskonzept (Passwörter, Benutzerkonten, Browsereinstellungen usw.)?
8.9 Wird dieser Prozess dokumentiert?
8.10 Installiert und wartet die IT-Abteilung des Betriebs/der Verwaltung die zuvor genannten Punkte?
8.11 Welche Funktionen hat die Software und ergibt sich dadurch eine Datenschutzproblematik?
8.12 Was ist mit der IT-Abteilung zu klären?
9. **Monitore**
9.1 Sind die Monitore so aufgestellt, dass Besucher nicht auf den Bildschirm schauen können?
9.2 Ist es möglich, von außen, durch ein Fenster, die Inhalte auf dem Monitor zu lesen?
9.3 Ist der PC so eingestellt, dass er nach einer Zeit der Inaktivität automatisch den Sperrbildschirm aktiviert, der nur mit einem Passwort zu deaktivieren ist?
9.4 Besitzt das Gremium Notebooks und lassen sie sich mit einem Blickschutz versehen?
10. **Speicherort der Daten des Gremiums**
10.1 Wird nur auf dem Gerät gespeichert?
10.2 Im Netzwerk?
10.3 In einem geschützten BR/PR-Ordner im Netzwerk?
10.4 Auf dem Gerät (Laufwerk C) in einem geschützten BR/PR-Ordner?
10.5 Installation, Wartung und Datenschutz durch die IT-Abteilung?
11. **Backup – Datensicherung**
11.1 Wird eine regelmäßige Datensicherung durchgeführt?
11.2 Werden alle Daten des Gremiums gesichert?
11.3 Wie häufig? (Mindestens täglich)
11.4 Wohin werden die Daten zum Backup kopiert? (sicherer Server?)
11.5 Wird das Backup verschlüsselt und an einem anderen Ort aufbewahrt?
11.6 Können personenbezogene Daten aus dem Backup einzeln gelöscht werden?
11.7 Können nur Berechtigte auf das Backup zugreifen (Gremium oder evtl. auch nur einzelne Mitglieder)?
11.8 Wird das Backup regelmäßig getestet?
11.9 Lassen sich die Datensicherungen in verschiedenen Szenarien wiederherstellen (beispielsweise sind sie auf neuen PC oder Festplatten aufzuspielen)? Das sind sogenannte Restore-Tests (was das ist und wie das geht, kann die IT-Abteilung beantworten und/oder auch durchführen). Ein Test für einzelne Dateien reicht nicht aus!
11.10 Installation, Wartung und Datenschutz durch die IT-Abteilung?

12. **Archivierungskonzepte**
12.1 Gibt es ein digitales Archivierungskonzept?
12.2 Gibt es ein analoges Archivierungskonzept?
12.3 Liegen klare, schriftlich Vorgaben für die Archivierung vor?
12.4 Ist die Verantwortlichkeit für die Archivierung geklärt?
13. **Verfahrensverzeichnis nach den Vorgaben der DSGVO/Löschfristen für digitale Daten und klassische Akten**
Bitte zuerst das Kapitel 2. j. »Verzeichnis der Verarbeitungstätigkeiten/Verfahrensverzeichnis« und die Kapitel 10. g. »Keine Verarbeitungsverzeichnisse, aber eine Nachweisliste« und Folgende lesen.
13.1 Sind die Löschfristen für personenbezogene Daten (beispielsweise für Bewerbungsunterlagen, personelle Einzelmaßnahmen, …) einzeln festgelegt?
13.2 Wie erfolgt die Löschung bzw. Vernichtung (auch bei E-Mails)?
13.3 Wo sind die Löschfristen und die Vernichtung dokumentiert?
13.4 Wie wird die Einhaltung der Löschfristen kontrolliert?
14. **Empfangen von personenbezogenen Daten**
14.1 Briefkasten des Gremiums?
14.2 Lassen sich Briefe aus dem Briefkasten ziehen?
14.3 Offenes Fach in der Verwaltung? Wer hat einen Zugriff auf das offene Fach in der Verwaltung? Sind die Unterlagen im offenen Fach in verschlossenen Umschlägen?
14.4 Per E-Mail?
14.5 Sind die E-Mails verschlüsselt?
14.6 Wie ist die Übermittlung gesichert?
15. **Versenden von Unterlagen mit personenbezogenen Daten**
15.1 Verschlossene Umschläge?
15.2 Sind verschlüsselte E-Mails möglich und wird die Verschlüsselung genutzt?
15.3 Wer installiert, wartet und aktualisiert die Verschlüsselung?
15.4 Ist die IT- Abteilung zuständig?
15.5 Was ist mit der IT-Abteilung zu klären?
16. **Umgang mit den »besondere Kategorien personenbezogener Daten«** nach *Art. 4 Nr. 15 DSGVO, Art. 9 DSGVO und § 22 BDSG*, beispielsweise Gesundheitsdaten
16.1 Erfolgt bei jeder Nutzung solcher Daten eine besondere Sensibilisierung durch den Betriebsratsvorsitzenden oder dem SfD?
16.2 Liegen diese Daten auf einem besonders gesicherten Server und werden sie verschlüsselt übertragen?
16.3 Werden diese Daten verschlüsselt per E-Mail verschickt? (End-zu-End-Verschlüsselung)?
16.4 Erfolgt der Abruf von E-Mails mit sensitiven Daten nur im Betriebsratsbüro?

16.5 Erfolgt das Lesen von E-Mails mit solchen Daten nur über eine personalisierte E-Mail-Adresse des/der Vorsitzenden des BR?
16.6 Ist eine Speicherung solch sensibler Daten überhaupt notwendig und wenn, wie lange?
16.7 Ist die Übermittlung auf mobile Datenträger nur mit Zustimmung des/der Betriebsratsvorsitzenden bzw. dessen Stellvertretung möglich?
16.8 Ist der mobile Datenträger durch eine Verschlüsselung gesichert?
16.9 Werden die Daten, nachdem der Zweck erreicht wurde, sicher gelöscht? Wie?
16.10 Werden ausgedruckte sensitive Daten durch die/den Betriebsratsvorsitzende:n oder – im Verhinderungsfall – durch die/den Stellvertreter entgegengenommen und persönlich in das Betriebsratsbüro gebracht?
16.11 Werden diese Unterlagen nur in Betriebsratssitzungen offengelegt?
16.12 Werden diese Unterlagen ansonsten in einem verschlossenen Schrank aufbewahrt, dessen Schlüssel nur die oder der Betriebsratsvorsitzende bzw. deren / dessen Stellvertreter hat?
17. **Eigene Ordner für die Daten der Schwerbehindertenvertretung (SBV)**
17.1 Liegen die Daten in einem gesonderten, nur für die SBV zugänglichen Ordner?
17.2 Gibt es ein Berechtigungskonzept dafür worauf die SBV zugreifen darf?
17.3 Wann darf die Stellvertretung der SBV auf die Daten zugreifen?
17.4 Weitere Fragen stehen im Kapitel »Datenschutz in der Schwerbehindertenvertretung (SBV)«
18. **Papiervernichtung**
18.1 Gibt es ein Verzeichnis der Papierakten mit einer Zusammenfassung, welche Inhalte sie haben und welchen Zeitraum sie betreffen?
18.2 Enthalten sie personenbezogene Daten, die nach der DSGVO vernichtet werden müssten?
18.3 Besitzt das Gremium einen oder mehrere Aktenvernichter?
18.4 Sind die vernichteten Unterlagen so klein (Konfettigröße), dass eine Wiederherstellung unmöglich ist?
18.5 Gibt es einen verschlossenen Vernichtungscontainer des Arbeitgebers, in die die zu vernichtenden Unterlagen eingeworfen werden?
18.6 Wer kann diesen Container öffnen?
18.7 Was hat der Arbeitgeber in den Auftragsverarbeitungsvertrag für eine Vernichtungsart hineingeschrieben?
18.8 Ist die Regelung für das Gremium ausreichend?
19. **Kontrolllisten/Checklisten**
19.1 Gibt es Kontrolllisten und Checklisten, die regelmäßig abgearbeitet werden müssen?
19.2 In welchen zeitlichen Abständen werden diese bearbeitet?
19.3 Wie wird das protokolliert?

20. **IT-Notfall (Datenschutzpanne, Viren, Software, Systemausfall, Hackerangriff)**
20.1 Gibt es eine Notfallmappe und Notfalltelefonliste mit Handlungsanweisungen?
20.2 Sind Notfallkarten ausgelegt?
20.3 Gibt es eine Vorgabe für die Dokumentation einer solchen Panne?
20.4 Gibt es die Vorgabe, sofort den SfD bzw. den DSB zu benachrichtigen?
21. **Firewall und Virenschutz**
21.1 Gibt es eine Firewall und eine Anti-Viren-Software? (Ist in Betrieben oder Verwaltungen normal)
21.2 Ist sie sicher konfiguriert?
21.3 Hat das Gremium einen eigenen Internetzugang und eine eigene Firewall und Anti-Viren-Software?
21.4 Erhält sie regelmäßige, zeitnahe Updates? (Nicht nur 1x am Tag)
21.5 Erhalten alle Geräte im Gremium diesen Schutz (auch Smartphones, Tablets, ...)?
21.6 Was ist mit der IT-Abteilung zu diesem Thema zu besprechen?
22. **Dienstliches Handy**
22.1 Welche Informationen übermittelt das Gerät bzw. der Provider an die IT bzw. den Arbeitgeber?
22.2 Kann der Arbeitgeber einsehen, mit wem Telefonate geführt wurden (Anruflisten)?
22.3 Werden SMS oder E-Mails ausgelesen?
22.4 Gibt es Apps, deren Inhalte der Arbeitgeber auslesen kann?
23. **Administratoren**
23.1 Wurden alle Administratoren durch den Arbeitgeber schriftlich auf das Fernmeldegeheimnis nach § 88 TKG verpflichtet und wurde dies nachweisbar dokumentiert?
23.2 Wenn eine Person im Gremium Administratorentätigkeiten nur für das Gremium übernimmt: Wurde diese Person schriftlich auf das Fernmeldegeheimnis nach § 88 TKG verpflichtet und wurde dies nachweisbar dokumentiert?
24. **Datenschutzkonzept des Gremiums?**
24.1 Ist das Datenschutzkonzept schriftlich fixiert und für alle Mitglieder des Gremiums, beispielsweise in Form einer »Geschäftsordnung Datenschutz«, verbindlich?
24.2 Falls ja, entspricht sie den Anforderungen der DSGVO?
25. **Verantwortlichkeit für den Datenschutz im Gremium**
Gibt es einen Sonderbeauftragten für den Datenschutz im Gremium (SfD)? (Siehe Kapitel 10. a. »Der »Sonderbeauftragte für den Datenschutz« (SfD) als Datenschutzspezialist der gesetzlichen Interessenvertretung«)

26. **Findet ein regelmäßiger Austausch zwischen dem BR/PR und dem Datenschutzbeauftragten statt?**
26.1 Wer geht als weiteres Mitglied des Gremiums mit in den Austausch?
26.2 Wie werden die Gespräche dokumentiert?
26.3 Wie wird das Gremium über das Gespräch informiert?
27. **Wissensstand der Mitglieder des Gremiums zum Datenschutz und zur eingesetzten Technik**
26.1 Reicht der Wissensstand für die tägliche Praxis aus?
26.2 Wo sind noch Schwachstellen?
28. **Schulungen zum Thema Datenschutz**
28.1 Benötigt das komplette Gremium eine kurze Grundschulung über die wichtigsten Aspekte beim Datenschutz? (Ist das Minimum)
28.2 Sollen alle Mitglieder des Gremiums intensiv zum Datenschutz geschult werden?
28.3 Ist eine Klausurtagung zum Datenschutzkonzept des Gremiums sinnvoll, bei der alle im Gremium wichtigen Aspekte erklärt und der konkrete Umgang mit den Vorgaben geschult werden?
28.4 Sind regelmäßige Nachschulungen geplant? (Mindestens 1x pro Jahr!)
28.5 Wird für jedes Mitglied des Gremiums das Thema der Schulung und das Datum in einem Protokoll dokumentiert, um einen Überblick zu behalten, wer wann zu welchem Thema geschult wurde?
29. **Dokumentation**
29.1 Werden alle Aspekte dieses Audits zum Datenschutz im Büro der Interessenvertretung nachvollziehbar dokumentiert?
29.2 Wird diese Dokumentation mit Veränderungen im Prozess der Datenverarbeitung und der Vorgaben dokumentiert?
30. **Handbücher, Leitfäden und Protokolle**
30.1 Gibt es einen festen Platz für Handbücher und Leitfäden?
30.2 Werden diese regelmäßig aktualisiert?
31. **Weitere Prüfungen**
31.1 Sind regelmäßige Prüfungen für den richtigen Umgang mit personenbezogenen Daten eingeplant? (Stichproben, Komplettprüfung)
31.2 Werden die Ergebnisse dokumentiert?
31.3 Ist festgelegt, was passieren muss, wenn sich Mitglieder des Gremiums nicht an die Vorgaben halten oder der Datenschutz fehlerhaft ist?
31.4 Ist festgelegt, was passieren muss, wenn im Gremium der Umgang mit dem Datenschutz lücken- oder fehlerhaft ist?
32. **Microsoft 365**
siehe Abschnitt Microsoft 365
33. …

Diese Checkliste ist lang, gleichwohl nicht abschließend, sondern muss auf die eigenen Arbeitsbedingungen angepasst werden.

Im nächsten Schritt sind die Ergebnisse des Audits sorgfältig zu prüfen und mit den Anforderungen der DSGVO abzugleichen. Hilfreich sind dabei das Kapitel »Grundsätze beim Datenschutz nach der DSGVO« (siehe 2. a.) und die folgenden Abschnitte.

g. Keine Verarbeitungsverzeichnisse, aber eine Nachweisliste

Arbeitgeber müssen als Verantwortliche für den Datenschutz in Betrieb und Verwaltungen Verarbeitungsverzeichnisse führen, die sie auf Anforderung den Aufsichtsbehörden vorlegen müssen.
Sie dienen dazu den datenschutz-konformen Umgang mit personenbezogenen Daten nachzuweisen. Wie können Betriebs- und Personalvertretungen diesen Nachweis erbringen, wenn der betriebliche oder behördliche Datenschutzbeauftragte, ein Gericht (siehe Kapitel 9. c. »Ihr habt kein Datenschutzkonzept? Dann bekommt ihr die Daten nicht!«) oder ein Landesbeauftragter für den Datenschutz für diese Informationen einen Nachweis fordert? Dazu wird dann sowohl ein Datenschutzkonzept (siehe vorherigen Abschnitt) wie auch ein Verzeichnis der Verarbeitungstätigkeiten benötigt.
In den Gesetzesentwürfen der Bundesregierung zum veränderten BetrVG und sinngemäß zum BPersVG steht allerdings:

»So hat der Betriebsrat zum Beispiel keine Pflicht, ein eigenes Verzeichnis von Verarbeitungstätigkeiten (Artikel 30 der Datenschutz-Grundverordnung) zu führen, allerdings muss das Verarbeitungsverzeichnis des Arbeitgebers auch die Verarbeitungstätigkeiten des Betriebsrats enthalten.«

Da der Arbeitgeber als Datenschutz-Verantwortlicher für den Betrieb oder die Verwaltung aber keine Kenntnisse von der Datenverarbeitung durch das Gremium hat, kann er kein Verzeichnis der Verarbeitungstätigkeit von personenbezogenen Daten nach Art. 30 DSGVO für das Gremium erstellen, wenn er nicht die entsprechenden Informationen erhält. Hier ist das Gremien gefordert, und muss diese Aufgabe übernehmen und ein ähnliches Verzeichnis seiner Verarbeitung personenbezogener Daten erstellen, wie es der Arbeitgeber getan hat.
Die Interessenvertretung muss diese Informationen also parat haben und kann sie nicht erst erstellen, wenn der Arbeitgeber sie einfordert oder

sie bei einer Datenschutzpanne sehr schnell benötigt werden. Dazu wird das Gremium ein Verfahrensverzeichnis (oder wie immer man es nennen will) erstellen müssen.

> **Achtung:**
> Verzeichnisse für Verarbeitungstätigkeiten sind nur in Art. 30 DSGVO geregelt, nicht im BDSG! Auch wenn sich in § 70 BDSG der Abschnitt »Verzeichnis von Verarbeitungstätigkeiten« finden lässt, darf der Abschnitt nicht angewandt werden, da die Datenschutzvorschriften in §§ 45–85 BDSG nur für die Polizei und die Justiz gelten!

Ein Gremium muss also dem Verantwortlichen zuarbeiten, damit dieser in seinem »Verzeichnis der Verarbeitungstätigkeiten« die Verarbeitungstätigkeiten des Gremiums dokumentieren kann.

Ähnlich ist es bei Auskunftsanfragen von Beschäftigten. Der Auskunftsanspruch richtet sich gegen den Verantwortlichen, auch dann, wenn Beschäftigte erfahren möchten, welche personenbezogenen Daten ein Gremium über sie verarbeitet. Denkbar wäre es, wenn der Verantwortliche das Gremium mit der Beantwortung der Fragen betraut. Prof. Dr. Wolfgang Däubler geht noch weiter: »Antwortet der Betriebsrat (wie bisher meist) aus eigener Initiative, so wird man ihn als stillschweigend ermächtigt ansehen können, wenn der Arbeitgeber von der Auskunftserteilung Kenntnis hatte und nicht dagegen protestierte.«

Um sich im Gremium über die Rechtmäßigkeit der Verarbeitung personenbezogener Daten, den Umgang mit diesen Daten und den Löschfristen klar zu werden und in die Praxis umsetzen und dies auch jederzeit nachweisen zu können, ist daher ein Verarbeitungsverzeichnis des Gremiums notwendig. Ohne eine solche Liste wird das in der Praxis wohl nicht funktionieren.

Wie schon ausführlich im Abschnitt »Verzeichnis der Verarbeitungstätigkeiten« beschrieben, ist beim Erstellen eines Verzeichnisses vieles zu beachten. Diese Anforderungen sollte sich das Gremium bzw. der SfD genau anschauen und erfüllen. Im Zweifelsfall könnte der DSB oder die Aufsichtsbehörde zurate gezogen werden.

Literatur

Wolfgang Däubler, Gläserne Belegschaften. Das Handbuch zum Beschäftigtendatenschutz, 9. Aufl. 2021, S. 434 ff.

Detlef Ernst, »Verzeichnis für die Datenverarbeitung«, CuA 1/2019, S. 33–36

h. Verzeichnis der Verarbeitungstätigkeiten/ Nachweisliste

Um ein Verzeichnis für den Umgang des Gremiums mit personenbezogenen Daten zu erstellen, muss zuerst geklärt werden, was die DSGVO von einem Verantwortlichen verlangt. Erst dann kann ein Gremium für sich festlegen, was im eigenen Verarbeitungsverzeichnis bzw. einer Nachweisliste stehen muss.
Art. 30 Abs. 1 DSGVO verpflichtet den Verantwortlichen, für die Verarbeitung personenbezogener Daten ein »Verzeichnis von Verarbeitungstätigkeiten« zu führen, die in seine Zuständigkeit fallen. In der folgenden Tabelle stehen in der linken Spalte die Daten, die der Verantwortliche in sein »Verzeichnis von Verarbeitungstätigkeiten« eintragen muss, und in der rechten Spalte die Daten, die eine gesetzliche Interessenvertretung eintragen sollten.

Was der Verantwortliche in seinem »Verzeichnis von Verarbeitungstätigkeiten« eintragen muss	**Was BR/PR in ihr Verzeichnis eintragen sollten**
Den **Namen und die Kontaktdaten des Verantwortlichen** und gegebenenfalls des gemeinsam mit ihm Verantwortlichen, des Vertreters des Verantwortlichen sowie eines etwaigen Datenschutzbeauftragten.	Der Name und die Kontaktdaten des Sonderbeauftragten für den Datenschutz (SfD).
Die **Zwecke der Verarbeitung** (für jede Verarbeitung müssen vorher die Zwecke festgelegt werden): *Beispiele:* Personalaktenführung/ Stammdaten, Lohn-, Gehalts- und Bezügeabrechnungen, Arbeitszeiterfassung, Urlaubsdatei, Nutzungsprotokollierungen IT/Internet/ E-Mail, Bewerbungsverfahren, Telefondatenerfassung, Firmenparkplatzverwaltung …	Es können immer nur solche personenbezogenen Daten sein, die das Gremium für die Umsetzung ihrer Mitbestimmungsrechte benötigen.
Beschreibung der Kategorien betroffener Personen und der Kategorien personenbezogener Daten. *Kategorien betroffener Personen:* Beschäftigte, Interessenten, Lieferanten, Kunden, Patienten …	Für eine gesetzliche Interessenvertretung ist die Kategorie betroffener Personen immer die Kategorie »Beschäftigte«. *Beispiele* zu »Kategorie Beschäftigte«: Mitarbeiter-Stammdaten

Was der Verantwortliche in seinem »Verzeichnis von Verarbeitungstätigkeiten« eintragen muss	**Was BR/PR in ihr Verzeichnis eintragen sollten**
Kategorien personenbezogener Daten: Name, Adressen, Bankverbindungen, Vertragsdaten, Sozialdaten, Nutzungsdaten … *Beispiele* zu »Kategorie Beschäftigte«: Mitarbeiter-Stammdaten mit Adressdaten, Geburtsdatum, Bankverbindung, Steuermerkmale, Lohngruppe, Arbeitszeit, bisherige Tätigkeitsbereiche, Qualifikationen …, Bewerbungen mit Kontaktdaten, Qualifikationsdaten, Tätigkeiten etc., Arbeitszeugnisse mit Adressdaten, Leistungsdaten, Beurteilungsdaten …, Abmahnungen mit Adressdaten, Arbeitsverhalten, Leistungsdaten …, Betriebsarztuntersuchungen mit Adressdaten, Gesundheitsdaten etc., Stundenplan als Einsatzplan für Lehrkräfte, Videoüberwachung an Arbeitsplätzen etc.	mit Adressdaten, Geburtsdatum, Bankverbindung, Steuermerkmale, Lohngruppe, Arbeitszeit, bisherige Tätigkeitsbereiche, Qualifikationen …, Bewerbungen mit Kontaktdaten, Qualifikationsdaten, Tätigkeiten etc., Arbeitszeugnisse mit Adressdaten, Leistungsdaten, Beurteilungsdaten …, Abmahnungen mit Adressdaten, Arbeitsverhalten, Leistungsdaten…, Betriebsarztuntersuchungen mit Adressdaten, Gesundheitsdaten etc., Stundenplan als Einsatzplan für Lehrkräfte, Videoüberwachung an Arbeitsplätzen etc.
Die **Kategorien von Empfängern**, gegenüber denen die personenbezogenen Daten offengelegt worden sind oder noch offengelegt werden, einschließlich Empfänger in Drittländern oder internationalen Organisationen. *Beispiele* zu »Lohn- und Gehaltsabrechnung«: Banken, Sozialversicherungsträger, Finanzämter, unternehmensinterne andere Datenempfänger (z. B. Betriebsarzt, Personalrat), Gläubiger bei Lohn-/Gehaltspfändungen, Träger der Betriebsrente, Auftragsverarbeiter, Muttergesellschaft etc.	Als Empfänger gilt normalerweise die Kategorie Arbeitgeber.

Was der Verantwortliche in seinem »Verzeichnis von Verarbeitungstätigkeiten« eintragen muss	Was BR/PR in ihr Verzeichnis eintragen sollten
Übermittlungen von personenbezogenen Daten an ein Drittland oder an eine internationale Organisation … sowie bei den in Art. 49 Abs. 1 Unterabs. 2 DSGVO genannten Datenübermittlungen die Dokumentierung geeigneter Garantien.	Solche Übermittlungen gehören normalerweise nicht zum Arbeitsalltag einer gesetzlichen Interessenvertretung.
Die vorgesehenen **Fristen für die Löschung** der verschiedenen Datenkategorien. *Beispiele:* die geltenden handels- und steuerrechtlichen Aufbewahrungsfristen für Personaldaten, Kundendaten etc., geltende Aufbewahrungs- und Löschfristen für Prüfungsunterlagen etc., gesetzlich vorgesehene Löschungsfristen (z. B.	Normalerweise muss eine gesetzliche Interessenvertretung die personenbezogenen Daten löschen, wenn die Wahrnehmung der Mitbestimmungsrechte, für die sie vom Arbeitgeber eingefordert wurden, erledigt sind. Dieser Grundsatz sollte eng ausgelegt werden.
§ 14 Bundesmeldegesetz), vom Verantwortlichen festgelegte Überprüfungs-/Löschungsfristen. Ein allgemeiner Verweis auf Aufbewahrungspflichten reicht nicht etc.	
Eine allgemeine Beschreibung der **technischen und organisatorischen Maßnahmen** gemäß Art. 32 Abs. 1 DSGVO.	Auch ein Gremium muss hier genaue TOM erarbeiten, durchsetzen, kontrollieren und dokumentieren.

Es gibt vier große Blöcke an Verarbeitungstätigkeiten für eine gesetzliche Interessenvertretung:

- personenbezogene Daten vom Arbeitgeber (AG) für den BR/PR,
- personenbezogene Daten von Arbeitnehmern (AN) für den BR/PR,
- personenbezogene Daten, die der BR/PR selbst erzeugt,
- personenbezogene Daten, die der BR weitergibt an Arbeitgeber (AG), Arbeitnehmer (AN), Externe (EX) …

Wie ein solches Verzeichnis aussehen kann, zeigt der nächste Abschnitt mit einem Musterverzeichnis.

i. Muster: Verzeichnis der Verarbeitungstätigkeiten/Nachweisliste im Gremium

Abkürzungsverzeichnis

Die Nutzung von Abkürzungen ermöglicht es, die Tabelle schneller und ohne große Tipparbeiten auszufüllen.

Das folgende Abkürzungsverzeichnis muss für die eigene Situation im Betrieb oder in der Verwaltung angepasst werden.

AG	Arbeitgeber:in
AN	Arbeitnehmer:in
BA	Backup
Bes	Beschwerden
BEM-0	Ordner für Betriebliches Eingliederungsmanagement
BEM-Od	Ordner für Betriebliches Eingliederungsmanagement digital
BK	Berechtigungskonzept
BO	Bewerbungsordner
BOd	Bewerbungsordner digital
BRb	Betriebsratsbüro
BRbd	Betriebsratsbüro digital
BRbv	Betriebsratsbüro verschlossen
EX	Externe
GoDa	Geschäftsordnung Datenschutz
PO	Personalordner
POd	Personalordner digital
Pro	Protokollordner
PRb	Personalratsbüro
PRbd	Personalratsbüro digital
PRbv	Personalratsbüro verschlossen
Vers	Verschlüsselung
VS	Verschlossener Schrank im BR-/PR-Büro
…	

> **Hinweis:**
> Die in der folgenden Tabelle genannten Rechtsgrundlagen aus dem BetrVG gelten nur für Betriebsräte. Personalräte müssen die entsprechenden Rechtsgrundlagen aus dem für sie geltenden BPersVG oder den Landespersonalvertretungsgesetzen entsprechend eintragen. Die Tabelle ist nicht vollständig, sondern gibt nur einige Beispiele dafür, wie sie ausgefüllt werden könnte.

Hilfe zum Erstellen des Verzeichnisses

Der Zweck der Verarbeitung (*Art. 30 Abs. 1 Buchst. b DSGVO*) ist in der folgenden Auflistung die Wahrnehmung der Mitbestimmungsrechte nach dem *BetrVG/BPersVG/Landespersonalvertretungsgesetz XY*. Der entsprechende Paragraf wird unter der Rubrik »Rechtsgrundlage« genannt und ist immer in Verbindung mit *Art. 6 DSGVO* und *§ 26 BDSG* zu bewerten. Als Kategorie »betroffene Personen« (*Art. 30 Abs. 1 Buchst. c DSGVO*) ist in der Auflistung immer davon auszugehen, dass es sich um Beschäftigtendaten handelt. Sollte es doch eine andere Kategorie geben, wovon nicht auszugehen ist, so wird dies unter der Rubrik »Bemerkungen« notiert. Die Kategorien personenbezogener Daten (*Art. 30 Abs. 1 Buchst. c DSGVO*) sind unter der Rubrik »Kategorien personenbezogener Daten« aufgelistet. Eine Übermittlung von personenbezogenen Daten an ein Drittland findet durch die gesetzliche Interessenvertretung nicht statt. Sollte sie doch erfolgen, so ist dies unter der Rubrik »Bemerkungen« aufgeführt.
Der Arbeitgeber ist normalerweise die einzige Kategorie von Empfängern (*Art. 30 Abs. 1 Buchst. d DSGVO*), die von der gesetzlichen Interessenvertretung personenbezogene Daten erhält. Sollte eine andere Kategorie von Empfängern personenbezogene Daten erhalten, so ist dies unter der Rubrik »Bemerkungen« aufgeführt.

Name und Kontaktdaten des »Sonderbeauftragten für den Datenschutz« (SfD): *z. B. Paul Mustermann*

Art der Daten (Bezeichnung)	Kategorien personenbezogener Daten von Beschäftigten (z. B. Name, Geburtsdatum, Adresse, Krankheiten, Urlaubszeiten)	Ablagestelle	Datenerhebung durch	TOM	Rechtsgrundlage Art. 6 DSGVO und § 26 BDSG i. V. m.	Löschfrist	Bemerkungen
Bewerbungsunterlagen (analog)	Name, Geburtsdatum, Adresse, Lebenslauf, Zeugnisse, Fortbildungen, Zertifikate …	BRb	AG	PO, BK, BRbv, VS	§§ 99, 102 BetrVG, § 15 Abs. 4 AGG	6 Monate	Lange Aufbewahrungsfrist durch AGG
Bewerbungsunterlagen (digital)	Name, Geburtsdatum, Adresse, Lebenslauf, Zeugnisse, Fortbildungen, Zertifikate …	BRbd	AG	PO, BK, BRbv, BOd, BA, Vers	§§ 99, 102 BetrVG, § 15 Abs. 4 AGG	6 Monate	Lange Aufbewahrungsfrist durch AGG
Beschwerden von AN (1)	Name AN, Datum, Art der Beschwerde, Inhalte, Name BR-Mitglied	Innerhalb Protokoll/Niederschrift, Pro	BR	BK, BRbv, VS, Beschwerden werden anonymisiert an den AG gegeben	§§ 84, 85 BetrVG	4 Wochen nach Klärung der Beschwerden	

Art der Daten (Bezeichnung)	**Kategorien personenbezogener Daten von Beschäftigten (z. B. Name, Geburtsdatum, Adresse, Krankheiten, Urlaubszeiten)**	**Ablagestelle**	**Datenerhebung durch**	**TOM**	**Rechtsgrundlage Art. 6 DSGVO und § 26 BDSG i. V. m.**	**Löschfrist**	**Bemerkungen**
Weitergabe von Beschwerden von AN (2)	Anonym. Art der Beschwerde, Inhalte	Innerhalb Protokoll/Niederschrift	BR	PO, BK, BRbv, VS		4 Wochen nach Klärung der Beschwerden	
Urlaubsliste der BR-Mitglieder	Name, Urlaubszeiten: von – bis	PO	BR/PR	PO, BK, BRbv, VS	§ 87 Abs. 1, Nr. 5 BetrVG	Ende Kalenderjahr	Notwendig für Planung Seminare des BR/PR und Handlungsfähigkeit des Gremiums in der Urlaubszeit

Art der Daten (Bezeichnung)	**Kategorien personenbezogener Daten von Beschäftigten (z. B. Name, Geburtsdatum, Adresse, Krankheiten, Urlaubszeiten)**	**Ablagestelle**	**Datenerhebung durch**	**TOM**	**Rechtsgrundlage Art. 6 DSGVO und § 26 BDSG i. V. m.**	**Löschfrist**	**Bemerkungen**
Personalgespräch (analoge Speicherung)	Name, Datum, Anwesende, Inhalte des Gesprächs	PO	BR	PO, BK, BRbv, VS	§§ 81 Abs. 4 Satz 3, 82 Abs. 2 Satz 2, 83 Abs. 1 Satz 2 und 84 Abs. 1 Satz 2 BetrVG	Nach erfolgreichem Abschluss des Personalgesprächs. Spätestens nach Klärung der offenen Inhalte oder auf Wunsch des Betroffenen.	

Art der Daten (Bezeichnung)	Kategorien personenbezogener Daten von Beschäftigten (z. B. Name, Geburtsdatum, Adresse, Krankheiten, Urlaubszeiten)	Ablagestelle	Datenerhebung durch	TOM	Rechtsgrundlage Art. 6 DSGVO und § 26 BDSG i. V. m.	Löschfrist	Bemerkungen
Personalgespräch (digitale Speicherung)	Name, Datum, Anwesende, Inhalte des Gesprächs	POd	BR	PO, BK, BRbv, BOd, BA, Vers	§§ 81 Abs. 4 Satz 3, 82 Abs. 2 Satz 2, 83 Abs. 1 Satz 2 und 84 Abs. 1 Satz 2 BetrVG	Nach erfolgreichem Abschluss des Personal-gesprächs. Spätestens nach Klärung der offenen Inhalte oder auf Wunsch des Betroffenen.	
Abmahnung	Name, Grund	PO	AN	PO, BK, BRbv, VS	Einwilligung des AN Art. 7 DSGVO	Wenn der Betroffene dies wünscht. Max. bis Ende der Beschäftigung.	

Art der Daten (Bezeichnung)	**Kategorien personenbezogener Daten von Beschäftigten (z.B. Name, Geburtsdatum, Adresse, Krankheiten, Urlaubszeiten)**	**Ablagestelle**	**Datenerhebung durch**	**TOM**	**Rechtsgrundlage Art. 6 DSGVO und § 26 BDSG i.V.m.**	**Löschfrist**	**Bemerkungen**
Kündigung	Name, Datum, Grund	PO	AG		§§ 102, 103 BetrVG	4 Wochen nach Ende Einspruchsfrist/Klage	
…							
Sonstige Sammlungen ohne personenbezogene Daten							
BV/Regelungsabreden	Nicht zutreffend, da keine persönlichen Daten	BV-Ordner		VS, Vers	alle MA-Rechte, z.B. § 87 BetrVG – kein Personenbezug	keine	Solange BV gilt + salvatorische Regel
Notizen zu Betriebsversammlungen	Nicht zutreffend, da keine persönlichen Daten					keine	

Weitere Stichworte für das Verfahrensverzeichnis:

- BEM-Verfahren
- Beratung
- Dienstpläne
- Kündigung
- Unfallanzeige
- Urlaubsplanung
- Versetzung
- Zuweisung
- …

Die Liste »Sonstige Sammlungen ohne personenbezogene Daten« ist kein Bestandteil eines Verzeichnisses der Verarbeitungstätigkeiten des Betriebsrats/Personalrats, aber sie hilft dabei, die Aktenberge klein zu halten.

Literatur

Wolfgang Däubler, Gläserne Belegschaften. Das Handbuch zum Beschäftigtendatenschutz, 9. Aufl., 2021, S. 434 ff. und S. 497.

Detlef Ernst, »Verzeichnis für die Datenverarbeitung«, CuA 1/2019, S. 33–36.

j. Löschkonzept in der Praxis

Nachdem nun die allgemeinen Regeln für den Umgang mit den personenbezogenen Daten im Gremium, in einem Verzeichnis der Verarbeitungstätigkeiten bzw. der Nachweisliste, festgelegt worden sind, geht es im nächsten Schritt darum, sie mit einem feststehenden Löschdatum zu versehen.

Für kleine Gremien kann die Lösung schon in einer Excel-Datei bestehen, die mehrere Datenblätter enthält:

1. Datenblatt 1: Grunddaten zum Gremium, SfD, Abkürzungsverzeichnis
2. Datenblatt 2: Verzeichnis der Verarbeitungstätigkeiten/Nachweisliste (allgemein)
3. Datenblatt 3: Verzeichnis der Verarbeitungstätigkeiten/Nachweisliste mit konkreten Löschdaten, sortiert nach Datum.

Die Inhalte des Datenblatts 1 und 2 sind im Abschnitt »Verzeichnis der Verarbeitungstätigkeiten/Nachweisliste« ausführlich beschrieben. Die einzelnen Datensätze im Datenblatt 2 Verzeichnis der Verarbeitungstätigkeiten/Nachweisliste (allgemein) sind in das Datenblatt 3 zu kopieren.

Die Spalten können dann wie folgt lauten:

- Spalte 1: Aktenkürzel des Einzelvorgangs
- Spalte 2: Art der Daten (Bezeichnung)
- Spalte 3: Kategorien personenbezogener Daten der Beschäftigten (z. B. Name, Geburtsdatum, Adresse, Krankheiten, Urlaubszeiten)
- Spalte 4: Ablagestelle
- Spalte 5: Datenerhebung durch
- Spalte 6: TOM
- Spalte 7: Rechtsgrundlage Art. 6 DSGVO und § 26 BDSG i. V. m.
- Spalte 8: Löschfrist
- Spalte 9: Bemerkungen
- Spalte 10: Löschdatum (sortieren nach den zuerst zu löschenden Daten)

Damit ein Aktenkürzel das Wiederfinden einer Ablage erleichtert, sollten alle Ablagen durchnummeriert und die jeweilige Nummer in die Liste eingetragen werden. In dieser Weise entsteht eine ganze Reihe von Vorgängen, da beispielsweise jede einzelne Bewerbung gesondert aufgeführt werden muss.

Durch die Sortierung nach dem Löschdatum ist aber jederzeit klar, welche Daten, wann gelöscht werden müssen. Nach der Löschung der Daten muss zum Abschluss dann auch der entsprechende Vermerk im Datenblatt 3 gelöscht werden.

Eine Alternative zu einer Excel-Datei bietet sich an, wenn der Verantwortliche ein Datenschutz Managementsystem (DSMS) einsetzt und dieses System vom Gremium mitbenutzt werden kann. Dabei muss natürlich sehr genau darauf geachtet werden, dass nur das Gremium auf seine Daten zugreifen darf. Dies lässt sich über ein Berechtigungskonzept regeln.

Setzt der Verantwortliche kein DSMS ein (in größeren Betrieben oder Verwaltungen ist DSMS aber sehr unwahrscheinlich), so kann das Gremium den Kauf eines DSMS für das Gremium vom Verantwortlichen verlangen, um mit den vielen personenbezogenen Daten rechtskonform umgehen zu können.

Auf dem Markt gibt es viele DSMS. Ein Beispiel ist »Robin Data«.[64] Das System ist eigentlich für Datenschutzbeauftragte gedacht, kann aber auch von einem Gremium benutzt werden. Sofern ein Gremium Interesse an dem System hat, kann es ein Angebot für eine Online Demo und auch einen Testzugang nutzen. Soll es im Gremium eingesetzt werden, so ist

64 *https://www.robin-data.io/software-fuer-datenschutzbeauftragte.*

eine Schulung notwendig, um den richtigen Umgang mit der Software zu lernen.
Auf jeden Fall ist es empfehlenswert bei der Frage nach einem Löschkonzept, das Gespräch mit dem betrieblichen oder behördlichen Datenschutzbeauftragten zu suchen.

k. Technische und organisatorische Maßnahmen (TOM)

Das wichtigste Instrument, um den Datenschutz in Betrieben und Behörden, aber auch im Büro einer gesetzlichen Interessenvertretung, konkret umzusetzen, sind die in *Art. 32 DSGVO* genannten »technischen und organisatorischen Maßnahmen« (TOM). Welche Maßnahmen das im Einzelfall sind, muss immer genau geprüft, festgelegt und dokumentiert werden, bevor man sie dann praktisch umsetzen kann.
Grundlegend unterscheidet *Art. 32 DSGVO* zuerst einmal zwischen den »technischen« und den »organisatorischen Maßnahmen«. Unter technische Maßnahmen fallen beispielsweise bauliche Schutzmaßnahmen, Alarmanlagen oder auch Einstellungen in Soft- und Hardware wie Benutzerkonten, Passworterzwingung oder Protokolldateien. Organisatorische Maßnahmen bieten den Schutz über Handlungsanweisungen, Verfahrens- und Vorgehensweisen wie Besucheranmeldung, Arbeitsanweisung, Vier-Augen-Prinzip, Intervalle zu Stichprobenprüfungen.
Bei der Umsetzung der TOM sind nach *Art. 32 Abs. 1 DSGVO* immer

- der Stand der Technik,
- die Implementierungskosten,
- die Art der Verarbeitung,
- der Umfang der Verarbeitung,
- die Umstände der Verarbeitung,
- der Zweck der Verarbeitung,
- die Eintrittswahrscheinlichkeit und
- die Schwere des Risikos

mit zu berücksichtigen.
Das bedeutet, dass, abhängig von den Gefährdungen für die Rechte und Freiheiten der Betroffenen, der Verantwortliche und der Auftragsverarbeiter anhand dieser Punkte geeignete technische und organisatorische Maßnahmen treffen müssen, um ein angemessenes Schutzniveau zu ge-

währleisten. Die TOM gelten gleichermaßen für elektronische wie analoge Verarbeitungen.
In *Art. 32 Abs. 1 Buchst. a-d DSGVO* werden beispielhaft Kriterien genannt, die ebenfalls beachtet und umgesetzt werden müssen. Das sind:

a) die Pseudonymisierung und Verschlüsselung personenbezogener Daten;
b) die Fähigkeit, die Vertraulichkeit, Integrität, Verfügbarkeit und Belastbarkeit der Systeme und Dienste im Zusammenhang mit der Verarbeitung auf Dauer sicherzustellen;
c) die Fähigkeit, die Verfügbarkeit der personenbezogenen Daten und den Zugang zu ihnen bei einem physischen oder technischen Zwischenfall rasch wiederherzustellen;
d) ein Verfahren zur regelmäßigen Überprüfung, Bewertung und Evaluierung der Wirksamkeit der technischen und organisatorischen Maßnahmen zur Gewährleistung der Sicherheit der Verarbeitung.

Da dies keine abschließende Aufzählung ist, muss sie gegebenenfalls erweitert werden.
Das notwendige Schutzniveau ergibt sich daraus, ob unbeabsichtigt oder vorsätzlich eine Vernichtung, der Verlust, eine Veränderung, eine unbefugte Offenlegung oder ein unbefugter Zugang zu personenbezogenen Daten möglich ist. Diese Punkte müssen auf allen Ebenen der Verarbeitung von personenbezogenen Daten geprüft werden. In der praktischen Umsetzung bedeutet das, dass alle Mitglieder eines Gremiums personenbezogene Daten nur nach diesen Vorgaben verarbeiten.
Gute Anhaltspunkte für die Umsetzung der TOM geben die in der Anlage zu *§ 9 des alten BDSG* formulierten Anforderungen. Inhaltlich sind sie auch im neuen Datenschutzrecht noch relevant.

Anlage zu § 9 Satz 1 BDSG-alt

Werden personenbezogene Daten automatisiert verarbeitet oder genutzt, ist die innerbehördliche oder innerbetriebliche Organisation so zu gestalten, dass sie den besonderen Anforderungen des Datenschutzes gerecht wird. Dabei sind vor allem Maßnahmen zu treffen, die je nach der Art der zu schützenden personenbezogenen Daten oder Datenkategorien geeignet sind,

1. *Unbefugten den Zutritt zu Datenverarbeitungsanlagen, mit denen personenbezogene Daten verarbeitet oder genutzt werden, zu verwehren (Zutrittskontrolle),*
2. *zu verhindern, dass Datenverarbeitungssysteme von Unbefugten genutzt werden können (Zugangskontrolle),*
3. *zu gewährleisten, dass die zur Benutzung eines Datenverarbeitungssystems Berechtigten ausschließlich auf die ihrer Zugriffsberechtigung*

unterliegenden Daten zugreifen können, und dass personenbezogene Daten bei der Verarbeitung, Nutzung und nach der Speicherung nicht unbefugt gelesen, kopiert, verändert oder entfernt werden können (Zugriffskontrolle),

4. *zu gewährleisten, dass personenbezogene Daten bei der elektronischen Übertragung oder während ihres Transports oder ihrer Speicherung auf Datenträger nicht unbefugt gelesen, kopiert, verändert oder entfernt werden können, und dass überprüft und festgestellt werden kann, an welchen Stellen eine Übermittlung personenbezogener Daten durch Einrichtungen zur Datenübertragung vorgesehen ist (Weitergabekontrolle),*
5. *zu gewährleisten, dass nachträglich überprüft und festgestellt werden kann, ob und von wem personenbezogene Daten in Datenverarbeitungssysteme eingegeben, verändert oder entfernt worden sind (Eingabekontrolle),*
6. *zu gewährleisten, dass personenbezogene Daten, die im Auftrag verarbeitet werden, nur entsprechend den Weisungen des Auftraggebers verarbeitet werden können (Auftragskontrolle),*
7. *zu gewährleisten, dass personenbezogene Daten gegen zufällige Zerstörung oder Verlust geschützt sind (Verfügbarkeitskontrolle),*
8. *zu gewährleisten, dass zu unterschiedlichen Zwecken erhobene Daten getrennt verarbeitet werden können.*

Eine Maßnahme nach Satz 2 Nummer 2 bis 4 ist insbesondere die Verwendung von dem Stand der Technik entsprechenden Verschlüsselungsverfahren.

I. Organisationslösungen für das Büro der Interessenvertretung

Die gesetzlichen Vorgaben der DSGVO, des BDSG und der Landesdatenschutzgesetze sind eindeutig: Unbefugte dürfen keinen Zugang zum PC oder den Papierdaten der Interessenvertretung und den entsprechenden personenbezogenen Daten haben.

Diese rechtlichen Vorgaben haben zur Folge, dass die Interessenvertretung für die Schaffung und Einhaltung der technisch-organisatorischen Voraussetzungen für den Datenschutz verantwortlich ist. Sie muss sich also mit entsprechenden Beschlüssen für Datenschutzmaßnahmen im Büro der Interessenvertretung an den DSB wenden und dann vom Arbeitgeber die notwendige technische Ausstattung einfordern.

Das Gremium muss sich dazu aber über einige Aspekte des praktischen Datenschutzes klar werden und auch umsetzen:

- das Interessenvertretungsbüro ist bei jeder auch nur kurzen Abwesenheit abzuschließen,
- die Papiere mit personenbezogenen Daten werden in abgeschlossen Schränken aufbewahrt,
- das Hochfahren des Computers der Interessenvertretung ist nur nach der Eingabe eines Passwortes gestattet,
- Benutzerkonten sind einzurichten,
- ein aktiver PC ist nie unbeaufsichtigt zu lassen oder zumindest durch einen Sperrbildschirm mit Passwort schützen,
- die Interessenvertretungsdaten sind bei Versand durch E-Mail zu verschlüsseln,
- eine unbeabsichtigte Weitergabe von Daten in Word-Dateien ist zu verhindern, sie sind daher vor der Weitergabe zu prüfen,
- die Daten sind regelmäßig auf einem anderen Datenträger zu sichern,
- die Daten der Interessenvertretung auf dem PC sind zu verschlüsseln.
- Gibt es keinen eigenen Computer der Interessenvertretung und die Arbeiten werden auf einem auch anderweitig genutzten Computer ausgeführt, sind diese Daten zumindest zu verschlüsseln. Die Alternative wäre eine eigene Wechselfestplatte für die Daten der Arbeitnehmervertretung. Sie wird in einem verschlossenen Schrank aufbewahrt und nur bei digitalen Arbeiten der Interessenvertretung an den PC angeschlossen.
- …

Diese Liste ist natürlich nicht abschließend und die Punkte des praktischen Datenschutzes werden an verschiedenen Stellen in diesem Buch besprochen. Sie alle zu prüfen und Wege zum datenschutzkonformen Umgang zu finden wird einige Zeit beanspruchen.
Im nächsten Schritt kann nun das Gremium ein Verfahrensverzeichnis mit genauen Angaben zu den Daten, zum Umgang mit den personenbezogenen Daten erstellen.

m. »Geschäftsordnung Datenschutz« – das Datenschutzkonzept des Betriebs- oder Personalrats

Das Datenschutzkonzept sollte als Geschäftsordnung erarbeitet und umgesetzt werden. Die »Geschäftsordnung Datenschutz« legt für alle Mitglieder eines Gremiums verbindlich den Umgang mit personenbezogenen Daten fest. Somit ist sie das Datenschutzkonzept der gesetzlichen Interessenvertretung in Betrieben oder Verwaltungen.
Um nicht alle Gremienmitglieder einzeln auf die Einhaltung eines Datenschutzkonzeptes verpflichten zu müssen, ist es ratsam, eine »Geschäftsordnung Datenschutz« für die jeweilige Legislaturperiode eines Gremiums zu verabschieden. An diese Geschäftsordnung müssen sich dann alle Gremienmitglieder halten!

n. Elemente einer »Geschäftsordnung Datenschutz« für eine kleine gesetzliche Interessenvertretung

> **Hinweis:**
> Die folgenden Elemente ergeben keine vollständige »Geschäftsordnung Datenschutz«. Sie sind lediglich Anregungen für Regelungspunkte. Sollen Aspekte übernommen werden, so müssen beispielsweise, je nach Gremium, der Begriff Betriebsrat bzw. Personalrat gelöscht werden. Zur Vereinfachung sind die Wörter im folgenden Text kursiv gesetzt.
> Es ist ratsam, die dann erstellte Geschäftsordnung durch einen Rechtsanwalt, der sich im aktuellen Datenschutzrecht auskennt, vor der Verabschiedung prüfen zu lassen.

Geschäftsordnung Datenschutz
Betriebsrat der Firma xy/Personalrat der … xy

Nach *§ 80 Abs. 1 Nr. 1 BetrVG/§ 62 Nr. 2 BPersVG/§ XY Landespersonalgesetz XY* hat der *Betriebsrat/Personalrat* darüber zu wachen, dass die zugunsten von Arbeitnehmern geltenden Gesetze, Verordnungen, … eingehalten werden. Daher erhalten die gewählten Belegschaftsvertreter u.a. personenbezogene

Beschäftigtendaten vom Arbeitgeber, die dem Datenschutz nach der DSGVO und dem BDSG und anderen Gesetzen unterliegen.
Darüber hinaus hat der Gesetzgeber mit *§ 79a des BetrVG/§ 69 BPersVG* die gesetzliche Interessenvertretung dazu verpflichtet, die Einhaltung und praktische Umsetzung des Datenschutzes im Gremium selbst zu gewährleisten.

Zur Erfüllung dieser gesetzlichen Aufgaben beschließt *der Betriebsrat der Firma XY/Personalrat XY* nachfolgendes, für alle *BR-/PR*-Mitglieder verbindliches Datenschutzkonzept.
Mit der Beschlussfassung verpflichten sich die Mitglieder des *Betriebsrats/Personalrats,* die Regelungen dieser Geschäftsordnung einzuhalten.

Geltungsdauer:
Die Geschäftsordnung gilt für die Dauer der laufenden Amtsperiode. Sie kann durch Mehrheitsbeschluss jederzeit geändert werden.

Sonderbeauftragter für den Datenschutz (SfD)
Um mit *betrieblichen oder behördlichen* Datenschutzbeauftragten auf Augenhöhe datenschutzrechtliche Fragen besprechen zu können, benötigt *er/sie* kompetente Gesprächspartner im Gremium. Der *Betriebsrat/Personalrat* bestellt daher für die Dauer seiner Legislaturperiode aus seinem Kreis, im Sinne der Selbstkontrolle, einen »Sonderbeauftragten für den Datenschutz« (SfD) für die *Betriebsrats-/Personalratsarbeit.* Dessen Aufgaben orientieren sich *an Art. 39 DSGVO bei nicht-öffentlichen Stellen oder § 7 BDSG bei öffentlichen Stellen.*
Der »Sonderbeauftragte für den Datenschutz« hat allerdings keine Pflichten gegenüber dem Verantwortlichen *im Betrieb/in der Verwaltung,* sondern nur gegenüber dem *Betriebs-/Personalrat. Sie oder e*r kümmert sich um sämtliche Datenschutzaufgaben und -fragen im *Betriebsrats-/Personalratsgremium* sowie um die Kontrolle und Einhaltung dieser Geschäftsordnung Datenschutz. Darüber hinaus ist sie oder er Ansprechpartner:in für die Beschäftigten und für den Datenschutzbeauftragten *des Betriebes/der Verwaltung* sowie gegebenenfalls für die oder den Landesdatenschutzbeauftragte/n.
Um diese Aufgaben erfüllen zu können, muss *sie/er* regelmäßig Fortbildungen zum Datenschutz besuchen und vom Gremium bzw. vom Arbeitgeber die entsprechende Fachliteratur zur Verfügung gestellt bekommen.
Zu den Aufgaben des »Sonderbeauftragten für den Datenschutz« gehört auch die halbjährliche Kontrolle der Aktenordner und der digitalen Dateien des *Betriebsrats/Personalrats* mit personenbezogenen Inhalten (siehe dazu Anlage X). Diese Kontrolle ist zu dokumentieren.

Schutz der IT-Anlage:
Der Schutz der IT-Anlage per Firewall, Anti-Virensoftware und anderen Programmen und den entsprechenden Sicherheitseinstellungen erfolgt durch

die vom Arbeitgeber festgelegte IT-Abteilung bzw. einen vom Arbeitgeber festgelegten Auftragsverarbeiter.
Ist die gesetzliche Interessenvertretung selbst für die PCs im Gremium zuständig, so legt der »Sonderbeauftragte für den Datenschutz« (SfD) die Schutzmaßnahmen fest und sorgt für ihre Umsetzung.

Zutrittskontrolle:
Zutritt zu den Räumen des *Betriebsrats/Personalrats* haben grundsätzlich nur *BR-/PR*-Mitglieder, das *Büropersonal, die/der Vorsitzende der Jugend- und Auszubildendenvertretung (JAV) und die Schwerbehindertenvertretung (SBV).*
Jede der gerade benannten Personen erhält einen Schlüssel für den Zutritt zu den Büroräumen und zu den Schränken, für die sie eine Berechtigung haben. Die Schlüsselvergabe wird in einer zu unterschreibenden Liste dokumentiert.
oder
Die Schlüssel für die *BR-/PR*-Räume hängen im Schlüsselschrank des Pförtners. Die Schlüssel haben die Schlüsselnummer *XY*.
Der Pförtner hat die schriftliche Anweisung, die Schlüssel nur an die Mitglieder des *Betriebsrats/Personalrats/Büropersonals* oder *den/die Vorsitzende/n der Jugend- und Auszubildendenvertretung* oder die *Schwerbehindertenvertretung* auszuhändigen. Die Entgegennahme ist im Schlüsselbuch des Pförtners zu quittieren.
Außer den gerade genannten Personen dürfen keine weiteren Personen die *BR-/PR-Räume* betreten.
Auch die *BR-/PR*-Mitglieder verpflichten sich, keine weiteren Personen, außer andere *BR-/PR*-Mitglieder, mit in die *BR-/PR*-Räume zu nehmen.
Ausnahmen: Zu Beratungen dürfen Mitarbeiter:innen des Arbeitgebers den Besprechungsraum unter Aufsicht der *BR-/PR*-Mitglieder betreten.
Die Reinigung der Räume erfolgt nur in Anwesenheit von *BR-/PR*-Mitgliedern.
oder
Für die Reinigung der Räume werden den entsprechend eingewiesenen Kräften die Räume temporär durch den Hausmeister geöffnet und nach der Reinigung wieder verschlossen.

Zugangskontrolle:
Es ist sichergestellt, dass Datenverarbeitungssysteme zur Verarbeitung von Daten der Gremien nur von *BR-/PR*-Mitgliedern, den *Bürokräften und dem/der Vorsitzende/n der Jugend- und Auszubildendenvertretung oder der Schwerbehindertenvertretung* und deren Vertretern genutzt werden können, wenn der Zugang zum PC mit Passwort und mit einem personalisierten Benutzerkonto gesichert ist. Die personalisierten Benutzerkonten müssen so konfiguriert sein, dass der Zugang nur zu den Daten möglich ist, zu denen es eine juristische Berechtigung gibt.
Vertrauliche Akten werden in verschlossenen Schränken im *Betriebsrats-/Personalratsbüro* aufbewahrt.

Zur Schlüsselausgabe siehe oben.
oder
Diese Schlüssel werden ebenfalls im Schlüsselschrank des Pförtners aufbewahrt. Die Schlüssel haben die Nr. *XYa*. Der Pförtner hat die schriftliche Anweisung, die Schlüssel ausschließlich den oben genannten Personen auszuhändigen. Die Entgegennahme ist separat vom Büroschlüssel im Schlüsselbuch des Pförtners zu quittieren.
Es ist sicherzustellen, dass außer den *BR-/PR*-Mitgliedern keine weiteren Personen diesen Schlüssel erhalten.

Art der Aufbewahrung:
Unterlagen im Original bzw. versendete Briefe und dergleichen als Kopie werden vorgangsbezogen in Ordnern aufbewahrt.
Alle Schriftstücke, die der Schriftform bedürfen, die also unterschrieben sein müssen, werden auch in Papierform aufbewahrt. Dazu gehören insbesondere die Niederschriften der Sitzungsprotokolle.
Digitale Dokumente dürfen nur in dem gesicherten Datenverarbeitungssystem des *Betriebsrats/Personalrats* gespeichert werden.

Ort der Aufbewahrung:
Bei der Ablage der Dokumente werden die Vertraulichkeit der Unterlagen und die Geheimhaltungspflicht beachtet. Die zur Aufbewahrung der Dokumente genutzten Schränke befinden sich ausschließlich im Büro des *Betriebsrats/Personalrats*. Die Schränke sind außerhalb der *BR-/PR*-Sitzungen verschlossen. Alle Schriftstücke mit personenbezogenen Daten werden in verschlossenen Schränken im *BR-/PR*-Büro aufbewahrt. Die Schlüssel zu den Schränken erhalten die oben genannten Zugriffsberechtigten für ihren Bereich.

Versandkontrolle:
Personenbezogene Daten auf Papier werden nur in verschlossenen Umschlägen (=zugeklebt) verschickt bzw. persönlich nur nach dem Datenschutz berechtigten Personen übergeben.
Personenbezogene Daten per E-Mail sind nur verschlüsselt zu versenden. Steht keine Verschlüsselung im E-Mail-System zur Verfügung, so sind die Dateien in einen gezippten und mit einem Passwort versehenen Ordner zu legen und erst dann zu versenden. Einzelne Dokumente werden über das jeweilige Office-Programm mit einem vom SfD festgelegten Passwort verschlüsselt. Das Passwort für die gezippten Dateien legt ebenfalls der SfD fest.

Umgang mit den »besondere Kategorien personenbezogener Daten«
nach Art. 4 Nr. 15 DSGVO, Art. 9 DSGVO und § 22 BDSG, beispielsweise Gesundheitsdaten.

Vor jeder Nutzung von besonderen Kategorien personenbezogener Daten erfolgt eine besondere Sensibilisierung des Gremiums durch den Betriebsratsvorsitzenden oder dem SfD.
Die Daten liegen auf einen besonders gesicherten Server des Arbeitgebers und können nicht heruntergeladen werden. Es ist nicht erlaubt, sie per Screenshot oder anderer Methoden zu speichern.
Werden diese Daten per E-Mail verschickt, dann nur mit einer sicheren End-zu-End-Verschlüsselung. Der Abruf von E-Mails mit sensitiven Daten erfolgt nur im Betriebsratsbüro über eine personalisierte E-Mail-Adresse des/der Vorsitzenden des BR bzw. der Stellvertretung.
Eine Übermittlung von besonderen Kategorien personenbezogener Daten auf mobile Datenträger ist nur mit Zustimmung des/der Betriebsratsvorsitzenden bzw. dessen Stellvertretung möglich. Der mobile Datenträger muss dann durch eine anerkannt sichere Verschlüsselung gesichert sein.
Ausgedruckte sensitive Daten werden durch die/den Betriebsratsvorsitzende:n oder durch die/den Stellvertreter entgegengenommen und persönlich in das Betriebsratsbüro gebracht. Diese besonderen Kategorien personenbezogener Daten werden nur, wenn dies notwendig ist, in Betriebsratssitzungen offengelegt. Werden diese Unterlagen im Betriebsratsbüro gelagert, sind sie in einem verschlossenen Schrank aufzubewahren, dessen Schlüssel nur die oder der Betriebsratsvorsitzende bzw. deren / dessen Stellvertreter hat.

Schwerbehindertenvertretung (SBV)

Grundsätzlich gelten die Regelungen dieser Geschäftsordnung auch für die SBV. Wie bei Betriebs- und Personalräten dürfen nur die personenbezogenen Daten verarbeitet oder erhoben werden, die *gesetzlich* so geregelt sind, dass die SBV sie benutzen darf, oder wenn die betroffene Person *freiwillig zugestimmt* hat.
Das ist zuerst einmal die gewählte Vertrauensperson. Ist diese Vertrauensperson verhindert, übernehmen die gewählten Stellvertreter:innen. Bei mehr als 100 Schwerbehinderten oder Gleichgestellten die erste Stellvertretung der SBV, die dauerhaft zur Aufgabenerfüllung hinzugezogen wird, ab 201 Schwerbehinderten oder Gleichgestellten auch die zweite Stellvertretung usw.
Die Daten von Betroffen müssen, ebenso wie bei Betriebs- und Personalräten durch technisch-organisatorische Maßnahmen geschützt werden (abschließbare Räume, abschließbare Schränke, Benutzerkonten am PC, Rechtevergabe, …) auf die nur die SBV einen Zugriff hat.
Die gewählte Vertrauensperson und die Stellvertreter:innen erhalten eine große Datenschutzschulung und zusätzlich jährliche Unterweisungen und Auffrischungen des Datenschutzwissens.
Werden personenbezogene Daten der SBV per Mail verschickt, müssen die E-Mails eine gute Ende-zu-Ende-Verschlüsselungen einsetzen.

Jugend- und Auszubildendenvertretung (JAV)
Grundsätzlich gelten die Regelungen dieser Geschäftsordnung auch für die JAV, soweit sie per Gesetz dazu ermächtigt sind, bestimmte personenbezogene Daten von Beschäftigten zu verarbeiten. Wie bei Betriebs- und Personalräten dürfen nur die personenbezogenen Daten verarbeitet oder erhoben werden, die *gesetzlich* so geregelt sind, dass die JAV sie benutzen darf, oder wenn die betroffene Person *freiwillig zugestimmt* hat.

Backup:
Das Backup erfolgt wie die Sicherung anderer Daten der *Firma/Verwaltung* automatisiert über das Netzwerk.
und/oder
Jeden Tag erfolgt eine automatisierte, verschlüsselte Datensicherung, deren Passwort nur der SfD kennt.
und/oder
Jeden Tag erfolgt eine automatisierte, verschlüsselte Datensicherung auf eine externe Festplatte des *Betriebsrats/Personalrats.* Das Passwort für das Backup kennen nur der SfD und *der/die BR-/PR*-Vorsitzende.
Die Widerstellung von Daten erfolgt nur in Absprache mit der/dem Vorsitzenden und dem SfD.

Einzelerlaubnis:
Einzelerlaubnisse für die Nutzung personenbezogener Daten durch einzelne Mitglieder des Gremiums oder das Gesamtgremium werden in einem geschützten Bereich, auf den nur die Berechtigten einen Zugriff haben, digital abgelegt. Papierdokumente sind vergleichbar zu behandeln.

Aufbewahrungsfristen:
In Ermangelung gesetzlicher Regelungen werden die Aufbewahrungsfristen wie folgt geregelt:

- Bei personenbezogenen Daten gilt grundsätzlich: Ist ein Vorgang beendet, für den das Gremium die Daten erhalten hat, müssen die entsprechenden Daten vernichtet werden.
  Beispiele *(müssen nach den Gegebenheiten im Gremium festgelegt werden)*
- Ordner 1 – Personelle Maßnahmen: Ein Exemplar der personellen Maßnahmen wird nach jeder *BR-/PR*-Sitzung abgeheftet. Alle anderen Exemplare werden während der *BR-/PR*-Sitzung vernichtet. Dieser Vorgang wird im Protokoll der jeweiligen Sitzung protokolliert. Löschung nach sechs Monaten.
- Ordner 2 – Personalstammliste: Löschung nach drei Monaten (spätestens nach Erhalt der aktuellen Personalstammliste durch den Arbeitgeber). Die *BR-/PR*-Mitglieder erhalten keine Personalstammliste für den persönlichen Gebrauch.

- Ordner 3 – Unfallanzeigen und BEM: Löschung drei Monate nach Beendigung des Vorgangs.
- Ordner 4 – Sonstiges: Ist ein sonstiger Vorgang beendet, können die entsprechenden Daten gelöscht werden. Im Hinblick auf die regelmäßigen gesetzlichen Verjährungsfristen von drei Jahren wird hier eine Aufbewahrungsfrist von drei Jahren angenommen.
- Ordner 5 – Protokolle: Werden zumindest bis zum Ende der Legislaturperiode aufbewahrt.
- Ist der Inhalt auch weiterhin von rechtlicher Bedeutung, endet die Aufbewahrungsfrist nicht nach drei Jahren. Die entsprechenden Dokumente und Daten sind länger aufzubewahren und gegebenenfalls dem nachfolgenden *Betriebs-/Personalrat* zu übergeben.
- Alle anderen Dokumente werden mit Ablauf der Amtszeit gelöscht bzw. vernichtet.

Einzelheiten zu diesen Regelungen finden sich im Kapitel »Keine Verarbeitungsverzeichnisse, aber eine Nachweisliste«

Umsetzung der Geschäftsordnung Datenschutz:
Alle alten Akten und Dateien sollten gesichtet und dann nach den oben genannten Kriterien ordnungsgemäß nach dem »Vier-Augen-Prinzip« durch den *»Partikelschredder«/abgeschlossenen Papiercontainer* im *BR-/PR*-Büro vernichtet werden. Dies ist auf einem Deckblatt im jeweiligen Ordner zu dokumentieren (siehe Anlage X).
Zur Vereinfachung bekommt jeder noch im Ordner befindliche Vorgang eine Wiedervorlage. Am Ende einer Wiedervorlagenkette steht die dokumentierte Vernichtung. Dies geschieht auf einem Deckblatt in dem jeweiligen Ordner (siehe Anlage X).

Verschwiegenheitspflicht:
Neben den Verschwiegenheitspflichten aus dem Mandat als Interessenvertretung der Beschäftigten gelten die Verschwiegenheitspflichten aus den Datenschutz- und anderen Gesetzen und die Regelungen in dieser »Geschäftsordnung Datenschutz«.

Umgang mit den Akten:
Die *BR-/PR*-Mitglieder stellen sicher, dass die Daten und Inhalte der oben genannten Ordner nicht unbefugt gelesen, verändert oder entfernt werden können. Es werden keine Kopien von Daten und Inhalten gemacht. Schriftstücke, die personenbezogene Daten enthalten, dürfen und werden nicht von den *BR-/PR*-Mitgliedern im Privathaushalt gelagert.

Informationspflicht:
Die Beschäftigten werden in geeigneter Form regelmäßig über ihre Rechte auf Benachrichtigung, Auskunft, Berichtigung, Löschung und Sperrung ihrer Daten informiert.
Diese Geschäftsordnung Datenschutz kann mit Anlagen für weitere Regelungen erweitert werden.
Eine etwaige Unwirksamkeit einzelner Bestimmungen der »Geschäftsordnung Datenschutz« berührt die Wirksamkeit der übrigen Bestimmungen nicht.

Anlagen
- Nachweisliste (Verfahrensverzeichnis) der gesetzlichen **Interessenvertretung**
- Halbjährliche Kontrolle des Umgangs mit personenbezogenen Daten im Gremium
- …

o. Die halbjährliche Kontrolle des Umgangs mit personenbezogenen Daten im Gremium

Um die Selbstkontrolle beim Datenschutz im Gremium auf Dauer zu gewährleisten, muss die Einhaltung der Vorgaben regelmäßig kontrolliert werden. Dazu bedarf es einer klaren Aufgabenliste für den SfD, die sie/er abarbeiten kann. Diese Aufgabenliste ergibt sich aus den Regelungen in der »Geschäftsordnung Datenschutz« und dem »Verzeichnis der Verarbeitungstätigkeiten«. Das Grundmuster könnte folgendermaßen aussehen:

Muster: Halbjährliche Kontrolle des Umgangs mit personenbezogenen Daten im Gremium durch den SfD

Prüfgegenstand	erfüllt	nicht erfüllt	Prüfdatum	Bemerkungen	Unterschrift
Bewerbungsunterlagen					
…					

p. Einwilligungserklärung für die Interessenvertretung

Zu den Kernaufgaben von Betriebs- oder Personalräten gehört es über die Einhaltung bestehender Gesetze und Verordnungen in Betrieb oder Verwaltung zu wachen und die Interessen der Beschäftigten gegenüber dem Arbeitgeber zu vertreten. Leider gibt es Bereiche, bei denen sie nicht »automatisch« informiert werden und aktiv werden können. So sind beispielsweise die Gremien per BetrVG und BPersVG nicht bei Abmahnungen von Beschäftigten mit eingebunden (teilweise allerdings nach den Landespersonalvertretungsgesetzen). Es gibt aber Fälle, in denen Beschäftigte ein Gremium oder einzelne Vertreter eines Gremiums zurate ziehen möchten. Mit einer Einwilligung des Betroffenen darf das Gremium bzw. dürfen die in der Einwilligungserklärung genannten Personen die personenbezogenen Daten des Betroffenen für festgelegte Zwecke, in diesem Fall die Beratung wegen der Abmahnung, benutzen.
Diese folgende »Einwilligung« ist *nicht* dafür gedacht, sich von Beschäftigten die Verarbeitung personenbezogener Daten, die einem Gremium per Gesetz zustehen, nochmals bestätigen zu lassen!
Sie dient nur dazu, datenschutzrechtlich den rechtmäßigen Umgang mit personenbezogenen Daten nachweisen zu können, wenn Beschäftigte sich an das Gremium wenden mit der Bitte, sie zu unterstützen, auch wenn das Gremium per Gesetz keine Mitwirkungsrechte hat!

Anleitung zum Umgang mit der Einwilligung

Die Einwilligung selbst kann doppelseitig gedruckt werden. Die beiden Anhänge »Widerruf der Einwilligungserklärung XXX« und »Aktennotiz über die Vernichtung der Einwilligungserklärung XXX« bitte nur einseitig ausdrucken.
Die XXX stehen für das Jahr und die laufende Nummer von Einwilligungen. Alle Papiere zu einer Einwilligung hätten dann beispielsweise die Nummer 2023-01 (also Jahr und Nummer). Eine andere Einwilligung hätte dann die Nummer 2023-02 usw.) Alle anderen zu beachtenden Aspekte zu diesem Thema ergeben sich aus dem Text der nun folgenden Muster-Einwilligung.

q. Muster-Einwilligung

Einwilligung für die Verarbeitungen von Beschäftigtendaten durch Betriebs-/Personalrat oder Schwerbehindertenvertretung gem. Art. 7 DSGVO i. V. m. § 26 Abs. 2 BDSG

Als gesetzliche Interessenvertretungen haben Betriebsräte, Personalräte und Schwerbehindertenvertretungen per Gesetz die Einhaltung bestehender Gesetze und Verordnungen in Betrieb oder Verwaltung zu überwachen und die Interessen der Beschäftigten gegenüber dem Arbeitgeber zu vertreten. In Zusammenhang mit ihrem Amt erhalten sie personenbezogene Daten von Beschäftigten, die ihnen auch nicht vom Arbeitgeber oder von Betroffenen entzogen werden können.

Unabhängig davon gibt es Fälle, in denen Beschäftigte ein Gremium oder einzelne Vertreter eines Gremiums zurate ziehen möchten (beispielsweise bei einer Abmahnung). Diese personenbezogenen Daten stehen den Gremien per Gesetz nicht zu, aber mit einer Einwilligung des Betroffenen darf das Gremium bzw. dürfen die in der Einwilligungserklärung genannten Personen die personenbezogenen Daten des Betroffenen für festgelegte Zwecke benutzen.

Eine solche Erklärung, in der genau festgelegt wird, um welche personenbezogenen Daten es sich handelt und was mit diesen Daten geschieht, ist diese Einwilligungserklärung.

Hinweis: Diese Einwilligung sollte daher nicht erteilt werden für Rechte, die einem Gremium per Gesetz zustehen!

Hiermit willige ich,

____

(Vorname, Name des Betroffenen und Geburtsdatum)

in die Verarbeitung meiner personenbezogenen Daten (in den unten beschriebenen Zwecken) durch

- ☐ Betriebsrat/Personalrat
- ☐ Gesamtbetriebsrat
- ☐ Konzernbetriebsrat
- ☐ Schwerbehindertenvertretung
- ☐ folgende Person/en

____

(Name der gesetzlichen Interessenvertretung bzw. der Person/en) **ein.**

Art der Daten
Es handelt sich um folgende Daten

____

(Beschreibung der Art der Daten),

die für folgende Zwecke eingesetzt werden:

____

____

(Zweck der Verarbeitung).

Was geschieht mit den Daten?

Digitale Speicherung ☐ ja
☐ nein

Erfassung auf Papier ☐ ja
☐ nein

Weitergabe an Dritte ☐ ja
☐ nein

Falls ja, an wen?

____

Weitergabe an Auftragsverarbeiter ☐ ja
☐ nein

Falls ja, an wen?

____

Ist im Zusammenhang mit Auftrags-verarbeiter Art. 28 DSGVO erfüllt? ☐ ja

Besondere Kategorien von Daten

Es werden besondere Kategorien von Daten verarbeitet ☐ ja
☐ nein

Falls ja, welche?

____

Um das Risiko der Verarbeitung der besonderen Kategorien von Daten zu reduzieren, werden folgende Maßnahmen ergriffen

---

Löschfrist
Die von dieser Einwilligung betroffenen personenbezogenen Daten werden spätestens nach Erledigung des Sachverhaltes dieser Einwilligungserklärung oder durch den Widerruf des Betroffenen unverzüglich gelöscht.

Freiwilligkeit
Mir ist bekannt, dass Betriebsrat/Personalrat/Schwerbehindertenvertretung bzw. die oben genannte/n Person/en meine Daten nur mit meiner Zustimmung verarbeiten darf und vorab prüfen muss, ob eine Einwilligung vorliegt.

Widerruf
Diese Einwilligung kann ich jederzeit, in Papierform oder per E-Mail, gegenüber dem Betriebsrat/Personalrat, Gesamtbetriebsrat/Konzernbetriebsrat, der Schwerbehindertenvertretung oder den oben genannte/n Person/en in Textform widerrufen.
In der Widerrufserklärung muss diese Einwilligung als Bezug genannt werden. Nachdem die Gremien und die oben genannte Person meinen Widerruf erhalten haben, dürfen meine Daten nicht weiterverarbeitet werden und sind unverzüglich zu löschen. Die zuvor erfolgte Verarbeitung meiner Daten war bis zum Zeitpunkt des Widerrufs durch diese Einwilligungserklärung erlaubt.
Ein Muster für den Widerruf findet sich im Anhang dieser Einwilligungserklärung.

> **Hinweis:**
> Die gesetzlichen Rechte von gesetzlichen Interessenvertretungen (Betriebsräte, Personalräte und Schwerbehindertenvertretungen) sind von einem Widerruf des Betroffenen nicht berührt und bestehen weiterhin.

Eine Kopie der Einwilligungserklärung habe ich erhalten. Das Original wird in einem verschlossenen Schrank im BR-/PR-Büro aufbewahrt.

____
Ort, Datum

____
Unterschrift

r. Widerruf zur Einwilligungserklärung Nr. XXXX/XX

Hiermit widerrufe ich

____
Name, Vorname, Geburtsdatum

die von mir

am____________________gegebene Einwilligungserklärung.

Somit sind meine darin angegebenen und im Verlauf des Vorgangs erhaltenen Daten mit sofortiger Wirkung zu vernichten bzw. zu löschen.
Ich habe eine Kopie dieser Widerrufserklärung erhalten.

____
Ort, Datum

____
Unterschrift

Hinweis: Das Original dieser Widerrufserklärung verbleibt im Besitz des/der

- ☐ Betriebsrats/Personalrats
- ☐ Gesamtbetriebsrats
- ☐ Konzernbetriebsrats
- ☐ Schwerbehindertenvertretung

s. Aktennotiz über die Vernichtung der Einwilligungserklärung

Diese Seite nach Beendigung des Vorgangs ausfüllen und unterschreiben. Danach diese Seite von den vorherigen Seiten abtrennen und die anderen Seiten vernichten!

____
(Vorname, Name des Betroffenen und Geburtsdatum)

hatte die Verarbeitung personenbezogener Daten durch

☐ Betriebsrat/Personalrat
☐ Gesamtbetriebsrat
☐ Konzernbetriebsrat
☐ Schwerbehindertenvertretung
☐ folgende Personen

____

____

(Name der gesetzlichen Interessenvertretung mit Adresse des BR/PR)

erlaubt.

Stichwort zu dem Zweck______________
☐ Der Sachverhalt wurde **geklärt.** Datum ___________
☐ Der Sachverhalt konnte **nicht geklärt** werden. Datum_______
Die personenbezogenen Daten zu diesem Sachverhalt wurden am
______________ **gelöscht.**

Ort, Datum

____

Vorname, Nachname *(der Person, die die Einwilligung und anderen Unterlagen gelöscht hat)*

____

Unterschrift

11. Datenschutz in der Schwerbehindertenvertretung (SBV)

Eine Schwerbehindertenvertretung (SBV) ist datenschutzrechtlich kein »Dritter«, sondern Teil der verantwortlichen Stelle und darf somit personenbezogene Daten von Schwerbehinderten oder Gleichgestellten verarbeiten.

Da die SBV immer mit Gesundheitsfragen, und damit mit besonders schützenswerten Daten zu tun hat, und es sich um »besondere Kategorien personenbezogener Daten« nach *Art. 4 Nr. 15 DSGVO, Art. 9 DSGVO* und *§ 22 BDSG* handelt, ist sie dazu verpflichtet einen besonders vorsichtigen Umgang mit diesen Daten in der täglichen Praxis umzusetzen. Somit sind die Datenschutzregeln sehr eng auszulegen (siehe Kapitel 2. g. »Besondere Kategorien personenbezogener Daten«).

Um Rechte oder Pflichten aus dem Arbeits- oder Sozialrecht wahrzunehmen, dürfen Daten zur Gesundheit, zur Behinderung oder Gleichstellung nur unter bestimmten Bedingungen verarbeitet werden (*§ 178 und § 179 SGB IX*).

Die SBV unterliegt keinen Weisungen des Arbeitgebers, muss aber natürlich alle Gesetze einhalten.

Der Verantwortliche für den Datenschutz ist bei der SBV der Arbeitgeber bzw. die Dienststelle. Das ist hier nicht anders als beim Betriebs- und Personalrat. Ob der betriebliche oder behördliche Datenschutzbeauftragte nach den Änderungen von 2021 im BetrVG und BPersVG die gesetzlichen Interessenvertretungen datenschutzrechtlich kontrollieren darf, ist zwischen den Juristen umstritten. Bei der SBV ist es nicht anders. Der Autor dieses Buches geht davon aus, dass sie es dürfen, da es ein ansonsten datenschutzrechtlich unkontrollierter Bereich in Betrieben oder Verwaltungen wäre. Daher sollte in diesem Buch unbedingt das Kapitel »Datenschutz im Büro der Interessenvertretung« gelesen werden, da dort sehr viele Datenschutzfragen, die auch für die SBV gelten, geklärt sind.

Neben den Datenschutzpflichten nach der DSGVO und dem BDSG, fordert auch das Sozialgesetzbuch »Verschwiegenheit«. In *§ 179 Abs. 7 Nr. 1 SGB IX* steht:

»Die Vertrauenspersonen sind verpflichtet,
1. ihnen wegen ihres Amtes anvertraute oder sonst bekannt gewordene fremde Geheimnisse, namentlich zum persönlichen Lebensbereich gehörende Geheimnisse, nicht zu offenbaren …«

Diese Pflichten gelten auch nach dem Ausscheiden aus dem Amt. Sie gelten nicht gegenüber der Bundesagentur für Arbeit, den Integrationsämtern und den Rehabilitationsträgern, soweit deren Aufgaben den schwerbehinderten Menschen gegenüber es erfordern, gegenüber den Vertrauenspersonen in den Stufenvertretungen *(§ 180 SGB IX)* und gegenüber den in *§ 79 Abs. 1* des *Betriebsverfassungsgesetzes* und den in den entsprechenden Vorschriften des Personalvertretungsrechts genannten Vertretungen, Personen und Stellen.
Für die praktische Umsetzung des Umgangs mit personenbezogenen Daten ist für ihren Bereich die SBV verantwortlich. Sie muss also technisch-organisatorische Maßnahmen (TOM) festlegen und umsetzen, um den Datenschutz zu gewährleisten.

Darum benötigt eine SBV ein Datenschutzkonzept

Obwohl die SBV keinen Weisungen durch Arbeitgeber bzw. Dienststelle unterliegen, können diese die Herausgabe von personenbezogenen Daten verweigern, wenn die SBV kein eigenes Datenschutzkonzept vorlegt.
Um als SBV nicht selbst Regelungen für den Datenschutz entwickeln und umsetzen zu müssen, ist es sinnvoll sich der »Geschäftsordnung Datenschutz« der gesetzlichen Interessenvertretung anzuschließen und dort den Datenschutz für die SBV zu verankern. Dazu ist es unbedingt notwendig, das Gespräch mit dem »Sonderbeauftragten für den Datenschutz« zu suchen und gemeinsame Regeln festzulegen.
Zuerst einmal stellen sich wie immer im Datenschutz die Fragen, ob die personenbezogenen Daten für die SBV überhaupt benötigt werden und ob der Zweck erreicht wurde und sie gelöscht werden müssen. Darüber hinaus muss über die technisch-organisatorischen Maßnahmen (TOM) ein sehr gutes Schutznetz über die personenbezogenen Daten gelegt werden.

Stellvertretung und Hinzuziehung in der SBV

Da die SBV kein Kollektivorgan, sondern eine personalisierte Interessenvertretung ist, werden die anfallenden Aufgaben zuerst einmal durch die gewählte Vertrauensperson erledigt.
Ist diese Vertrauensperson verhindert, übernehmen die gewählten Stellvertreter:innen die Aufgaben und sichern damit die Handlungsfähigkeit der SBV.
In Betrieben oder Dienststellen mit mehr als 100 Schwerbehinderten oder Gleichgestellten kann die erste Stellvertretung der SBV auch dauerhaft zur Aufgabenerfüllung hinzugezogen werden *(§ 178 Abs. 1 Satz 4 bis 6 SGB IX)*. Ab 201 Schwerbehinderten oder Gleichgestellten auch die zweite Stellvertretung usw.
Während einer Vertretung oder Heranziehung haben diese Vertrauenspersonen dann die gleiche Rechtsstellung wie die erste Vertrauensperson (Benachteiligungsverbot, Kündigungsschutz, ...).
Bei einer Vertretung bedeutet dies aber, dass sie nur dann einen Zugriff auf die personenbezogenen Daten von Schwerbehinderten oder Gleichgestellten haben darf, wenn sie die SBV vertritt und damit ein Mandat hat.

Datenschutz umsetzen in der SBV

Wie bei Betriebs- und Personalräten dürfen nur die personenbezogenen Daten verarbeitet oder erhoben werden, die *gesetzlich* so geregelt sind, dass die SBV sie benutzen darf, oder wenn die betroffene Person *freiwillig zugestimmt* hat.
Beispiel: Für eine Schwerbehindertendatei muss es immer einen besonderen Grund geben. Wird sie von der SBV beispielsweise zur Erleichterung der Arbeit angelegt, so muss es zuvor eine Zustimmung der betroffenen Schwerbehinderten bzw. Gleichgestellten geben. In einer solchen Erklärung muss stehen, für welchen Verwendungszweck welche Daten erhoben und wer diese Daten eventuell erhält, also einsehen kann. Sie muss außerdem enthalten, dass sie jederzeit widerrufbar ist und unterschrieben sein (siehe Kapitel 10. q. »Muster-Einwilligung« und die zwei darauffolgenden Muster).
Wenn Betroffene den Zugriff auf seine Akten nur durch die Vertrauensperson, aber nicht durch die Stellvertretung wünscht, so muss sich die SBV immer daran halten. Daher sollten möglichst alle Namen der Per-

sonen in der Einwilligungserklärung genannt werden, die eventuell einen Zugriff auf die Daten benötigen.
Die Daten von Betroffen müssen, ebenso wie bei Betriebs- und Personalräten durch technisch-organisatorische Maßnahmen geschützt werden (abschließbare Räume, Schränke, Benutzerkonten am PC, Rechtevergabe, ...). Da sich diese Anforderungen nicht grundsätzlich von den Anforderungen an den Datenschutz bei Betriebs- und Personalräten unterscheidet, empfiehlt es sich das Kapitel 9. »Datenschutz im Büro der Interessenvertretung« zu lesen. Der große Unterschied zu Betriebsräten und Personalräten besteht darin, dass nur die SBV darauf zugreifen darf (siehe oben).

Checkliste SBV und Datenschutz

- Zuerst die »Checkliste Audit: Datenschutz im Büro der Interessenvertretung« mit besonderem Blick auf die Anforderungen des Datenschutzes an eine SBV Punkt für Punkt prüfen.
- Gibt es ein Datenschutzkonzept?
- Werden die technisch-organisatorischen Maßnahmen des Datenschutzkonzeptes umgesetzt?
  - Abgeschlossenen Räume?
  - Abschließbare Schränke oder Fächer nur für die SBV?
  - Rechtevergabe und Benutzerkonten?
- Hat die SBV eine große Datenschutzschulung erhalten?
- Gibt es regelmäßige Gespräche zum Datenschutz mit dem SfD?
- Personenbezogene Daten dürfen nicht unverschlüsselt per E-Mail versendet werden.
- Gibt es eine Einwilligung zur Datenverarbeitung von Betroffenen?
- Ist der Datentausch zwischen SBV und Stellvertretung eindeutig geklärt, also wann, welche Daten unter welchen Bedingungen getauscht werden?
- Liegt eine Einwilligungserklärung der Betroffenen vor?

12. Datenschutz beim Betrieblichen Eingliederungsmanagement (BEM)

Das betriebliche Eingliederungsmanagement (BEM) ist *das* Instrument, um rechtzeitig zu klären, ob und welche Maßnahmen dabei helfen, Beschäftigte aus einer Dauererkrankung zu holen, sie wieder einzugliedern und das Beschäftigungsverhältnis dauerhaft zu sichern. Die Rechtsgrundlage ist *§ 167 Abs. 2 Neuntes Buch Sozialgesetzbuch (SGB IX).*

Zum BEM-Verfahren kommt es, wenn Beschäftigte mehr als sechs Wochen innerhalb von 365 Tagen ununterbrochen oder mehrfach arbeitsunfähig sind (es gilt nicht das Kalenderjahr). Der Arbeitgeber muss dann ein Angebot zum BEM machen. Macht er es nicht und spricht eine Kündigung aus, so muss er beweisen, dass auch durch ein BEM keine neuen Arbeitsunfähigkeitszeiten entstanden wären und das BEM nicht zur Erhaltung des Arbeitsplatzes beigetragen hätte. Auch eine Zustimmung des Integrationsamtes zur Kündigung reicht als Nachweis nicht aus.[65]

Die rechtliche Grundlage zum BEM:

SGB IX § 167 Prävention

(1) Der Arbeitgeber schaltet bei Eintreten von personen-, verhaltens- oder betriebsbedingten Schwierigkeiten im Arbeits- oder sonstigen Beschäftigungsverhältnis, die zur Gefährdung dieses Verhältnisses führen können, möglichst frühzeitig die Schwerbehindertenvertretung und die in § 176 genannten Vertretungen sowie das Integrationsamt ein, um mit ihnen alle Möglichkeiten und alle zur Verfügung stehenden Hilfen zur Beratung und mögliche finanzielle Leistungen zu erörtern, mit denen die Schwierigkeiten beseitigt werden können und das Arbeits- oder sonstige Beschäftigungsverhältnis möglichst dauerhaft fortgesetzt werden kann.

(2) Sind Beschäftigte innerhalb eines Jahres länger als sechs Wochen ununterbrochen oder wiederholt arbeitsunfähig, klärt der Arbeitgeber mit der

65 Albane Lang, Darlegungslast des Arbeitgebers im BEM, Computer und Arbeit 7/2023, S. 39.

zuständigen Interessenvertretung im Sinne des § 176, bei schwerbehinderten Menschen außerdem mit der Schwerbehindertenvertretung, mit Zustimmung und Beteiligung der betroffenen Person die Möglichkeiten, wie die Arbeitsunfähigkeit möglichst überwunden werden und mit welchen Leistungen oder Hilfen erneuter Arbeitsunfähigkeit vorgebeugt und der Arbeitsplatz erhalten werden kann (betriebliches Eingliederungsmanagement). Beschäftigte können zusätzlich eine Vertrauensperson eigener Wahl hinzuziehen. Soweit erforderlich, wird der Werks- oder Betriebsarzt hinzugezogen. Die betroffene Person oder ihr gesetzlicher Vertreter ist zuvor auf die Ziele des betrieblichen Eingliederungsmanagements sowie auf Art und Umfang der hierfür erhobenen und verwendeten Daten hinzuweisen. Kommen Leistungen zur Teilhabe oder begleitende Hilfen im Arbeitsleben in Betracht, werden vom Arbeitgeber die Rehabilitationsträger oder bei schwerbehinderten Beschäftigten das Integrationsamt hinzugezogen. Diese wirken darauf hin, dass die erforderlichen Leistungen oder Hilfen unverzüglich beantragt und innerhalb der Frist des § 14 Absatz 2 Satz 2 erbracht werden. Die zuständige Interessenvertretung im Sinne des § 176, bei schwerbehinderten Menschen außerdem die Schwerbehindertenvertretung, können die Klärung verlangen. Sie wachen darüber, dass der Arbeitgeber die ihm nach dieser Vorschrift obliegenden Verpflichtungen erfüllt.

Der Arbeitgeber muss also mit der zuständigen Interessenvertretung und bei schwerbehinderten Menschen außerdem mit der Schwerbehindertenvertretung vor dem BEM reden und sie einbinden. Dazu gehört, dass er ihnen mitteilen muss, welche Personen die sechswöchige Frist überschritten haben (*§ 80 Abs. 2 BetrVG oder § 66 Abs. 1 BPersVG*). Betriebs- oder Personalräte haben ebenso einen Anspruch auf die Namen der schwerbehinderten und gleichgestellten Arbeitnehmer:innen.

Die zuständige Interessenvertretung kann ihre Mitwirkung am BEM nicht erzwingen! Sie hat aber ein Informationsrecht darüber, wer mehr als sechs Wochen in einem Jahr erkrankt war.

Ein BEM-Verfahren ist nur dann ordnungsgemäß, wenn der Betriebsrat / die Schwerbehindertenvertretung darüber informiert wurde, dass Arbeitsunfähigkeit von mehr als sechs Wochen binnen zwölf Monaten bestand.

Pflichten des Arbeitgebers

Beim Angebot zum BEM muss der oder dem Betroffenen mitgeteilt werden, was

- die Ziele des Verfahrens sind,

- die Art und der Umfang der personenbezogenen Daten, die benötigt werden,
- Hinweise zum Datenschutz.

Der Datenschutz ist dabei ein wichtiger Teil, denn der Arbeitgeber darf nur solche Daten erheben, deren Kenntnis erforderlich ist, um ein zielführendes, der Gesundung und Gesunderhaltung des Betroffenen dienendes BEM durchführen zu können (*Art. 9 Abs. 1, 4 Nr. 15 DSGVO*).

Ein BEM kann nur erfolgreich sein, wenn persönliche Daten von Betroffenen offengelegt werden. Sie werden dies aber nur tun, wenn sie sicher sein können, dass diese sehr sensiblen Gesundheitsdaten nur rechtskonform genutzt werden.

Neben dem Sozialgesetzbuch gibt es im Datenschutzrecht Vorgaben beim Umgang mit Gesundheitsdaten (siehe Kapitel 2 »Datenschutzgesetze konkret« im Abschnitt »Besondere Kategorien personenbezogener Daten«). Personenbezogenen Gesundheitsdaten darf der Arbeitgeber nur ausnahmsweise verarbeiten, und zwar dann, wenn die betroffene Person zugestimmt hat. Dazu gehört nicht, dass ohne freiwillige Zustimmung auch Vorgesetzte etc. diese Informationen erhalten. So ist es auch im BEM-Verfahren.

Beteiligte am BEM-Verfahren

An einem BEM-Verfahren sind immer mehrere Personen beteiligt. Es sind:

- die betroffene Person
- BEM-Beauftragte beziehungsweise BEM-Verantwortlichen (für den Arbeitgeber)
- eine Vertrauensperson der betroffenen Person (die die betroffene Person selber auswählen kann), z. B.
  - Betriebs-/Personalrat und bei Schwerbehinderten die SBV
  - andere Person
- ev. das BEM-Team (wenn die betroffene Person zustimmt)
- wenn erforderlich der Werks- oder Betriebsarzt bzw. der betriebsärztliche Dienst
- ev., wenn Leistungen im Arbeitsleben in Betracht kommen, die Rehabilitationsträger bzw. das Integrationsamt.

Freiwilligkeit

Das BEM ist freiwillig, das heißt, dass Betroffene dem Verfahren freiwillig zustimmen müssen (*§ 167 Abs. 2 SGB IX*). Sie können ein BEM auch ablehnen.
Diese Zustimmung reicht aber noch nicht aus. Zudem müssen Betroffene zusätzlich einer weiteren ausdrücklichen Einwilligung zum Datenschutz zustimmen. Hier geht es darum, dass die Anforderungen nach den *Art. 6, 7 und 9 DSGVO* sowie *§ 26 Abs. 3 BDSG* eingehalten werden. Das betrifft beim BEM insbesondere Gesundheitsdaten im Sinne des *Art. 9 Abs. 1 DSGVO.*
Nur wenn die Einwilligung des Beschäftigten vorliegt, dürfen die personenbezogenen Daten der Person verarbeitet werden. Konkret bedeutet dies, dass die Erhebung, Speicherung oder Verarbeitung nur mit Einwilligung des Betroffenen erlaubt ist und auch nur für das betriebliche Eingliederungsmanagement, als Mittel für die Gesundheitsvorsorge und zum Arbeitsplatzerhalt. Eine krankheitsbedingte Kündigung, die der Arbeitgeber aus diesen Daten begründet, ist eine Zweckänderung, die nicht zulässig ist.

Weitere Informationspflichten des Arbeitgebers

Damit Betroffene über ihre Rechte genau informiert sind, muss der Arbeitgeber

- darauf hinweisen, dass die Einwilligung jederzeit widerrufbar ist.
- über den Zweck der Datenverarbeitung aufklären.
- darauf hinweisen, dass es sich um Gesundheitsdaten handelt, die dem besonderen Schutz des *Art. 9 DSGVO* unterliegen (*§ 26 Abs. 3 Satz 2 BDSG*).
- mitteilen, welche Krankheitsdaten erhoben und gespeichert werden.
- inwieweit und für welche Zwecke sie dem Arbeitgeber oder anderen Personen zugänglich gemacht werden.

Nur wenn diese Informationen vollständig erteilt wurden, ist die Einwilligung von Betroffenen wirksam.
Eine solche Einwilligung können Betroffene jederzeit widerrufen und die bis dahin erhobenen Daten sind zu löschen bzw. zu vernichten.

Datensicherheit

Die Personalakte ist kein geeigneter Ort für die Unterlagen des BEM-Verfahrens, sondern nur eine spezielle Akte zum betrieblichen Eingliederungsmanagement (Fallakte). Wären diese Daten in der Personalakte abgelegt, so wäre die Zweckbindung im Rahmen des BEM aufgehoben.

In die Personalakte dürfen nur folgende Daten aufgenommen werden:
- Angebot zur Durchführung eines BEM
- Einverständnis bzw. Nichteinverständnis der betroffenen Person

Manche Juristen vertreten auch die Position, dass die angebotenen und durchgeführten Maßnahmen in der Personalakte genannt werden dürfen. Dem sind allerdings Grenzen gesetzt, da die genannten Maßnahmen keine Rückschlüsse auf die konkrete Erkrankung ermöglichen dürfen. Das dürfte mehr als schwierig sein, daher sollten keine Maßnahmen in der Personalakte stehen.

Auf die Fallakte dürfen nur die für ein bestimmtes Fallmanagement ausgewählten Personen einen Zugriff haben. Diese sogenannte BEM-Akte sollte alle Unterlagen wie Protokolle der BEM-Gespräche, Stellungnahmen der Rehabilitationsträger … enthalten.

Nach Ende des Falls sind die Unterlagen des BEM zu vernichten. Nach *Art. 17 Abs. 1 Buchst. a), d) DSGVO* und *§ 35 Nr. 1 BDSG* müssen personenbezogene Daten vernichtet werden, sobald sie zur Erfüllung des Zwecks nicht mehr benötigt werden. Geschieht dies nicht, ist die Verarbeitung unrechtmäßig. Natürlich können sie auch an die betroffene Person ausgehändigt werden.

Die Frist zur Löschung muss aber so gewählt werden, dass eine Überprüfung der Maßnahmen aus dem BEM noch möglich ist.

Nicht in die BEM-Akte gehören beispielsweise medizinischen Aussagen, Daten und Gutachten. Nach *Art. 9 Abs. 3 DSGVO* dürfen solche besonders sensiblen Gesundheitsdaten nur von Fachpersonal oder unter dessen Verantwortung verarbeitet werden, die dem Berufsgeheimnis unterliegen.

Sie sollten durch den Betriebsarzt verwaltet werden.

Technisch-organisatorische Maßnahmen (TOM) im BEM

Um Datenschutz im BEM-Verfahren zu gewährleisten, müssen technisch-organisatorische Maßnahmen getroffen werden. Siehe dazu auch Kapitel 2. n. »Sicherung der Verarbeitung. Technische und organisatorische Maßnahmen (TOM)« und Kapitel 9. »Datenschutz im Büro der Interessenvertretung«.

Diese Maßnahmen umfassen klare Regeln für den Umgang mit den personenbezogenen Daten, wie auch den Aufbewahrungsort. Der Umgang mit personenbezogenen Daten muss zudem in einem Verfahrensverzeichnis dokumentiert werden. Siehe auch Kapitel 2 j. »Verzeichnis der Verarbeitungstätigkeiten«.

BEM Material per E-Mail?

Wenn es, wie im BEM-Verfahren, um »besondere Kategorien« personenbezogener Daten geht, reicht der Schutz einer »normalen« E-Mail nicht aus. Eine normale Transportverschlüsselung ist zu wenig. Solche Daten dürfen per E-Mail nur wirklich verschlüsselt versendet werden. Sie müssen eine Ende-zu-Ende-Verschlüsselung haben. Siehe auch Kapitel 10. d. »Personenbezogene E-Mails der Interessenvertretung«.

Betriebs- oder Dienstvereinbarung für BEM

Betroffene sollten über diese Vereinbarung so gut wie möglich im BEM-Verfahren geschützt werden. Daher ist der Ablauf klar zu regeln und es sind die daran Beteiligten zu benennen. Um ein lösungsorientiertes Verfahren zur Eingliederung zu erreichen, ist es sinnvoll, eine Betriebs- oder Dienstvereinbarung abzuschließen, die das Verfahren genau regelt. Dort müssen auch die datenschutzrechtlichen Anforderungen und Schritte benannt sein.

Kontrolle durch den Datenschutzbeauftragten?

Was ist aber, wenn der betriebliche oder behördliche Datenschutzbeauftragte das BEM-Verfahren kontrollieren will? Was die Rechte eines DSB sind und wie man sich gegen eine Kontrolle durch den betrieblichen oder behördlichen Datenschutzbeauftragten wehrt, ist im Abschnitt 9. b. »Kontrolle des Betriebs- und Personalrats durch den Datenschutzbeauftragten« beschrieben.

> **Achtung:**
> Bei Betriebsräten und Personalräten nach dem BetrVG und dem BPersVG ist die Kontrolle juristisch umstritten, in manchen Landespersonalvertretungsgesetzen ist sie erlaubt. Das kann dann auch Folgen für die SBV haben.

Schulungsbedarf

Die Beteiligten am BEM-Verfahren sollten daher dieses Datenschutzbuch lesen und durcharbeiten. Damit sie im Datenschutz fit sind, benötigen auch sie entsprechende Schulungen.

Literatur

Sigrid Britschgi, BEM – Betriebliches Eingliederungsmanagement. Rechtliche Grundlagen, Bund Verlag, 6., überarbeitete und aktualisierte Auflage 2023
Eberhard Kiesche, Gute Arbeit mit dem BEM, Gute Arbeit 1/2023, S. 36–39
Sigrid Britschgi, Eingliedern – jetzt, AiB, 7–8/2021, S. 10–13

13. Datenschutz in der Jugend- und Auszubildendenvertretung (JAV)

Grundsätzlich unterscheiden sich die Anforderungen des Datenschutzes an eine JAV nicht von denen an Betriebs- und Personalratsgremien. Auch die JAV benötigt daher ein Datenschutzkonzept. Daher ist es sinnvoll, sich dem Datenschutzkonzept des Gremiums anzuschließen und die Besonderheiten der JAV dort mit aufzunehmen. Zumindest einzelne Mitglieder der JAV sollten daher dieses Datenschutzbuch lesen und durcharbeiten.

Damit sie im Datenschutz fit sind, benötigen auch sie entsprechende Schulungen.

14. Datenschutz und Hinweisgeberschutzgesetz (HinSchG)

Beschäftigte sind ganz nah dran am konkreten Geschehen in Firmen und Behörden. Sie erkennen Missstände oftmals als erste. Meldeten sie in der Vergangenheit Rechtsverstöße, so wurden sie immer wieder als Nestbeschmutzer gebrandmarkt und erlitten Benachteiligungen. Dabei übernahmen und übernehmen sie Verantwortung für die Gesellschaft. Die andere Seite ist, dass Beschäftigte, deren vermeintliches Fehlverhalten gemeldet wurde, vorverurteilt wurden, also der Grundsatz der Unschuldsvermutung nicht eingehalten wurde.

Damit Hinweisgeberinnen und Hinweisgeber besser geschützt sind, trat 2023 das Hinweisgeberschutzgesetz (HinSchG) in Kraft. Es gilt für alle Arbeitgeber im öffentlichen und privaten Bereich, die in der Regel mehr als fünfzig Beschäftigte haben.

Ziel dieses Gesetzes ist es Beschäftigte, die im beruflichen Zusammenhang Verstöße gegen gesetzliche Vorschriften oder gegen verbindliche Regeln melden, gegen Repressalien zu schützen. Zudem sollen durch das HinSchG nach § 1 Nr. 2 »Personen geschützt [werden], die Gegenstand einer Meldung oder Offenlegung sind, sowie sonstige Personen, die von einer Meldung oder Offenlegung betroffen sind.«

Da bei Meldungen nach dem HinSchG personenbezogene Daten anfallen (zu den Verantwortlichen, den Betroffenen, zu Zeuginnen und Mitwissern), greift datenschutzrechtlich die DSGVO und das BDSG.

Es muss daher geklärt sein, welche datenschutzrechtlichen Vorgaben beim HinSchG zu beachten sind und was das für die Praxis von Meldestellen bedeutet.

Der oder die betriebliche oder behördliche Datenschutzbeauftragte muss vor der Einrichtung einer Meldestelle frühzeitig in allen Fragen, die den Schutz personenbezogener Daten betreffen, eingebunden werden.

Welche Meldungen?

Nicht alles was in Betrieben oder Behörden stört oder worüber man sich ärgert, kann gemeldet werden! Nach *§ 2 HinSchG* geht es insgesamt um Verstöße in über 30 Bereichen. Diese sind in drei Oberbereiche aufgeteilt.

HinSchG
§ 2 Sachlicher Anwendungsbereich
(1) Dieses Gesetz gilt für die Meldung (§ 3 Absatz 4) und die Offenlegung (§ 3 Absatz 5) von Informationen über
1. *Verstöße, die strafbewehrt sind,*
2. *Verstöße, die bußgeldbewehrt sind, soweit die verletzte Vorschrift dem Schutz von Leben, Leib oder Gesundheit oder dem Schutz der Rechte von Beschäftigten oder ihrer Vertretungsorgane dient,*
3. *sonstige Verstöße gegen Rechtsvorschriften des Bundes und der Länder sowie unmittelbar geltende Rechtsakte der Europäischen Union und der Europäischen Atomgemeinschaft*

Ab Nr. 3 beginnt die lange Liste der denkbaren Verstöße.
Wichtig ist hier auch, dass unter Nr. 2. der »Schutz der Rechte von Beschäftigten oder ihrer Vertretungsorgane« genannt werden. Also auch die Rechte von Betriebs- und Personalräten, JAV und SBV.
Anonyme Hinweise sollen nach *§ 16 Abs. 1 Satz 4 HinSchG* – müssen aber nicht – von der Meldestelle bearbeitet werden.

Interne und externe Meldestellen

Für die Meldung von Verstößen gibt es interne oder externe Meldestellen. Interne Meldestellen müssen nach dem HinSchG durch Arbeitgeber eingerichtet werden, externe Meldestellen sind auf Bundes- oder Landesebene eingerichtet.[66] Denkbar ist es aber auch, die Meldestelle als Auftragsverarbeitung zu vergeben oder gemeinsame Meldestellen zu betreiben (z. B. in einem Konzern).
Nach *§ 15 HinSchG* sind die mit den Arbeiten der Meldestelle beauftragten Personen in der Ausübung ihrer Tätigkeit unabhängig. Ihre Aufgaben und Pflichten dürfen aber nicht zu Interessenkonflikten führen, sie müssen über Fachkunde verfügen und dürfen auch andere Aufgaben

66 Die externen Meldestellen des Bundes, und wofür sie zuständig sind, finden sich unter *https://www.bundesjustizamt.de/DE/MeldestelledesBundes/ZustaendigkeitderMeldestellen/ZustaendigkeitderMeldestellen_node.html*

im Betrieb oder in der Behörde übernehmen. Keine Interessenkonflikte bestehen beispielsweise bei Leiterinnen oder Leiter der Complianceabteilung, Integritätsbeauftragte, Rechts- oder Datenschutzbeauftragte oder Auditverantwortliche. So steht es im Erwägungsgrund 56 der durch das Hinweisgeberschutzgesetz umgesetzten Richtlinie (EU) 2019/1937.

Hinweisgeber:innen können nach *§ 7 HinSchG* wählen, ob die Meldung an eine interne Meldestelle *(§ 12)* oder eine externe Meldestelle *(§§ 19 bis 24)* erfolgt. Ändert sich nach einer internen Meldung nichts, kann – als zweiter Versuch – eine Meldung an eine externe Meldestelle erfolgen.

Grundsätzlich garantiert *§ 8 HinSchG* Hinweisgebenden Vertraulichkeit, außer es werden vorsätzlich oder grob fahrlässig unrichtige Informationen über Verstöße gemeldet. Auch auf Verlangen von Strafverfolgungsbehörden oder im Rahmen eines Bußgeldverfahrens etc. kann nach *§ 9 HinSchG* die Vertraulichkeit aufgebhoben werden.

Auch wenn es keine Meldestelle gibt, weil die Anzahl der Beschäftigten unter 50 Personen liegt, sind Repressalien, auch die Androhung und der Versuch, gegen hinweisgebende Personen nach *§ 36 Abs. 1 HinSchG* verboten.

Datenverarbeitung durch die Meldestelle

Vor der Einrichtung einer Meldestelle muss eine Datenschutz-Folgenabschätzung erfolgen. Nach Art. 35 Abs. 1 DSGVO erfordert es eine Datenschutz-Folgenabschätzung, wenn »ein hohes Risiko für die Rechte und Freiheiten natürlicher Personen« besteht.

Welche Daten eine Meldestelle verarbeiten darf, werden in *§§ 13 und 24 HinSchG* genannt. Es ist eine abschließende Liste der zulässigen Verarbeitungszwecke. Sie kann also nicht erweitert werden. Die Meldestelle ist aber nicht verantwortlich im datenschutzrechtlichem Sinne nach *Art. 4 Nr. 7 DSGVO*, das bleibt auch hier der Arbeitgeber.

Erweist sich eine Meldung als stichhaltig, müssen also weitere Untersuchungen durchgeführt oder arbeitsrechtliche Schritte gegen überführte Personen ergriffen werden, bedarf es andere rechtlichen Grundlagen als sie das HinSchG bietet.

In einem solchem Fall geht es beispielsweise um die Weitergabe der personenbezogenen Daten des Hinweisgebers und der übrigen in der Meldung genannten Personen an die zuständige Stelle des Arbeitgebers.

Diese Zwecke sind mit Blick auf die zu schützenden Interessen der betroffenen Beschäftigten eng auszulegen. Interne und externe Meldestellen

können auf dieser Grundlage im Rahmen der bestehenden Zweckbindung alle in *Art. 4 Abs. 2 DSGVO* genannten Verarbeitungsschritte durchführen und beispielsweise Meldungen mit personenbezogenen Daten auswerten oder speichern.
Wie immer beim Datenschutz müssen sich auch Meldestellen an die in *Art. 5 Abs. 1 DSGVO* aufgeführten Grundsätze halten (Transparente Nachvollziehbarkeit der Verarbeitung, Zweckbindung, Datenminimierung, Speicherbegrenzung, Durchführung technischer und organisatorischer Maßnahmen mit dem Ziel der Sicherstellung der Integrität und Vertraulichkeit der Verarbeitung zu gewährleisten). Auch hier besteht eine Rechenschaftspflicht.

Besondere Kategorien personenbezogener Daten

Die Verarbeitung von Daten zur Gesundheit oder zur sexuellen Orientierung von Personen, sind nach *§ 10 Satz 2 HinSchG* erlaubt, wenn sie notwendig sind zur Erfüllung der Aufgabe einer Meldestelle. Allerdings nur, wenn ein erhebliches öffentliche Interesse vorliegt und angemessene Schutzmaßnahmen getroffen werden. Besondere Kategorien personenbezogener Daten dürfen innerhalb der Meldestellen nur ein eng begrenzter Personenkreis haben.

Auskunfts- und Informationsrechte

Die normalerweise nach datenschutzrechtlichen Vorschriften geltenden Auskunfts- und Informationsrechte von Betroffenen können eingeschränkt werden, wenn es wichtigen Zielen des allgemein öffentlichen Interesses oder dem Schutz der Rechte und Freiheiten anderer Personen dient, *Art. 23 Abs. 1 Buchst. e) und i) DSGVO und § 29 Abs. 1 BDSG*. Keine Pflicht zur Benachrichtigung der betroffenen Personen besteht, wenn diese »voraussichtlich die Verwirklichung der Ziele dieser Verarbeitung unmöglich macht oder ernsthaft beeinträchtigt« (*Art. 14 Abs. 5 Buchst. b DSGVO*), also beispielsweise, wenn dadurch die Aufklärung des Sachverhalts und die nach *§ 18 Nr. 1 und 4 HinSchG* zu treffenden Untersuchungen ernsthaft beeinträchtigt würden.

Datenschutz und technisch-organisatorische Maßnahmen

In den Meldestellen sind die dort tätigen Menschen zu besonderer Verschwiegenheit verpflichtet. Zudem müssen die Räumlichkeiten und die benutze Technik besonders hohen Sicherheitsanforderungen genügen.

- Ein unbefugter Zugang und Zugriff auf personenbezogene Daten muss durch wirksame technische und organisatorische Maßnahmen gewährleistet werden.

- Dazu gehört auch eine End-zu-Ende Verschlüsselung bei E-Mails, Videokonferenzsoftware und anderer digitaler Kommunikationswege.
- Die Arbeitsplätze der in Meldestellen beschäftigten Personen müssen von denen anderer Beschäftigter getrennt werden.

Aufbewahrungspflicht

»Die Dokumentation wird drei Jahre nach Abschluss des Verfahrens gelöscht. Die Dokumentation kann länger aufbewahrt werden, um die Anforderungen nach diesem Gesetz oder nach anderen Rechtsvorschriften zu erfüllen, solange dies erforderlich und verhältnismäßig ist.« *§ 11 Nr. 5 HinSchG.*

Meldestellen: Informationspflichten des Arbeitgebers und Mitbestimmung durch BR und PR

Rechtzeitig und umfassende Informationspflichten des Arbeitgebers
§ 80 Abs. 2 BetrVG bzw. *§ 66 Abs. 1 BPersVG*

- über die konkret geplante Ausgestaltung der internen Meldestelle
- über die Umsetzung der einzelnen Arbeitsschritte in der Meldestelle.

Informationsrecht von BR und PR

- Auskunft über die Zahl von Meldungen
- Inhalt der Meldungen (in allgemeiner Form).

IT-Einsatz

- Beim Einsatz von IT-Anwendungen greift das Mitbestimmungsrecht zur Überwachung von Verhalten bzw. Leistung der Beschäftigten, dazu gehören auch die Meldekanäle, die Entgegennahme von Meldungen bzw. die Verarbeitung mitgeteilter Informationen durch elektronische Verfahren oder Einrichtungen (*§ 87 Abs. 1 Nr. 6 BetrVG* bzw. *§ 80 Abs. 1 Nr. 21 BPersVG*).
- Werden Meldeinformationen durch Abfragen in standardisierten Formularen erstellt, greift das Mitbestimmungsrecht zu Personalfragebogen (*§ 94 Abs. 1 BetrVG* bzw. *§ 80 Abs. 1 Nr. 15 BPersVG*).

Beschäftigte in Meldestellen

- Werden die in einer Meldestelle Beschäftigten beim Verfahren zur Entgegennahme von Meldungen, Erstellung von Protokollen oder zur Durchführung von Genehmigungsverfahren eingesetzt, greifen die Mitbestimmungsrechte Ordnung im Betrieb oder Dienststelle und das Verhalten der Arbeitnehmenden (*§ 87 Abs. 1 Nr. 1 BetrVG* bzw. *§ 80 Abs. 1 Nr. 18 BPersVG*).

- Bei der Neueinstellung oder Versetzung von Beschäftigten in eine Meldestelle greifen *§§ 95 Abs. 3 oder 99 BetrVG* bzw. nach *§§ 79 Abs. 1 Nr. 2ff.* oder *80 Abs. 2 Nr. 12 BPersVG.*

Fachkunde

- Um die notwendige Fachkunde zu erlangen, benötigen Beschäftigte der Meldestelle Fortbildungen (*§§ 96 –98 BetrVG* bzw. *§§ 78 Abs. 1 Nr. 13* oder *80 Abs. 1 Nr. 12 BPersVG*).

Alle Beschäftigten

- Gibt es Vorgaben zur Benutzung von Meldekanälen, greifen Mitbestimmungsrechte zu Fragen der Ordnung des Betriebs oder der Dienststelle und des Verhaltens der Arbeitnehmer und Arbeitnehmerinnen (*§ 87 Abs. 1 Nr. 1 BetrVG* oder *§ 80 Abs. 1 Nr. 18 BPersVG*).

Interne Meldestelle durch Dritte

- Vergibt der Arbeitgeber die Einrichtung und den Betrieb einer internen Meldestelle an Dritte, haben gesetzliche Interessenvertretungen die gleichen Mitwirkungs- und Mitbestimmungsrechte wie bei einer internen Lösung. Dazu gehören auch die Informationen zu den abgeschlossen Auftragsverträgen.

Information der Belegschaft

Wann, welche Verstöße wie gemeldet werden können, sind im HinSchG geregelt und finden ihren Niederschlag in der konkreten Ausgestaltung der internen Meldestelle. Darüber hinaus sollten aber Betriebs- und Personalräte die Beschäftigten genau informieren, wann eine Befugnis zur Meldung oder Offenlegung besteht und wann nicht. Natürlich kann und sollten diese Kenntnisse zudem im Rahmen betrieblicher Aus- und Weiterbildungsmaßnahmen erfolgen.

Kritik am HinSchG

Betriebliche oder behördliche Datenschutzbeauftragte in einer Meldestelle einzusetzen erscheint zumindest fragwürdig, da sie bei Meldungen über Datenschutzverstößen durch den Datenschutzbeauftragten gegen sich selbst ermitteln müssten.

Literatur

Peter Wedde, Hinweisgeberschutzgesetz. Basiskommentar zum HinSchG, 2024

Der Gesetzestext des HinSchG *https://www.gesetze-im-internet.de/hinschg*

Die EU-Richtlinie 2019/1937 mit den Erwägungsgründen (ist die Grundlage für das HinSchG) *https://eur-lex.europa.eu/legal-content/DE/TXT/PDF/?uri=CELEX:32019L1937&from=EN*

Aktuelle Artikel zum Hinweisgeberschutzgesetz finden sich auch regelmäßig in den Fachzeitschriften »*Computer und Arbeit*«, »*Arbeitsrecht im Betrieb*« *und* »*Der Personalrat*« *aus dem Bund-Verlag.*

15. Künstliche Intelligenz (KI)

Wenn Computer komplexe Aufgaben lösen (sollen), die ansonsten von Menschen erledigt werden, spricht man von Künstlicher Intelligenz (KI). Auch wenn das Schlagwort von der Künstlichen Intelligenz erst seit einigen Jahren gehypt wird, so ist es schon in vielen Betrieben und Behörden im Praxisbetrieb.

Sie wird u. a. angewandt in Personalmanagement-Systemen, also HR-Anwendungen wie Workday, Oracle Peoplesoft, SAP SuccessFactors. Sie dienen beispielsweise dazu, die Zuverlässigkeit von Beschäftigten einzuschätzen, ihre Leistungsfähigkeit oder ihre Abwanderungswahrscheinlichkeit vorherzusagen. Schon bei der Bewerberauswahl wird die Teamfähigkeit und Stressanfälligkeit durch KI-Software überprüft. Sie kann Arbeit auf Abruf steuern durch die Vorhersage von Kundenzahlen. Eingehende Dokumente in einer Firma können analysiert und ausgewertet werden. Hackerangriffe und Abfluss vertraulicher Dokumente lassen sich durch IT-Sicherheitssoftware feststellen. Anwendersoftware wie Microsoft 365 kann per KI das Benutzerverhaltens analysieren, kann unerwünschte Chat-Inhalte feststellen oder dient einfach nur zur Spracherkennung. Diese Liste lässt sich fortsetzen. Eine relativ neue KI ist ChatGPT (dazu mehr im nächsten Kapitel).

Beim Einsatz solcher Software müssen die Risiken eingeschätzt und geregelt werden. Gesetzliche Grundlagen bieten dazu die europäische »KI-Verordnung« (KI-VO auf Englisch AI Act) und der Beschäftigtendatenschutz. Es muss geklärt werden, welche Auswirkungen die unterschiedlichen KI-Systeme auf die Beschäftigten haben: u. a. auf ihre Tätigkeiten, die Arbeitsabläufe, Kontrolle, psychische Belastungen und den Datenschutz.

Die KI-VO ist eine nicht leicht zu bewältigende Verordnung, die aus 144 DIN A4-Seiten besteht: Gesetzestext 81 Seiten, Erwägungsgründe 44 Seiten und 18 Seiten Anhänge. Somit ist jetzt schon klar, dass es immer wieder Auslegungsfragen geben wird, die letztendlich durch Gerichte entschieden werden müssen.

Einige Eckpunkte der KI-Verordnung:
In den Artikel 5 -7 KI-VO werden dem Einsatz von Künstlicher Intelligenz gleich Grenzen gesetzt. In Art. 5 KI-VO werden KI-Systeme genannt, die für Menschen ein zu hohes Risiko darstellen und daher verboten sind. Das betrifft u. a. Systeme, die Menschen manipulieren, bewerten oder einen anderen Schaden zufügen. In den Art. 6 und 7 KI-VO sind »Hochrisiko-Systeme« beschrieben, die ein erhebliches Risiko für die Gesundheit, Sicherheit oder Grundrechte natürlicher Personen enthalten können und daher nur unter den in der KI-VO benannten konkreten Anforderungen erlaubt sind. Vor dem Einsatz eines »Hochrisiko-Systems« muss nach Art. 27 KI-VO eine Grundrechte-Folgenabschätzung durchgeführt werden.
Der »KI-Verordnung« stuft beispielsweise Recruiting in Personalmanagementsystemen wie Workday oder SAP SuccessFactors als »hochriskant« ein. Das hat u. a. zur Folge, dass sie strengen Vorgaben zur Datenbasis und Dokumentation, eine menschliche Kontrolle des Systems und eine höhere Sicherheit einhalten müssen.
Die meisten Bestimmungen der Verordnung treten erst nach einer Übergangszeit zum 2. 8. 2026 in Kraft. Andere Regelungen, wie das Verbot von KI-Systemen mit unannehmbaren Risiken, gelten schon ab dem 2. 2. 2025.
Die Einsatzmöglichkeiten von KI und denkbare Regelungen sind unabhängig von der »KI-Verordnung« so komplex und vielschichtig, dass es den Rahmen dieses Buches sprengen würde, sie hier angemessen vorzustellen, zu analysieren und denkbare Regelungen und Mitbestimmungswege aufzuzeigen. Dafür bedarf es eigener Literatur wie das Buch »Praxishandbuch Künstliche Intelligenz« von Lothar Schröder und Petra Höfers.
Nicht ohne Grund hat der Gesetzgeber im BetrVG beim *§ 80 Abs. 3 BetrVG* »die Hinzuziehung eines Sachverständigen als erforderlich« festgestellt. Leider gibt im BPersVG keinen vergleichbaren Passus. Nach *§ 68 Abs. 2 BPersVG* können Personalräte allgemein in Einzelfällen Sachverständige hinzuziehen.

Literatur

Lothar Schröder / Petra Höfers, Praxishandbuch Künstliche Intelligenz. Handlungsempfehlungen, Praxistipps, Prüffrage, Checklisten, 2022

AI Act: Die deutschsprachige Fassung der KI-Verordnung gibt es unter *https://eur-lex.europa.eu/homepage.html?locale=de* Dort als Suchbegriffe Verordnung 2024/1689 eingeben und das Ergebnis herunterladen.

Unter *https://www.europarl.europa.eu/doceo/document/TA-9-2024-0138-FNL-COR01_DE.pdf* sind neben dem Gesetzestext auch die Erwägungsgründe zu finden.

Aktuelle Artikel zu KI-Fragestellungen finden sich auch regelmäßig in der Fachzeitschrift »*Computer und Arbeit*« aus dem Bund-Verlag.

16. Künstliche Intelligenz im Einsatz: ChatGPT

Einen weltweiten Siegeslauf erlebt seit Ende 2022 die Software ChatGPT, sowohl im Privatbereich wie im kommerziellen Bereich. Die Software ist ein sogenannter Chatbot, also ein textbasiertes Dialogsystem um das Chatten (englisch für plaudern, sich unterhalten) in elektronischer Kommunikation zu ermöglichen. Dabei setzt es auf künstliche Intelligenz (KI), um mit Nutzern über textbasierte Nachrichten und Bilder zu kommunizieren. Es generiert dabei Antworten, die für das Thema relevant sein sollen und so erscheinen, als wenn sie Menschen geschrieben hätten. In der Praxis kann ChatGPT beispielsweise dafür eingesetzt werden, um Wissen zusammenzufassen und zu erklären oder um über eine Website im Chat zu beraten. Es sind aber noch viele andere Anwendungsbereiche denkbar.

Wie problematisch ChatGPT ist und ob es die Datenschutzgesetze einhält, wird momentan in vielen europäischen Ländern geprüft. So auch durch die Landesdatenschutzbeauftragten in mehreren Bundesländern in Deutschland.

Alles, was hier zu diesem Thema geschrieben steht, gilt daher unter Vorbehalt der Entscheidung der Landesdatenschutzbeauftragten bzw. der Datenschutzkonferenz. Vermutlich wird es so sein, dass die Datenschützer zuerst Änderungen bei ChatGPT fordern, bevor sie dem Einsatz in Betrieben und Behörden zustimmen werden. Daher sollte ChatGPT momentan nicht bei sensiblen Verarbeitungsvorgängen, wie Kündigungsschreiben oder Erstellung von Arbeitszeugnissen eingesetzt werden. Microsoft hat sich für ChatGPT eine Lizenz gekauft, die per »Azure OpenAI Service« von Microsoft auf interne Daten zugreift und nutzt. Das kann dann dazu führen, dass beispielsweise auch private und interne Dokumente, z. B. Betriebsgeheimnisse, verarbeitet werden. Die Gefahr ist dann groß, dass diese Inhalte, unbeabsichtigt vom User, im Betrieb oder nach außen verteilt werden. Bei personenbezogenen Daten gilt die Zweckbindung nach *Art. 5 Abs. 1 Buchst. b DSGVO* und dieser Artikel dürfte beim jetzigen Stand von ChatGPT häufig dazu führen, dass Daten nicht genutzt werden dürfen.

Einsatz in Betrieben und Behörden

In der Arbeit dürfen Beschäftigte, so der Arbeitgeber es nicht ausdrücklich verboten hat, ChatGPT über betriebliche Endgeräte einsetzen. Das bedeutet aber nicht, dass sie das Arbeitsergebnis nicht genau prüfen müssen. Denn dafür sind weiter die Beschäftigten verantwortlich. Erlaubt oder weist der Arbeitgeber die Nutzung von ChatGPT an, so bedeutet dies nicht, das Beschäftigte das Ergebnis nicht prüfen müssen, ob es zutreffend und inhaltlich richtig ist.
So oder so haben Beschäftigte immer ein Haftungsrisiko. Die Frage wird sein, ob es »einfache Fahrlässigkeit«, »mittlere Fahrlässigkeit«, »grobe Fahrlässigkeit« oder Vorsatz ist. Bei »einfacher Fahrlässigkeit« müssen Beschäftigte nichts bezahlen, der »mittleren Fahrlässigkeit« maximal drei Monatsgehälter und bei »grober Fahrlässigkeit« oder Vorsatz haften Beschäftigte unbegrenzt.

Mitbestimmungsrechte bei ChatGPT

Betriebs- und Personalräte sollten die Einführung und den Einsatz von ChatGPT genau beobachten und begleiten. Zur Prüfung sollte eine Datenschutz-Folgenabschätzung (*Art. 35 DSGVO*) gehören und auf jeden Fall eine Betriebs- oder Dienstvereinbarung, die vielleicht auf eine bestehende KI-Vereinbarung aufbaut.
Geregelt werden sollten die Risiken, die durch falsche Ergebnisse von ChatGPT entstehen. Da Beschäftigte eventuell darauf ihre Entscheidungen aufbauen und zu falschen Ergebnisse gelangen, bedarf es hier klarer Regelungen.
Beim Einsatz von ChatGPT sollte zuerst immer darauf geschaut werden, ob Arbeitsplätze, also Stellenbeschreibungen dieser Arbeitsplätze, wichtige Bestandteile verlieren, weil die Software komplett oder weitestgehend automatisiert die Arbeit erledigt.
Betriebs- und Personalräte haben Mitbestimmungsrechte bei ChatGPT:

Checkliste für Betriebs- und Personalräte		
Frage	**Betriebsräte – BetrVG**	**Personalräte – BPersVG**
Will der Arbeitgeber ChatGPT am Arbeitsplatz einsetzen, beispielsweise »Azure OpenAI Service« von Microsoft?	BR kann nicht beim »Ob« der Einführung, aber beim »Wie« mitbestimmen (*§ 87 Abs. 1 Nr. 6 BetrVG*).	PR kann nicht beim »Ob« der Einführung, aber beim »Wie« mitbestimmen (*§ 80 Abs. 1 Nr. 21 BPersVG*).
Welche Einsatzformen von ChatGPT sind geplant?	BR sollte Informationen über alle Details einfordern (*§ 80 Abs. 2 BetrVG*).	PR sollte Informationen über alle Details einfordern (*§ 66 Abs. 1 BPersVG*).
Soll ChatGPT genutzt werden, um Details über einzelne Kollegen in Erfahrung zu bringen?	BR sollte im Rahmen des Mitbestimmungsrechts nach *§ 87 Abs. 1 Nr. 6 BetrVG* auf ein Verbot hinwirken.	PR sollte im Rahmen des Mitbestimmungsrechts nach *§ 80 Abs. 1 Nr. 21 BPersVG* auf ein Verbot hinwirken.
Werden durch ChatGPT vertrauliche Daten oder Inhalte aus persönlichen Dokumenten einzelner Beschäftigter offenbart?	Datenschutzrechtlich äußerst problematisch, BR sollte auf ein Verbot bzw. Einschränkung hinwirken.	Datenschutzrechtlich äußerst problematisch, PR sollte auf ein Verbot bzw. Einschränkung hinwirken.
Kommt es durch den Einsatz von ChatGPT zu einer Verdichtung der Arbeit?	BR hat Mitbestimmungsrecht nach *§ 87 Abs. 1 Nr. 7 BetrVG*.	PR hat Mitbestimmungsrecht nach *§ 80 Abs. 1 Nr. 16 BPersVG*.
Will der Arbeitgeber eine Richtlinie zum Umgang mit ChatGPT verabschieden?	BR muss nach *§ 87 Abs. 1 Nr. 1 BetrVG* mitbestimmen.	PR muss nach *§ 80 Abs. 1 Nr. 18 BPersVG* mitbestimmen.
Werden Beschäftigtendaten standardisiert erfasst?	BR kann nach *§ 94 BetrVG* (Personalfragebogen) mitbestimmen.	PR kann nach *§ 80 Abs. 1 Nr. 15 BPersVG* (Personalfragebogen) mitbestimmen.

Checkliste für Betriebs- und Personalräte		
Frage	**Betriebsräte – BetrVG**	**Personalräte – BPersVG**
Kommt es wegen des Einsatzes von ChatGPT zu personellen Einzelmaßnahmen (Versetzung, Kündigung)?	BR kann widersprechen (*§ 99 BetrVG*).	BR kann widersprechen (*§ 78 Abs. 1 Nr. 5–7 und § 85 BPersVG*).
Werden Beschäftigtendaten verarbeitet?	Erfordert datenschutzrechtliche Grundlage (nicht nur anlernender KI) und Einhalten der Datenschutzgrundsätze.	Erfordert datenschutzrechtliche Grundlage (nicht nur anlernender KI) und Einhalten der Datenschutzgrundsätze.

Die Grundlage dieser Tabelle stammt aus dem Artikel ChatGPT – Mitbestimmung und Datenschutz, CuA 11/2023 S. 10 von Peter Wedde und wurde von Josef Haverkamp erweitert. Vielen Dank an Peter Wedde für die Nutzung der Tabelle.

Fazit

ChatGPT bietet faszinierende Möglichkeiten, birgt aber auch große Gefahren für Beschäftigte. Betriebs- und Personalräte sollten daher bei Regelungen sehr vorsichtig sein und möglichst die Entscheidungen der Datenschützer und Veröffentlichungen von Betriebs- und Dienstvereinbarungen abwarten, an die man sich orientieren kann.

Literatur

BSI, Große KI-Sprachmodelle. Chancen und Risiken für Industrie und Behörden, 2023

Peter Wedde, ChatGPT – Mitbestimmung und Datenschutz, CuA 11/2023 S. 8–11

17. Homeoffice

Seit dem ersten Lockdown in der Corona-Pandemie arbeiten viele Beschäftigte immer wieder ganz oder zumindest teilweise im Homeoffice. Dieser Trend zum Homeoffice wird anhalten. In manchen Unternehmen hat er jetzt schon einige klassische Büroarbeitsplätze verdrängt. Das BSI registriert daher auch vermehrt Angriffe auf diese Arbeitsform mit Schäden in Milliardenhöhe.

Daran zeigt sich, dass zu Hause zu arbeiten, neben einer Reihe von arbeitsorganisatorischen, arbeitsergonomischen und versicherungstechnischen Fragen, unweigerlich auch Aspekte des Datenschutzes und der Datensicherheit betrifft, die alle rechtskonform eingehalten und erfüllt werden müssen.

Hier ist der Arbeitgeber gefragt, der den geforderten Datenschutz mithilfe seines Datenschutzbeauftragten regeln und anweisen muss. Zudem hat er die Ausstattung für das Homeoffice zu stellen.

Schwierig wird es, wenn private Geräte wie PC, Telefon oder Smartphone auch dienstlich genutzt werden müssen. In jedem Fall sollten Betriebs- und Personalräte klare Vereinbarungen über Kostenersatz, Kontrollbefugnisse, Fernwartung, Wartung der Geräte und datenschutzrechtliche Vorgaben an solchen Homeoffice Arbeitsplätzen abschließen.

Für Firmen, die sowieso immer wieder mal ihre Beschäftigten ins Homeoffice schicken, ist das kein großes Problem. Diese Firmen haben ihre eigenen Vorgaben für das Homeoffice entwickelt und die mobilen Endgeräte, die dafür eingesetzt werden, entsprechend konfiguriert. Dort gibt es dann auch häufig entsprechende Vereinbarungen, die die Vorgaben beschreiben und den Schutz der Beschäftigten gewährleisten. Solange diese klaren Vorgaben noch nicht vorliegen, ist es notwendig, einige Einstellungen am eigenen Computer vorzunehmen. Dies sollte aber zwingend immer in Absprache mit der IT-Abteilung erfolgen!

Grundsätzlich sollte jedoch der Arbeitgeber die Geräte für das Homeoffice zur Verfügung stellen.

Updates

Ohne regelmäßige Updates ist kein Rechner sicher, weder am Arbeitsplatz in Betrieb und Verwaltung noch im Homeoffice. Auf einem Gerät des Arbeitgebers wird sich die IT-Abteilung um die Updates kümmern.
Wird ein privater Rechner im Homeoffice genutzt, so muss man sich um die Updates selbst kümmern. Relativ einfach ist das bei Windows und Office-Programmen. Sie werden durch das Update-Programm von Windows automatisch auf den neuesten Stand gebracht. Bei anderen Programmen muss man sich selbst darum kümmern. Eine Möglichkeit ist es, in den benutzen Programmen selbst nach der Update-Funktion zu suchen (meist unter »Einstellungen« oder unter »Hilfe«).
Damit erhalten aber lange nicht alle Programme die notwendigen Updates. Daher lohnt es sich Update-Programme einzusetzen. In der abgespeckten Version sind sie zumeist kostenlos. Die kostenpflichtigen Versionen sind natürlich besser und bieten mehr Updates an.
Eine kleine Auswahl von Update-Programmen: UCheck, DriverMax, Driver Booster, RuckZuck oder Snappy Driver.
Die Software überprüft den aktuellen Versionstand der Programme oder Treiber am PC und zeigt an, für welche Programme es Updates gibt. Per Mausklick wird das Update dann installiert.

Wichtig:
Die Updates werden in den Programmen häufig direkt heruntergeladen und installiert. Ist das nicht der Fall, so sollten die Updates entweder von der Website des Herstellers oder von einer anderen sicheren Website, wie von der Computerzeitung CHIP, heruntergeladen werden. CHIP prüft die Programme und gibt wichtige Hinweise zur Installation oder Nutzung dieser Programme: *https://www.chip.de/download.*

IT-Betreuung

Alle oben beschriebenen Schritte sollten mit der IT-Abteilung abgestimmt sein und es muss die Möglichkeiten geben, die Hotline zu Geschäftszeiten zu erreichen und Rat einzufordern. Neben einer telefonischen Beratung sollte auch der Fernzugriff auf den privaten PC möglich sein, damit Einstellungen und Fehlerbehebungen schnell erfolgen können. Dann aber nur in einem sichtbaren Modus für die Beschäftigten und nach Absprache!

Dateien sicher übermitteln

Der Arbeitgeber muss festlegen, wie Daten per E-Mail an den Betrieb oder in die Verwaltung übermittelt werden müssen. Geht es dabei um personenbezogene Daten, so fordert der Datenschutz auf jeden Fall eine sichere, also geschützte Verbindung zum Arbeitgeber. Und nicht anders als im Büro dürfen im Homeoffice nur dazu berechtigte Personen darauf zugreifen können. Die Vorgaben für die Übermittlung muss also der Arbeitgeber festlegen und dazu die technischen Möglichkeiten schaffen.
Eine, wenn auch etwas arbeitsaufwändige, Möglichkeit zur Verschlüsselung bieten alle Office-Programme von Microsoft. Sie haben eine integrierte Verschlüsselungsmöglichkeit für einzelne Dateien, und auch kostenfreie Office-Programme wie OpenOffice bieten diese Möglichkeit an. Die einfachste Art, einzelne Dateien zu schützen, ist es, sie mit einem Passwort zu versehen. Die Datei kann dann nur mit dem richtigen Passwort geöffnet werden. Ebenso ist es bei PDF-Dateien (siehe Kapitel 29. »Topsecret! Dateien und E-Mails verschlüsseln«).

Checkliste Datenschutz Homeoffice

Arbeitsplatz und genutzte Hardware und Software

- Der PC ist durch ein Passwort geschützt.
- Ein privates Notebook hat für die Arbeit ein eigenes Benutzerkonto.
- Auch bei kurzer Abwesenheit wird der PC geschützt, beispielsweise mit einem passwortgeschützten Sperrbildschirm.
- Weder Familienmitglieder noch Besucher können auf die Papierunterlagen oder auf den Bildschirm schauen, wenn sie den Raum betreten.
- Ein dienstliches Notebook muss, wenn es nicht benutzt wird, in einem verschlossenen Raum oder Schrank abgelegt werden.
- Die Dateien sind verschlüsselt auf dem PC abgelegt.
- Zumindest bei Notebooks ist eine Festplattenvollverschlüsselung eingerichtet.
- Können Menschen durch das Fenster den Bildschirm lesen, so werden Blickschutzfolien für den Monitor benutzt. Blickschutzfolien können auch den Blick von Besuchern oder Familienmitgliedern auf den Monitor verhindern (siehe Kapitel 18 »Blickschutz: Unterwegs und im Homeoffice«).
- Eine verschlüsselte VPN-Verbindung zum Firmennetzwerk ist eingerichtet.
- Das heimische WLAN benutzt starke Passwörter.
- Öffentliche WLAN-Hotspots dürfen nur mit der VPN-Verbindung benutzt werden.
- Die Daten werden über die VPN-Verbindung auf ein Netzlaufwerk im Unternehmen gespeichert.
- Bei dienstlichen Notebooks sind die USB-Ports deaktiviert oder es besteht ein Verbot, private USB-Sticks zu benutzen.

Homeoffice

- Telefongespräche können nicht durch unbefugte Personen mitgehört werden.
- Dienstliche Smartphones sind vollverschlüsselt und haben eine Pin-Sperre.

Hilfe und Wartung

- Bei Fragen und Problemen kann die IT-Abteilung per E-Mail und Telefon zeitnah erreicht werden.
- Der Rechner erhält regelmäßig und zeitnah Updates.
- Hilfe ist durch eine Fernwartung möglich (siehe Kapitel 23. »Überwachen und Ausspionieren«).

E-Mail

- Der Arbeitgeber muss festlegen, welchen Daten verschlüsselt oder unverschlüsselt per E-Mail übertragen werden müssen oder dürfen.
- Das entsprechende Verschlüsselungsprogramm muss installiert und konfiguriert sein.

Cloud

- Der Arbeitgeber muss Vorgaben für die technischen und datenschutzrechtlichen Voraussetzungen für eine sichere Cloud-Nutzung schaffen.
- Die Nutzung der Cloud muss geschult werden.
- Für die Daten, die in eine Cloud abgelegt werden sollen, muss es klare Vorgaben durch den Arbeitgeber geben.

Papierdokumente

- Firmendokumente werden in einer verschlossenen Mappe oder einem verschlossenen Schrank aufbewahrt.
- Papierunterlagen werden nicht ins Altpapier geworfen, sondern in der Firma oder mit einem Papierschredder mit mindestens der Sicherheitsstufe P3, besser noch P4, vernichtet (siehe Kapitel 94. »Daten sicher löschen«).

Videokonferenzsysteme

- Siehe Kapitel 14. »Videokonferenzen«.

Microsoft 365

- Siehe Kapitel 34. »Überwachung im Personalwesen«.

Natürlich ist auch diese Liste noch unvollständig und muss den Gegebenheiten vor Ort angepasst werden.

18. Blickschutz: Unterwegs und im Homeoffice

Mit einem Notebook unterwegs zu arbeiten, kann immer bedeuten, dass Fremde auf dem Bildschirm ihrer Nachbarn etwas mitlesen können. Typische Situationen sind Konferenzen oder in der Bahn, bei denen Sitznachbarn oder hinter einem sitzende Personen auf den Bildschirm schauen können.

Abbildung 10: Blickschutz verhindert Seitenblicke

Der Blickschutz verhindert, dass andere Personen von der Seite auf den Monitor schauen können.

Quelle: 3M

Wer am heimischen Arbeitsplatz arbeitet, muss sich zudem Gedanken darüber machen, was Familienmitglieder oder Besucher auf dem Monitor erkennen und lesen können. Das ist nicht so übertrieben, wie es im ersten Moment erscheint, denn auch sie dürfen keine betrieblichen oder behördlichen Interna erfahren.
Als Schutz gegen neugierige Blicke gibt es Blickschutzfolien, die sich sowohl für große Monitore wie auch für Notebooks nachrüsten lassen. Das haben auch Gewerkschaften erkannt, sodass Hauptamtliche von ver.di, die von unterwegs arbeiten, eine Blickschutzfolie benutzen müssen.

Wie funktioniert der Blickschutz?

Denkbar einfach. Der Blickschutz verhindert, dass andere Personen von der Seite auf den Monitor schauen können. Ab einem Einblickswinkel von 60 Grad ist der Bildschirm ganz dunkel, aber auch bei einem Einblickswinkel zwischen 30–60 Grad sind die Inhalte auf dem Monitor so abgedunkelt, dass sich der dargestellte Inhalt nicht mehr erfassen lässt.

Abbildung 11: Blickschutzfilter 3M »Blickschutzfilter mit COMPLY« Befestigungssystem

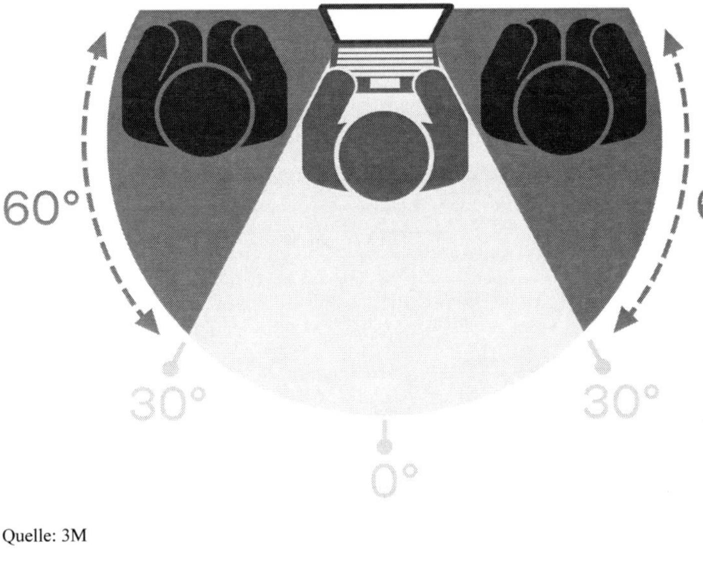

Quelle: 3M

Um das zu erreichen, arbeiten alle Blickschutzfolien nach demselben Prinzip: Eine integrierte Lamellenstruktur verhindert, dass das vom Monitor kommende Licht seitwärts austritt. Somit erkennen seitlich stehende oder sitzende Personen nicht mehr, was am Bildschirm dargestellt ist. Der Blickschutz hilft dementsprechend nicht, wenn jemand gerade auf den Bildschirm schauen kann. Die Filter nehmen zwar etwas Licht weg, aber für diejenigen, die am Rechner arbeiten, bleibt genug Licht übrig.

Welches Modell ist wofür geeignet?

Auf dem Markt gibt es unterschiedliche Hersteller und Modelle und unterschiedliche Anwendungsgebiete. Vor dem Kauf müssen einige Entscheidungen gefällt werden, da nicht alle Blickschutzfolien alle Funktionen unterschützen.

Die Liste der möglichen Funktionen ist: Blickschutz (Privacy), Helligkeit (Brightness), Bildschärfe / gute Erkennbarkeit (Clarity), berührungsempfindlicher Bildschirm (Touch) und Entspiegelt (Anti-glare).

Die erste und wichtigste Funktion, den Blickschutz, erfüllen wohl alle Modelle auf dem Markt. Ob die Folie zu stark abdunkelt, also noch genügend Helligkeit für ein vernünftiges Arbeiten bietet, sollte ausprobiert werden. Ebenso ist es mit der Bildschärfe, also der guten Erkennbarkeit einer Schrift auf dem Monitor und der Entspiegelung. Die Info, ob eine Folie touchfähig ist, geben die Hersteller an. Aber auch hier ist ein Praxistest empfehlenswert.

Es gibt wohl kein Modell, das alle Funktionen gleichgut erfüllt. Bei einigen Modellen fehlen Funktionen wie die Touchfähigkeit und Entspiegelung, bei anderen Funktionen wie Helligkeit und Bildschärfe / gute Erkennbarkeit bezeichnen sie manche Hersteller nur als gut, aber nicht als sehr gut. Zur besseren Orientierung bietet beispielsweise 3M eine Vergleichsliste der eigenen Modelle und ihrer Funktionen an. Eine solche Liste ist bei der Suche nach der optimalen Folie sehr hilfreich.

Beim Test durch den Autor überzeugten insbesondere die Modelle von 3M, die ihren Zweck sehr gut erfüllen. Sie sind zwar nicht die preiswertesten auf dem Markt, bieten dafür aber einige Modelle mit unterschiedlichen Funktionen und Befestigungsmöglichkeiten an.

Insbesondere die Modelle mit der Gelenkvariante können hilfreich sein, wenn man doch mal mit mehreren Personen vor dem Notebook sitzt und den Inhalt mal eben allen zeigen möchte. Dazu wird dann der Schutzfilter einfach kurz hochgeklappt und, nachdem der Inhalt gezeigt wurde, direkt wieder heruntergeklappt. Danach ist der Blickschutz wieder gegeben.

Neben den beschriebenen Vorteilen verhindern Blickschutzfolien auch Kratzer und Schmutz auf dem Monitor. Ein guter Blickschutzfilter kann ständig auf dem Monitor belassen werden, da er beim Arbeiten kaum

stört. Wer den Blickschutzfilter nicht immer auf dem Bildschirm haben möchte, kann ihn – abhängig vom Befestigungssystem – auch zeitweilig entfernen und bei Bedarf wieder einsetzen. In der Zwischenzeit muss die Folie zwischen den mitgelieferten Pappen aufbewahrt werden, da sie knick- und druckempfindlich sind.
Da es Blickschutzfilter nicht nur für die unterschiedlichen Größen von Arbeitsplatzmonitoren und Notebooks, sondern auch für Tablets und Smartphones gibt, muss immer die passende Größe ausgewählt werden. Eine Folie lässt sich nicht einfach zuschneiden.
Je nach Modell gibt es die Blickschutzfolien für Notebooks schon ab rund 20 Euro, die aus Sicht des Autors überzeugenden Folien von 3M beginnen bei Notebooks bei 30 Euro. Filter für große Bildschirme sind natürlich entsprechend teurer.

Wer bezahlt?

Die Kosten für die Nachrüstung muss der Arbeitgeber tragen, wenn er diesen Schutz von den Beschäftigten erwartet. Es kann vom Arbeitgeber eben so wenig erwartet werden, dass Beschäftigte im Homeoffice die Anforderungen der DSGVO auf eigene Kosten umsetzen. Ganz sicher sind Blickschutzfilter, insbesondere in Zeiten von Corona und Homeoffice, ein Thema für das Monatsgespräch mit dem Arbeitgeber. Dabei muss der Arbeitgeber Blickschutzfilter nicht als »Katze im Sack« kaufen, da beispielsweise 3M kostenlos Testsets anbietet.
https://www.3mdeutschland.de/3M/de_DE/blickschutzfilter-und-displayschutzfolien

19. Videokonferenzen

Der Vorteil von Video- bzw. Webkonferenzen (auch Onlinemeeting genannt) liegt auf der Hand. Es sind keine Anreisen zum Konferenzort notwendig und ein PC oder ein Notebook mit Webcam und Mikrofon sowie die entsprechende Software und das Passwort zur Konferenz reichen schon aus, um an einer Webkonferenz teilzunehmen. Diese Form einer Konferenz hat gerade in der Corona-Pandemie zugenommen. In Dienststellen und Betrieben werden Webkonferenzen daher immer öfter eingesetzt.
Auch für Interessenvertreter kann sich ihr Einsatz lohnen, vor allem dann, wenn es örtlich weit auseinanderliegende Betriebsteile oder einen Gesamt- oder Konzernbetriebsrat gibt, da so ein schneller und effektiver Gedankenaustausch möglich wird, auch wenn die Beratungszeit knapp ist.
Während einer Webkonferenz ist nicht nur eine Livediskussion, bei der die Teilnehmenden per Webcam sichtbar sind, möglich, sondern auch die Übertragung von Videoaufzeichnungen, die Vorführung von Präsentationen oder die Diskussion und Bearbeitung von Onlinedokumenten.
Die Besprechungen können dann gleich mitgeschnitten und weiteren Personen zur Verfügung gestellt werden. Wird etwas mitgeschnitten, so müssen dem alle Teilnehmenden der Videokonferenz zustimmen. Allerdings sind Mitschnitte bei Betriebsrats- und Personalratssitzungen nicht erlaubt.
Damit nicht mehr Infos aus einer Videokonferenz nach außen gehen als erwünscht, sind bei allen Produkten Sicherheitsregeln und die gesetzlichen Vorgaben des BetrVG oder des BPersVG etc. und der Datenschutzgesetze einzuhalten.
Rechtsgrundlage für eine Online-BR-Sitzung ist *§ 30 BetrVG:*

§ 30 Betriebsratssitzungen BetrVG
(1) Die Sitzungen des Betriebsrats finden in der Regel während der Arbeitszeit statt. Der Betriebsrat hat bei der Ansetzung von Betriebsratssitzungen

auf die betrieblichen Notwendigkeiten Rücksicht zu nehmen. Der Arbeitgeber ist vom Zeitpunkt der Sitzung vorher zu verständigen. Die Sitzungen des Betriebsrats sind nicht öffentlich. Sie finden als Präsenzsitzung statt.
(2) Abweichend von Absatz 1 Satz 5 kann die Teilnahme an einer Betriebsratssitzung mittels Video- und Telefonkonferenz erfolgen, wenn
1. *die Voraussetzungen für eine solche Teilnahme in der Geschäftsordnung unter Sicherung des Vorrangs der Präsenzsitzung festgelegt sind,*
2. *nicht mindestens ein Viertel der Mitglieder des Betriebsrats binnen einer von dem Vorsitzenden zu bestimmenden Frist diesem gegenüber widerspricht und*
3. *sichergestellt ist, dass Dritte vom Inhalt der Sitzung keine Kenntnis nehmen können.*

Eine Aufzeichnung der Sitzung ist unzulässig.
(3) Erfolgt die Betriebsratssitzung mit der zusätzlichen Möglichkeit der Teilnahme mittels Video- und Telefonkonferenz, gilt auch eine Teilnahme vor Ort als erforderlich.

Die Bestimmungen für Personalräte sind im BPersVG ähnlich:

§ 38 Zeitpunkt der Sitzungen und Nichtöffentlichkeit
(1) Die Sitzungen des Personalrats finden in der Regel während der Arbeitszeit statt. Der Personalrat hat bei der Anberaumung seiner Sitzungen auf die dienstlichen Erfordernisse und auf die Arbeitszeiten seiner Mitglieder Rücksicht zu nehmen. Die Leiterin oder der Leiter der Dienststelle ist vom Zeitpunkt der Sitzung vorher zu verständigen.
(2) Die Sitzungen sind nicht öffentlich. Der Personalrat kann ihm nach § 47 zur Verfügung gestelltes Büropersonal zur Anfertigung der Niederschrift hinzuziehen.
(3) Die Sitzungen des Personalrats finden in der Regel als Präsenzsitzung in Anwesenheit seiner Mitglieder vor Ort statt. Die Sitzung kann vollständig oder unter Zuschaltung einzelner Personalratsmitglieder mittels Video- oder Telefonkonferenz durchgeführt werden, wenn
1. *vorhandene Einrichtungen genutzt werden, die durch die Dienststelle zur dienstlichen Nutzung freigegeben sind,*
2. *nicht mindestens ein Viertel der Mitglieder oder die Mehrheit der Vertreterinnen und Vertreter einer Gruppe des Personalrats binnen einer von der oder dem Vorsitzenden zu bestimmenden Frist gegenüber der oder dem Vorsitzenden widerspricht und*
3. *der Personalrat geeignete organisatorische Maßnahmen trifft, um sicherzustellen, dass Dritte vom Inhalt der Sitzung keine Kenntnis nehmen können.*

Eine Aufzeichnung ist unzulässig. Personalratsmitglieder, die mittels Video- oder Telefonkonferenz an Sitzungen teilnehmen, gelten als anwesend im Sinne des § 39 Absatz 1 Satz 1. § 43 Absatz 1 Satz 3 findet mit der Maßgabe Anwendung, dass die oder der Vorsitzende vor Beginn der Beratung die zugeschalteten Personalratsmitglieder feststellt und in die Anwesenheitsliste einträgt. Das Recht eines Personalratsmitglieds auf Teilnahme an der Sitzung vor Ort bleibt durch die Durchführung der Sitzung mittels Video- oder Telefonkonferenz unberührt.

Abbildung 12: Videokonferenz

In den Landespersonalvertretungsgesetzen gibt es teilweise ähnliche Paragrafen.
Werden die oben genannten Bedingungen eingehalten, so gibt es eine rechtliche Grundlage für Videokonferenzen von Interessenvertretungen.

Datenschutz bei Videokonferenzsystemen

Es gibt eine ganze Reihe von Softwareprodukten, mit denen Webkonferenzen möglich sind. Doch welches Tool ist das Richtige? Erfüllt es die datenschutzrechtlichen Voraussetzungen nach der DSGVO und dem BDSG?

Beherrscht wird der Markt von Tools wie »Skype«, »Microsoft Teams«, »Cisco Webex«, »Adobe Connector« und anderen. Ein Vergleich der Anbieter ist dabei nicht immer einfach, da die Tools teilweise sehr unterschiedliche Funktionen enthalten und im ständigen Wandel begriffen sind.

Genauso unterschiedlich sind die Sicherheitsstandards bei den Tools. Wichtig ist beispielsweise die Frage, in welchem Land die Server stehen, über die eine Videokonferenz läuft (in den USA oder in der EU). Bei amerikanischen Firmen ergibt sich nämlich eine besondere Problematik: Für US-amerikanische Firmen gilt der sogenannte »CLOUD Act« (Clarifying Lawful Overseas Use of Data Act). Dieses Gesetz verpflichtet Firmen dazu, US-Behörden den Zugriff auf gespeicherte Daten zu gewähren, auch wenn diese Daten nicht in den USA gespeichert sind. Zudem ist das alte Datenschutzabkommen mit den USA (US-Privacy Shield) vom Europäischen Gerichtshof für nicht ausreichend erklärt worden. Seitdem dürfen personenbezogene Daten dort nur sehr eingeschränkt gespeichert werden. Diese Fragen sollten mit dem betrieblichen oder behördlichen Datenschutzbeauftragten vor Ort geklärt werden. Zudem kann und sollte eine sichere Konfiguration eines Tools nur in enger Absprache mit dem Datenschutzbeauftragten vor Ort und der IT-Abteilung erfolgen.

Checkliste: Datenschutz bei Videokonferenzen

- Erfüllt das eingesetzte Tool die datenschutzrechtlichen Vorgaben der DSGVO und des BDSG?
- Gibt es einen, den aktuellen Datenschutzanforderungen entsprechenden, Vertrag zur Auftragsverarbeitung nach Art. 28 DSGVO?
- Hat das Tool eine »CLOUD Act«- und »Privacy Shield«-Problematik? Das ist die Frage nach Anbietern aus unsicheren Drittstaaten und ob es geeignete Garantien für den Datenschutz gibt.
- Auf welchen Servern liegt das benutzte Tool? In Europa?
- Wird eine Transportverschlüsselung nach dem Stand der Technik benutzt (z. B. TLS)?
- Werden Daten mit hohem Risiko besprochen oder übertragen, muss es eine Ende-zu-Ende-Verschlüsselung geben.
- Können nur diejenigen die Videokonferenz mithören oder mitschneiden, die dazu eine Berechtigung haben? Auf jeden Fall nicht der Anbieter der Software!
- Lässt sich ein Mitschnitt einer Videokonferenz über das eingesetzte Tool verhindern?
- Wird ein eventueller Mitschnitt bei allen Teilnehmenden optisch angezeigt?
- Sind alle Daten während und nach der Videokonferenz passwortgeschützt?

- Ist eine sichere Verschlüsselung der Daten aktiviert?
- Werden Chatverläufe, eingestellte Daten und eventuelle Mitschnitte nach einer festgelegten Zeit gelöscht?
- Kann in einem technischen Protokoll nachgeprüft werden, wer wann auf die Cloud oder das Videokonferenztool zugegriffen hat?
- Gibt es einen Zugangsschutz zu den Konferenzräumen per individuellen Einladungslink und Passwort?
- Screen Sharing, also die Übertragung des Bildschirminhalts muss so geregelt sein, dass jede teilnehmende Person darüber selbst entscheiden kann.
- Keine Tracking-Informationen, Telemetrie-Daten oder Aufmerksamkeitserkennung durch das Tool … zulassen!
- Gibt es eine Moderatorenfunktion zur Steuerung der Besprechung, die Teilnehmende aus einer Konferenz entfernen, Screen Sharing freigeben oder eine Stummschaltung aktivieren und aufheben kann?
- Gibt es die Möglichkeit, dass Teilnehmende den eigenen Hintergrund auf unscharf einstellen können?

Download-Tipp:

- Das Bundesamt für Sicherheit in der Informationstechnik (BSI) hat eine neue Broschüre veröffentlicht, welche bei der Gestaltung sicherer Videokonferenzen unterstützen soll. Der Anspruch an das Fachwissen der Lesenden ist allerdings sehr hoch. Das »Kompendium Videokonferenzsysteme« ist 175 Seiten stark und kann auf der Website des BSI kostenlos heruntergeladen werden: *www.bsi.bund.de*.

Literatur

Weitere Infos zu Webkonferenzen (auch zum Regelungsbedarf durch Betriebs- oder Dienstvereinbarungen) in: *Dirk Hammann*, Webkonferenzen – Vorsicht Kamera! in: CuA, 7/2009, S. 29–31. Es ist zwar ein älterer, aber immer noch lesenswerter Artikel.

20. Standard-Datenschutzmodell (SDM)

Wie gesehen, sind die Anforderungen die der Datenschutz an Arbeitgeber, aber auch an gesetzliche Interessenvertretungen stellt hoch. Das alles zu erfüllen ist nicht einfach und benötigt klare Orientierungen.
Das »Standard-Datenschutzmodell« (SDM) will dabei helfen, in dem es eine Methode zur Verfügung stellt, um den datenschutzkonformen Umgang mit personenbezogenen Daten mit den notwendigen technischen und organisatorischen Maßnahmen zu verbinden. Zielgruppe des »Standard-Datenschutzmodells« sind die Verantwortlichen für den Datenschutz und die Datenschutzbehörden. Darüber hinaus lohnt sich auch für gesetzliche Interessenvertretungen der Blick in das SDM, denn es enthält präzise Anforderungen und Lösungsvorschläge.
In der Broschüre »Das Standard-Datenschutzmodell« werden die Schritte erklärt. Unterschätzen darf man den Arbeitsaufwand aber nicht, da die Grundlagen in der Broschüre beschrieben werden, zu denen es dann aber noch »Bausteine« gibt, die in die Tiefe der Materie gehen. Natürlich muss eine gesetzliche Interessenvertretung immer überlegen, bis wohin sie einsteigen will und kann und was sie dem DSB überlassen sollte.
In nächster Zeit werden weitere Bausteine und Überarbeitungen basierend auf den Rückmeldungen aus der Praxis für das SDM folgen.

Literatur

AK Technik der Konferenz der unabhängigen Datenschutzbehörden des Bundes und der Länder, Das Standard-Datenschutzmodell. Eine Methode zur Datenschutzberatung und -prüfung auf der Basis einheitlicher Gewährleistungsziele.

Diese Broschüre beschreibt was das SDM leisten will und den Umgang mit den einzelnen Bausteinen des SDM.

https://www.datenschutzzentrum.de/sdm/

Die Bausteine finden sich unter *https://www.datenschutz-mv.de/datenschutz/datenschutzmodell/*

21. IT-Grundschutz

Um einen guten IT-Schutz zu gewährleisten, benötigt eine Firma oder Behörde einen klaren Katalog von Maßnahmen der abgearbeitet werden kann. Das BSI bietet mit dem IT-Grundschutz-Kompendium das passende Werkzeug, um mit einem überschaubaren finanziellen, personellen und zeitlichen Aufwand einen guten Basisschutz umzusetzen und nach außen zu dokumentieren.

Abbildung 13: IT-Grundschutz-Kompendium

Hintergrund

Vorgänger der IT-Grundschutz-Bausteine waren die IT-Grundschutz-Kataloge. Das IT-Grundschutz-Kompendium wurde zeitgleich mit dem neuen Datenschutzrecht entwickelt und löste damit die IT-Grundschutz-Kataloge ab. Das IT-Grundschutz-Kompendium gehört neben den BSI-Standards zu den grundlegenden Veröffentlichungen des BSI zum IT-Grundschutz.

Die IT-Grundschutz-Bausteine

Die Bausteine des Kompendiums sind in zehn Schichten aufgeteilt und beschäftigen sich mit unterschiedlichsten Themen der IT-Sicherheit. Sie reichen thematisch von Anwendungen (APP) wie Office-Produkte, über Industrielle IT (IND) bis hin zu Sicherheitsmanagement (ISMS). Bei der Erstellung der Bausteine wurde bereits eine Risikobewertung für Bereiche mit normalem Schutzbedarf durchgeführt.
Die IT-Grundschutz-Bausteine untersuchen die Gefährdungen und Sicherheitsanforderungen eines Themas auf jeweils rund zehn Seiten und geben Anwendern konkrete Empfehlungen zur Umsetzung des IT-Grundschutzes.
Das aktuelle IT-Grundschutz-Kompendium enthält über 100 IT-Grundschutz-Bausteine. Sie reichen von Sicherheitsmanagement (APP) über Industrielle IT (IND) bis hin zu Infrastruktur (INF).
Neben der PDF-Version des IT-Grundschutz-Kompendiums liegen im Downloadbereich des BSI zum IT-Grundschutz weitere Dokumente wie Umsetzungshinweise, Änderungsdokumente, eine Anleitung zur Migration von Sicherheitskonzepten, Migrationstabellen und eine Mindmap mit der Struktur des IT-Grundschutz-Kompendiums (siehe unter Literatur).
Noch fehlende Bausteine, auf die in der aktuellen Edition schon verwiesen wird, die aber noch nicht veröffentlicht sind, werden mit den nächsten Editionen nachgeliefert. Das BSI plant jedes Jahr eine aktualisierte Version des Kompendiums.
Schon fertige, aber noch nicht in das Kompendium eingearbeitete Bausteine finden sich unter:
https://www.bsi.bund.de
Die im Kompendium formulierten Anforderungen bilden den aktuellen Stand der Technik ab.
Sehr hilfreich ist das IT-Grundschutz-Kompendium auch deshalb, weil es als Prüfgrundlage für Zertifizierungen nach ISO 27001 dient.

Literatur

Das IT-Grundschutz-Kompendium als PDF und weitere Informationen gibt es unter

https://www.bsi.bund.de/DE/Themen/Unternehmen-und-Organisationen/Standards-und-Zertifizierung/IT-Grundschutz/IT-Grundschutz-Kompendium/it-grundschutz-kompendium_node.html

22. Angriffe von außen und innen

Für Betriebe und Dienststellen gilt schon lange, dass Datensicherheit und Datenschutz nicht nur die Frage betreffen, wie gut die Daten nach außen, sondern auch wie sie nach innen geschützt sind. Studien belegen, dass viele Hackerangriffe aus dem Betrieb selbst kommen. Ein Datenschutzkonzept der Interessenvertretung muss dies berücksichtigen.
Juristisch ist das Ausspionieren natürlich verboten. Selbst das Vorbereiten des Ausspähens und Abfangens von Daten ist nach dem Strafgesetzbuch (StGB) durch die *§§ 202a* und *202b* verboten:

§ 202a Ausspähen von Daten
(1) Wer unbefugt sich oder einem anderen Zugang zu Daten, die nicht für ihn bestimmt und die gegen unberechtigten Zugang besonders gesichert sind, unter Überwindung der Zugangssicherung verschafft, wird mit Freiheitsstrafe bis zu drei Jahren oder mit Geldstrafe bestraft.
(2) Daten im Sinne des Absatzes 1 sind nur solche, die elektronisch, magnetisch oder sonst nicht unmittelbar wahrnehmbar gespeichert sind oder übermittelt werden.

§ 202b Abfangen von Daten
Wer unbefugt sich oder einem anderen unter Anwendung von technischen Mitteln nicht für ihn bestimmte Daten (§ 202a Abs. 2) aus einer nichtöffentlichen Datenübermittlung oder aus der elektromagnetischen Abstrahlung einer Datenverarbeitungsanlage verschafft, wird mit Freiheitsstrafe bis zu zwei Jahren oder mit Geldstrafe bestraft, wenn die Tat nicht in anderen Vorschriften mit schwererer Strafe bedroht ist.

Im Strafgesetzbuch gibt es im Umfeld des § 202a eine ganze Reihe von Gesetzesbestimmungen, die sich mit der strafrechtlichen Bewertung des Ausspionierens, Abfangens von Daten oder Datenhehlerei befassen.
Doch was verboten ist, bedeutet nicht, dass es nicht versucht wird. Daher ist eine Risiko- und Schwachstellenanalyse notwendig, die klärt, wo wel-

che Daten liegen, wie sie gesichert sind und wie die Sicherheit optimiert werden kann.

Es stellt sich die Frage, wer neben den Mitgliedern der Interessenvertretung sonst noch einen Zugang zum Büro der Interessenvertretung hat, also z. B. Reinigungspersonal und Hausmeister.

Die Sicherheit kann nicht allein durch Druck erreicht werden, sondern nur durch eine Sensibilisierung für die datenschutzrechtlichen Fragen und Anforderungen:

- Es muss ein klarer Pflichtenplan als Teil des Datenschutzkonzeptes zum Umgang mit datenschutzrechtlichem Material erstellt werden (dazu gehören auch so einfache Regeln, wie beispielsweise nichts unverschlossen im Büro der Interessenvertretung herumliegen zu lassen oder alte Daten über einen Papier- oder Dateischredder zu vernichten).
- Ein neues Gremium muss möglichst zeitnah nach der Wahl datenschutzrechtlich geschult werden. Dazu gehören nicht nur die Datensicherheit am PC, Smartphone oder mit Dokumenten, sondern auch die Grundlagen des Datenschutzes, also die DSGVO und das BDSG und
- dass ausscheidende Mitglieder der Interessenvertretung darüber zu unterrichten sind, dass ihre Verschwiegenheitspflicht weiterhin besteht und sie keinerlei Daten der Arbeit in der Interessenvertretung nach dem Ausscheiden behalten dürfen. Darunter fallen sowohl gedruckte als auch digitale Daten.

Viele Interessenvertretungen vertrauen ihrem Arbeitgeber nicht und hätten darum gerne einen separaten Internetzugang. Der lässt sich aber leider nicht erzwingen. In einem Urteil hat das Bundesarbeitsgericht (BAG)[67] festgestellt: »Der Arbeitgeber ist grundsätzlich weder dazu verpflichtet, dem Betriebsrat unabhängig von seinem Netzwerk einen Zugang zum Internet zur Verfügung zu stellen, noch muss er für den Betriebsrat einen von seiner Telefonanlage unabhängigen Telefonanschluss einrichten.«[68]

67 BAG 20.4.2016 – 7 ABR 50/14.

68 Pressemitteilung des BAG Nr. 18/16 vom 20.4.2016.

Abbildung 14: Bedrohungslage IT-Sicherheit[69]

Quelle: BSI

69 BSI, Die Lage der IT-Sicherheit in Deutschland 2023.

a. Das Firmennetzwerk

Eine nicht zu unterschätzende Gefahr für die Daten der Interessenvertretung ist das Netzwerk in der Firma, der Verwaltung oder der Behörde. In fast allen größeren Organisationseinheiten werden heutzutage Netzwerke eingesetzt. Das bedeutet, dass unterschiedliche, zumeist selbstständige elektronische Systeme (Computer, funktechnische Systeme, …) anhand von gemeinsamen Protokollen zusammenarbeiten und Informationen tauschen und gemeinsam genutzt werden können. In Computernetzwerken sind z. B. mehrere Computer und andere Geräte (Drucker, …) miteinander verbunden. Diese Netzwerke können dabei ganz unterschiedlich groß sein: Im kleinen lokalen Netzwerk (LAN = Local Area Network) gibt es nur wenige Geräte, in weltweiten Netzwerken (GAN = Global Area Network) sind es manchmal mehrere Tausend. Vielerorts ist als Standard inzwischen ein drahtloses lokales Netzwerk, kurz WLAN (Wireless Local Area Network), hinzugekommen, das, da es über Funk übertragen wird, eine teure Verkabelung überflüssig macht.

Abbildung 15: Aufbau eines typischen Computernetzwerks

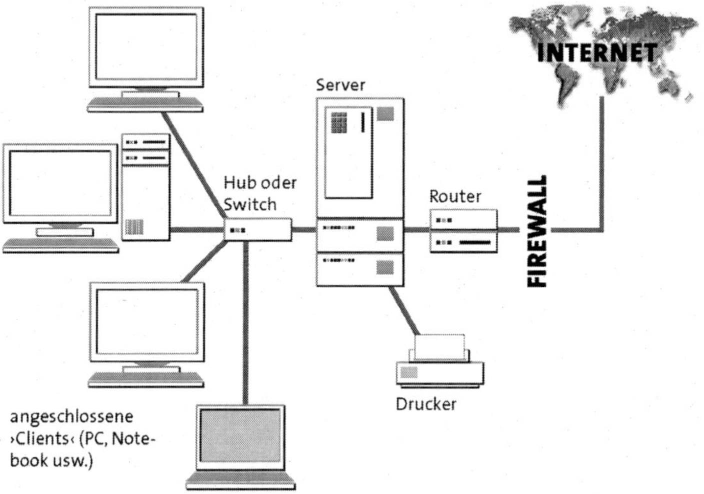

Gegenüber einzelnstehenden PCs haben Netzwerke den Vorteil der gemeinsamen Nutzung von Software, von Daten und teureren Geräten, wie beispielsweise Laserdruckern. Zudem erlauben sie es, Daten intern zu übermitteln, sie zentral zu sichern oder Software von einer Stelle aus zu installieren und zu warten.

b. Kontrolle über das Netzwerk

Ein Systemverwalter (Administrator, Netzwerkadministrator) betreut das Computernetz. Er hat dafür zu sorgen, dass das Netzwerk richtig funktioniert. Dazu muss er natürlich auch den »Verkehr« im Netzwerk überwachen, um beispielsweise Schwachstellen, wie langsamen Datenverkehr oder auch Sicherheitslücken, ausfindig zu machen. Das schließt ein, dass der Systemverwalter grundsätzlich auf alle Bereiche des Netzwerks zugreifen kann. Ohne Weiteres kann er deshalb sämtliche im Netz kursierenden E-Mails lesen oder sehen, auf welche Internetseiten oder Daten von einem bestimmten PC aus zugegriffen wird, oder feststellen, woran jemand gerade arbeitet.
Das alte Bundesdatenschutzgesetz setzte durch die gleichlautenden *§ 14 Abs. 4 und § 31 BDSG-alt* klare Grenzen:

»Personenbezogene Daten, die ausschließlich zu Zwecken der Datenschutzkontrolle, der Datensicherung oder zur Sicherstellung eines ordnungsgemäßen Betriebes einer Datenverarbeitungsanlage gespeichert werden, dürfen nur für diese Zwecke verwendet werden.«

Ein Systemverwalter durfte also inhaltlich weder Beschäftigte noch die Interessenvertretung kontrollieren. Leider sind diese Paragrafen nicht mehr in der DSGVO oder im neuen BDSG enthalten.
Die Juristen sind sich aber einig, dass eine »Öffnung« grundsätzlich nicht möglich ist und sie gehen davon aus, dass die Gerichte das auch weiterhin so sehen werden:

»Nur unter den Voraussetzungen des rechtfertigenden Notstands gemäß § 34 StGB dürfte Abweichendes gelten. Weder die DSGVO noch das BDSG n. F. enthält eine Bestimmung, die dem § 31 BDSG a. F. entsprechen würde.

Dennoch ist es schwer vorstellbar, dass die Gerichte unter dem neuen Recht zu wesentlich abweichenden Ergebnissen kommen werden.«[70]

Inhaltlich ist also davon auszugehen, dass sich daran nichts geändert hat. Denn an die Anforderungen der DSGVO und des BDSG für den Schutz personenbezogener Daten muss sich auch ein Admin immer halten und er darf sie sich inhaltlich nicht ansehen! Auch wenn man hier, um ganz sicher zu gehen, die Rechtsprechung abwarten muss, ist es dem Systemadministrator verboten die Daten der gesetzlichen Interessenvertretung zu lesen.

Das macht ein Netzwerk

Kern eines Netzwerks ist in der Regel ein zentraler Rechner: der Server (= »Zusteller«). Er stellt den einzelnen Arbeitsplatzcomputern Daten und anderes zur Verfügung (siehe weiter unten). Jede »Dienstleistung«, die er für das Netzwerk erbringt, zeichnet er dabei in einer Protokolldatei auf.
In großen Netzwerken gibt es nicht nur einen solchen Server, sondern gleich mehrere: File- oder Dateiserver, Druckserver, Mail- oder Postserver, Faxserver bis schließlich hin zum Proxyserver. Letzterer ist Teil einer sogenannten Firewall (= »Brandschutzmauer«), die den Datenverkehr zwischen Internet und dem lokalen Netzwerk verwaltet und überwacht sowie die aus dem Internet abgerufenen Seiten und Dateien zwischenspeichert (so stehen häufig angeforderte Daten schneller zur Verfügung). Jeder dieser Server erstellt Protokolle und speichert sie in sogenannten Logdateien (Logfiles).
Diese Logdateien (»log« = Protokoll, Logbuch) sind wichtig für die Datensicherheit. Anhand der gesammelten Daten kann ein Hackerangriff oder sonstiger »Angriff« auf das Netzwerk und aus dem Netzwerk festgestellt und – falls es zu einem Prozess kommt – auch nachgewiesen werden. Da Logdateien kompliziert sein können, gibt es spezielle Software, die eine recht komfortable und detaillierte Analyse ermöglicht.
Die Kehrseite der Medaille: Mit den dabei gewonnenen Daten ist es problemlos möglich, ein »Profil« von der Nutzung des Netzwerks – bis hin zur Internetnutzung – durch einzelne Beschäftigte zu erstellen.

70 Wolfgang Däubler, Gläserne Belegschaften. Das Handbuch zum Beschäftigtendatenschutz, 9. Aufl., 2021, S. 304.

c. Sicherheitsrisiko »Sniffer«

Um die Funktionalität und die Schwachstellen des Netzwerks zu prüfen, benutzt der Systemverwalter zusätzlich sogenannte »Sniffer« (= Schnüffler). Das sind Geräte und/oder Programme, die Daten aus dem Netzwerk abfangen und auswerten können. Von diesen Programmen steht eine Vielzahl mit sehr unterschiedlichem Leistungsumfang zur Verfügung. Sie können beispielsweise:

- Passwörter und vertrauliche Informationen abfangen,
- Kopien von übertragenen Dateien und E-Mails machen,
- Logdateien auswerten und
- die aufgerufenen Internetadressen automatisch an einen anderen Browser weiterleiten.

aa. Das Ausschnüffeln konkret

In einem Netzwerk werden Daten bei der Übertragung von einem Netzwerkcomputer zu einem anderen in viele kleine Datenblöcke aufgeteilt (sogenannte »Pakete«), die dann einzeln über das Netzwerk verschickt werden. Das hat den Vorteil, dass beim Verlust eines Paketes nicht alle neu verschickt werden müssen, sondern nur das fehlende Paket. Damit die Daten auch richtig ankommen, hat jeder Rechner eine eigene Netzwerkadresse. Werden Pakete nun über ein kleines, lokales Netzwerk an einen bestimmten Rechner verschickt, erhalten zuerst *alle* Rechner im Netz diese Pakete, da sie über einen »Hub« miteinander verbunden sind. So ein »Hub« (= Buchse, Verteiler) ist ein Gerät, das alle Computer eines Netzwerks an einer zentralen Stelle verbindet und so den Datenaustausch ermöglicht.

Die Adresse der Datenpakete führt dazu, dass nur der angewählte Zielrechner auf die ankommenden Pakete reagiert, alle anderen Rechner ignorieren sie. Allerdings – und da liegt ein Sicherheitsproblem – ist es möglich, die Netzwerkkarte eines Computers mithilfe spezieller Software in den sogenannten »Promiscuous Mode« (»freizügigen Modus«) zu versetzen. Der Begriff ist schwer zu übersetzen, am ehesten noch mit »Fremdgeh-Modus«, was es auch treffend beschreibt, da eine in den »Promiscuous Mode« versetzte Netzwerkkarte nicht nur die an sie adressierten Pakete annimmt, sondern auch alle anderen. Ein so manipulierter oder eingestellter Rechner ist dann ein »Sniffer«.

In größeren Netzwerken läuft der Weg von Datenpaketen etwas anders; dort werden sogenannte »Switches« (= Schalter) eingesetzt. Bei dieser Technik wird nur zwischen den beiden Rechnern, die Daten tauschen

Abbildung 16: Hub

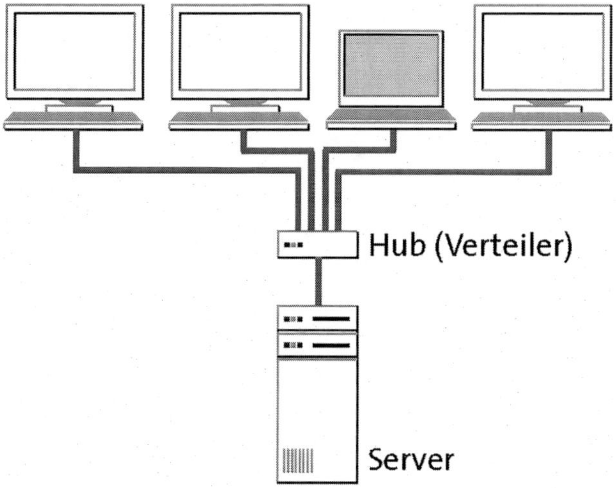

wollen, eine gesonderte Verbindung hergestellt – die Pakete »klopfen« also nicht bei allen Rechnern an. Der Systembetreuer hat aber auch auf diese Sonderverbindungen Zugriff, denn »Switches« haben immer die Option des »Monitoring« (= Überwachung). Dabei werden alle zwischen zwei Rechnern versandten Daten kopiert und können (wieder von einem »Sniffer«) ausgewertet werden.

Mit einem Sniffer ist es somit möglich, alle Datenpakete eines Netzwerks abzufangen, aber das erfordert doch ein fundiertes Netzwerkwissen, denn die Daten müssen ja auch ausgewertet werden, und zwar schnell, denn geschieht dies nicht, sammelt sich innerhalb kürzester Zeit eine enorme Datenmenge an. Deshalb werden oft auch nur die ersten 200 bis 300 Bytes eines Datenpakets analysiert, jene Teile also, in denen beispielsweise der Benutzername und das Passwort enthalten sind. Das ist übrigens auch eine typische Einstellung, die Hacker benutzen, um mit einem Sniffer Kennworte in einem Netzwerk auszuspähen. Dafür gibt es sogar spezielle Software, die sogenannten »Passwort-Sniffer«. Ein besonders »guter« Spion ist »Wireshark«, denn er beherrscht viele Übertragungsprotokolle und ist beim Ausspähen äußerst erfolgreich. Sniffer sind allerdings nur für Fachleute geeignet.

Abbildung 17: Switch

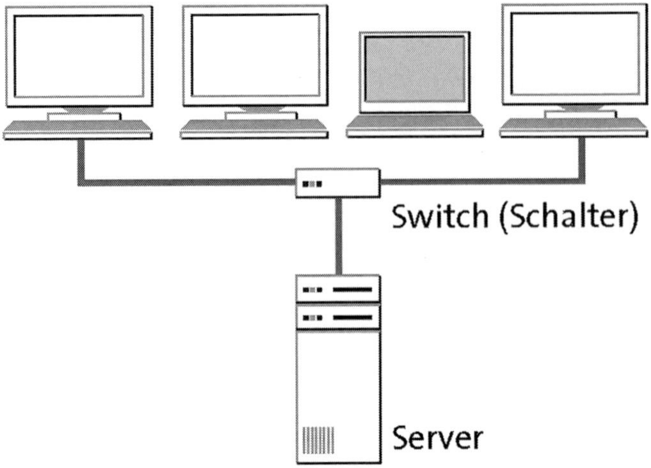

Um dem illegalen Einsatz eines Hacker-Sniffers zu begegnen, werden in einigen Systemen die Datenpakete verschlüsselt. Das macht sie auch tatsächlich gegen Angriffe *von außen* widerstandsfähiger – für den Systemverwalter aber sind die Daten normalerweise weiterhin lesbar.

bb. Sniffer abwehren

Grundsätzlich gibt es zwei Möglichkeiten, gegen einen Sniffer vorzugehen. Entweder man entdeckt und beseitigt ihn oder man schützt die Daten. Sniffer zu entdecken, ist allerdings sehr schwierig und ohne sehr gute Netzwerkkenntnisse fast unmöglich. Es ist daher allein Sache des Systemverwalters, Hacker-Sniffer zu jagen. Und was die Interessenvertretung betrifft, wird sie sich darauf konzentrieren, die eigenen Daten zu schützen und die Kontrollmöglichkeiten des Systemverwalters im Auge zu behalten.

Ein Sniffer im Netzwerk kann sogar eine Überwachungssoftware (siehe Kapitel 23. »Überwachen und Ausspionieren«) überflüssig machen, weil er ähnliche Ergebnisse liefert. Allerdings erfordert der Umgang mit einem Sniffer mehr technisches Wissen und ist auch in der Auswertung viel aufwendiger als eine Überwachungssoftware. Eine Ausnahme bildet hier der E-Mail-Verkehr, da die übers Netz verschickten Nachrichten nach dem Einsatz entsprechender Sniffer-Software im Klartext gelesen werden können.

Abbildung 18: Sniffer Wireshark

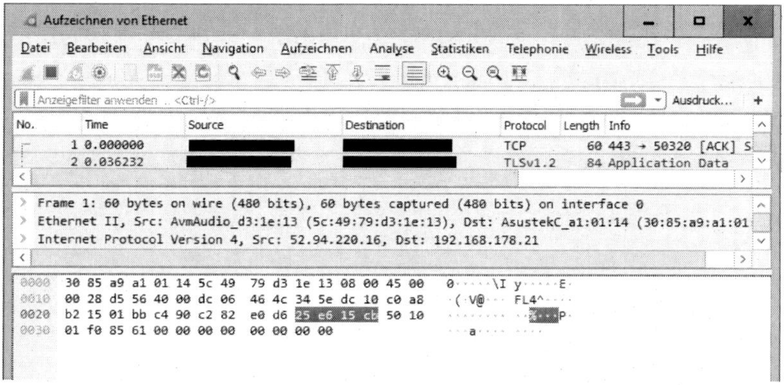

Im Vergleich zu einem Sniffer ist der Umgang mit Überwachungssoftware auch für normale Computerbenutzer schnell zu erlernen. Absichern kann man sich übrigens,

- wenn man den Netzwerkstecker zieht, sobald man an einem PC Arbeiten für den Betriebsrat macht (so die installierte Software dann noch funktioniert), und wenn außerdem alle Dateien auf der Festplatte und sämtliche E-Mails mit ihren Anhängen mit einer guten Software verschlüsselt werden (zum Verschlüsseln siehe Kapitel 29. »Topsecret! Dateien und E-Mails verschlüsseln«);
- wenn alle Daten einer Interessenvertretung regelmäßig auf einem »Wechselmedium« (USB-Stick, CD-ROM, Band, sichere Cloud, weitere Festplatte) gesichert werden. Eine automatische, zeitgebundene und verschlüsselte Sicherung auf einer externen Festplatte ist da der sicherste Weg;
- wenn die Dateien des Betriebsrats nur auf der Festplatte des Betriebsratscomputers (Laufwerk »C:«) und nicht etwa auf dem Netzwerkserver abgelegt sind. Deshalb werden sie auch nicht wie andere Daten durch den Systembetreuer zusätzlich gesichert.

d. WLAN

Neben den klassischen Netzwerken haben sich Funknetzwerke durchgesetzt. Das WLAN (Wireless Local Area Network = drahtloses lokales Netzwerk) ist ein lokales Funknetz, allerdings mit einer Reichweite von bis zu 300 Metern im Freien und 30 Metern in Gebäuden. Die Reichweite kann technisch natürlich auch noch erweitert werden. WLAN ersetzt in Firmen zumeist nicht das »normale« Netzwerk, wird aber oftmals zusätzlich eingerichtet, um überall auf dem Firmengelände einen Zugriff auf das Netzwerk und auf das Internet zu ermöglichen. Denkbar ist bei einer Interessenvertretung auch ein eigenes WLAN. Allerdings sollte WLAN nie ohne entsprechende Sicherheitsmaßnahmen betrieben werden. Dazu gehört die Auswahl des richtigen Verschlüsselungsstandards. Als Standard sollte zumindest WPA3 (Wi-Fi Protected Access), das ist die Verschlüsselungsmethode, eingestellt werden. Die Bedienungsanleitung des eingesetzten WLAN-Geräts enthält die dazu notwendigen Einstellungen, oftmals finden sich weitere nützliche Informationen im Internetauftritt des Herstellers.

Abbildung 19: WLAN

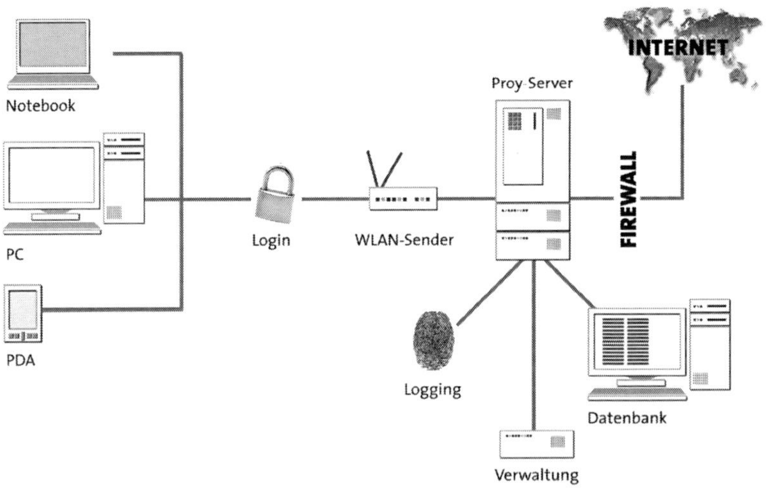

e. VPN – der Sicherheitstunnel

Wer im Homeoffice arbeitet sollte die digitale Verbindung zum Betrieb oder zur Verwaltung nur über eine gesicherte Verbindung aufnehmen. Das gilt auch und besonders bei öffentlichem WLAN. Viele Interessenvertreter müssen unterwegs ein öffentliches WLAN nutzen (in Hotels, Tagungshäusern oder Cafés), um auf für sie notwendige Daten zuzugreifen oder wichtige E-Mails schreiben zu können. Da die Sicherheit dieser Zugänge oftmals nicht wirklich einzuschätzen ist, sollten sicherheits- und datenschutzrechtlich relevante Daten dort nicht unverschlüsselt übermittelt werden. Denn auch der WLAN-Verkehr lässt sich mit einem Sniffer kontrollieren und protokollieren.
Wer sichergehen möchte, sollte ein Virtual Private Network (deutsch »virtuelles privates Netzwerk«, abgekürzt VPN) einsetzen. Das ist eine getunnelte, verschlüsselte Verbindung ins Internet. Ein Systemadministrator kann das, wenn ein VPN noch nicht existieren sollte, problemlos einrichten. Ein VPN lässt sich aber auch über einen Router, beispielsweise mit der »Fritz!Box« anlegen.
Es ist immer sinnvoll, das Notebook, Tablet oder Smartphone sobald man unterwegs über ein WLAN ins Internet geht, zu tunneln, also ein VPN einzurichten.

Abbildung 20/21: VPN

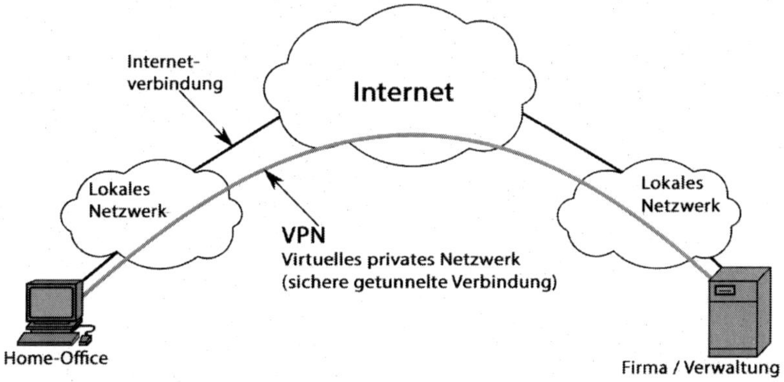

f. Thin Client/Cloud

Inzwischen ist es fast schon zum Standard geworden, dass zumindest die zu verarbeitenden Daten nicht mehr auf dem Einzelrechner abgelegt sind, sondern auf einem Server. Teilweise ist auch die Software für die lokalen Rechner auf einem Server oder befindet sich in der Cloud.
Für Programme, die beispielsweise über das Internet aufgerufen werden und sich auf einem fernen Rechner befinden und/oder ebenfalls die Daten, hat sich der Begriff Cloud-Computing (dt.: Rechnerwolke) oder auch einfach Cloud durchgesetzt. Große Firmen wie Microsoft und Adobe bieten ihre Programme teilweise nur noch als Mietprodukte in der Cloud an.
Die zurzeit wichtigsten Netzwerkmodelle sind das Client-Server-Modell und das Thin-Client-Modell. Beim Client-/Server-Modell sind die Clients (= Kunde, also die Arbeitsplatzrechner) einzeln an den Server, den zentralen Netzwerkrechner, angeschlossen und können alle Programme und Dateien des Servers benutzen.
Beim Thin-Client-Modell sind »abgespeckte«, in seinen Funktionen reduzierte Arbeitsplatzrechner (Thin Client = »dünner Dienstnutzer«) mit dem Server verbunden. Daher benötigt ein Einzelrechner viel weniger Hardwareleistung und ist somit billiger. Die beim Thin-Client-Modell angeschlossenen Computer können dabei in ihren Funktionen beliebig eingeschränkt werden. Beispielsweise lassen sich alle Programme nur noch über den zentralen Server benutzen und Daten auch nur dort speichern. Es läuft auf den Einzelrechnern daher nur die Software, die für den Zugriff auf die Anwendungen, die auf dem Server betrieben werden, notwendig ist.
Benutzen Mitglieder der Interessenvertretung einen Thin Client, haben sie keinerlei Kontrolle über die eingesetzte Software und die gespeicherten Daten, da sie ja auf einem zentralen Server liegen. Des Weiteren muss daher unbedingt mit dem DSB geklärt werden, ob die Daten der Interessenvertretung auf dem Server wirklich geschützt sind, diese nur für die Mitglieder der Interessenvertretung zugänglich abgelegt werden können und ob diese dabei die besonderen Anforderungen des Datenschutzes für die Interessenvertretung gewährleisten.[71]
Prinzipiell sollten Daten einer Interessenvertretung in einer Cloud nur verschlüsselt abgelegt sein.

---

71 BSI, Mindeststandard des BSI nach § 8 Abs. 1 Satz 1 BSIG zur Nutzung externer Cloud-Dienste, 2021, unter *https://www.bsi.bund.de*. Dort finden sich auch Umsetzungshinweise.

g. Überwachung durch das Betriebssystem

Die Kontrolle eines PC-Benutzers ist auch über das Betriebssystem möglich. Windows besitzt beispielsweise die Funktion »Überwachungsrichtlinien« und »Verzeichnisüberwachung«, die das Verhalten eines PC-Benutzers protokollieren. Dazu gehören das An- und Abmelden am Rechner und die Zugriffe auf Dateien, Ordner und Programme – natürlich jeweils mit Datum und Uhrzeit.
Dabei werden sowohl erfolgreiche als auch fehlgeschlagene Aktionen protokolliert. Die Möglichkeit zu einer solchen Überwachung in Betrieben oder Verwaltungen hat allerdings nur der Systemverwalter, die ihm technisch auch nicht entzogen werden kann. Daher ist hier der DSB gefragt, um sicherzustellen, dass solche Protokolle lediglich zur Fehlersuche und -analyse im System benutzt werden.
Falls es Konflikte um Nachweise gibt, wer wann welche Zugriffe auf einen PC und auf welche Dateien im Gremium genommen hat, können diese Funktionen eine Rolle spielen.

h. Zugriff des Systemverwalters auf sensible Daten

Wurden die Zugriffsrechte auf bestimmte »Ordner« mit Dateien korrekt vergeben, haben andere Benutzer des Netzes keine Möglichkeit, auf die Daten der Interessenvertretung zuzugreifen – immer mit Ausnahme des Systemverwalters. Das gilt, obwohl diese Zugriffsmöglichkeit für einen reibungslosen technischen Betrieb des Netzes überhaupt nicht notwendig ist.
Es muss zudem bedacht werden, dass der Zugriff auf unverschlüsselte Daten immer über eine Datensicherung möglich ist. Deshalb gilt Folgendes:
- Eine Datensicherung von Interessenvertretungsdaten durch den Systemverwalter muss ausgeschlossen werden, außer die Daten sind so verschlüsselt, dass auch der Systemverwalter keinen Zugriff hat.
- Die Interessenvertretung sichert die Daten selbst.
- Daten der Interessenvertretung werden zusätzlich verschlüsselt, denn erst nach einer Verschlüsselung sind die Interessenvertretungsdaten wirklich sicher.

i. Fazit

Ein Systemverwalter ist, wenn er sich Daten im Firmennetzwerk anschauen *will*, kaum davon abzuhalten. Besser als jede Kontrolle durch die Interessenvertretung ist es deshalb, zum Systemverwalter ein Vertrauensverhältnis aufzubauen.
Klar: Rechtlich darf die Interessenvertretung nicht vom Arbeitgeber oder vom Systemverwalter kontrolliert werden, sondern nur vom betrieblichen oder behördlichen Datenschutzbeauftragten. Ist eine Interessenvertretung ins Firmennetzwerk eingebunden, muss sich die Kontrolle durch den Netzverwalter deshalb auf die reine Netzwerktechnik beschränken. Er darf also weder mit einem Sniffer Datenpakete der Interessenvertretung abfangen noch auf irgendeine andere Weise deren Dateien und E-Mails lesen.

Literatur

Umfassende Hilfe zu den Rechtsfragen rund um die Intranet- und Internetnutzung im Betrieb vgl. *Däubler*, Digitalisierung und Arbeitsrecht. Künstliche Intelligenz – Homeoffice, Arbeit 4.0, 8. Aufl., 2022.

Checkliste Netzwerkkontrolle

- Gespräch mit dem Systemadministrator zu den datenschutzrechtlichen Fragen führen.
- Das Passwort für die Benutzerkonten sollte mindestens zwölf Zeichen enthalten und regelmäßig geändert werden (mehr dazu später).
- Die Daten der Interessenvertretung werden verschlüsselt, denn erst nach einer Verschlüsselung sind diese Daten wirklich sicher.
- E-Mails verschlüsseln.
- Daten der Interessenvertretung regelmäßig auf einem anderen Datenträger sichern – niemals allein auf dem Server.
- Eine Datensicherung von Interessenvertretungsdaten durch den Systemverwalter muss ausgeschlossen werden, es sei denn, sie sind so verschlüsselt, dass der Systemverwalter nicht darauf zugreifen kann. Besser: Die Interessenvertretung sichert die Daten selbst.
- Daten der Interessenvertretung nicht auf dem Dateiserver des Netzwerks, sondern nur im verschlüsselten Bereich auf der Festplatte »C:« des Computers der Interessenvertretung speichern.

23. Überwachen und Ausspionieren

Bequem sind sie ja, die Tastaturen, die ohne ein Kabel auskommen und per Funk den Kontakt zum Rechner herstellen. Gleichzeitig können sie aber auch eine Sicherheitslücke sein. Wird die drahtlose Übertragung von Tastatur zu PC nicht verschlüsselt, ist es mit einem entsprechenden Funkempfänger möglich, die Tastatureingaben in einem Nachbarraum aufzufangen und wieder sichtbar zu machen. Sogar die Spuren einer Funkmaus lassen sich verfolgen, auch wenn mit den Ergebnissen nicht viel anzufangen sein dürfte. Überhaupt mag bei dem einen oder anderen mit solchen – doch schon eine erhebliche »kriminelle Energie« voraussetzenden – »Spionagetechniken« die Grenze des Vorstellbaren überschritten sein. Trotzdem kann es nicht schaden, darüber Bescheid zu wissen.
Da inzwischen die meisten gesetzlichen Interessenvertreter einen Computer haben und am Firmennetzwerk hängen, immer mehr auch über einen eigenen Internetzugang verfügen, gibt es nämlich – wenn man das schon will – ganz andere und sehr viel weniger aufwendige Möglichkeiten, die Interessenvertretung (oder auch die Beschäftigten) zu überwachen oder auszuspionieren, etwa über eine Fernwartung oder über Hintertür- oder Überwachungsprogramme.

a. Hintertür-, Fernwartungs- und Kontrollprogramme

Eine Software zur Fernwartung ermöglicht Verwaltern der Unternehmens-EDV-Systeme den Zugriff auf einen entfernt stehenden Computer von ihrem eigenen Arbeitsplatz aus. Das kann ein Rechner irgendwo im Unternehmen oder auch bei einem Telearbeiter zu Hause sein. Sinnvoll ist das, um z. B. neue Softwareversionen (Updates) aufzuspielen oder Probleme zu beheben, ohne dass der Systemverwalter selbst vor dem entsprechenden Rechner sitzen muss. Wartungsarbeiten lassen sich so schneller und billiger erledigen. Je nach Einstellung der Fernwartungssoftware, haben die Systemverwalter hierbei Zugriff auf bestimmte oder sogar alle Funktionen und Daten auf dem fremden Rechner.

Abbildung 22: Fernwartung TeamViewer

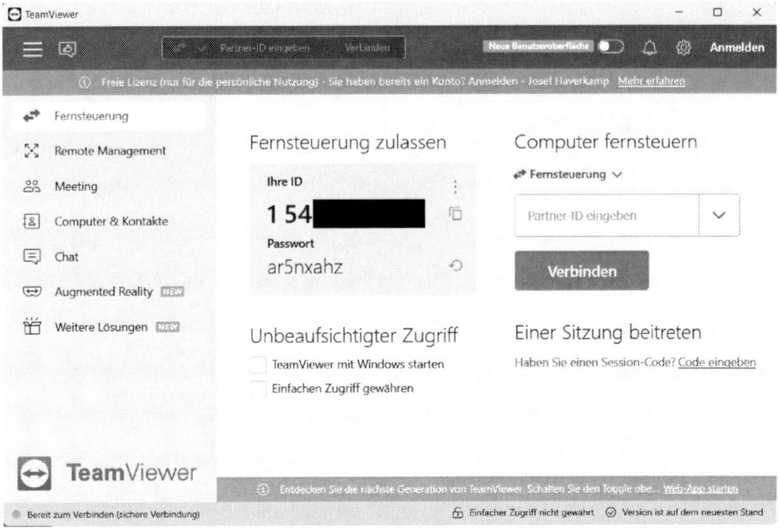

Fernwartungssoftware kann außerdem dazu genutzt werden, Informationen oder zusätzliche Daten auf den eigenen PC herunterzuladen. Besonders Außendienstler oder Mitarbeiter:innen im Homeoffice können so von ihrem Notebook oder vom heimischen Rechner aus auf den Computer im Betrieb zugreifen. Abhängig von der eingesetzten Software erfolgt der Zugriff über ein Modem, über das Netzwerk (eventuell auch über WLAN oder übers Internet). Ein führendes kommerzielles Fernwartungsprogramm ist z. B. »TeamViewer«, das für die private Nutzung sogar kostenfrei ist (*http://www.teamviewer.com/de*). Eine unschlagbar einfach zu bedienende Software, die aber für beide Seiten immer transparent ist. So eine Fernwartung scheint – wie gesagt – vernünftig und auch beherrschbar zu sein. Doch das kann täuschen …

aa. Die Hintertürprogramme

Fernwartungs- und Hintertürsoftware sind nämlich in ihren Funktionen vergleichbar. Soll heißen: Auch ein scheinbar harmloses Fernwartungsprogramm kann eingesetzt werden, um sich »durch die Hintertür« in irgendeinen, ans Netz angeschlossenen PC einzuschleichen und dort zu spionieren oder Daten herunterzuladen.
Besonders deutlich wird diese Gefahr bei den illegalen Brüdern der Fernwartungssoftware, den sogenannten Hackertools. Sie werden auch »Trojanische Pferde« oder »Trojaner« genannt. Sie spionieren Daten aus, nehmen Veränderungen am »angegriffenen« Rechner vor oder überwachen den Raum, in dem der Rechner steht.
Sie lassen sich als Fernwartungswerkzeuge wie auch als »Trojanische Pferde« einsetzen.
Ein Hackerangriff kann jederzeit jeden Internetnutzer treffen. Spätestens wenn eine »Firewall« installiert ist, zeigt sich, wie verblüffend oft versucht wird, aus dem Internet auf den Rechner zuzugreifen. In der Protokolldatei einer Firewall ist jeder Versuch nachzulesen und die Praxis zeigt, dass nicht eine Stunde vergeht, ohne dass auf die eine oder andere Weise »angeklopft« wird.
Es gibt Programme, die automatisch und ständig das Internet nach Surfern absuchen, die – ohne es zu wissen – ein Hintertürprogramm auf ihrem Computer haben. Wird dieses »Fahndungsprogramm« fündig, kann der Hacker das entsprechende Hintertürprogramm aktivieren und hat dann vollen Zugriff auf den attackierten Rechner.

bb. Die wichtigsten Schnüffelfunktionen der Hackertools

- Herunterladen und Aufspielen von Dateien;
- Starten von Software »im Hintergrund« (für den rechtmäßigen Benutzer unsichtbar);
- Aufzeichnen aller Tastatureingaben (auch in Zeiten ohne Verbindung zum Internet);
- Kontrolle des Raums über ein an den PC vielleicht angeschlossenes Mikrofon und/oder über eine Webcam;
- Erstellen von »Bildschirmfotos« (Screenshots);
- Auslesen von Systeminformationen, wie z. B. die eingesetzte Windows-Version, Passwörter oder Netzwerkzugänge;
- Veränderung, Löschen oder Hinzufügen von Systemeinstellungen (»Registry«-Schlüssel und -Werte);
- Netzwerkkontrolle (einschließlich der Umleitung verschickter Daten);

- Hinzufügen oder Entfernen von Verzeichnisfreigaben (wichtig im Netzwerk, da andere nur auf freigegebene Verzeichnisse zugreifen können);
- Kopieren, Löschen und Umbenennen von Dateien und Verzeichnissen;
- Verursachen eines Neustarts oder Absturzes des Computers;
- »selbstständiges« Erstellen von Fehler-, Warn- oder Informations-meldungen mit »passender« Antwort.

Wie an dieser (unvollständigen) Liste bereits zu erkennen ist, können einige der Hintertürprogramme praktisch auf alle Funktionen des Rechners zugreifen. Dazu benötigen Hacker nicht einmal viel Hintergrundwissen, denn obwohl Hintertürprogramme vielfältige Möglichkeiten bieten, sind diese Programme inzwischen ausgesprochen »benutzerfreundlich« und daher recht einfach zu handhaben.

Solche Tools sind für Angegriffene oftmals kaum zu erkennen, weil es möglich ist, sie in anderer Software zu verstecken und diese zu tarnen, den Schädling dann also als »Trojanisches Pferd« zu benutzen. Oft versteckt sich das Hackertool auch in komprimierten Dateien oder in der Installationsroutine einer neuen Software.

Wird eine entsprechend präparierte – auf den ersten Blick harmlos erscheinende – Software aus dem Internet heruntergeladen und auf dem eigenen Computer installiert, fällt das Hintertürprogramm zunächst gar nicht auf, da es nur etwas mehr als 100 Kilobyte groß sein kann. Die Hintertür wartet dann, bis diese aus dem Internet heraus aktiviert wird. Der Datenaustausch zwischen dem Opfer und dem Angreifer läuft sogar verschlüsselt ab.

Alle Windows-Rechner können durch solche Programme angegriffen werden.

> **Achtung:**
> Häufig gelangen »Trojanische Pferde« über E-Mails oder Dateianhänge auf den eigenen Rechner!

Diese Hackertools können großen Schaden anrichten und sind schwer zu entdecken. Wegen ihrer modernen Technologie halten einige Hersteller von Virenscannern derart »intelligente« Programme für besonders gefährlich, denn sie können den eingeschleusten Programmteil sogar dadurch tarnen, dass er ständig wechselnde Namen und Icons (Programm-/Dateisymbole) erhält. Dadurch gelingt es dem »Trojaner«, sich vor Virenscannern zu verstecken, die noch mit älteren Signaturen (Virenlisten) arbeiten.

cc. Gegenwehr

Trojaner gelangen besonders häufig über E-Mails, Makros, E-Mail-Anhänge und angebliche Updates von Programmen auf fremde Rechner.
Deshalb folgende Tipps: Es ist wichtig, Dateien im Internet nur aus vertrauenswürdigen Quellen herunterzuladen, also Updates nur von den Internetseiten der Softwarehersteller oder als sicher geltenden Websites.
Weitere Vorsichtsmaßnahmen sind: Die Anhänge fremder E-Mails nicht einfach öffnen und »Makros« (automatisierte Funktionen) in fremden »Word«- oder »Excel«-Dateien keinesfalls aktivieren.
Computerbenutzer können nicht alle Hackertools im Blick behalten. Umso wichtiger ist es, immer eine *aktuelle* Antivirensoftware installiert zu haben und die Virenliste regelmäßig zu aktualisieren.
Zusätzlich sollte eine »Firewall« den Computer schützen, die Zugriffe vom eigenen Rechner aufs Internet meldet und sie gegebenenfalls unterbindet. Sind die Rechner der Interessenvertretung im Firmennetzwerk, so kümmert sich der Systemadministrator um den notwendigen Schutz. Gibt es einzelnstehende PCs, die an das Firmennetz angeschlossen sind, so muss sich der SfD um deren Sicherheit kümmern.
Wird ein Hackerprogramm auf der eigenen Festplatte festgestellt, ist es nicht unbedingt sinnvoll, selbst aktiv zu werden und eines der im Internet erhältlichen einschlägigen Programme zum Entfernen dieser Programme zu benutzen. Denn vielleicht gibt es ja auch in diesem Programm eine »Hintertür« oder das Programm installiert überhaupt erst eine Hintertür. Eine Ausnahme bilden da wohl die Programme, die von den Herstellern der Antivirensoftware angeboten werden.
Besteht der Verdacht auf ein Hackerprogramm, sollten zuerst Gespräche mit dem DSB und dem Systemadministrator geführt werden, um die nächsten Schritte zu beraten.

b. Die Fernwartungsprogramme

Wie gesagt, Hackertools und Fernwartungsprogramme sind eng miteinander verwandt. Daher sind einige Programme, jedenfalls nach Ansicht ihrer Hersteller, keine Hackertools mehr und werden inzwischen offiziell als »Fernwartungssoftware« angeboten.
Um da auf der sicheren Seite zu sein, ist eine Recherche im Internet notwendig. Schlägt eine Antivirussoftware Alarm, ist jedenfalls besondere Vorsicht geboten.

Wie auch immer: Die Bedenken gegen die Hintertürprogramme sind berechtigt, da sie oftmals weder bei der Installation noch während des Betriebs anzeigen, dass sie aktiv sind. Zudem kann eventuell das kleine Programmteil, das für den fremden Rechner bestimmt ist, beliebig umbenannt werden, um es so besser »verstecken« zu können.
Wie man es auch dreht und wendet, Hintertürprogramme sind eine Gefahr für den privaten PC und erst recht für den Rechner am Arbeitsplatz und im Büro der Interessenvertretung.
Das heißt: Soll in einer Firma oder Behörde (und damit auch im Büro der Interessenvertretung) eine Fernwartungssoftware eingesetzt werden, ist es ratsam, den Zugang nur auf der Grundlage einer klaren Regelung in einer Betriebs- oder Dienstvereinbarung zu erlauben und diesen keinesfalls ständig und unbeschränkt »geöffnet« zu halten.
In der Standardeinstellung einer Fernwartungssoftware hingegen ist der uneingeschränkte Zugriff auf andere Rechner der Normalfall. Technisch allerdings gibt es dafür so gut wie nie einen Grund. Und da auch über »richtige« Fernwartungssoftware die oben beschriebenen Manipulationen eines Computers möglich sind, sollten die Möglichkeiten des Fernwartungsprogramms unbedingt strikt eingeschränkt werden. Dies gilt in besonderem Maße für die PCs im Büro der Interessenvertretung.
Möglich ist es auch, bestimmte Verzeichnisse für einen Zugriff durch die Fernwartungssoftware zu sperren (siehe Checkliste) – was bei manchen Programmen allerdings nicht ganz einfach ist. Eventuell lohnt es sich, hierfür professionelle Hilfe zu holen.

c. Bot-Netze

Eine andere Form von Hintertürprogrammen sind Bot-Netze (auch geschrieben als Botnets). Der Begriff »Bot« ist die Kurzform von »robot« (engl.: »Roboter«). Gemeint ist hier eine Gruppe von automatisierten Computerprogrammen, die über Netzverbindungen ferngesteuert auf sehr vielen Computern (eventuell mehrere Tausend PCs) laufen und Aktionen ausführen. Benutzt werden Bot-Netze unter anderem dazu, große Webseiten lahmzulegen, Spam (E-Mail-Werbemüll) zu verteilen oder Daten auszuspionieren. Die Daten auf jedem der betroffenen PCs sind nicht mehr sicher. Möglich ist es des Weiteren, sie als Ransomware, also als Erpressungstrojaner, einzusetzen.
Infiziert wird ein PC zumeist über einen Virus beim Surfen im Internet oder beim Öffnen von E-Mail-Anhängen.

Weltweit gibt es Tausende von Bot-Netzen mit mehreren zehntausend infizierten Computern. Spitzenreiter bei den Bot-Netzen sind China und die USA, direkt gefolgt von Deutschland.
In den letzten Jahren wurden einige große Bot-Netze zerschlagen. Aber die Gefährdungslage ist weiterhin sehr hoch.
Durch das Internet der Dinge[72] verändern die Angreifer inzwischen ihre Strategie, indem sie zusätzlich zu Computern vermehrt Webserver, Router, Smartphones oder andere vernetzte Geräte in ihre Bot-Netze integrieren.
Wie gefährlich Bot-Netze sind, zeigt sich daran, dass das BSI von täglich bis zu 20 000 Bot-Infektionen in deutschen Systemen ausgeht.
Mit den richtigen Schutzmaßnahmen lässt sich die Gefahr reduzieren, Teil eines Bot-Netzes zu werden.

d. Der Chef liest mit – Überwachungsprogramme

Mindestens 80 % der größeren US-Firmen überwachen ihre Mitarbeiter durch Wanzen, Videokameras und »Spionagesoftware« – vor allem bei der Nutzung von Internet und E-Mail. Vor einigen Jahren waren es »nur« 35 % aller Firmen. Die Tendenz ist also eindeutig steigend und auch in Deutschland versuchen immer mehr Firmen, eine solche Kontrolle einzurichten.
Dabei geht es sicher nicht immer und in erster Linie um Leistungs- und Verhaltenskontrolle, sondern die Chefs befürchten, dass Computerviren und »Trojanische Pferde« oder illegale Software in das Firmennetz gelangen könnten. Weitere Argumente für eine Überwachung liefert die durchaus ernst zu nehmende Diskussion um Kinderpornografie im Internet. Auch sie wird mancherorts dazu genutzt, den Einsatz von Überwachungssoftware im Betrieb zu propagieren und zu rechtfertigen.
Aber wie auch immer – »nebenbei« ergibt sich regelmäßig die Möglichkeit, eine intensive Leistungskontrolle bei der ganz normalen Büroarbeit auszuführen. Und wenn es eine solche Möglichkeit erst gibt, dann …

aa. Big Brother im Betrieb

Das Angebot an Programmen zur Kontrolle und Reglementierung von Computerarbeitsplätzen wächst ständig; vor allem US-amerikanische

72 Gemeint ist damit die Vernetzung von Gegenständen mit dem Internet. Sie kommunizieren selbstständig miteinander und erledigen so unterschiedliche Aufgaben (Informationen, automatische Bestellungen, Paketverfolgung, Warn- und Notfallfunktionen, …).

Softwarefirmen sind hier sehr aktiv. Die eingesetzten Überwachungsprogramme arbeiten dabei mit unterschiedlichen Konzepten.
Häufig werden Listen mit gesperrten Internetadressen eingesetzt. Die Software vergleicht dann die gesammelten unerwünschten Internetadressen mit denen, die an einem Arbeitsplatz gerade aufgerufen werden. Ergibt sich eine Übereinstimmung, sperrt das Programm den Zugang. Diese Listen müssen natürlich laufend aktualisiert werden. Das geschieht normalerweise durch den Hersteller der Software, der regelmäßige »Updates« anbietet. Darüber hinaus können solche Listen auch »von Hand« erweitert werden, was allerdings einige Arbeit macht.
Bei aller Mühe aber, die man sich in dieser Hinsicht geben mag, gilt: Da das Internet ständig wächst und sich verändert, hinkt jede Liste der Realität immer hinterher. Andererseits ist ihr Einsatz recht einfach und sie lassen sich technisch ohne Probleme einsetzen.
Andere »Internet-Beschränkungs-Programme« überprüfen alle aufgerufenen Internetseiten oder E-Mails nach frei definierbaren Schlüsselwörtern, wie z. B. »Sex« oder »Spiel«. Sobald ein solcher Begriff (mehrfach) auf einer Internetseite auftaucht, wird sie gesperrt oder – wenn es sich um eine E-Mail handelt – an den Systemverwalter umgeleitet. Auch diese »Wörtersuche« hat allerdings ihre Schwachstellen, die die Arbeit mit dem Internet sogar ganz zum Erliegen bringen kann.
Eine Schwachstelle ist beispielsweise, dass die Wörter, die die Sperrung einer Internetseite auslösen, in den unterschiedlichsten Zusammenhängen auftauchen können. Stichwörter wie »Porno« oder »Sex« finden sich ja nicht nur bei den entsprechenden »Angeboten«, sondern auch auf den www-Seiten von Zeitschriften, Beratungsstellen oder in Werbebannern (den Anzeigen im Internet). Selbst Internetseiten der Firmen, die Schutzsoftware anbieten, können bei dieser Art der Suche von der Sperre betroffen sein, da sie ja die »verdächtigen« Begriffe benutzen müssen, um ihr Produkt anzupreisen. Alles in allem aber ist diese Art von Programmen eher harmlos.
Anders sieht das aus bei Software, die fast alles kontrolliert und protokolliert: den Besuch einer Website, das Herunterladen von Texten und Dateien, die Inhalte von E-Mails, Diskussionsforen und Datenbanken, den Start von Programmen und Dateien bis hin zur Betätigung einzelner Tasten. Zudem werden in regelmäßigen Abständen Abbildungen des aktuellen Bildschirminhalts (= Bildschirmfotos = Screenshots) erstellt und gespeichert. Konkret bedeutet das, dass z. B. jedes Passwort ausgespäht werden kann und jede einzelne Sekunde eines Arbeitstags am Bildschirm kontrollierbar wird.

Einige Überwachungsprogramme arbeiten dabei durchaus offen, um beispielsweise zu verdeutlichen: Hier wird gesehen, was im Internet »getrieben« wird. Andere hingegen laufen verdeckt.
Eine solche Software macht sich z. B. dadurch bemerkbar, dass sie den Zugriff auf eine gesperrte Seite verhindert und dies durch eine Einblendung auf dem Bildschirm mitteilt. Andere Programme verweigern kommentarlos den Zugriff, protokollieren aber den Versuch. Schon diese wenigen Beispiele zeigen bereits, wie vielfältig die Möglichkeiten sind.
Mit einer »Echtzeitmonitoring«-Software (engl.: »to monitor« = belauschen/überwachen) kann sich der Netzverwalter sogar unbemerkt das auf seinen Bildschirm holen, was auf einem beliebigen anderen Computer gerade gemacht wird, er kann also einem Beschäftigten bei der Arbeit im übertragenen Sinne »über die Schulter schauen«.
Produkte wie »Orvell« oder »Spytech SpyAgent« gehören in die Kategorie der Totalüberwachung, da sie sehr viele Kontrollmöglichkeiten gleichzeitig einsetzen.

Abbildung 23: Benutzeroberfläche einer Kontrollsoftware

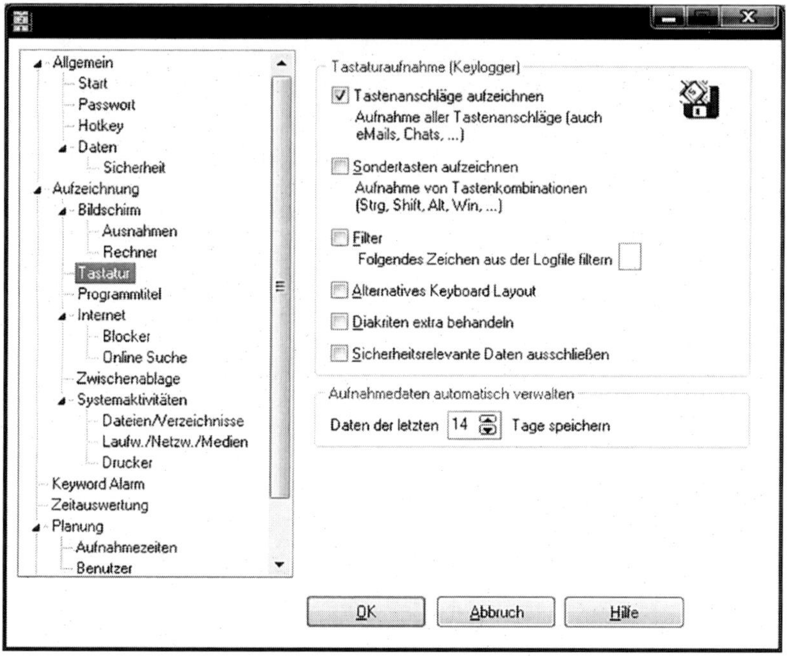

Hier einige Funktionen von solchen Programmen (nicht jede Software beherrscht immer alle Optionen und die Liste ist unvollständig).
Sie

- sind netzwerkfähig,
- starten automatisch mit Windows und sind durch ein Passwort geschützt,
- arbeiten auch im unsichtbaren Modus (Stealth-Modus),
- protokollieren alle Tastenanschläge (Keylogger),
- machen regelmäßig Bildschirmfotos (Screenshots),
- können den Zugriff auf bestimmte Internetseiten verhindern oder die zeitliche Nutzung des Internets einschränken,
- protokollieren besuchte Internetseiten,
- protokollieren Suchmaschinenanfragen,
- kopieren alle ein- und ausgehenden E-Mails,
- protokollieren die Weiterleitung von E-Mails (POP/SMTP und z. B. E-Mails, die per Internet über kostenlose E-Mail-Anbieter verschickt werden),
- zeichnen Chats (»Plaudereien« mithilfe von Bildschirm und Tastatur) im Internet auf,
- überwachen den Dateitransfer per Internet,
- erlauben die Textsuche in den protokollierten Daten,
- protokollieren Änderungen von Dateien, Verzeichnissen, Netzwerkverbindungen und Wechselmedien,
- protokollieren Druckaufträge,
- protokollieren die Zwischenablage (Texte),
- können den Zugriff auf Programme oder Optionen am Rechner sperren,
- können bestimmte Laufwerke und Ordner ausblenden,
- können Programme, Dateien oder Fenster schließen, sobald festgelegte Schlüsselbegriffe auftauchen,
- können den Anschluss von USB-Sticks unterbinden bzw. eine CD-ROM sperren,
- protokollieren die An- und Abmeldung des Users,
- erkennen Schlüsselwörter und leiten die Funde per E-Mail weiter,
- bieten eine ausführliche Auswertung der gesammelten Daten an (mit Zeitstempel),
- leiten ausführliche Reporte und Statistiken per E-Mail weiter.

bb. Die Praxis

Theoretisch ist die Beaufsichtigung von Bildschirmarbeitsplätzen durch Kontrollsoftware recht einfach. Die Realität zeigt sich allerdings komplizierter. Ein Beispiel: Bildschirmfotos, die eine »lückenlose« Überwachung gewährleisten sollten, würden einen nicht mehr bezwingbaren Bilderberg erzeugen. Ein Rechenbeispiel: Wird während eines achtstündigen Arbeitstags alle zwei Minuten ein »Screenshot« gemacht, ergäbe allein das 240 Bilder pro Arbeitsplatz und das täglich. Eine entsprechende Auswertung kostet vor allem Zeit. Zwar könnten die »geschossenen« Bilder vom Netzverwalter im Schnelldurchlauf durchgesehen werden, aber trotzdem: Eine Massenkontrolle wäre viel zu aufwendig. In der Praxis dürfte es also bei Stichproben einzelner Beschäftigter bleiben.

Die Auswirkung einer solchen totalen Kontrollmöglichkeit auf das Betriebsklima dürfte aber gleichwohl negativ sein. Denn auch in größeren Zeitabständen regelmäßig erstellte »Screenshots« sind durchaus aussagekräftig, zeigen sie doch den Fortschritt bei der Bearbeitung eines Dokuments an (oder eben nicht). Erscheint beispielsweise ein Text auch nach 30 Minuten unverändert auf dem Bildschirm, ist die Schlussfolgerung nicht schwer zu ziehen.

Neben dem Arbeitsaufwand bei der Durchsicht von Protokollen und Screenshots zeigen sich beim Test von Überwachungssoftware noch andere Probleme: Manche Programme funktionieren einfach nicht richtig. Mal »verschluckt« sich eine Software bei der Tastaturaufzeichnung, wenn etwas schneller getippt wird oder Umlaute benutzt werden. Die Software bekommt dann nicht mehr alle Tastaturanschläge mit und protokolliert die Eingaben nicht oder nur fehlerhaft.

Das kann unter anderem daran liegen, dass ein Programm aus dem Englischen kommt und nur die sichtbare Programmsprache ins Deutsche übersetzt wurde, während die Programmfunktionen (Umlaute und Tastaturbelegung) nicht an die deutschen Verhältnisse angepasst wurden. Bei anderen Programmen ist das anders – hier gelingt es, alle Tastaturanschläge inklusive Sonderzeichen korrekt zu protokollieren.

Alles in allem gilt also: Eine komplette Kontrolle der Belegschaft ist (zu) aufwendig, Stichproben sind hingegen problemlos möglich. Das kann auch heißen, dass gezielt nur einzelne Arbeitsplatzrechner intensiver beobachtet werden. Dabei kann es sich um irgendwie missliebige oder »verdächtige« Arbeitnehmer handeln, aber auch um den PC der Interessenvertretung.

Und so viel ist sicher: Der illegale Einsatz einer Monitoring Software auf einem PC der Interessenvertretung würde es erlauben, über die Aktivitäten des Betriebs- oder Personalrats ziemlich genau informiert zu sein.

e. Kontrollprogramme entdecken

Mögliche Kontrollen sind oftmals schwer nachzuweisen, da die Programme nicht nur unbemerkt laufen, sondern sie »verstecken« auch die Ergebnisse ihres Handelns auf der Festplatte – z. B. im selten angeschauten Windows-Verzeichnis. Im sogenannten »versteckten Modus« werden außerdem alle Hinweise auf das Programm sowohl in der Windows-Funktion »Arbeitsplatz« als auch in der »Taskleiste« entfernt. Betroffene PC-Benutzer:innen bekommen also nicht mit, dass er oder sie überwacht und ausspioniert werden.

Einige Programme müssen noch nicht einmal auf dem Rechner installiert sein, sie können von einem USB-Stick aus betrieben werden. Zudem werden inzwischen sehr viele verschiedene Überwachungsprogramme angeboten und leider entdecken oftmals weder Firewalls noch eine Virensoftware die ungebetenen Kontrolleure.

Wer eine Überwachung befürchtet oder konkrete Anhaltspunkte dafür hat, sollte ein Gespräch mit dem DSB führen und einen technischen Experten hinzuziehen. Natürlich ist die Suche nach Überwachungssoftware auch mit spezieller Software möglich.

Neben gezielten Angriffen durch Spyware (Spionageprogramme) auf den Rechner der Interessenvertretung kann es sich auch um einen ungezielten Angriff handeln. Zahlreiche Freeware- und Shareware-Programme installieren diese Schnüffelprogramme gleich mit der Software. Um sie zu entdecken, reicht es oftmals nicht aus, einen Virenscanner oder ein Internetschutzprogramm (wie den »Bitdefender Internet Security«) installiert zu haben. Dazu ist ein Anti-Spyware-Programm, wie z. B. »Spybot – Search & Destroy«, sinnvoll. Es durchsucht den Arbeitsspeicher und die Festplatte nach Spionageprogrammen und kann sie auch entfernen. Es geht hier also nicht um Programme, die Schäden im System verursachen wollen, sondern die versuchen, auszuspionieren oder ungewollte Werbung zu platzieren.

f. Überwachungssoftware auf Smartphones

Ohne privates oder dienstliches Smartphone kommt heutzutage kaum noch jemand aus. Wird auf ihm eine Überwachungssoftware installiert, haben Fremde den Zugriff auf Daten und Gespräche. Was sind die Gefahren, wie ist die rechtliche Situation und welche Gegenwehr ist möglich?
Spätestens seitdem bekannt geworden ist, dass das Smartphone der damals amtierenden Bundeskanzlerin Angela Merkel durch den US-amerikanischen Geheimdienst NSA abgehört wurde, ist wohl allen klar, dass es keine wirklich abhörsicheren mobilen Telefone für normale Anwender gibt. Wenn die Geheimdienste es wollen, so haben sie die technischen Möglichkeiten, Smartphone abzuhören.
Inwieweit die Überwachung schon fortgeschritten ist, zeigt sich an der gemeinsamen Meldung der Sicherheitsexperten von Kaspersky Labs[73] und Citizen Lab, die schon 2014 herausfanden, dass Überwachungssoftware für Smartphones intensiv eingesetzt wird und es zur Auswertung mehr als 320 Kontrollserver in über 40 Ländern gibt.
Neben den Geheimdiensten würden gerne auch andere Menschen, Institutionen und Firmen mehr darüber erfahren, was beispielsweise ihre Beschäftigten und deren Interessenvertreter denken und tun.

aa. Totale Kontrolle von Smartphones

Eine Spyware zum Ausspionieren von iOS- und Android-Geräten, also Handys, Tablets usw. ist »Pegasus«. Diese professionelle Software wurde in sehr viele Länder verkauft und wird insbesondere zum Ausspähen von Journalisten, Menschenrechtlern, Politikern und Anwälten in autoritären Staaten eingesetzt.
Soweit bekannt, kann »Pegasus« zumindest

- Gespräche aufzeichnen
- Messenger abhören (SMS, Facebook Messenger, Telegram, Signal, WhatsApp, GMail, Skype, ...)
- das Adressbuch kopieren
- auf sämtliche Dokumente und Fotos zugreifen
- den Browserverlauf erfassen

---

73 Kaspersky Lab entwickelt Sicherheitssoftware für Endgeräte und Citizen Lab ist ein Hacker-, Forscher- und Aktivistennetzwerk aus Toronto, das die Zivilgesellschaft schützen möchte, indem es beispielsweise staatliche Internetspionage aufdeckt.

- den Standort ermitteln
- gespeicherte Passwörter auslesen
- gespeicherte WLAN-Passwörter/Apple-Schlüsselbund auslesen

Neben »Pegasus« werden eine Reihe von Programmen angeboten, die versprechen, jegliche Aktivitäten auf Smartphones zu protokollieren und die Auswertung komfortabel demjenigen zur Verfügung zu stellen, der die Software installiert hat. Selbst bei einem nur flüchtigen Blick ins Internet lassen sich problemlos mehrere Programme – zum Beispiel mSpy, Spyera, Flexispy Extreme, Mobile Spy oder Mobistealth – zur Smartphonespionage finden.

Was kann eine solche Kontrollsoftware auf einem Smartphone? Die Funktionen:

- Mithören von Telefongesprächen
- Aufnehmen und unbemerktes Weiterleiten von aufgenommenen Telefongesprächen
- Abhören von Gesprächen in der Umgebung des Smartphones (zum Beispiel bei Besprechungen)
- Versenden von Telefondaten über ein- und ausgehende Anrufe (Anruf- und Anruferlisten, Datum, Zeit)
- Kopieren ein- und ausgehender SMS-Nachrichten
- Überwachen und Abhören von WhatsApp- und Skype-Chats sowie Telefonate per Internet mit Skype oder Viber
- Aktivieren der Kamera des Smartphones, um unbemerkt Fotos zu machen
- Auslesen des Kontakteordners
- Zugriff auf den Kalender
- Zugriff auf alle Fotos, Videos und Sounddateien
- GPS-Ortung oder Funkzellenortung
- Blockieren von Telefonnummern, Apps und Websites
- Fernsteuerung eines Smartphones mit der Möglichkeit, es neu zu starten
- Totalkontrolle eines Smartphones
- Sperren eines Smartphones
- Löschen sämtlicher persönlicher Daten im Smartphone per Knopfdruck
- Mitteilung beim Wechsel der SIM-Karte

Die Daten werden dann unbemerkt an eine Website geschickt und dort aufbereitet. Lesbar sind die Daten nur für denjenigen, der über das entsprechende Passwort verfügt.

Die Hersteller von Kontrollsoftware versprechen zudem, dass das Programm völlig unsichtbar arbeitet und vom Benutzer des Geräts nicht entdeckt werden kann.
Der Funktionsumfang ist also gewaltig, aber nicht jede Software bietet alle oben beschriebenen Funktionen. Zudem ist nicht jedes Kontrollprogramm für jedes Smartphone geeignet. Daher bieten die Hersteller Listen mit Mobiltelefonen an, bei denen eine Überwachung möglich ist.
Die Überwachungsmöglichkeiten beschränken sich jedoch nicht auf mobile Telefone. Da Tablets zumeist ebenfalls auf Smartphonetechnologien beruhen, lassen auch sie sich mit solchen Spionageprogrammen überwachen. Es ist daher egal, ob ein iPhone, iPad, Blackberry, Windows Mobile, Symbian oder Android benutzt wird, sie alle lassen sich mit der entsprechenden Software überwachen und ausspionieren. Allerdings ist die Nutzung von Kontrollsoftware nicht gerade billig und muss für jeden Nutzungsmonat bezahlt werden.

bb. Auswerten der Daten

Die ausspionierten Daten werden nicht per E-Mail verschickt, sondern per Internet zu einem Server übermittelt und lassen sich dann über eine Website komfortabel lesen, ansehen, abhören und auswerten.
Eine solche Auswertungswebseite ist übersichtlich strukturiert und die Handhabung einfach. Zuerst wählt man die Person mit dem entsprechenden Smartphone aus. Die Protokolle oder Mitschnitte zu diesem Mobiltelefon liegen dann in entsprechenden Unterordnern, wie bspw. Kontakten, Anrufen oder Aufzeichnungen. Laut den Herstellern der Kontrollsoftware geschieht die Datenübertragung zum Server für die Benutzer eines Smartphones oder Tablets unbemerkt.

Abbildung 24: Die Kontrollsoftware zeichnet auch heimlich ein- und ausgehende Anrufe auf – inklusive Anruf- und Anruferlisten, Datum und Uhrzeit

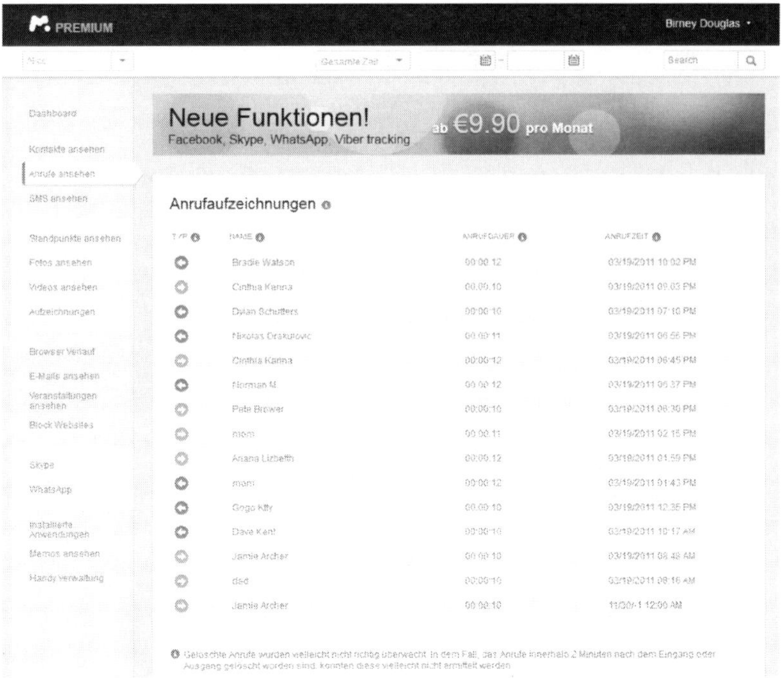

cc. Rechtliche Fragen

Die Hersteller der Kontrollsoftware sehen wohl keine juristischen Schwierigkeiten, denn sie werben unter anderem damit, dass man mit ihrer Software die eigenen Mitarbeiter kontrollieren könne. Es fehlt jedoch ein Hinweis auf Straf-, Datenschutz- und Mitbestimmungsgesetze, die auch beim Einsatz eines solchen Programms in Deutschland zur Anwendung kommen. Da verwundert es nicht, dass diese Hersteller keine Pressestelle für Nachfragen haben.

Dass es Kontroll- oder Fernwartungssoftware gibt, die man auf einen PC installieren kann, damit sie jeden Tastaturanschlag protokolliert, automatisch Screenshots macht oder sogar den kompletten Zugriff auf einen PC ermöglicht, ist schon seit einigen Jahren bekannt.

Juristisch gibt es einen eindeutigen Eckpunkt: Das Ausspähen von Daten steht nach § 202a des Strafgesetzbuchs (StGB) unter Strafe. Das gilt auch für Systemadministratoren.
Zudem ist auch die Kontrolle von Arbeitnehmerdaten – bei einem Ausschluss einer privaten Nutzung – durch den Arbeitgeber begrenzt. Prinzipiell ist das heimliche Abhören von Telefonaten im Arbeitsverhältnis nach § 201 StGB strafbar, denn es stellt einen Eingriff in die Persönlichkeitssphäre dar. Diese Fragen an dieser Stelle weiter zu erörtern, würde jedoch den Rahmen des Buches sprengen.

dd. Was tun?

Grundsätzlich gelten bei Überwachungsprogrammen für Smartphones und Tablets die gleichen Regeln wie bei Kontrollsoftware im Betrieb: Ein illegaler Einsatz ist verboten. Möchte der Arbeitgeber eine Fernwartung oder Kontrolle bei dienstlichen Mobiltelefonen einsetzen, so muss dies per Einzelzustimmung des betroffenen Arbeitnehmers oder per Betriebs- oder Dienstvereinbarung geregelt werden. Betriebs- und Personalräte sollten also aufhorchen, sobald der Arbeitgeber Dienst-Smartphones einsetzen will, und sich mit dem Thema intensiv auseinandersetzen.

Gegenmaßnahmen

Es gibt viele Möglichkeiten, ein Smartphone per Kontrollsoftware unbemerkt komplett zu überwachen. Bislang ist technisch aber kaum eine Gegenwehr möglich. Die beste Gegenwehr besteht momentan darin, weder private noch dienstliche Smartphone oder Tablets unkontrolliert aus der Hand zu geben. Der Schutz des Geräts wird nochmals verbessert, wenn zur Nutzung des Smartphones immer ein Passwort einzugeben ist (eingehende Anrufe können trotzdem empfangen werden). Es lässt sich bei jedem mobilen Telefon festlegen, nach welcher Zeit es automatisch in diesen Sicherheitsmodus wechselt. Dann ist das Smartphone auch noch gesichert, wenn man es mal einen Moment nicht im Blick hat.
All das hilft natürlich nur begrenzt, wenn man ein Mobiltelefon vom Arbeitgeber zur Verfügung gestellt bekommt. Hat er eine Kontrollsoftware installiert, ohne dies mitzuteilen, so wird man das wohl nur zufällig erfahren.
Umso wichtiger ist es, bei dienstlichen Smartphones klare Regelungen mit dem Arbeitgeber auszuhandeln und entsprechende Dienst- oder Betriebsvereinbarungen abzuschließen. Eine Kontrolle der Mobiltelefone von Belegschaftsvertretern ist immer verboten.

g. Alles rechtens?

Muss es noch erwähnt werden?
Arbeitgeber dürfen Überwachungsprogramme gegen die Interessenvertretung überhaupt nicht einsetzen!
Bei einem Einsatz derartiger Software im übrigen Betrieb hat der Betriebsrat nach *§ 87 Abs. 1 Nr. 6 BetrVG* und der Personalrat beispielsweise nach *§ 80 Abs. 1 Nr. 21 BPersVG* generell ein Mitbestimmungsrecht.
Eine Zustimmung auch zu seriös begründeten Fernwartungsprogrammen muss sich die Interessenvertretung gut überlegen und im Falle des Falles zumindest eine detaillierte Betriebs- oder Dienstvereinbarung abschließen.
Dazu ist es sinnvoll, die Möglichkeiten der Software in einem Testlauf (vor der Einführung) genau zu untersuchen und auch neue Versionen immer wieder auf den Prüfstand zu bringen. Denn gerade diese Art von Software entwickelt sich rasant weiter und was in der einen Version an Kontrollmöglichkeiten noch nicht vorhanden war, kann in der nächsten bereits Standard sein.
Gibt es keine klaren Regelungen (oder gar keine Interessenvertretung), ist es für einzelne Beschäftigte schwierig, sich zu schützen. Auch wenn es im Betrieb oder der Behörde erlaubt ist, E-Mails zu verschlüsseln, muss jede Mitteilung doch erst einmal unverschlüsselt geschrieben werden. Erfolgt nun genau in diesem Moment ein »Screenshot« oder ein Tastaturprotokoll, ist der Inhalt der E-Mail im Klartext erfasst. Deshalb: Der Einsatz kontrollierender Software kann die totale Bespitzelung eines Bildschirmarbeitsplatzes bedeuten. Screenshots, E-Mail-Überwachung und Protokolle ermöglichen eine sehr genaue Arbeitsanalyse und sollten in jedem Fall abgelehnt werden. Über Programme, die lediglich den Zugriff auf bestimmte Internetseiten sperren, kann es dagegen schon eher eine Verständigung geben.
Wird ein Kontrollprogramm auf einem Rechner entdeckt, dürfen Interessenvertreter nicht selbst Hand anlegen und das Programm einfach löschen. In einem solchen Fall wird ein ernsthaftes Gespräch mit dem DSB und der Geschäftsleitung notwendig.

Checkliste Fernwartungssoftware

- Ist eine Fernwartung bzw. der Fernzugriff überhaupt notwendig?
- Von wo aus kann eine Fernwartung vorgenommen werden?
- Wie sicher kann ein Zugreifender identifiziert werden (verschlüsseltes Passwort)?

- Gibt es eine Rückruf-Funktion (Callback-Verfahren), um zu überprüfen, ob es sich bei einem Zugriff um einen offiziellen und erlaubten handelt?
- Sind die Rechte des Zugriffs genau festgelegt (welche Ordner, Dateien und Funktionen)?
- Können einzelne PC-Benutzer den Zugriff freigeben?
- Kann der Zugriff festgestellt und auch abgebrochen werden?
- Wissen einzelne PC-Benutzer, welche Informationen der Zugreifende erhält?
- Ist es möglich, den Datenverkehr während der Laufzeit zu beobachten?
- Wird der Zugriff protokolliert?
- Besteht über die Fernwartung Zugriff auf die Protokolldateien?
- Kann die Protokollfunktion über die Fernwartung abgeschaltet oder gelöscht werden?
- Werden erfolglose Zugangsversuche protokolliert?
- Wird nach solchen Versuchen die Verbindung abgebrochen?
- Werden Dateien oder Programme von der Fernwartungsstelle nur nach vorheriger Absprache angelegt?
- Ist die Fernwartung im Normalfall abgeschaltet?

Checkliste Gefahrenabwehr Bot-Netze

- Sicherheitsupdates für das Betriebssystem und für installierte Software immer installieren (möglichst automatisch).
- Möglichst nicht als Administrator am PC arbeiten, sondern unterschiedliche Benutzerkonten einrichten.
- Firewall einsetzen.
- Virenschutzprogramm und Anti-Spyware-Programm installieren und auf dem aktuellen Stand halten.
- Nur sichere E-Mail-Anhänge öffnen.
- Downloads nur von vertrauenswürdigen Websites ausführen.
- Im Browser »Aktive Inhalte« (Java, JavaScript oder ActiveX) möglichst deaktivieren.

Checkliste Kontrollprogramme

- Kontrollprogramme dürfen nicht auf PCs der Interessenvertretung eingesetzt werden. Bei dem Verdacht des Einsatzes eines Kontrollprogramms sollte man einen externen Fachmann hinzuziehen.
- Gespräche mit Systemadministrator und dem DSB zum Thema Kontrollprogramme führen.
- Eventuell die zuständige Datenschutzbehörde einschalten.

- Falls ein Kontrollprogramm in Betrieb oder Verwaltung eingesetzt werden soll, unbedingt eine Betriebs- bzw. Dienstvereinbarung abschließen und den Einsatz sehr genau reglementieren.
- Virenschutzprogramm, Firewalls und Anti-Spyware-Programm einsetzen.

24. Windows-Datenschutz

Die wichtigste Grundlage des technischen Datenschutzes bei Windows besteht immer aus den drei Komponenten

- aktuelle Software,
- aktuelle Firewall (= Brandschutzmauer zum Internet) und einem
- aktuellen Virenscanner.

Aktuell bedeutet, dass Updates immer zeitnah abgerufen und übernommen werden müssen, da es sich zumeist um Fehlerbehebungen und Sicherheitsupdates handelt. Das BSI (Bundesamt für Sicherheit in der Informationstechnik) als zivile obere Bundesbehörde im Geschäftsbereich des Bundesministeriums des Innern (BMI) und zuständig für Fragen der IT-Sicherheit weist immer wieder darauf hin, dass Gefährdungen der IT-Sicherheit durch fehlende Updates entstehen.

Neben dem Schutz nach außen, geht es aber natürlich auch darum, was eine Software an Daten sammelt und weitergibt, insbesondere das Betriebssystem.

a. Datenschleuder Windows 11

Windows 11 übermittelt, wie schon Windows 10 und anders als Windows 7 oder 8, sehr viele persönliche Daten an Microsoft.

Das Bundesamt für Sicherheit in der Informationstechnik (BSI) hat Windows 10 unter die Lupe genommen, um die Sicherheit des Betriebssystems zu prüfen. Ergebnisse der »Sisyphus Win10«-Studie liegen nun vor. Beispielsweise zeigt die Analyse der Telemetriekomponenten in Windows 10, dass Windows sensible Nutzungsdaten in Echtzeit an Microsoft übermittelt, z. B. sämtliche Tastatureingaben. Genau betrachtet ist das ein Keylogger.

Ein Keylogger ist eine Hard- oder Software, in diesem Fall eine Software, um Tastatureingaben zu protokollieren und zu überwachen. Dabei fallen

natürlich auch Passwörter oder interne Firmendaten an, die dann bei Microsoft landen.
Der Keylogger versteckt sich unter der harmlosen Überschrift »Freihand- und Eingabeerkennung verbessern«. Als Erklärung schiebt Microsoft noch nach: »Senden Sie Freihand- und Eingabedaten an Microsoft, um die Funktionen für Spracherkennung und Vorschläge zu verbessern, die Apps und Dienste unter Windows nutzen.« Microsoft will die User also nur unterstützen? Da ist mehr als ein großes Fragezeichen angebracht. Diese Funktion wurde mit einem Update von Windows 10 der Software hinzugefügt und sollte auf jeden Fall deaktiviert werden! Das gilt auch für seinen Nachfolger Windows 11.
In der aktuellen Windows Version ist der Keylogger so zu finden und zu deaktivieren:

1. Auf die *Windows Flagge* (unten links in der Taskleiste) klicken und
2. das Wort *Einstellungen* eintippen
3. die Option *Datenschutz* suchen und öffnen
4. und bei der Option *Freihand- und Eingabeanpassung* den Schalter auf *Aus* stellen.

Vieles, aber nicht alles, lässt sich bei Windows 10 und Windows 11 abschalten und die Sicherheit damit erhöhen. Entweder indem man die Einstellungen in Windows »per Hand« vornimmt oder eine kostenfreie Software wie »O&O ShutUp10++« einsetzt, siehe:
https://www.oo-software.com/de/shutup10
Das ++ im Dateinahmen steht dafür, dass mit der Software auch Windows 11 angepasst werden kann.

Literatur

Die aktuellen Infos zur Studie SiSyPHuS (und Handlungsempfehlungen) gibt es unter: https://www.bsi.bund.de

Windows 11 und 10 sind Datenschleudern, insbesondere dann, wenn man bei der Installation nicht aufpasst oder die automatischen Einstellungen später nicht korrigiert.
Denn während der Installation fragt Windows mehrfach ab, ob die Übermittlung von Daten an Microsoft erlaubt wird. Wird sie verweigert, so ist die Datenübertragung gestoppt, die Installation geht aber weiter. Bei der Installation neuer Software trauen sich allerdings viele User nicht, Funktionen zu deaktivieren, da sie Sorge haben, dass dann das Programm nicht ordnungsgemäß funktioniert. Ein wirkliches Problem ist das bei Windows aber nicht, da man nachträglich alle deaktivierten Punkte auch wieder aktivieren kann. Da die Installation im Regelfall der Systemadmi-

nistrator übernimmt, haben User nicht die Möglichkeit die Einstellungen selbst vorzunehmen. Diese Einstellungen kann aber die gesetzliche Interessenvertretung mit dem Arbeitgeber regeln. Bei den Rechnern der Interessenvertretung hat auf jeden Fall das Gremium und nicht der Arbeitgeber darüber zu entscheiden.
Ein weiteres, kleines Beispiel für einen Datensammler in Windows ist die »Timeline«, die auch »Zeitachse« oder »Aktivitätsverlauf« genannt wird. Was sie macht, wird sichtbar, wenn man in der Taskleiste unten links neben der Windowsflagge auf das Symbol der Zeitachse klickt.

Abbildung 25: Zeitachse öffnen in der Taskleiste

Sie ist ein chronologisches Aktivitätsprotokoll und zeigt per Screenshots an, mit welchen Dokumenten, Webseiten und Anwendungen man gearbeitet hat. Und zwar nicht nur am aktuellen Tag, sondern auch am Vortag. Wer mit mehreren Geräten arbeitet, bekommt an jedem dieser Geräte die aktuelle »Timeline« angezeigt, da sie synchronisiert werden, wenn die Geräte über dasselbe Microsoft-Konto angemeldet sind.
Nachteil: Die Aktivitäten auf dem Rechner sind über diese Screenshots auch für andere, die den PC benutzen sichtbar und Microsoft erhält die Daten.
Die Timeline lässt sich aber deaktivieren:

1. Auf die *Windows Flagge* (unten links in der Taskleiste) klicken und
2. das Wort *Einstellungen* eintippen.
3. Nun die Option *Datenschutz* suchen und öffnen.
4. Links auf *Aktivitätsverlauf* klicken.
5. Die Häkchen vor *Meinen Aktivitätsverlauf auf diesem PC sammeln* und *Kontoaktivitäten anzeigen* und *Meine Aktivitätsverlauf an Microsoft senden* rausnehmen.
6. Nun noch *Aktivitäten aus diesen Konten* anzeigen und den Schieber auf *Aus* stellen
7. Bei *Aktivitätsverlauf löschen* auf *Löschen* klicken.

Abbildung 26: Zeitachse deaktivieren: Alle Haken rausnehmen und den Schieber auf »Aus« stellen

Wichtig:
Das Problem bei Windows 10 und 11 ist, dass immer wieder neue Features mit den Updates installiert werden. Einerseits ist das schön, da neue Funktionen hinzukommen, andererseits ist das aber ein Problem für Betriebs- und Personalräte, da manchmal Funktionen hinzukommen, die in Betrieb und Behörden geregelt sein sollten. Daher sollte Windows von den gesetzlichen Interessenvertretungen in den Fokus genommen werden. Das ist eine Aufgabe die der SfD angehen sollte. Da neue Features auch bei Microsoft Office mit Updates aufgespielt werden, sollten alle Microsoft Programme in Betriebs- und Dienstvereinbarungen geregelt werden.

Wer sich auskennt, kann über Windows 10 oder 11 die Datenschutz-Einstellungen ändern (eventuell kann das aber auch nur der Systemadministrator). Insbesondere sollte das bei der gerade beschriebenen Zeitachse auch geschehen. Viele andere Datenschutzeinstellungen sind aber an unterschiedlichen Stellen in den Einstellungen von Windows »versteckt«. Sehr viele andere Sicherheitseinstellungen lassen sich einfacher und schneller mit dem kostenlosen Tool »O&O ShutUp10++« machen – und zwar ohne Installation der Software. Per Mausklick lässt sich jede einzelne Option, die Daten überträgt, aktivieren oder deaktivieren. Damit keine wichtige Funktion im Übereifer deaktiviert wird, gibt »O&O ShutUp10++« kurze, aber aussagekräftige Infos zu jeder Funktion, um die richtige Entscheidung zu fällen. Unter der Option »Aktionen« bietet »O&O ShutUp10« Schnellkonfigurationen an: *http://www.oo-software.com/de/shutup10.*

Abbildung 27: Datenschutz bei Windows 10 und 11 im Griff

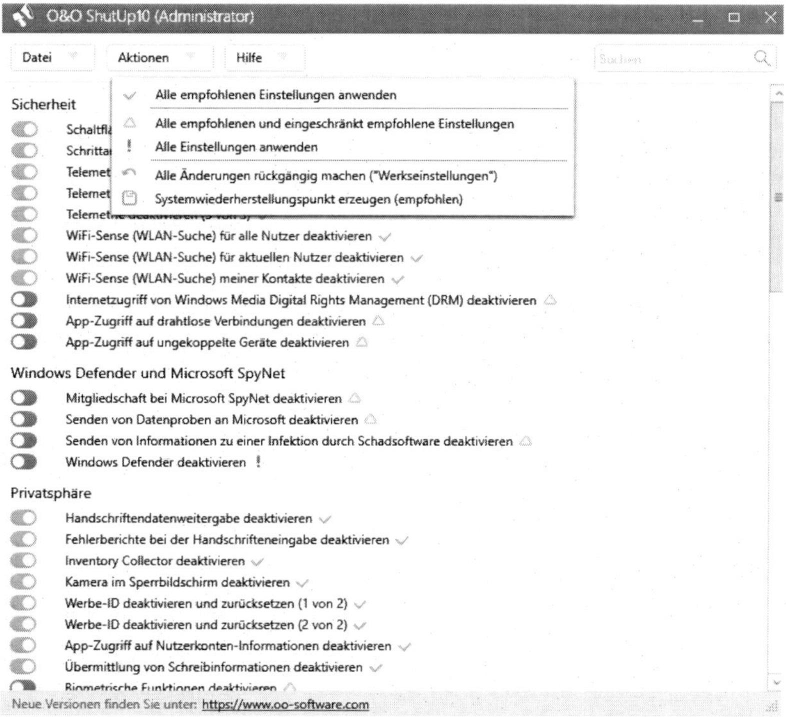

b. Windows-Benutzerkonten

Eine Interessenvertretung könnte nur eine Anmeldung für ihre PC haben und diese würden dann alle Mitglieder gemeinsam benutzen. Datenschutzrechtlich ist das aber nicht erlaubt, denn jedes Mitglied des Gremiums muss ein eigenes Benutzerkonto haben. In der Praxis bedeutet das, dass jedes Mitglied ein Konto mit den persönlichen Einstellungen, ein eigenes E-Mail-Konto und Daten (u. a. Dateien) bekommt.
Das ist notwendig, da ein Mitglied der Interessenvertretung immer wieder personenbezogene Daten in seinen Dateien hat, die von Kolleginnen und Kollegen stammen, die nur diesem Mitglied zugänglich gemacht worden sind. Dann haben andere Interessenvertreter nicht das Recht diese Informationen zu lesen! Mit der Vergabe eines eigenen Benutzerkontos für alle Mitglieder der Interessenvertretung ist dieser Schutz gewährleistet.
Zudem haben Benutzerkonten auch den Vorteil, dass die einzelnen User nicht »mal eben« grundlegende Änderungen an Windows vornehmen können, da sie keine Administratorenrechte haben. Die Administratorenrechte und damit die Möglichkeit, Programme zu installieren oder Systemdateien zu verwalten, sollte nur der »Sonderbeauftragte für den Datenschutz« (SfD) haben. Der SfD sollte daher in seinem Datenschutzkonzept klare Vorstellungen entwickeln, wie mit Benutzerrechten umgegangen wird und diese dem Gremium vorlegen und von ihm verabschieden lassen.

Dateien gemeinsam nutzen

Die Mitglieder einer Interessenvertretung benötigen mindestens zwei Arten von Ordnern, einmal ihren persönlichen Ordner, auf den nur sie zugreifen, und einen gemeinsamen Ordner, auf den alle Mitglieder der Interessenvertretung zugreifen können – jeweils natürlich mit den entsprechenden Unterordnern. Zusätzlich kann es eventuell noch weitere Ordner für Ausschüsse (und ihre Mitglieder geben).
Die Berechtigungen für gemeinsame Ordner sollten durch den SfD eingerichtet werden (und auch nur er darf die Möglichkeit haben, weitere Zugriffe einzurichten oder wieder zu entfernen). Denkbar ist das natürlich auch in Zusammenarbeit mit dem Systemadministrator.
Ordner oder Drucker die gemeinsam genutzt werden sollen, lassen sich mit den Freigabefunktionen von Windows als Arbeitsgruppennetzwerk festlegen. Die Funktion der Heimnetzgruppe hat Microsoft abgeschafft.

Ein weiterer, sehr wichtiger Aspekt von Benutzerkonten ist die Nutzung der Office-Optionen *»Änderungen nachverfolgen«* und *»Kommentare«* (siehe Kapitel 33. »Was Office-Dateien und PDFs so alles verraten«).
Damit bei einer Textänderung oder einem Kommentar sichtbar wird, wer diese Eingaben gemacht hat, muss ein Benutzerkonto mit dem echten Namen eingerichtet werden, denn diesen Namen bzw. das Kürzel für den Namen fügen Office-Programme in das Dokument ein.
Die genaue Einrichtung und Rechtezuordnung von Benutzerkonten entscheidet mit darüber, ob effektiv und sicher gearbeitet werden kann. Daher sollte der SfD zuerst Gespräche mit dem DSB und dem Systemadministrator führen und sollte sich auch selbst sachkundig machen.[74] Infos zur Verschlüsselung unter Windows siehe Kapitel 30. »Verschlüsseln mit dem Betriebssystem«.

74 Beispielsweise ist dies möglich mit dem Buch von Wolfram Giseke, Windows 10. Das Kompendium, Markt+Technik, 2019.

25. Die »Brandschutzmauer« zum Internet

Neben den Grundeinstellungen in Windows wird ein besonderer Schutz zum Internet benötigt, denn so wie beispielsweise das Betriebsgelände gegen unbefugte Besucher durch eine Einlasskontrolle gesichert und das Büro der Interessenvertretung abgeschlossen wird, wenn niemand da ist, so sollte auch der digitale Zugang zur Firma oder zur Behörde und zur Interessenvertretung kontrolliert werden.
Das ist notwendig, da neben professionellen Datensammlern im Internet auch Hacker versuchen, in Firmen- oder Behördenrechner einzudringen, Daten auszuspionieren, das System durch Viren lahmzulegen oder die Daten zu verschlüsseln, um dadurch Geld zu erpressen.
Um diese Gefahren abzuwehren, haben Firmen, Verwaltungen und Behörden zentrale »Firewall«-Systeme eingerichtet, die den Datenverkehr kontrollieren und filtern. Sie regeln die Zugriffsberechtigung auf das System und schützen vor Viren und Angriffen aus dem Netz.
Im Idealfall wird auch der Computer der Interessenvertretung durch die Firewall (= Brandschutzmauer) des Betriebes oder der Behörde gegen Angriffe geschützt. So eine Firewall besteht aus einer Hard- und/oder Software, die die ein- und ausgehende Kommunikation des Computers überwacht und den Rechner »abdichtet«, indem beispielsweise Cookies verhindert und nicht genutzte Schnittstellen zur Datenübermittlung, sogenannte Ports, versteckt werden.

a. Die eingebaute Firewall in Windows

Das Funktionsprinzip einer Firewall ist denkbar einfach. Sie kontrolliert den ein- und ausgehenden Datenverkehr und »schottet« den Rechner nach außen ab. Windows bringt schon eine Firewall mit. Sie ist sicher besser als überhaupt keine Firewall und wird nach und nach auch besser, optimalen Schutz bietet sie aber nicht.

Abbildung 28: Einstellungsoptionen der Windows-Firewall in den Systemeinstellungen

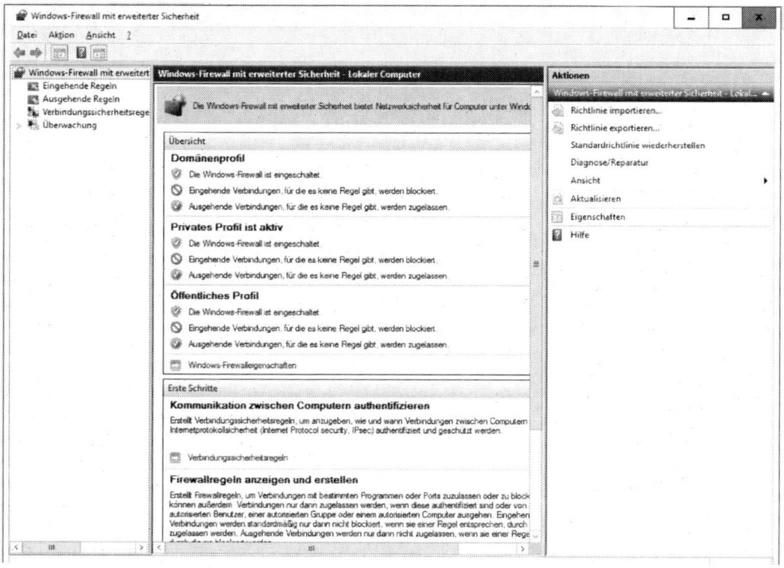

Die Internetverbindungs-Firewall ist sicher ein Fortschritt in Richtung eines sicheren Betriebssystems, als alleiniger Schutz reicht sie aber nicht aus, da sie nicht gegen Angriffe aus dem Firmennetz schützt. Dazu muss der Zugriff auf die Daten der Interessenvertretung über die Netzwerkkonfiguration und Verschlüsselung der Daten geschützt werden.

b. Protokolle einer Firewall

Interessenvertreter müssen noch eine Funktion der Firewall bedenken: Mithilfe von Ereignisprotokollen und Statistiken ist eine genaue Analyse des Datenverkehrs möglich.
Es zeichnet den gesamten Netzwerkverkehr auf, mit allen erlaubten und nicht erlaubten Zugriffsversuchen. Zu den gesammelten Informationen gehören die IP-Adressen der Computer, die versuchen, eine Verbindung aufzubauen, sämtliche Verbindungsversuche einschließlich der dabei genutzten Anwendung, des verwendeten Protokolls, der Richtung (ein-

gehend/ausgehend), der gesendeten und empfangenen Bytes, der verstrichenen Zeit, der aufgerufenen und blockierten Webseiten.

c. Fazit

Wer die Firewall richtig konfiguriert, erhält einen recht guten Schutz für seinen Rechner. Doch obwohl manche Bedienungsoberflächen einfach wirken, ist es wichtig, sich Zeit zu nehmen und sich mit der Funktionsweise der eingesetzten Firewall genau vertraut zu machen – auch dies ist eine Aufgabe für den SfD. Nur dadurch ist sichergestellt, dass falsche Einstellungen die Firewall nicht durchlöchern.
Professionelle Firewalls bieten bislang einen deutlich besseren Schutz als kostenlose Firewalls.

26. Seuchengefahr: Computerviren

Der Computer fährt nicht mehr hoch und der Zugriff auf die mühsam erarbeitete Analyse für die nächste Sitzung der Interessenvertretung ist nicht mehr möglich: Ein Virus hat den Computer lahmgelegt! Was sich so spektakulär anhört, ist kein Einzelfall. So oder ähnlich passiert es tagtäglich. In diesem Fall könnte es ein Virus gewesen sein, der Teile des »BIOS« überschreibt und auf diese Weise den Start des Betriebssystems verhindert oder die Daten verschlüsselt hat und sie nur gegen eine Geldzahlung wieder freigeben wird.

In Zeiten des Internets werden Viren unglaublich schnell übertragen. Kaum ist ein neuer Virus bekannt, hat er sich schon weltweit über das Internet verbreitet. Ähnlich gefährdet sind übrigens auch geschlossene Netzwerke.

Schätzungen zufolge verursachen Viren jährlich allein in der Wirtschaft Schäden von mehreren 100 Millionen Euro. Die Dunkelziffer ist hoch, denn um Geschäftspartner nicht zu erschrecken und das Image der Firma nicht zu gefährden, werden Probleme mit Viren, ähnlich Einbrüchen von Hackern, zumeist als Firmengeheimnis behandelt und somit gar nicht erst veröffentlicht (siehe Grafik).

Abbildung 29: Malware und PuA

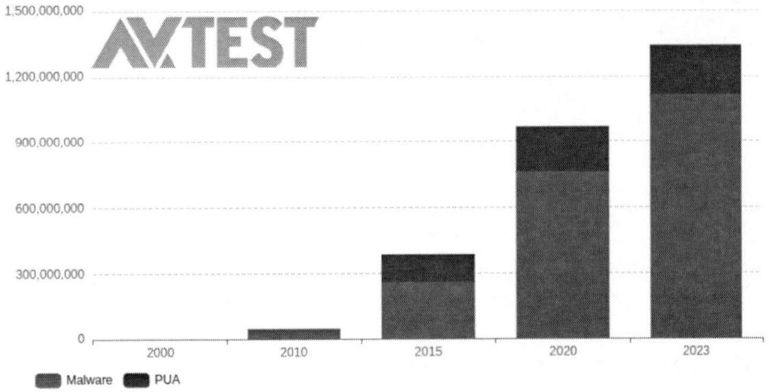

Quelle: AVTEst

Nur der gezielte Einsatz von Virenscannern und »Firewalls« bietet ausreichenden Schutz gegen die aggressiven Schädlingsprogramme, da kein noch so gutes Betriebssystem – auch Unix nicht – vor ihnen sicher ist.

a. Was ist ein Virus?

Ganz einfach: Ein Virus ist ein Programm, das sich selbst »vervielfältigt« und das Manipulationen im System, an Programmen oder an Dateien vornimmt. Die Bezeichnung »Virus« wird in Anlehnung an das biologische Vorbild benutzt – folglich gibt es auch »infizierte« Rechner. Ein Virus muss nicht, kann aber großen Schaden anrichten. Auf jeden Fall sind Veränderungen, die der Virus verursacht, durch den Anwender nicht zu kontrollieren.

Weltweit sind über mehrere Millionen Viren bekannt. Die Zahl ist deshalb so ungenau, weil die meisten »neuen« Viren nur Abwandlungen bereits bekannter Arten sind und nicht alle Hersteller von Antivirensoftware jede kleine »Mutation« zum eigenständigen Virus erklären. Über die Erkennungsgenauigkeit eines Virenscanners (= Virensuchprogramm) sagen diese Zahlen ohnehin wenig aus; letztlich kommt es doch nur darauf an, ob die gerade »real existierenden« Viren zuverlässig erkannt werden. Und da sind die Scanner, die von weniger Viren ausgehen, oftmals genauso erfolgreich wie diejenigen, die angeblich weitaus mehr Viren kennen.

Statt von einem Virus spricht man auch häufig von Schadprogrammen, Schadsoftware oder Malware. Gemeint ist aber immer, dass sie unerwünschte oder schädliche Funktionen auf einem Computer ausführen. Moderne Schadprogramme bestehen oftmals aus mehreren Komponenten mit unterschiedlichen Funktionen. Reicht einem Angreifer das nicht, so können weitere Funktionen nachgeladen werden. Zumeist kommen diese Schadprogramme über E-Mail-Anhänge und infizierte Webseiten auf den eigenen PC.
Um einen Computer optimal zu schützen, reicht es nicht aus, einen guten Virenscanner zu kaufen, denn monatlich kommen Tausende neuer Viren hinzu und die kann ein Antivirenprogramm nur dann erkennen, wenn seine Virenliste regelmäßig auf den neuesten Stand gebracht wird.

Abbildung 30/31: Datenschutz als Themenwolke

Urheber: Rafał Olechowski

Wer einmal ein aggressives Schadprogramm und die dadurch verursachten Folgen auf seinem Rechner erlebt hat, wird Virenwarnungen ernst nehmen. Zum Glück ist so manche Meldung aus dem Internet nur Panikmache und mit ein wenig Grundwissen über die Arten von Viren und ihre Wirkungsweise lässt sich die Gefahrenlage realistisch einschätzen.

b. Kleine Gattungskunde: Virenarten

Obwohl es auch Kombinationen von verschiedenen Virentypen gibt, lassen sich einige Arten doch genauer bestimmen, wie folgende Aufstellung zeigt.

aa. Bootviren

Den (Neu-)Start eines Rechners nennt man »booten« (= laden). Bootviren befallen also die »Startzentrale« eines Rechners, den sogenannten Bootsektor. Der schafft die Voraussetzungen dafür, dass ein Betriebssystem wie Windows überhaupt aktiv werden kann. Ein Bootvirus kann also einen Start verhindern, indem er beispielsweise Teile des Bootsektors überschreibt.
Infiziert wird ein Rechner z. B. über eine E-Mail oder im Internet heruntergeladene Datei oder eine per USB-Stick auf den Rechner übertragene Datei, auf der sich der Virus befindet, und sich dann auf dem Rechner »einnistet«. Eventuell wird dann ein infizierter Rechner auch dazu benutzt, den Virus im Netzwerk oder im Internet zu verbreiten.

bb. Dateiviren

Dieser Virentyp hat es auf sogenannte *ausführbare* Programme abgesehen, also auf Programme, die der PC-Benutzer starten kann (z. B. eine Textverarbeitung). Dabei hängt der Virus seinen eigenen Code (so etwas wie ein kleines eigenes Programm) an das Ende der Programmdatei an und manipuliert diese. Bei einem Aufruf der Datei startet dann nicht nur das eigentliche Programm, sondern auch der Virus, der sich ein neues »Opfer« sucht und so nach und nach alle Bereiche des Rechners befällt.

cc. Makroviren

Diese Viren stecken nicht in Programmen, sondern in Dokumenten (wie beispielsweise Texten oder Tabellen) und nutzen dabei die »Makro«-Funktion, über die einige Programme verfügen. Makros sind nichts anderes als aufgezeichnete Tastenanschläge und Befehle, die unter einem

eigenen Namen gespeichert werden. Sobald man sie aufruft, wird der aufgezeichnete Vorgang automatisch neu ausgeführt. Dadurch können Routineabläufe beschleunigt und Fehlbedienungen vermieden werden.
Ein Makrovirus wird beim Öffnen des befallenen Dokuments aktiv und beginnt sein Werk. Das kann bedeuten, dass bestimmte Menübefehle nicht mehr funktionieren, dass Dokumente nicht mehr zu speichern sind oder sie sogar gelöscht werden.
Microsoft hat in die aktuellen Versionen seiner Programme einen ersten Schutzwall gegen diese Art von Viren bereits integriert. In den Office-Programmen ab der Version 2010 kann dieser Makrovirenschutz über die Makroeinstellungen im Trust Center festgelegt werden.
Der Weg dazu geht über ein geöffnetes Office-Programm und dann über *Datei/Optionen/Trust Center/Einstellungen für das Trust Center*. Hier befinden sich dann die Makroeinstellungen, in denen man festlegen kann, ob oder unter welchen Bedingungen Makros ablaufen dürfen.

> **Wichtig:**
> Diese Änderungen gelten dann nicht automatisch für alle Office-Programme, sondern nur für das gerade aktive Programm.

Allerdings warnt dieser »Schutzwall« lediglich davor, dass in einem Dokument Makros enthalten sein können – überprüft werden sie nicht. Traut man einem Dokument nicht, lassen sich dann die Makros immer noch per Mausklick deaktivieren. Wer ganz sichergehen will, muss aber einen Virenscanner über die entsprechende Datei laufen lassen.

dd. Würmer

Eigenständige, sich selbst vervielfältigende Schadprogramme, die sich besonders schnell in Netzwerken ausbreiten, werden »Würmer« genannt. Zumeist ist es ihr Ziel, Computersysteme und Netzwerke zusammenbrechen zu lassen.

ee. Trojanische Pferde

Unter »Trojanischen Pferden« versteht man Programme, die sich als nützliche Software tarnen, in Wirklichkeit aber etwas ganz anderes tun. Sie nisten sich z. B. in den Systemkern von Windows ein und warten dort darauf, von einem Hacker aus dem Internet heraus aktiviert zu werden. Mit einem solchen Programm ist es dann möglich, die völlige Kontrolle

über einen Rechner zu übernehmen und unter anderem Daten zu kopieren oder Tastatureingaben mitzulesen – Passwörter sind also äußerst gefährdet.
Auch wer nicht ständig im Netz ist, kann von »Trojanischen Pferden« ausspioniert werden. Denn solche Programme prüfen einfach immer wieder, ob eine Internetverbindung besteht. Stellen sie eine Verbindung fest, werden Daten unbemerkt übertragen.
Da »Trojanische Pferde« sich nicht reproduzieren und andere Dateien nicht verändern, sind sie von Virenscannern nur schwer zu erkennen. Ist ihre Existenz und Funktionsweise den Herstellern von Virenscannern aber einmal bekannt, reagieren diese sehr schnell und bieten innerhalb kürzester Zeit eine Aktualisierung der Software an. Von da an werden die Trojaner von den meisten Scannern zuverlässig festgestellt und bekämpft. Viele Schadprogramme haben beim Einsatz eines aktuellen Virenscanners daher momentan kaum noch eine Chance, wenn die automatische Updatefunktion beim Virenscanner aktiviert ist.
Einer der bekanntesten Trojaner war »Emotet«. Der Schadsoftware gelang es über gefälschte E-Mails auf Rechnern von Privatpersonen, Firmen und Behörden zuzugreifen. Dieser Zugriff auf fremde Rechner wurde dann an andere Hacker verkauft, sodass sie ihre eigene Schadsoftware nachladen und so Daten auslesen konnten. 2021 gelang es Europol in Zusammenarbeit mit Ermittlern aus acht Ländern den »König der Schadsoftware« lahm zu legen.

ff. Ransomware

Die englische Bezeichnung »Ransomware« setzt sich zusammen aus »ransom« (engl. = Lösegeld) und »ware« (engl. = Produkt, so wie bei Software).
Es sind Schadprogramme, die auch als Erpressungstrojaner, Kryptotrojaner oder Verschlüsselungstrojaner bezeichnet werden. Ihnen gemein ist, dass sie die Zugriffe oder Nutzung der Daten sowie des gesamten Computersystems durch eine Verschlüsselung auf einem fremden Computer bewirken. Für die Entschlüsselung wird dann ein »Lösegeld« gefordert.

Abbildung 32: Erpresserbrief nach einem Angriff mit dem Kryptotrojaner Locky

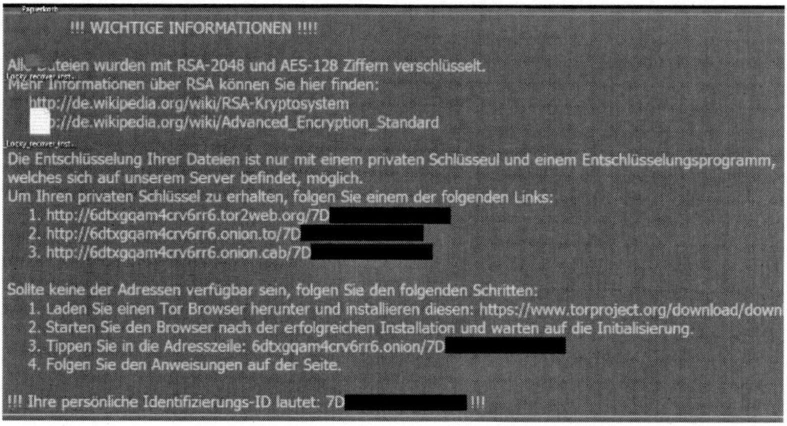

!!! WICHTIGE INFORMATIONEN !!!!

Alle Dateien wurden mit RSA-2048 und AES-128 Ziffern verschlüsselt.
Mehr Informationen über RSA können Sie hier finden:
http://de.wikipedia.org/wiki/RSA-Kryptosystem
http://de.wikipedia.org/wiki/Advanced_Encryption_Standard

Die Entschlüsselung Ihrer Dateien ist nur mit einem privaten Schlüsseul und einem Entschlüsselungsprogramm, welches sich auf unserem Server befindet, möglich.
Um Ihren privaten Schlüssel zu erhalten, folgen Sie einem der folgenden Links:

1. http://6dtxgqam4crv6rr6.tor2web.org/7D[redacted]
2. http://6dtxgqam4crv6rr6.onion.to/7D[redacted]
3. http://6dtxgqam4crv6rr6.onion.cab/7D[redacted]

Sollte keine der Adressen verfügbar sein, folgen Sie den folgenden Schritten:

1. Laden Sie einen Tor Browser herunter und installieren diesen: https://www.torproject.org/download/down
2. Starten Sie den Browser nach der erfolgreichen Installation und warten auf die Initialisierung.
3. Tippen Sie in die Adresszeile: 6dtxgqam4crv6rr6.onion/7D[redacted]
4. Folgen Sie den Anweisungen auf der Seite.

!!! Ihre persönliche Identifizierungs-ID lautet: 7D[redacted] !!!

Anfang 2016 schlug die Ransomware »Locky« in Deutschland zu. Die Website des Heise Verlages titelte »*Krypto-Trojaner Locky wütet in Deutschland: Über 5000 Infektionen pro Stunde*«. Betroffen von diesen Angriffen war laut dpa-Informationen auch ein Fraunhofer-Institut in Bayreuth.

Die Angriffe gehen aber weit darüber hinaus. Neben Forschungsinstituten, Firmen und Privatpersonen wurden auch Krankenhäuser in Deutschland, beispielsweise in Neuss und Arnsberg, über Ransomware angegriffen. Diese Angriffe zeigen, dass die digitale Infrastruktur auch an Orten gefährdet ist, an die die meisten Menschen erst einmal nicht denken. Die Datensicherheit und Funktionsfähigkeit von lebenswichtigen Bereichen können davon betroffen sein.

Wie gefährlich die Ransomware »Locky« ist, zeigt sich daran, dass diese sich nicht nur auf dem infizierten Rechner ausbreitet, sondern auch gleich ein mit dem Rechner verbundenes Netzwerk infiziert. Das gilt auch für Cloud-Speicher, da »Locky« online gespeicherte Ordner und Dateien durch seine verschlüsselten Varianten ersetzt. Da 2021 ein Hacker in Paris wegen der Nutzung von »Locky« zu fünf Jahren Haft verurteilt wurde, ist davon auszugehen, dass diese Ransomware von anderen Hackern weiter eingesetzt wird. Insgesamt ist die Gefahrenlage durch Ransomware weiterhin sehr hoch.

Was tun?

Inzwischen haben die Hersteller von Antivirensoftware und Firewalls reagiert und ihre Programme entsprechend aktualisiert. Warum wurden dann immer noch so viele Rechner befallen?

Es dauert oftmals bis zu zwölf Stunden, bis ein neuer Virus erkannt und eine Schutzlösung gefunden wird, die dann über ein automatisches Update auf die einzelnen Rechner aufgespielt werden muss.

Zusätzlich muss in Office das automatische Ausführen von Makros abgeschaltet sein und eine Datensicherung sollte auf eine USB-Festplatte erfolgen, die nicht ständig mit dem Rechner verbunden ist.

Grundsätzlich gilt: äußerste Vorsicht bei Dateianhängen in E-Mails; also nur solche von vertrauenswürdigen Absendern öffnen; dies gilt insbesondere bei Rechnungen, die man nicht zuordnen kann, und bei fremden ausführbaren Dateien.

Wenn es zum Angriff gekommen ist und eine Erpressersoftware zugeschlagen hat, so sind zuerst natürlich der DSB und der Systemadministrator gefragt. Auf der Website *http://id-ransomware.malwarehunterteam.com* (die Sprache ist umstellbar auf Deutsch) kann man eine angegriffene Datei hochladen und bekommt darüber eventuell das zur Entschlüsselung notwendige Programm. Der Dienst kennt nach eigenen Angaben inzwischen rund 1025 verschiedene Ransomwares. Auf jeden Fall muss der Angriff dem BSI gemeldet werden.

gg. Polymorphe Viren, Stealth-Virus

Da Virenscanner immer erfolgreicher arbeiten, denken sich auch die Programmierer von Viren ständig neue Tarnungen aus. Der Name »polymorphe Viren« (= vielgestaltige Viren) bezeichnet schon ziemlich genau, was das Besondere an ihnen ist: Sie sind in der Lage, ihr Erscheinungsbild zu verändern. Diese Viren sind verschlüsselt und verändern in jedem infizierten Programm ihre Entschlüsselungsroutine. Dadurch machen sie es den Scannern sehr schwer, sie zu erkennen. Der »Stealth-Virus« z. B. – er ist nach dem US-amerikanischen Tarnkappenbomber benannt – verändert Dateien, versucht aber gleichzeitig, dies zu verbergen und die Virenscanner zu täuschen. Dazu merkt er sich bei der Infizierung beispielsweise die bestehenden Werte einer Datei (Dateigröße und Entstehungsdatum) und spielt Computer und dem Antivirenprogramm eine unveränderte Datei vor. So hofft er, unentdeckt zu bleiben, und Prüfsummenprogramme (dazu später noch etwas mehr) haben kaum eine Chance, ihn zu entdecken.

c. Schäden durch Viren

Welche Veränderungen ein Virus hervorruft, hängt nicht unbedingt vom Virentyp ab. Manchmal erzeugt ein Virus nur einen relativ harmlosen Schaden – der Rechner wird beispielsweise langsamer. Ein anders Mal können die Schäden dagegen immens sein. Unangenehm ist ein Virenbefall aber immer und man sollte bei einem infizierten Rechner vorsichtshalber immer mit dem Schlimmsten rechnen, denn Viren mit zerstörerischer Wirkung werden immer häufiger. Der hierfür in der Fachliteratur benutzte Begriff ist »Malware« und bedeutet so viel wie »bösartige Software«.
E-Mails können übrigens, trotz anderslautender Warnungen im Internet, nicht von Viren befallen werden, wenn sie als reine Text-E-Mails verschickt werden. Gefährdet sind jedoch E-Mails im HTML-Format und die Anhänge (Attachments) einer E-Mail.
Warum nun jemand einen mehr oder weniger schädlichen Virus zusammenbaut, lässt sich schwer sagen. Manchmal geht es wohl nur darum, zu zeigen, was alles möglich ist, aber immer öfter sollen auch gezielt Informationen besorgt oder zerstört werden. Natürlich sind Viren auch immer wieder eine Geldquelle für Kriminelle, mal durch das Ausspionieren von Zugangsdaten beim Onlinebanking, mal als Erpressungsversuch nach einer illegalen Verschlüsselung.
Dabei ist es erstaunlich, wie leicht ein Virus zu »kreieren« ist. Man braucht dazu noch nicht einmal Programmierkenntnisse. Im Internet sind eine ganze Reihe von Virenbaukästen zu finden, die es auch relativ unerfahrenen Computernutzern ermöglichen, einen Virus zu erschaffen. In den Programmen müssen die für einen Virus gewünschten Elemente nur angeklickt werden und schon baut die Software den Plagegeist selbsttätig zusammen.

d. Antivirenprogramme

Um Virenscanner dazu zu bringen, möglichst viele Viren zu erkennen, werden mehrere teilweise recht komplizierte Verfahren eingesetzt. Bekannte oder leicht veränderte Abarten bekannter Viren werden über eine Art »Fingerabdruck« – sogenannte Signaturen – gesucht. Andere Verfahren forschen zusätzlich nach virentypischen Verschlüsselungen und lassen eine Art »Verhaltensüberprüfer« (= Behaviour Blocker) nach typischen Aktivitäten von Viren oder »Trojanischen Pferden« suchen. Eine weitere Möglichkeit, Viren zu entdecken, besteht darin, Veränderungen festzustellen, die ein Virus an einer Datei vorgenommen hat. Hierbei werden alle vorhandenen Dateien von einem im Virenscanner enthaltenen Prüfsummenprogramm untersucht und die Ergebnisse in einer kleinen Datei auf der Festplatte gespeichert. Gibt es bei der nächsten Prüfung eine Abweichung von den so erfassten Daten, wird der Benutzer darüber informiert und kann die Gefahr selbst einschätzen.

Moderne Antivirenprogramme können inzwischen auch etwas, was vor einigen Jahren noch undenkbar war: Sie finden Viren, die sie überhaupt noch nicht kennen. Bei dieser »heuristischen« (= verstehenden) Suche werden Programme nach »verdächtigen«, für Viren typischen Befehlsfolgen durchsucht.

Noch ist diese Art der Suche allerdings nicht übermäßig erfolgreich. Je nach der eingesetzten Antivirensoftware erkennen die heuristischen Verfahren einen Teil bislang unbekannter Viren. Hinzu kommt das hohe Risiko falscher Alarme.

Jedes gute Antivirenprogramm setzt inzwischen verschiedene Scannertypen ein. »On-Demand-Scanner« (»Auf-Verlangen«-Prüfer) z. B. starten eine Untersuchung per Hand oder per Zeitschaltung (»Scheduler«). Das hat den Vorteil, dass man selbst bestimmen kann, wann die Ressourcen des Rechners belastet werden. Ein entscheidender Nachteil ist allerdings, dass ein Virus erst entdeckt wird, *nachdem* dieser sich eingenistet hat.

Um dem vorzubeugen, wird zusätzlich ein On-Access-Scanner (»Immer-im-Zugriff«-Prüfer) eingesetzt. Er arbeitet im Hintergrund und überprüft ständig alle Dateien, die geöffnet oder ausgeführt werden. Das bietet ein hohes Maß an Sicherheit, da sich ein Virus gar nicht erst einnisten kann, kostet gleichzeitig aber auch jede Menge Computerleistung. Ein älterer PC kann da schon mal in die Knie gehen. In den Einstellungen eines Virenscanners kann deshalb alternativ die etwas weniger anspruchsvolle Variante gewählt werden, die nur die aufgerufenen Programme überprüft.

Jedenfalls: Ein gutes Wächterprogramm nimmt dem PC-Benutzer viel Arbeit ab. Es prüft jede Datei, meldet den gedankenlosen Zugriff auf eine mit Viren infizierte Datei, verhindert das Speichern befallener E-Mail-Anhänge oder »Downloads« aus dem Internet und blockt sogar schädliche Internetseiten.

Woran erkennt man einen Virus?

Auch ohne dass ein Virenscanner Alarm schlägt, lässt sich ein Virus manchmal feststellen. Typische Anzeichen sind:

- Dateien verschwinden spurlos.
- Programme, die bislang funktionierten, machen plötzlich Probleme.

- Bildschirm, Maus, Tastatur, Boxen oder der Drucker funktionieren nicht richtig bzw. werden ohne Befehl aktiv.
- In Programmen oder Dateien gibt es nicht zu erklärende Veränderungen.
- Der Zugriff auf Dateien ist nicht mehr möglich.
- Der freie Speicherplatz auf dem Rechner wird immer weniger, ohne dass es dafür einen plausiblen Grund gibt.
- Ausführbare Programmdateien (=».exe«-Dateien) tauchen im selben Ordner und mit dem identischen Namen wie ».com«-Dateien auf.
- Der Rechner startet nicht mehr einwandfrei.

Wird ein Virus gefunden, bietet die Software unterschiedliche Reaktionsmöglichkeiten an. Man kann selbst die entsprechenden Schritte einleiten oder es der Antivirensoftware überlassen, automatisch gegen den Virus vorzugehen. Mal ist es möglich, den Virus rückstandsfrei vom Rechner zu entfernen und beispielsweise aus einer Datei zu löschen, ein anderes Mal geht das nicht so problemlos und die befallene Datei muss gelöscht werden. Automatische Reparaturen gelingen leider nicht immer.

Die Informationen über einen Virenbefall lassen sich in einer Datei speichern. Damit ist es möglich, in einer Virendatenbank nachzulesen, welche Schäden der gefundene Virus eventuell schon angerichtet hat und was getan werden kann, um Veränderungen am Rechner rückgängig zu machen. Funktioniert die Selbsthilfe nicht, ist es auch möglich, dem Hersteller des Virenscanners die infizierte Datei zu schicken, der sie dann analysiert und konkrete Hilfen anbietet.

Zwar bieten fast alle Hersteller von Antivirensoftware kostenlose Versionen zum Testen an, leider sind diese oft aber nicht so erfolgreich. Regelmäßige Aktualisierungen des Virenscanners sind besonders wichtig. Sinnvoll ist es, gleich die Vollversion eines Virenscanners zu kaufen, der die automatische Aktualisierung der Virenliste aus dem Internet gestattet. Virenscanner gibt es reichlich, doch sind die Bedienungsfreundlichkeit und die Scanergebnisse recht unterschiedlich. Die Auswahl unter den vielen auf dem Markt angebotenen Programmen fällt daher nicht leicht. In den Tests großer Computerzeitschriften kristallisieren sich aber doch immer wieder einige Spitzenreiter heraus. Der Windows-Virenscanner gehört bislang nicht zu den besonders gut bewerteten Scannern. Das im nächsten Abschnitt vorgestellte Programm gehört regelmäßig zu diesen Spitzenreitern. Alle Schutzprogramme haben ihre Stärken und Schwächen, schützen den Computer aber insgesamt in zuverlässiger Weise. Sie überprüfen nicht nur die Datenträger im PC, sondern schützen auch vor infizierten E-Mails und heruntergeladenen Dateien.

e. Bitdefender Internet Security

Dieser Virenscanner ist Teil einer Komplettlösung (mit Firewall ...) für den Datenschutz auf dem PC. Er bietet einen hohen Schutz, ohne dass sich Benutzer intensiv um die Einstellungen kümmern müssen. Nach der Installation ist der Scanner schon beim Hochfahren des Rechners aktiv. Der »AntiVirus« prüft das System auf boot- und speicherresistente Viren. Im laufenden Betrieb wird jedes Softwareprogramm und jede gestartete Datei (z. B. Word-Dokumente) auf Viren gescannt. Das gilt auch für Dateien oder Programme auf einem USB-Stick oder anderen Datenträgern wie CD-ROMs. Neben den unterschiedlichen Virentypen, wie bspw. »Makroviren« und »Würmern«, findet der Scanner auch einige »Trojanische Pferde«. Darüber hinaus wird der Zugang zum Internet geschützt, indem alle aus- und eingehenden E-Mails sowie aus dem Internet heruntergeladene Dateien geprüft werden. Beim Surfen warnt die Software vor gefährlichen Websites.

Abbildung 33: Bitdefender Internet Security Startbildschirm

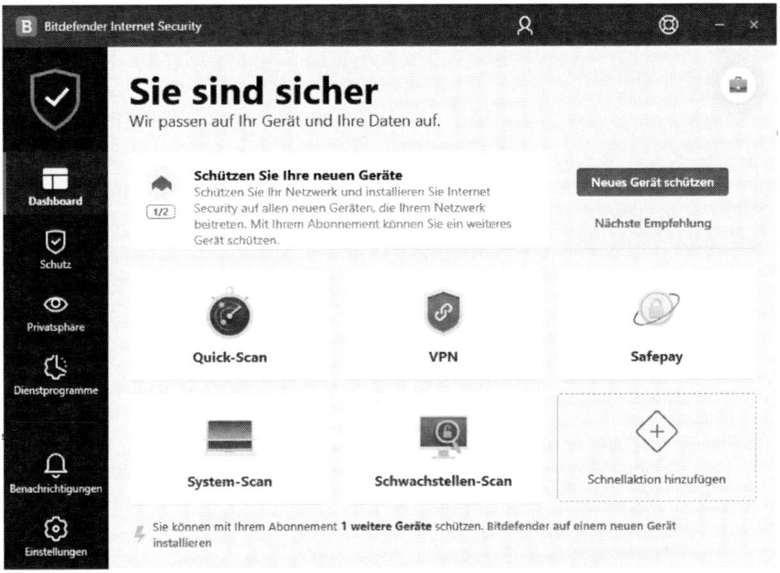

Das Programm ist übersichtlich gestaltet und lässt sich einfach konfigurieren. Außerdem besorgt es sich automatisch Programmaktualisierungen und neue Virenlisten aus dem Internet (Live-Update). Damit bietet

der »Bitdefender Internet Security« auch unerfahrenen Computernutzern einen guten Schutz.
Weitere Informationen und Download einer 30-tägigen Testversion unter:
http://www.bitdefender.de/solutions/internet-security.html
Dort lässt sich auch das 260-seitige Handbuch für Bitdefender Internet Security herunterladen.

Abbildung 34: Detaillierte Programmeinstellungen in Bitdefender Internet Security

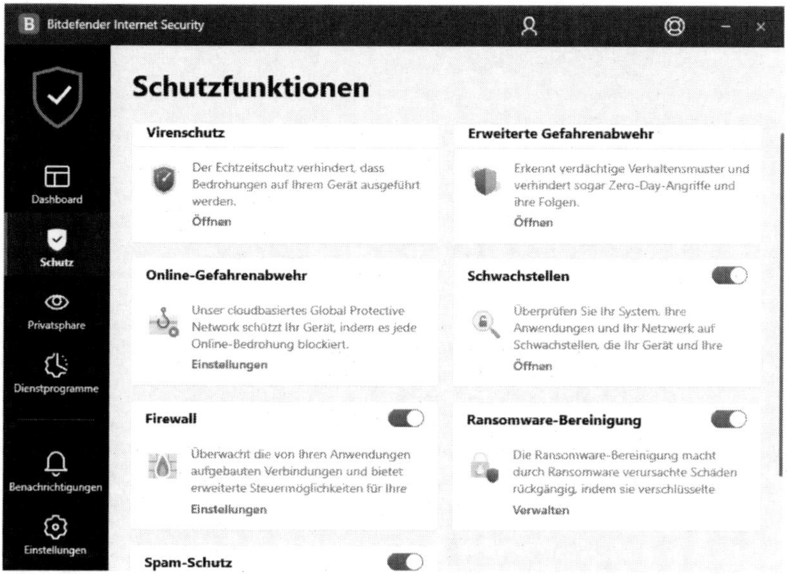

f. Andere Antivirenscanner

Es gibt neben dem Virenscanner von Bitdefender eine Reihe von guten Virenscannern, unter anderem von G Data, Norton, Kaspersky oder Avira. Wer die Tests dieser Programme in den Fachzeitschriften liest, wird feststellen, dass alle recht gut sind. Die Testsieger wechseln dabei immer wieder mal, da ständig neue Viren hinzukommen, und mal der eine, mal der andere Hersteller schneller ist bei der Aktualisierung der Software. Genau betrachtet unterscheiden sich die Programme hauptsächlich in

der Bedienungsfreundlichkeit und bei der Frage, wie der Rechner durch einen Virenscanner im Tempo gebremst wird. Inzwischen hat selbst der Virenscanner von Microsoft nachgelegt und kann mit den anderen Virenscannern gut mithalten.
Die Programme bieten einen umfassenden Schutz sowohl für den Rechner (wenn sie neben dem Virenscanner eine Firewall haben) als auch bei der Nutzung des Internets. Um Programmupdates und neue Virenlisten kümmern sich hier ebenfalls automatische Updates (wobei nicht alle Hersteller mehrmals am Tag ihre Virenlisten etc. aktualisieren). Alle Hersteller bieten Virenscanner als Paket auch zusammen mit einer Firewall an. Weitere Infos und kostenlose Testversionen unter:
- *http://www.gdata.de*
- *http://www.kaspersky.com/de*
- *https://de.norton.com*
- *https://www.avira.com/de*

g. Was tun, wenn der PC mit einem Virus infiziert ist?

- Keine Panik aufkommen lassen und die Arbeit normal beenden.
- Daten sichern, auch wenn sie infiziert sind.
- Log-Datei des Virenscanners ausdrucken lassen (damit genaue Infos vorliegen, welche Dateien von welchem Virus befallen wurden).
- Computer ausschalten.
- Den DSB, den DGIV und den Systemadministrator über den Virenbefall informieren.
- Kollegen und Geschäftspartner über den Virenbefall informieren.
- Im Internet oder beim Antivirensoftwarehersteller nachfragen, was bei der Beseitigung des Virus zu beachten ist.
- Eventuell Hilfe von einem Fachmann holen.
- Den Computer von einer virenfreien, schreibgeschützten System-CD aus neu booten.
- Umfassende Überprüfung durch einen Virenscanner.

h. Fazit

Wie intensiv der Virenscanner den eigenen Rechner schützen muss, hängt vom Einsatz des Rechners ab. Wenn der Computer weder Internetzugang hat noch an einem Netzwerk hängt, genügt es, USB-Sticks und CD-ROMs vor der Benutzung zu überprüfen und einen wöchentlichen Virencheck auszuführen. Auf allen anderen Computern aber sollte niemand ohne permanentem Virenschutz arbeiten, denn wenn ein Virus erst einmal zuschlägt, kann viel Arbeit verloren gehen und es leicht einige Tage dauern, bis der Rechner wieder wie gewohnt läuft.
Wird der Grundsatz berücksichtigt, dass keine ausführbaren Dateien per E-Mail akzeptiert und verschickt werden, ist eine große Gefahrenquelle schon ausgeschlossen. In Unternehmen der IT-Branche ist das normalerweise schon so. Diese Firmen stellen, wenn eine ausführbare Datei weitergeleitet werden soll, diese Datei auf ihre Internetseite, von der man sie sich dann herunterladen kann. Daher versenden sie per E-Mail nur den Link dorthin.

27. Sicher ins Internet

Das Internet ist keine Einbahnstraße, die nur denen, die hier unterwegs sind, Daten übermittelt; auch andere erfahren einiges über die Benutzer des internationalen Netzes.

Die Datenspur ins Internet beginnt bereits im betrieblichen oder behördlichen Netzwerk und bei den Providern (= Internetdienstanbieter). Ähnlich wie bei einer detaillierten Telefonrechnung wird im Betrieb oder der Behörde und beim Provider aufgezeichnet, wer wann und wie lange bestimmte Internetangebote aufgerufen hat. Wird eine polizeiliche Überwachung angeordnet, muss ein Netzbetreiber den Behörden die Nummern aller ein- und ausgehenden Verbindungen mitteilen, einschließlich der nicht erfolgreichen Versuche.

Ähnlich ist die Gesetzeslage auch bei E-Mails: Es werden die Absenderdaten, die E-Mail-Adressen der Empfänger und die Versandzeit der E-Mails protokolliert und beim Empfang einer E-Mail alle E-Mail-Adressen, die IP-Adresse und der Zeitpunkt des Empfangs. Wird auf ein Postfach zugegriffen, werden der Benutzername und die IP-Adresse notiert und müssen von den Providern einige Wochen vorrätig gehalten werden. Die Inhalte der E-Mails werden allerdings nicht gespeichert.

Darüber hinaus sind die Betreiber von www-Seiten und Softwarefirmen generell aktive Datensammler, und zwar nicht nur ausnahmsweise, sondern regelmäßig. Teilweise ist das Sammeln und Verkaufen personenbezogener Daten inzwischen zu ihrem Hauptgeschäft geworden.

Jedenfalls: Je nachdem, welche Vorgaben der Netzverwalter schon für die Firmen-Firewall und den verwendeten Internetbrowser gesetzt hat, muss jede und jeder Internetnutzer:in sich auch selbst schützen. Das gilt besonders dann, wenn die Interessenvertretung ihren eigenen Internetzugang hat. Jetzt aber zu den Einzelheiten …

a. Cookies

Die Klassiker unter den Datensammlern sind »Cookies« (wörtlich: »Kekse«, im übertragenen Sinn: »Krümelmonster«). Das sind kleine Textdateien, die beim Besuch einer Internetseite auf den Computer des Besuchers überspielt werden. Ein Cookie enthält dann z. B. Informationen darüber, was auf einer bestimmten Internetseite angesehen oder bestellt wurde. Bei einem späteren Besuch derselben Internetseite wird der Cookie wieder aufgerufen. Die in ihm enthaltenen Informationen können blitzschnell verarbeitet und beispielsweise zur Einblendung einer »individuellen« Werbung für den Besucher benutzt werden. Das scheint zunächst einmal unproblematisch zu sein. Doch sobald Firmen ihre Cookies untereinander tauschen – und das tun sie oftmals – ist es bis zum »gläsernen Surfer« nicht mehr weit, denn viele kleine Informationen ergeben ein Gesamtbild. Und nicht nur Firmen, sondern auch politische Gruppierungen oder staatliche Stellen möchten nur zu gerne wissen, wer sich auf ihren Internetseiten tummelt und wofür sich diese Menschen interessieren.

Vorsicht ist hier angesagt, denn wenn Suchmaschinen Cookies setzen, beginnt die Datenspur im Internet damit, dass die Suchanfrage mit dem Cookie verbunden wird. Bis das Cookie gelöscht ist, erhält die Firma Informationen über alle weiteren Aktivitäten des Internetbesuchers, auch dann, wenn er sich zwischendurch aus dem Internet ab- und erst einige Tage später erneut wieder einwählt.

Leider verweigern manche Internetseiten den Zugriff, wenn nicht zugleich Cookies akzeptiert werden. Solche Cookies sollten nach dem Besuch der entsprechenden Website gleich gelöscht werden. Zu Recht wird diese Art der Überwachung von vielen Internetbenutzern abgelehnt. Durch die richtige Einstellung des Browsers sind die kleinen Späher zum Glück einfach und komfortabel zu stoppen. Konkrete Anleitungen dazu bieten alle Browser über die Option »Hilfe« (siehe Grafik).

Abbildung 35: Eigenschaften von Internet in Windows

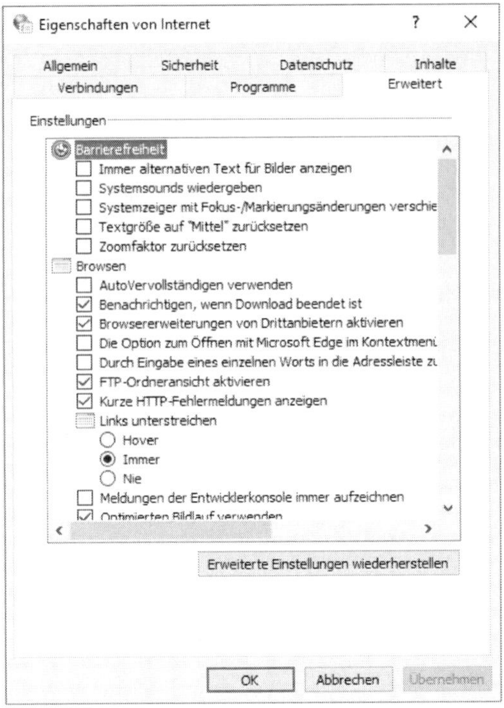

b. »Schweißspur« im Internet

Cookies verschaffen sich also Informationen über Internetnutzer und den benutzten PC, aber schon ein einfacher Klick auf eine Internetseite verrät einiges über den Besucher. Diese Informationen werden von dem Betreiber einer Website ausgewertet und häufig auch verkauft.

Alle, die ins Internet gehen, erhalten beim Einwählen eine Identifikationsnummer, eine sogenannte IP-Adresse. Bei großen Firmen ist das zumeist eine feste Nummer, bei den Kunden von Internetprovidern wie T-Online oder Vodafone hingegen eine Zufallsnummer, die immer wieder neu vergeben wird, sobald der aktive User die Internetverbindung beendet. Sie dient dazu, einen Rechner eindeutig zu identifizieren. Anhand dieser Nummer kann der Provider jede Bewegung im Netz verfolgen, was in

Deutschland aber nur die Polizei veranlassen darf und das auch nur unter bestimmten rechtlichen Voraussetzungen.
Besucht ein Surfer eine Internetseite, erfährt der Betreiber dieser Seite die IP-Adresse, welcher Browser in welcher Version benutzt wird, welches Betriebssystem installiert ist, den Namen des Rechners und welche Sprache der Surfer nutzt. Zudem verraten sogenannte »Referrer« (= Verweiser), über welche Website jemand kommt und wie sich der Surfer auf den verschiedenen Seiten hin- und her bewegt. In den meisten Browsern lässt sich unter »Einstellungen« aktivieren, dass Websites dazu aufgefordert werden, diese Referrer zu deaktivieren.
Der Einsatz einer persönlichen Firewall, wie bspw. »Norton Security« oder »Bitdefender Internet Security«, blockt »Referrer«. Sicherheitshalber sollte in den Einstellungen der Firewall geprüft werden, ob die Funktion aktiviert ist. Ohne Blockade sammeln die Betreiber von Websites die so anfallenden Daten, und schon besteht ein kleiner Grundstock an wichtigen Informationen über ihre Besucher. Der Autor des Sicherheitsratgebers »Hackers guide« behauptet, dass acht von zehn großen kommerziellen Websites die Aktivitäten jedes Besuchers protokollieren. Datensammlungen dieser Art sind also nicht die Ausnahme, sondern eher die Regel.
Weltmeister im Datensammeln sind Suchmaschinen wie Google. Daher lohnt es sich beispielsweise auf sicherere Suchmaschinen umzusteigen und/oder anonym zu surfen.
Die gesammelten Informationen können leicht weiter »angereichert« werden. Zwar wird die persönliche E-Mail-Adresse im Normalfall nicht übertragen, aber sobald man ein Onlineformular mit dem Namen oder der E-Mail-Adresse ausfüllt, hat der Betreiber einer Website die Daten in der Hand und kann sie miteinander verbinden.
Zumindest theoretisch könnte Microsoft dadurch feststellen, ob der Besucher sein Betriebssystem rechtmäßig nutzt (und nicht etwa eine Raubkopie) und ihm diese Frage auch direkt per E-Mail stellen.
Durch die Verbindung von E-Mail-Adresse (oder auch der IP-Adresse) und Betriebssystem finden Hacker zudem deutliche Hinweise darauf, welches Programm sie für einen Angriff benutzen können. Allerdings ist es Firmen auch möglich, ihre feste ID-Nummer mit einer Firewall oder etwas Ähnlichem zu »tarnen«.

c. Datensammler Suchmaschinen

Die in Deutschland beliebteste Suchmaschine ist Google. Mit ihr lassen sich recht schnell gute Suchergebnisse erzielen. Gleichzeitig sammelt Google aber auch sehr viele Informationen über die User (= Nutzer) der Suchmaschine und vermarket diese Informationen. Das macht rund 90 Prozent des Umsatzes von Google aus. Google hat daher ein großes Interesse daran, möglichst viele Informationen zu sammeln.
Es gibt allerdings einige gute Alternativen zu Google, die nicht alle Infos sammeln und weiterverkaufen, dabei aber keine schlechteren Suchergebnisse als Google präsentieren.
Startpage: *https://startpage.com/*
DuckDuckGo: *https://duckduckgo.com/*

Abbildung 36: Startseite der Suchmaschine DuckDuckGo

d. Spuren auf dem Rechner

Neben der Datenweitergabe im Internet, sammeln sich auf dem eigenen Computer eine Vielzahl von Daten an, die Auskunft über das Surfverhalten geben können. Wird ein Rechner nicht nur von der Interessenvertretung benutzt, sollte auch diese Datensammlung verhindert oder nach jedem Surfen zumindest gelöscht werden.
Die gesammelten Daten bestehen beispielsweise aus Internetseiten, die der Browser auf der Festplatte speichert, damit das Programm bei einem

nochmaligen Besuch dieser Seiten nicht erneut alle Bilder und Texte aus dem Internet laden muss.
Daneben können Browser noch eine ganze Reihe von weiteren Informationen speichern, wie Cookies, Formulardaten und Kennwörter.

e. »Spyware« und »Phonehome«

Wo Cookies und andere, in Internetbrowsern eingebaute Datensammler nicht mehr weiterkommen, setzt die sogenannte Spyware (= Spionageprogramme) an. Das sind Programme, die sich oft in Free- oder Shareware befinden und ohne Wissen ihres Benutzers Daten versenden. Ein typischer Vertreter dieser Gattung ist der »Real Player«, den wohl viele Internetnutzer auf ihren Rechner haben.
Bei Spyware geht es um Werbung und Datenspionage. Da Free- oder Shareware zumindest in der ersten Zeit kostenlos zu nutzen ist und die Herstellerfirma einer Software damit kein Geld verdient, verkaufen die Hersteller zum Ausgleich Daten an Datensammler. Die Erfassung und das Versenden erledigt die Spyware automatisch.
Andere Hersteller nutzen Spyware, um zu prüfen, ob eine Software registriert und bezahlt wurde. Dazu werden oftmals sogenannte »Phonehome-Programme« (= »nach Hause telefonieren«) eingesetzt, die automatisch Daten des Softwarenutzers an den Hersteller übermitteln.
Da Spyware oder Phonehome-Programme auch unabhängig von dem Freeware- oder Shareware-Programm funktionieren, mit dem sie installiert wurden, lassen sie sich oftmals nur schwer wieder loswerden. Sehr gut schafft dies die kostenlose deutschsprachige Software »SpyBot – Search & Destroy« (*https://www.safer-networking.org/dl*). Natürlich gibt es auch kostenpflichtige Varianten dieser Software, die noch mehr können.

Abbildung 37: Einstellungen bei SpyBot

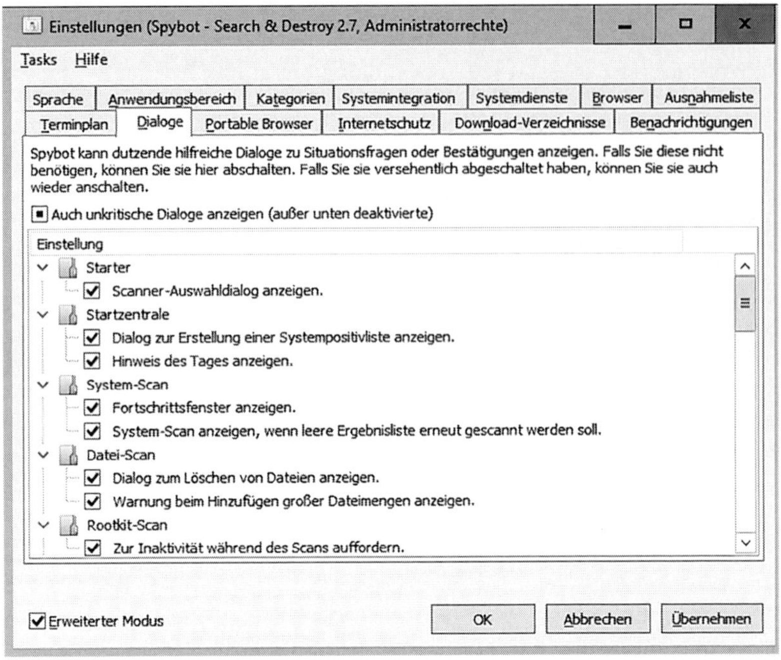

SpyBot sucht und findet per Mausklick auf *Scan* verdächtige Software auf dem Computer. Hat SpyBot etwas gefunden, kann sie die Programmteile entfernen, die Werbung einblenden oder den PC ausspionieren, ohne die Funktionen der betroffenen Software unbrauchbar zu machen

Um ganz sicherzugehen, dass die eigentliche Software noch weiterläuft, sollten die zu entfernenden Dateien zuerst in die Quarantäne verschoben werden. Dann können sie erst einmal keinen Schaden mehr anrichten und man kann sie später immer noch löschen.

Mit der Option *Immunisierung* werden schon beim Surfen im Internet bekannte Spionageprogramme erkannt und geblockt, sodass sie nicht mehr auf den Rechner gelangen können.

Auch die Gebrauchsspuren, wie die zuletzt besuchten Webseiten, geöffnete Dateien, gestartete Programme oder Cookies, lassen sich über SpyBot entfernen.

Die Bedienung und Nutzung des Tools ist einfach. Es stehen zwei Modi zur Auswahl, eine *Einfache Bedienung*, bei der man sich um nichts kümmern muss und ein *Expertenmodus*. Ratsam ist es, den Expertenmodus zu wählen und sich dann mit der Software vertraut zu machen.

Schritt-für-Schritt-Anleitungen zur Installation und Bedienung der Software finden sich unter *https://www.safer-networking.org/de/tutorials.*

f. Internetspuren verhindern und löschen

Um die Internetspuren zu reduzieren, die man als User hinterlässt, bieten Browser die Möglichkeit an, den Datenschutz einzustellen. Dazu muss man in die »Einstellungen« des Browsers gehen und unter »Datenschutz« die Einstellungen auswählen.

Abbildung 38: Wer gezielte Internetspuren der gespeicherten Daten bei jedem Schließen des Browsers löschen will, kann dies in den Sicherheitseinstellungen eines Browsers festlegen. Beispiel Firefox

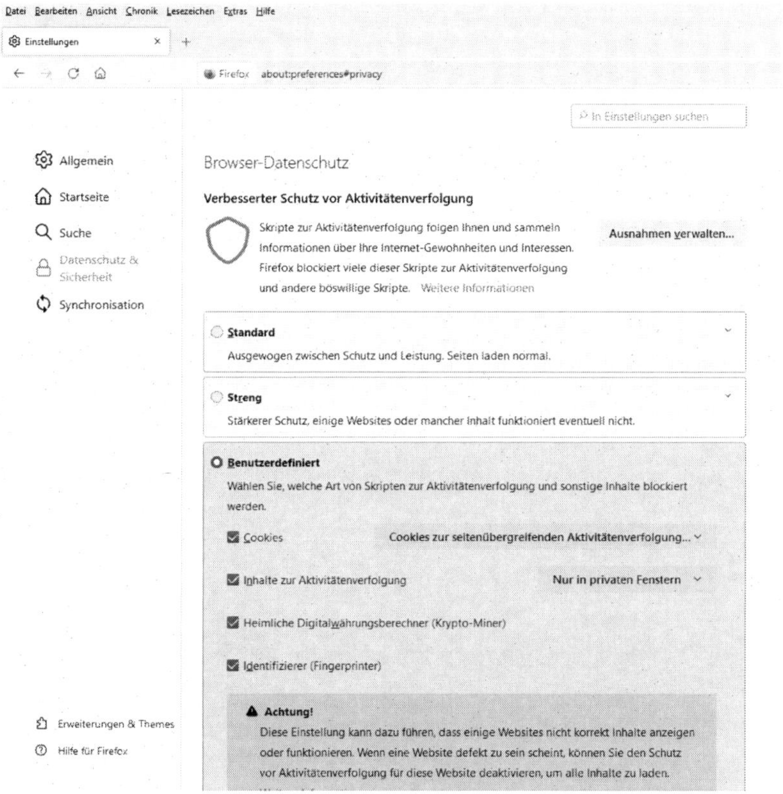

Neben den Internetspuren löschen spezielle Löschtools auch noch weitere unerwünschte Daten der PC-Nutzung.
Ein besonders erfolgreicher Spurenvernichter ist der deutschsprachige »CCleaner«, den es in mehreren Varianten gibt. Besonders die portable Version ist empfehlenswert. Er macht den PC schneller, indem er nicht mehr benötigte Dateien löscht und Tracking-Dateien entfernt, sodass der Datenschutz verbessert wird.
Dabei lässt er sich präzise konfigurieren, sodass User sehr genau einschätzen können, was das Programm macht.
Der »CCleaner« ist noch erfolgreicher bei der Spurenvernichtung, wenn es mit dem kostenlosen »CCEnhancer« erweitert wird, denn diese Software kann zusätzlich die Anwendungsspuren von mehr als 1000 Programmen entfernen.
Die Einstellungen sind so differenziert, dass sie nur von jemanden vorgenommen werden sollten, der die Wirkung einschätzen kann. Es ist also eine Aufgabe für den SfD.

Abbildung 39: Der CCleaner räumt sehr erfolgreich mit Datenspuren auf dem Rechner auf

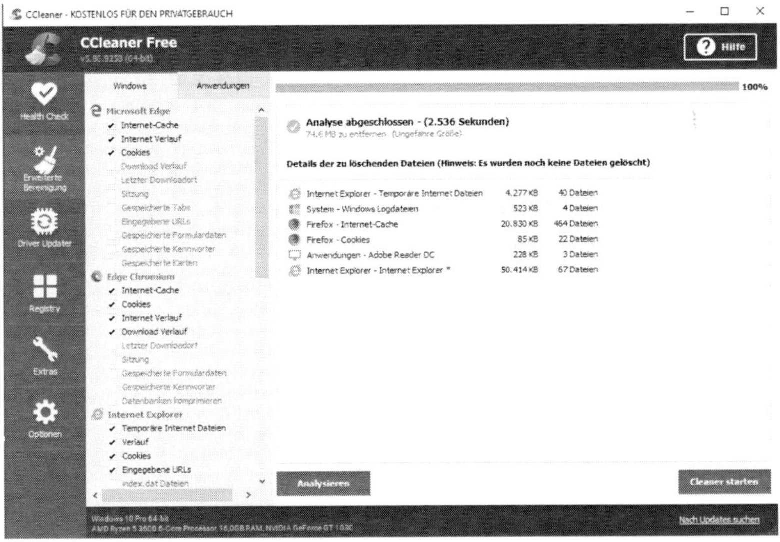

g. Die Alternative: anonymes Surfen?

Die großen Datenskandale der letzten Jahre haben deutlich gemacht, dass die Freiheit des Internets Grenzen hat. Sowohl Geheimdienste wie auch Firmen versuchen, Daten über Menschen zu sammeln, die im Internet surfen. Eine wirkungsvolle Gegenwehr ist das sogenannte »Tor-Netzwerk«.
Die Betreiber des Tor-Netzwerkes haben sich das Ziel gesetzt, Internetverbindungsdaten zu anonymisieren und Datensammler insoweit zu blockieren, dass die gesammelten Daten nutzlos sind. Geschützt werden durch das Tor-Netzwerk sogenannte TCP-Verbindungen (Übertragungsprotokolle im Internet), also wenn man im Internet surft oder Chats (Instant Messaging, IRC), SSH (Protokoll zur sicheren Datenübertragung), E-Mails und andere Formen der Internetnutzung einsetzt. Das Tor-Netzwerk schützt den Datenverkehr seiner User vor der Analyse seines Verhaltens im Internet und verhindert auch, dass jemand nachvollziehen kann, wer man ist.

Wie funktioniert das Tor-Netzwerk?

Wie weiter oben schon beschrieben, ist jeder Besuch im Internet genau nachvollziehbar, da beim Einwählen ins Internet der Internetanbieter (Provider) eine IP-Adresse vergibt, die zurückzuverfolgen ist. Diese IP-Adresse dient dazu, Daten vom Absender zum vorgesehenen Empfänger zu transportieren, z. B. E-Mails. Privatnutzer erhalten bei jedem Einwählen ins Internet von ihrem Provider eine Adresse, die, wenn man das Internet verlässt, einem anderen User für einige Zeit zugewiesen wird. Firmen haben oft feste IP-Adressen. Die Infos wer wann welche IP-Adressen benutzt hat, können die Polizei und Geheimdienste sich, wenn es juristisch entsprechend begründet ist, aushändigen lassen. Das Tor-Netzwerk verschleiert diese IP-Adressen.

Abbildung 40/41: Logo des Tor-Netzwerkes

Urheber: Tor Project

Abbildung 42: Die Funktion des Tor-Netzwerkes

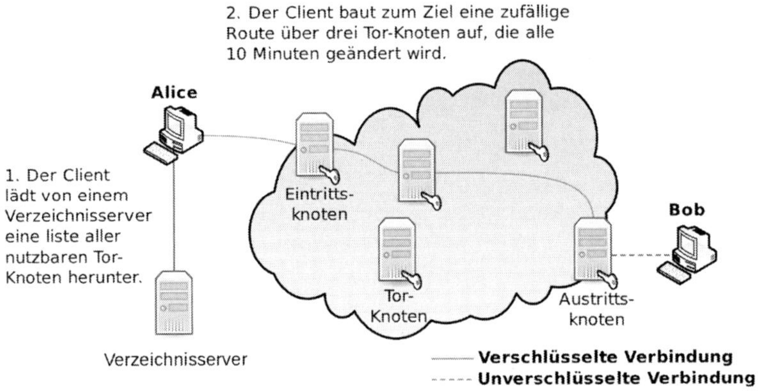

Quelle: Saman Vosoghi

Über die Tor-Software wählt man sich ins Internet ein und wird dann über mehrere andere Rechner weitergeleitet – wobei jedes Mal die IP-Adresse sich ändert, bis man zum Empfänger (also beispielsweise einer Website) kommt. Allerdings hat das den Nachteil, dass sich die Surfgeschwindigkeit dadurch verlangsamt.

Eine sehr einfache und zudem sehr sichere Möglichkeit, Tor zu nutzen, ist das Tor-Browser-Paket. Das gibt es kostenlos beispielsweise auf der Website der Computerzeitschrift CHIP unter *http://www.chip.de.* Mit dem Tor-Browser-Paket lässt sich über den integrierten Open-Source-Browser Firefox anonym im Internet surfen. Zu dem Paket gehören Ver-

schlüsselungsfunktionen und schon installierte Sicherheits-Add-ons, u. a. NoScript und HTTPS Everywhere. Das Tor-Browser-Paket kann auch auf einem USB-Stick installiert werden.
Der Weg ins Internet geschieht nach der Installation nicht über den normalen Browser, sondern mit dem Tor-Browser (siehe Grafik).

Abbildung 43: Der Startbildschirm des Tor-Browsers

Wer ganz sichergehen möchte, sollte das über die Startseite des Tor-Browsers zu öffnende »*Tor Browser Handbuch*« lesen, damit man wirklich anonym surft.
Um Aktualisierungen des Browsers muss man sich nicht kümmern, da die Updates im Browser angezeigt werden und sich per Mausklick die neue Version installiert.

> **Wichtig:**
> Eine 100-prozentige Sicherheit gibt auch ein TOR-Browser nicht, da auch er Schwachstellen hat.[75] Aber eine gute Einstellung des Browsers erhöht die Sicherheit im Web!

Es gibt auch andere Websites und Softwarehersteller, die ein anonymes Surfen anbieten. Zweifelhaft ist allerdings, ob die zugesagte Sicherheit immer gegeben ist. Das wichtigste Argument gegen die sogenannten »Anonymizer« ist dieses: Im Internet und in amerikanischen Computerzeitungen kursieren immer wieder Gerüchte darüber, dass Geheimdienste solche Websites betreiben. Sollte das zutreffen, hätte sich der Bock zum Gärtner gemacht und die Überwachung dürfte stärker sein als beim freien Surfen. Konkrete Belege für diese Vermutung gibt es bislang aber nicht. Gleichwohl ist es eine Vertrauensfrage, ob man einen Anonymisierer als sicher einschätzt.

h. Internetarchiv

Das Internet vergisst nichts, heißt es. Ganz so ist es zwar nicht, aber die Inhalte von einmal ins Internet gestellten Websites sind immer wieder auch dann noch zu finden, wenn die Websites längst gelöscht sind. Sie lassen sich mithilfe von sogenannten Internetarchiven finden. Daher sollte genau überlegt werden, welche Inhalte man ins Internet stellt, da sie auch noch nach Jahrzehnten nachzuschlagen sind. Das Webarchiv »*Wayback Machine*« beispielsweise hat schon einige Milliarden Websites archiviert. Hier lassen sich mehr als 839 Billionen alter Websites bis ins Jahr 1996 zurückverfolgen.[76]

75 Siehe dazu *https://de.wikipedia.org/wiki/Tor_(Netzwerk)*.
76 *https://archive.org*.

Abbildung 44: Die Startseite des Webarchivs »Wayback Machine«

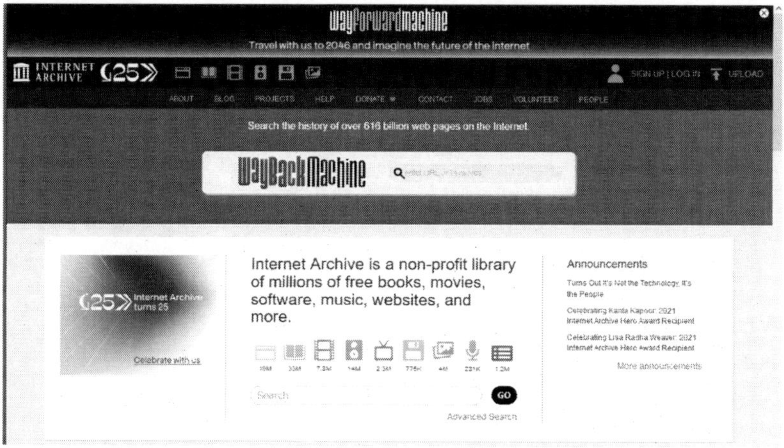

Quelle: *https://archive.org*

Checkliste sicheres Internet

- Cookies möglichst ablehnen.
- Sicherheitseinstellungen im Browser vornehmen.
- Weitergabe der E-Mail-Adresse verhindern.
- Aktive Inhalte im Browser deaktivieren.
- Datenspuren auf dem Rechner vernichten.
- Anonymisierungssoftware einsetzen.

28. E-Mails und Newsgroups

Die Kommunikation mit E-Mails ist komfortabel und schnell, aber für personenbezogene Daten und interne Daten der Interessenvertretung nur geeignet, wenn entsprechende Schutzmaßnahmen getroffen werden. Denn der Inhalt einer E-Mail ist so geschützt wie eine Postkarte, also für alle, die darauf zugreifen können, überhaupt nicht. Da eine E-Mail über viele Server geleitet wird, gibt es vielfältige Möglichkeiten darauf zuzugreifen. Wie dringend E-Mails geschützt werden müssen, zeigt die folgende Auflistung von möglichen Gefahren – kurz und bündig im Telegrammstil:

a. Gefahren und Abwehr

aa. Ungesicherter Zugang zum Computer und E-Mail-Programm

In jedem E-Mail-Programm liegen neben den gesendeten und empfangenen E-Mails und deren Anhängen auch E-Mail-Adressen, Telefonnummern und vielleicht noch persönliche Anmerkungen zu Kommunikationspartnern. Daher sollte der Zugang sowohl zum Computer als auch zum E-Mail-Programm durch ein gutes Passwort gesichert sein. Sonst wäre es relativ leicht möglich, Interna zu lesen oder E-Mails im Namen der Interessenvertretung zu versenden.

bb. Ungesichertes Postfach und ungeschützte E-Mails

In einem Betrieb gelangt die elektronische Post vor dem Versand zumeist auf einen E-Mail-Server (einen speziell für die Verwaltung der elektronischen Post zuständigen Rechner; server = Verteiler), auf den der Systemverwalter vollen Zugriff hat. Optimalen Schutz (auch für den weiteren Weg durch das Internet) bietet hier eine E-Mail-Verschlüsselung).

cc. Ungeschütztes Passwort beim Abrufen der E-Mails

Beim Abholen der elektronischen Post vom E-Mail-Server mit dem meistgenutzten E-Mail-Programm »Outlook« wird das POP (»Post Office Protocol«) benutzt. Bei dieser Art der Verbindung werden häufig Benutzername, Passwort und Daten ungeschützt (!) an den E-Mail-Server übertragen und sind somit zumindest für den Systembetreuer im Betrieb sichtbar. Das muss aber nicht so sein. So ist bei T-Online diese Verbindung verschlüsselt, ebenso bei Posteo oder »Web.de Freemail«, wenn eine SSL-Verbindung genutzt wird (gleich mehr dazu).

dd. Falsche E-Mail-Zustellung

Schon ein Tippfehler genügt, um eine Nachricht an eine falsche E-Mail-Adresse zu senden. Auch hier verhindert eine Verschlüsselung, dass Daten in falsche Hände geraten.

ee. Falsche Absenderadresse

Eine E-Mail-Adresse zu fälschen, ist leicht. Anleitungen dazu finden sich in Computerzeitschriften oder auch im Internet. Unbekannten Anfragen sollte man deshalb nicht blind vertrauen (auch nicht, wenn die Adresse z. B. durch Verwendung eines Firmen- oder Organisationsnamens »seriös« klingt), sondern – zumindest bei sensiblen Themen – zuerst per Telefon überprüfen, ob der Absender auch stimmt. Die Alternative ist der Einsatz digitaler Signaturen. Sie bestätigen die Identität eines Absenders.

ff. Falsche Eingabe bei Weiterleitung einer E-Mail

Beim Schreiben einer E-Mail wird der Empfänger normalerweise unter »*An:*« eingetragen. Damit mehrere Personen ein und dieselbe E-Mail erhalten können, ohne dass der Absender sie mehrfach schreiben muss, gibt es in E-Mail-Programmen die Optionen »*Cc*« und »*Bcc*«, in die weitere Empfänger eingefügt werden können. Diese beiden Möglichkeiten unterscheiden sich grundsätzlich: Während »*Cc*« (= Carbon Copy = Durchschlag) eine Kopie der E-Mail an weitere Empfänger verschickt und ihnen dies auch mitteilt, versendet »*Bcc*« (= Blind Carbon Copy = »blinder« Durchschlag) die Nachricht an mehrere Empfänger, ohne ihnen zu verraten, an wen dieser Durchschlag noch gegangen ist.
Diese Wahlmöglichkeit ist sinnvoll, vor allem, weil es drei gewichtige Gründe für die Benutzung der »blinden« Kopien gibt:

- Nicht jeder Empfänger einer Nachricht muss und sollte erfahren, wer welche Informationen von der Interessenvertretung bekommt.
- Es muss und sollte nicht »verraten« werden, wen die Interessenvertretung alles kennt und nicht zuletzt
- verhindert »*Bcc*«, dass E-Mail-Adressen wahllos (und ohne Kenntnis und Zustimmung ihrer Besitzer) verteilt werden.

gg. Fehlende Sicherheitseinstellungen im E-Mail-Programm

Ein elektronischer Brief lässt sich optisch dadurch »aufpeppen«, dass er im sogenannten HTML-Format geschrieben wird. Dann sind z.B. Aufzählungen, besondere Schriften und Hervorhebungen möglich. Ein Nachteil sind die dadurch entstehenden Sicherheitslücken im E-Mail-Programm. Denn bei HTML-Mails kommt auch JavaScript zum Einsatz. Sicherer ist es, die Option »nur Text« zu wählen. In Outlook ist die Einstellung unter Datei/*Optionen/E-Mail* vorzunehmen.

Abbildung 45: Formatierungsformat für E-Mails in Outlook festlegen

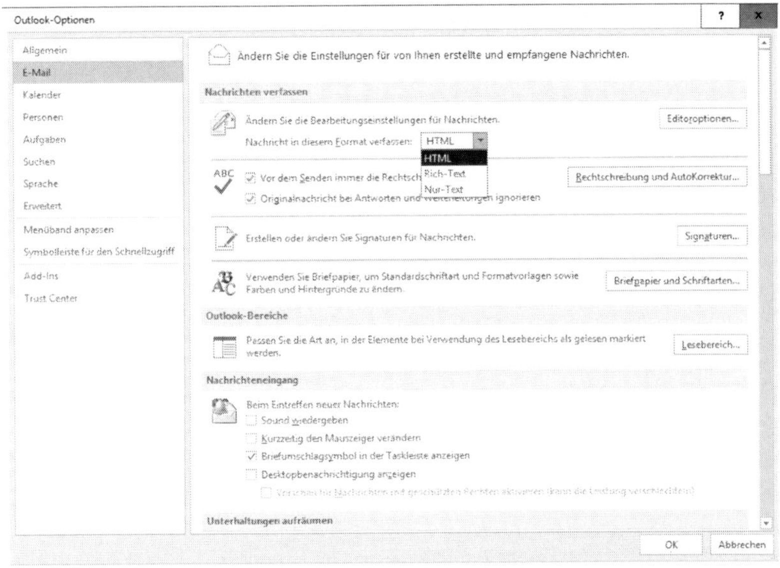

hh. Hintertüren und Viren

Diese »Schädlinge« können Daten stehlen, verändern, löschen oder in anderer Weise verheerenden Schaden auf einem Computer anrichten. Nur ein auf dem neuesten Stand gehaltenes und regelmäßig eingesetztes Virensuchprogramm und eine Firewall bieten einen ausreichenden Schutz.

ii. Fehlende Sicherungen

Ist die Festplatte defekt, sind bereits geschriebene oder empfangene E-Mails, Adressen und der Kalender verloren – wenn sie nicht gesichert sind. Daher sollten sie regelmäßig auf einem anderen Datenträger (CD-ROM, zweite Festplatte, Band, Cloud) gesichert werden. In Outlook geht das über *Datei/Öffnen und Exportieren/Importieren/Exportieren/In Datei exportieren/Outlook-Datendatei (.pst).* In dem sich dann öffnenden Fenster auswählen, was gesichert werden soll (am besten den obersten Punkt auswählen, weil dann alles gesichert wird), noch bei »*Unterordner einbeziehen*« einen Haken setzen und auf »*Weiter*« klicken. Nun muss noch ein Dateiname vergeben und der Speicherort festgelegt werden und mit »*Fertig stellen*« die Sicherung abschließen. Diese Sicherung lässt sich im Fall der Fälle über *Datei/Öffnen und Exportieren/Importieren/Exportieren/Aus anderen Dateien importieren* wiederherstellen (siehe Grafik unten).

Abbildung 46: Eine Sicherung von Outlook erstellen

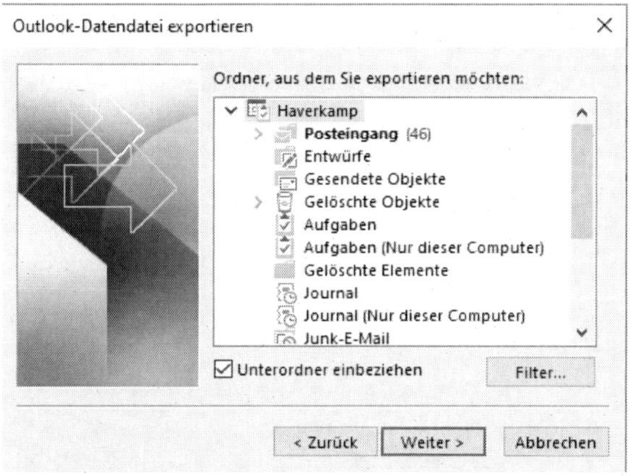

b. Soziale Netzwerke und Newsgroups – auf ewig gespeichert?

Newsgroups (= Neuigkeiten- oder Nachrichtenaustauschgruppen) sind Diskussionsforen im Internet, in denen zu fast jedem Thema Fragen und Antworten, Stellungnahmen und Gegenmeinungen schriftlich und öffentlich ausgetauscht werden. Ähnlich, aber von vielen Menschen mit viel mehr persönlichen Informationen gefüttert, ist das mit sozialen Netzwerken wie Facebook.

Da könnte es für manchen Arbeitgeber sicherlich interessant sein, zu erfahren, was »sein« Betriebs- oder Personalrat dort so vom Stapel lässt. Zudem forschen nicht nur in den USA Personalchefs inzwischen nach, welche Meinungen ein künftiger Beschäftigter im Internet vertritt, welche Fotos über diesen Menschen zu finden sind und welche Freunde jemand hat.

Mit Suchmaschinen funktioniert diese Recherche inzwischen sehr gut, insbesondere, wenn man sich mit den Operatoren (also mit den Kurzbefehlen für eine zielgerichtete Suche) der Suchmaschinen auskennt. Auf jeder Suchmaschinen-Website gibt es eine Hilfe, die diese Operatoren beschreibt.

c. Chatten: WhatsApp oder Threema

Abbildung 47: Das Logo von Threema

Der Chatdienst »WhatsApp« ist der Platzhirsch, wenn es darum geht, zwischen Personen oder Gruppen Text-, Bilder-, Video- oder Tonnachrichten zu tauschen. Da inzwischen die Datenkrake »Facebook« »WhatsApp« besitzt, muss man der App misstrauen. Eine sicherere Alternative ist »Threema«. Nach eigenen Angaben arbeitet »Threema« mit einer Ende-zu-Ende-Verschlüsselung aller Nachrichten, die selbst für den Betreiber des Threema-Servers nicht lesbar sind, da dieser keinerlei Kenntnis des privaten Schlüssels hat. Zudem werden die verschlüsselten Nachrichten und Medien nach der Zustellung direkt vom Server gelöscht. Zusätzlich werden die Header-Informationen einer Nachricht (Absender, Empfänger etc.) verschlüsselt, um ein Mitlesen, beispielsweise in offenen WLANs, zu verhindern.

Abbildung 48: Benutzeroberfläche

E-Mail-Adressen und Telefonnummern aus dem Adressbuch (das man auch ausschalten kann) werden nur kurzzeitig im Arbeitsspeicher des Servers vorgehalten, um die Liste der übereinstimmenden IDs zu ermitteln – danach werden sie sofort wieder gelöscht und auch nicht auf einen Datenträger geschrieben.

Verknüpfungen mit anderen, die den sicheren Chat ermöglichen, werden nur für die Synchronisation gespeichert und nicht an Dritte (z. B. für Werbezwecke) weitergegeben und lassen sich jederzeit löschen.
Die Datenschutzerklärung von »Threema« ist eindeutig und verspricht einen Datenschutz ohne Hintertüren. So etwas wünscht man sich auch von anderen Softwareherstellern und Webseitenbetreibern.
Zu den weiteren Funktionen von »Threema« gehört eine Abstimmungsfunktion. In wenigen Schritten ist eine Abstimmung erstellt, beispielsweise zu einer Terminabsprache, und mit den anderen Mitgliedern der Interessenvertretung geteilt.

Abbildung 49: Terminabsprache mit Threema

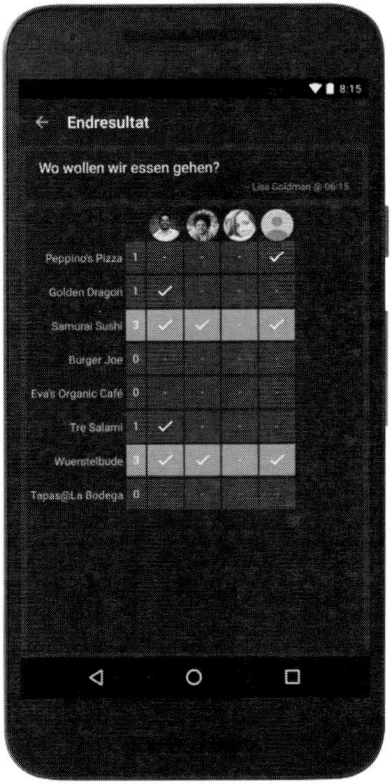

Fazit
Die App bietet ein hohes Maß an Sicherheit, sodass Stiftung Warentest »Threema«, im Unterschied zu »WhatsApp«, als »unkritisch« einstuft. Somit ist für Interessenvertretungen die App wegen der gesicherten Kommunikation besonders interessant. Eine ausführliche Anleitung zu »Threema« findet sich auf *https://threema.ch/de/faq*. Die App gibt es für Android, iOS und Windows (ca. 4 Euro).

d. Verschleierte und geschützte E-Mails

Gegen Datensammler und Ausschnüffeln schützt u. a. eine »anonyme« E-Mail-Adresse. Gemeint ist damit, dass in der E-Mail-Adresse nicht der wirkliche Benutzername auftaucht. Wenn man eine solche Adresse aber immer benutzt, so ist es nur eine Frage der Zeit, bis Interessierte über das Internet herausbekommen, wer dahintersteckt.
Daher wird neben der normal benutzten E-Mail-Adresse eine weitere Adresse benötigt. Die kann man sich beispielsweise bei einem Freemailer wie web.de besorgen.

Wichtig:
Bei der Anmeldung beim Provider unbedingt einen unverfänglichen Namen für die E-Mail-Adresse angeben, weil dieser Name ansonsten einen Rückschluss auf die Identität zuließe. Eine solche E-Mail-Adresse ist natürlich nicht wirklich anonym, da der Antrag beim Provider unter dem richtigen Namen erfolgt. Würde unter einer solchen E-Mail-Adresse beispielsweise eine kriminelle Tat vorbereitet, wäre es der Polizei ein Leichtes, den wirklichen Absender herauszufinden. Zur »Tarnung« in Newsgroups aber genügt eine solche anonyme E-Mail-Adresse allemal.

Mit einer Freemail können im Browser (z. B. Edge, Firefox) E-Mails geschrieben, empfangen und verwaltet werden, ohne dass ein E-Mail-Programm auf dem Rechner installiert ist. Natürlich lassen sich diese E-Mails auch durch Outlook oder andere spezielle E-Mail-Programme abrufen. Allerdings ist die E-Mail-Größe bei den kostenlosen Freemail-Anbietern oftmals begrenzt. Wer sehr große Dateien per Freemailer versenden möchte, kann hier Probleme bekommen. Die Freemailer bieten teilweise eine Reihe weiterer interessanter Möglichkeiten an, wie den Versand von Short Messages (SMS), Faxen und dem Verschlüsseln von E-Mails (weitere Infos unter *http://de.wikipedia.org/wiki/Freemail*). Wichtige Daten sollten auch hier vor dem Versand verschlüsselt werden, denn sie liegen auch beim Freemailer. Wer schon bei einem Freemailer angemeldet ist, kann problemlos eine weitere E-Mail-Adresse beantragen. Der Zugriff auf einen Freemailer im Browser sollte immer mit der angebotenen Option »Logout« beendet werden, da nur dann gesichert ist, dass der Zugang zum Postfach geschlossen wird. Geschieht dies nicht, können bei noch aktivem Browser eventuell andere PC-Benutzer auf die E-Mails zugreifen. Noch besser als eine verschleierte zusätzliche E-Mail-Adresse ist aber ein E-Mail-Konto mit hohem Schutz, beispielsweise von Posteo.

Die geschützte E-Mail – Posteo

Für den E-Mail-Anbieter Posteo (*www.posteo.de*) ist Datenschutz besonders wichtig, daher schreibt er auf seiner Website: »Unser Anliegen ist es, Ihre Daten zu schützen und nicht meistbietend an die Werbewirtschaft zu verkaufen. Deshalb bieten wir anonyme Postfächer an und erheben keine Bestandsdaten von Ihnen.«
Dieser Anspruch zeigt sich bei Posteo von Anfang an: Es ist eine anonyme Anmeldung und Bezahlung möglich (Zahlungsdaten werden grundsätzlich nicht mit den E-Mail-Postfächern verknüpft).

Was bietet Posteo?

Als technische Grundlage benutzt Posteo zu 100 % Open Source. Das Postfach hat 2 GB Speicherplatz (ist aber auf 20 GB erweiterbar). Es können so viele Ordner und Unterordner anlegt werden, wie man möchte, jede E-Mail akzeptiert Anhänge bis 50 MB, es kann mit Outlook und anderen E-Mail-Programmen benutzt werden, bietet einen Spamfilter, macht Weiterleitungen und Abwesenheitsnotizen und erlaubt verschiedene Länderkennungen, d. h. für Alias-Adressen können auch andere Endungen, wie z. B. posteo.at,.ch,.net,.org, genutzt werden.
Bei der Nutzung von Posteo mit Outlook muss man sich bei der Einrichtung entscheiden, ob es ein IMAP[77] oder POP3[78] -Postfach sein soll. IMAP hat den Vorteil, dass dann die E-Mails und das Postfach im Internet immer identische Daten haben, da sie beim Versenden von E-Mails automatisch abgeglichen werden. Eine erhöhte Sicherheit der Daten im Internetpostfach entsteht, wenn man den Posteo-Krypto-Mailspeicher

77 Internet Message Access Protocol. Das ist ein Netzwerkprotokoll, das ein Netzwerkdateisystem für E-Mails bereitstellt.

78 Post Office Protocol. POP3 ist ein Übertragungsprotokoll, über das ein Client E-Mails von einem E-Mail-Server abholen kann.

und die Adressbuch- und Kalenderverschlüsselung in Posteo aktiviert. Wird das Passwort für diese Verschlüsselungen verloren, so kann auch Posteo die Daten nicht wiederherstellen.

Abbildung 50: Die Benutzeroberfläche von Posteo

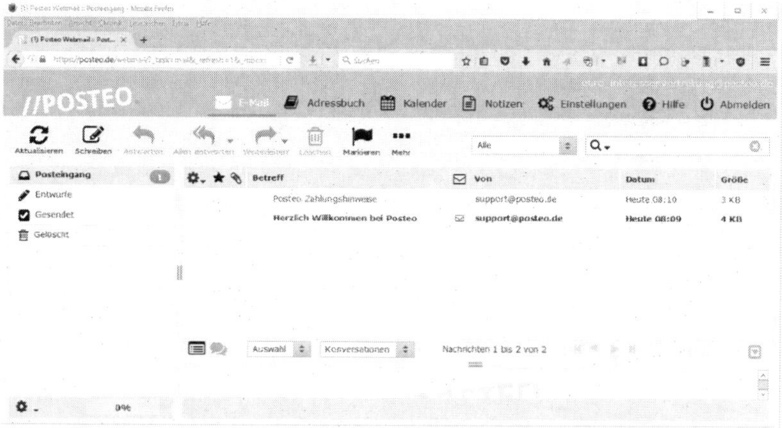

Neben der, wie schon gesagt, anonymen Anmeldung und Bezahlung bietet Posteo auch die Möglichkeit an, alle E-Mails zu verschlüsseln, bis hin zu einer echten Ende-zu-Ende-Verschlüsselung.
Wie ernst es Posteo mit dem Datenschutz meint, kann man auch daran erkennen, dass dieser als erster deutscher E-Mail-Dienst 2014 einen Transparenzbericht zu Ermittlungs- und Observationsvorgängen vorlegte. Seitdem wird dieser Tarnsparenzbericht jährlich erstellt. Daran ist sofort zu erkennen, dass Posteo alle Anfragen durch Rechtsanwälte prüfen lässt und sie, wenn möglich, abweist.

> **Fazit:**
> Posteo bietet ein sehr sicheres E-Mail-Postfach für einen moderaten Preis an.

e. E-Mail-Sicherheit

Um die Sicherheit bei E-Mails zu gewährleisten, müssen zuerst, wie schon gesagt, eine Firewall und ein Virenscanner installiert sein.

Dann ist es aber entscheidend, dass man nicht nur einen guten Provider hat, sondern wie man sich im Umgang mit den E-Mails verhält.

Grundlegende Vorsichtsmaßnahmen

- Nur E-Mail-Anhänge öffnen, die von einem vertrauenswürdigen Absender stammen.
- Unerwünschte Nachrichten löschen, ohne sie zu öffnen.
- Spams (Werbemüll) nie beantworten, sondern gleich löschen.
- Die E-Mail-Vorschau deaktivieren und E-Mails in der Nur-Text-Version lesen.
- Vorsicht, wenn in einer E-Mail zur Eingabe vertraulicher Informationen aufgefordert wird!
- E-Mails verschlüsseln.
- E-Mails sicher löschen.
- Zusätzliche E-Mail-Adresse anlegen, um sich z.B. »unerkannt« in Newsgroups tummeln zu können. Dazu z.B. bei Posteo eine E-Mail-Adresse besorgen, die nicht den eigenen Namen enthält, und sie dann in Newsgroups etc. benutzen.
- Regelmäßige Datensicherung der E-Mails.

f. Telefonieren übers Internet

Telefonieren hat sich in Deutschland grundsätzlich geändert, denn das alte Telefonnetz ist Vergangenheit und es gibt nur noch VoIP-Telefonie. VoIP ist die Abkürzung für Voice over IP. Gemeint ist damit die Sprachübermittlung per Internetprotokoll über ein entsprechendes Telefon oder einen Router, der die alten Telefone akzeptiert. Dabei entfällt aber die Ortsanbindung. Denn es genügt ein Internetanschluss, um ein VoIP-Telefon weltweit einzusetzen.

Schon bislang wurde die Sprache beim Telefonieren digital übertragen und man wird beim Telefonieren selbst die Umstellung auf VoIP-Telefonie gar nicht bemerken. Technisch wird bei der Internettelefonie die Sprache digitalisiert und in kleine Datenpakete verpackt im Internet verschickt. Dabei gehen sie über viele, teilweise ausländische Server, bis sie ans Ziel gelangen. Bei diesen Zwischenstationen gilt nicht unbedingt das deutsche Fernmeldegeheimnis.

Ist VoIP nicht verschlüsselt, so ist die Gefahrenlage ähnlich wie bei E-Mails. Um ein Gespräch im Internet anzuzapfen, genügt ein Hacker-

tool aus dem Internet, mit dem die Datenströme analysiert und Telefongespräche gezielt ausgewählt und auf den angreifenden Rechner gespeichert werden können.
Technisch ist damit die Überwachung eines Telefongesprächs im Internet noch einfacher als das Abhören eines normalen Telefongesprächs. Das lässt sich verhindern, wenn Telefongespräche über das Internet verschlüsselt werden.
Grundsätzlich gibt es bei VoIP die gleichen Sicherheitsprobleme, wie sie in Datennetzen immer bestehen. Ob die Vertraulichkeit von Telefonaten gegeben ist, hängt davon ab, ob und wie gut die Gesprächsinhalte verschlüsselt über das Internet übertragen werden.
Eine Verschlüsselung ist grundsätzlich möglich, wird aber nicht unbedingt automatisch angeboten. Diese Information muss daher bei jedem Provider abgefragt werden. Für die Interessenvertretung ist nur eine sichere Telefonverbindung akzeptabel.
Wird dann eine gute Verschlüsselung eingesetzt, so ist das VoIP sogar besser geschützt als beim klassischen Telefon.
Große Telefonanbieter wie Telekom und Vodafone werben damit, dass die Gesprächsdateien nicht im normalen Internet transportiert werden, sondern in gesonderten Telefonie-Netze. Wie sicher das ist, muss sich erst noch zeigen.
Eine andere Möglichkeit über das Internet zu telefonieren, bietet Skype. Diese Software hat den großen Vorteil, dass man sich beim Gespräch sehen kann. Es benutzt ein eigenes Übertragungsprotokoll SRTP (Secure Real-Time Transport Protocol), das automatisch die Gespräche verschlüsselt. Skype verspricht eine sehr gute Verschlüsselung, die aber nicht überprüfbar ist, da die Firma die Verschlüsselung nicht offenlegt. Zudem wurde Skype 2015 von Microsoft gekauft, was dazu führte, dass nun der Softwareriese massenhaft Daten über die User von Skype sammelt und verwertet.

Fazit:
Insgesamt entwickelt sich die Internettelefonie rasant. Voice over IP kann nach der Aktivierung der Verschlüsselungsprotokolle als ausreichend sicher gelten (auch wenn, wie wohl bei jeder Software, immer wieder mal Sicherheitslöcher auftauchen), bei Skype werden jetzt schon extrem viele Daten gesammelt, daher sollte sich eine Interessenvertretung den Einsatz dieser Software genau überlegen.

29. Topsecret! Dateien und E-Mails verschlüsseln

Personenbezogene Daten, Verhandlungsvorbereitungen oder gar Streikplanungen per E-Mail zu versenden, ist nicht ohne Risiko und nach dem Datenschutz bei personenbezogenen Daten auch nicht immer erlaubt (siehe unten). Dateien und E-Mails sind vor fremden Blicken nur dann wirklich sicher, wenn sie verschlüsselt sind.
Ein Großteil der gefährlichen Angriffe gegen Unternehmen stammen von Mitarbeitern oder ehemaligen Mitarbeitern und nicht, wie man vermuten möchte, von Außenstehenden. Es ist davon auszugehen, dass auch eventuelle Angriffe gegen Interessenvertreter zumeist aus dem Betrieb kommen dürften.

Abbildung 51: Eine ausreichende Sicherheit am PC macht Arbeit.

Besonders deutlich wird diese Gefahr bei E-Mails. Sie sind zwar schnell verschickt und bieten zudem die Möglichkeit, Texte, Bilder oder Programme gleich mitzuschicken, aber leider sind sie nur so »sicher« wie eine Postkarte – also für alle lesbar, über deren Rechner sie laufen. Und genau das ist ja das Prinzip des Internets: Eine Nachricht wird von Rechner zu Rechner weitergeleitet, bis sie ihr Ziel erreicht hat. Es gibt also jede Menge Gelegenheiten, E-Mails abzufangen – wenn man es will.

Selbst Regierungen scheuen nicht davor zurück, fremde E-Mails auszuspähen. So stellte das Europäische Parlament in einem Bericht schon 2001 fest, dass das von den USA, Australien, Kanada, Neuseeland und England betriebene Spionagesystem »Echelon« in Europa Faxe und E-Mails abhört, sie nach festgelegten Kriterien sichtet, auswertet und damit Wirtschaftsspionage betreibt. Schon wenige Monate nach der Aufdeckung von »Echelon« wurde die Presseberichterstattung extrem still. Es gab einfach keine Informationen mehr zum Thema. Vermutlich war es weiterhin aktiv und wurde inzwischen nur von anderen, effektiveren Überwachungsmöglichkeiten abgelöst.

In anderen Ländern werden digitale Daten ebenfalls kontrolliert: Die britische Regierung lässt durch den Inlandsgeheimdienst Security Service (MI5) landesweit alle E-Mails kontrollieren, ebenso macht es die amerikanische Bundespolizei FBI.

Seit den Enthüllungen von Edward Snowden im Jahre 2013 ist bekannt, dass die USA und das Vereinigte Königreich spätestens ab 2007 mit Hilfe der Software PRISM weltweit die Telekommunikation und das Internet überwachten und die so gewonnenen Daten auf Vorrat speicherten. Die Überwachung ging so weit, dass sogar die Bundeskanzlerin Angela Merkel, ihr Vorgänger Gerhard Schröder und andere deutsche Spitzenpolitiker über viele Jahre vom amerikanischen Geheimdienst NSA ausspioniert wurden.

Auch wenn es um den von Edward Snowden aufgedeckten Überwachungsskandal ruhig geworden ist, so bedeutet das nicht, dass die Überwachung nicht fortgesetzt wird. Es dringen momentan nur keine Informationen nach außen.

Wie immer bei den USA und dem Vereinigten Königreich ging es dabei nicht nur um politische Fragen, sondern auch um Wirtschaftsspionage.

In die Reihe der Überwachungssoftware reiht sich auch Pegasus ein. Das ist eine zum Ausspähen von iOS- und Android-Geräten, die intensiv genutzt wurde und wird (siehe Kapitel 23.f. »Überwachungssoftware auf Smartphones«).

Bis vor wenigen Jahren dachten wohl die meisten Interessenvertreter, dass sie sich keine Sorgen machen müssten, von Geheimdiensten abgehört zu werden, nun ist endgültig klar, dass auch sie ein Angriffsziel sein könnten, denn auch über ihre Schreibtische gehen Informationen, die für eine Wirtschaftsspionage von Interesse sind.

Auch in Deutschland wird die Kontrolle digitaler Daten immer enger, selbst wenn zu berücksichtigen ist, dass es hier bislang noch um die Bekämpfung und Verfolgung schwerer Straftaten geht. Stichworte sind hier z. B. die Vorratsdatenspeicherung oder die Onlinedurchsuchung (siehe auch *http://de.wikipedia.org*).
Neben der »großen« Überwachung gibt es auch die Kontrolle im Kleinen. In amerikanischen und auch in einigen deutschen Betrieben werden jedenfalls ein- und ausgehende E-Mails schon systematisch überwacht oder – noch extremer – es wird jeder Tastaturanschlag am Firmen-PC protokolliert.[79]
Ohne besondere Software ist es System- und Netzwerkverwaltern außerdem möglich, jede Aktivität eines Nutzers zu beobachten: auf welche Daten zugegriffen wird, was in der Dateiablage liegt und welchen Inhalt verschickte oder empfangene E-Mails haben. Das ist natürlich mit einem gewissen Aufwand verbunden und wird in der Praxis wohl nicht sehr oft vorkommen, *möglich* ist es aber. Interessenvertreter, die hier den geringsten Verdacht haben oder dem Ausspähen vorbeugen wollen, sollten ihre elektronische Post und die Dateien auf dem Rechner verschlüsseln.

a. Anforderungen des Datenschutzes an die Verschlüsselung von E-Mails mit personenbezogenen Daten

Personenbezogene Daten müssen nach der DSGVO besonders geschützt werden. In *Art. 5 Abs. 1 Buchst. f DSGVO* wird unter der Überschrift »Grundsätze für die Verarbeitung personenbezogener Daten« ausgeführt:

»(Personenbezogene Daten müssen) in einer Weise verarbeitet werden, die eine angemessene Sicherheit der personenbezogenen Daten gewährleistet, einschließlich Schutz vor unbefugter oder unrechtmäßiger Verarbeitung und vor unbeabsichtigtem Verlust, unbeabsichtigter Zerstörung oder unbeabsichtigter Schädigung durch geeignete technische und organisatorische Maßnahmen (»Integrität und Vertraulichkeit«).«

79 Ausführliche Informationen zu den rechtlichen Fragen der Kontrolle im Betrieb siehe Däubler, Gläserne Belegschaften. Das Handbuch zum Beschäftigtendatenschutz, 9. Aufl., 2021.

Der Begriff »Integrität« steht für die Vollständigkeit und Unverfälschtheit der Daten, der Begriff der »Vertraulichkeit« beinhaltet, dass nur berechtigte Stellen oder Personen die Daten verarbeiten dürfen.
Um dies zu erreichen, ist eine funktionierende Datensicherheit entscheidend. Diese wird durch geeignete technische und organisatorische Maßnahmen (TOM) erreicht. Dabei geht es sowohl darum, den Verlust von Daten zu verhindern, wie auch die Daten vor unbefugter oder unrechtmäßiger Verarbeitung zu schützen. Das gilt auch beim Transport von Dateien, die personenbezogene Daten enthalten. Werden sie per E-Mail verschickt, ist das für viele Interessenvertretungen ein Problem. Denn in allen Betrieben und Verwaltungen, in denen es keine E-Mail-Verschlüsselung gibt, sind die Dateien während des Transports nicht wirklich sicher. Zudem sollten Betriebs- oder Personalräte verhindern, dass Interna der Gremien ungeschützt über den Server laufen.

Das notwendige Sicherheitslevel

Nach *Art. 32 DSGVO* ist vom Sicherheitsrisiko das entsprechende Sicherheitslevel abhängig. Es muss dem Risiko angemessen sein.
Zu berücksichtigen sind nach *Art. 32 DSGVO*:

- der Stand der Technik,
- die Implementierungskosten,
- die Art, Umstände und der Zweck der Datenverarbeitung,
- die unterschiedliche Eintrittswahrscheinlichkeit der Risiken und
- die Schwere der jeweiligen Risiken für die persönlichen Rechte und Freiheiten.

Als technische Maßnahme nennt *Art. 32 Abs. 1 Buchst. a DSGVO* ausdrücklich die Verschlüsselung personenbezogener Daten.
Eine Verschlüsselung wird leider bislang von den meisten Arbeitgebern noch nicht genutzt.

Wichtige weitere Informationen:
Siehe auch Kapitel 10.d. »Personenbezogene E-Mails der Interessenvertretung«.

b. Sichere Verschlüsselung?

Verschlüsselungsverfahren für den Computer werden auf dem Softwaremarkt zuhauf angeboten. Aber nicht jede Software bietet einen echten Schutz. Ob eine Verschlüsselung wirklich sicher ist, hängt vor allem von vier Kriterien ab:

1. Ob das eingesetzte Verschlüsselungsverfahren sicher »konstruiert« ist (z. B. eine hohe Schlüsselgröße hat).
2. Wie gut der interne Aufbau der Software ist.
3. Ob die Software sicher installiert, gewartet und bedient wird.
4. Wie vertraulich die geheimen Schlüssel behandelt werden.

Es reicht also nicht aus, irgendeine Verschlüsselungssoftware einzusetzen. Auch Kenndaten wie z. B. die Schlüssellänge sind zwar durchaus interessant, geben allein aber keine verlässliche Auskunft über die wirkliche Qualität eines Verschlüsselungsprogramms. Für Laien ist es deshalb praktisch unmöglich, ein sicheres von einem unsicheren Verfahren zu unterscheiden. Sie können sich nur auf das Urteil von Fachleuten verlassen.

c. Zwei große Verfahren zur Verschlüsselung

Grundlegend werden *zwei Verschlüsselungsverfahren* benutzt: die *symmetrische* und die *asymmetrische* Verschlüsselung.

Bei der *symmetrischen* Verschlüsselung ist es nur ein einziger Schlüssel, mit dem ein Text verschlüsselt und später wieder entschlüsselt wird. Das geht sehr schnell und genügt immer dann, wenn die verschlüsselten Daten nicht (übers Netz) »transportiert« werden sollen. Damit ist dieses Verfahren für die eigene Festplatte also durchaus geeignet.

Nicht so gut geeignet ist die symmetrische Verschlüsselung für das Internet. Der Grund liegt darin, dass der eine und einzige »Verschlüsselungs-/Entschlüsselungsschlüssel« ja auch dem Empfänger (und zwar jedem Empfänger) einer Nachricht bekannt sein muss. Und damit stellt sich die Frage: »Wie übermittle ich den geheimen Schlüssel *sicher* an den Empfänger?« (siehe Grafiken).

Abbildung 52: Bei der symmetrischen Verschlüsselung benutzen beide Partner denselben Schlüssel, der auch nur diesen beiden bekannt sein darf …

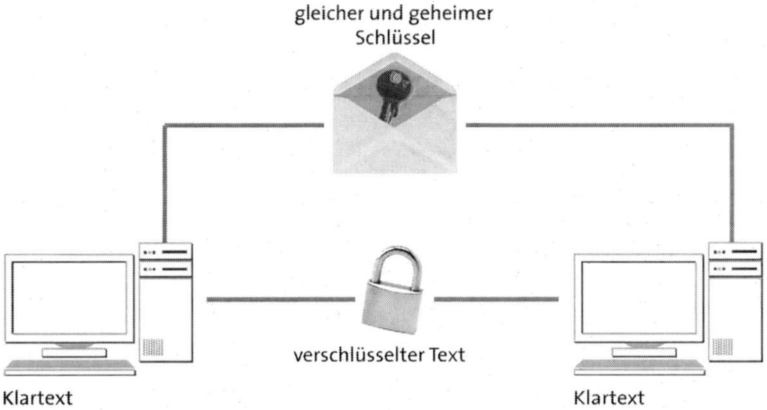

Abbildung 53: Bei der asymmetrischen Verschlüsselung gibt es einen öffentlichen Schlüssel, der zum Verschlüsseln benutzt wird, und dazu einen zweiten persönlichen und geheimen Schlüssel, mit dem die für einen selbst eingehenden Nachrichten entschlüsselt werden können …

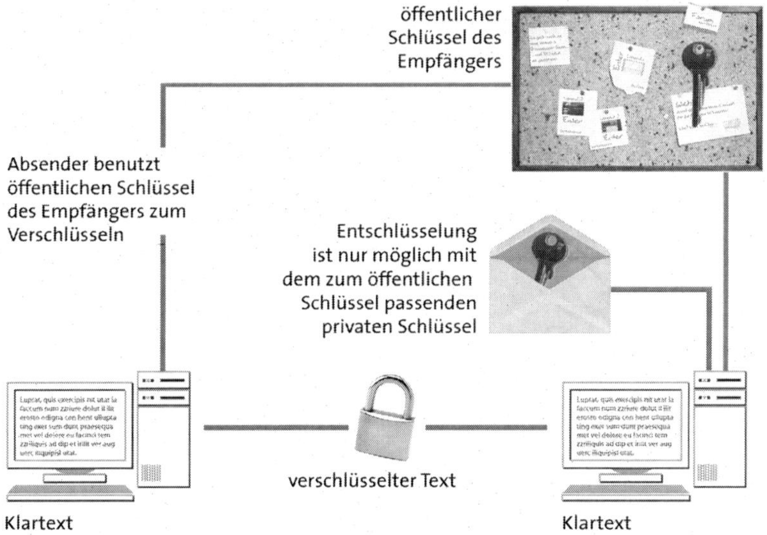

Dieses Problem löst die *asymmetrische Verschlüsselung,* bei der jeder Benutzer des Verschlüsselungsverfahrens über zwei Schlüssel, also ein Schlüsselpaar, verfügt – einen *öffentlichen* Schlüssel (= Public Key) für die *Ver*schlüsselung und einen *privaten,* geheim gehaltenen (Private Key) für die *Ent*schlüsselung. Der Grundgedanke dabei ist, dass das eigentliche Problem nicht in der Verschlüsselung liegt, sondern in der Entschlüsselung. Und so funktioniert es praktisch:
Der öffentliche Schlüssel wird entweder einem »Public-Key-Ring-Server« mitgeteilt und kann dort von Interessierten abgefragt werden und/oder der Versender einer verschlüsselten E-Mail schickt ihn direkt an diejenigen, mit denen er verschlüsselt kommunizieren möchte.
Soll nun eine verschlüsselte Nachricht verschickt werden, benutzt man für die Verschlüsselung den öffentlichen Schlüssel *des Empfängers.* Entschlüsselt werden kann diese Nachricht nur vom Besitzer des zweiten, zum Schlüsselpaar gehörenden geheimen Schlüssels – und das kann dann eigentlich nur der richtige Empfänger sein. Ein Empfänger kann daher auch nicht *alle* verschlüsselten Nachrichten eines Absenders lesen, sondern nur die für ihn bestimmten (denn *sein* Schlüssel wurde ja benutzt).

d. Verschlüsselung von Office-Dateien

Die einfachste Art, um einzelne Dateien zu schützen, ist es, sie mit einem Kennwort zu verschlüsseln. Das ist beispielsweise bei Office- und PDF-Dateien problemlos möglich, kann sogar abgestuft passieren.

Das Öffnen eines Dokuments mit einem Passwort schützen

1. Die Datei öffnen, die verschlüsselt werden soll.
2. Auf *Datei/Information/Dokument schützen/Mit Kennwort verschlüsseln* klicken.
3. Das Passwort eingeben (Achtung: Das Passwort sollte mindestens zwölf Zeichen haben und auch Großbuchstaben, Umlaute und Zahlen enthalten).
4. Das Passwort erneut eingeben.
5. Das Dokument schließen.

Abbildungen 54/55: Einstellung, um eine Datei mit Word zu verschlüsseln

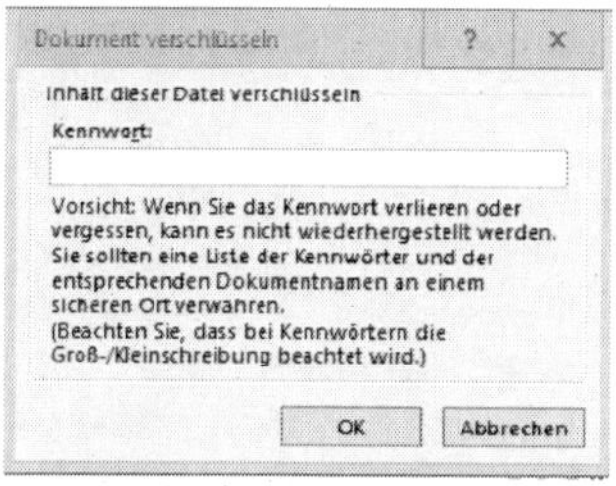

Damit der oder die Empfänger die Datei öffnen können, müssen sie nun das Passwort erhalten. Die Übermittlung des Passwortes ist dann der kritische Punkt. Natürlich sollte es nicht einfach offen per E-Mail verschickt werden.

Die Bearbeitung eines Word-Dokuments einschränken

1. Die Datei öffnen, deren Bearbeitung eingeschränkt werden soll.
2. Auf *Datei/Informationen/Bearbeiten einschränken* klicken.
3. Neben dem Dokument erscheint ganz rechts ein Fenster, in der die Beschränkungen festgelegt werden können.
4. Besonders wichtig sind die Optionen *Keine Änderungen* (schreibgeschützt), Überarbeitungen, Kommentare, Ausfüllen von Formularen).
5. Nun auf *Schutz anwenden* klicken und
6. ein Passwort vergeben.

»Bearbeitung einschränken« im Einzelnen

1. Hier lassen sich die Formatierungsoptionen so einschränken, dass das Erscheinungsbild der Datei erhalten bleibt.
2. Bearbeitungseinschränkungen:
   Hier wird festgelegt, welche Bearbeitungen für andere User aktiviert sind:
   a. *Keine Änderungen (schreibgeschützt) spricht für sich.*
   b. *Überarbeitungen, Kommentare, Ausfüllen von Formularen.* Das was ausgewählt wird, ist möglich, alle anderen Optionen sind deaktiviert.

   Ausnahmen: Hier kann festgelegt werden, wer Dateien bearbeiten darf, also die Ausnahmen von den Einschränkungen.
3. Schutz anwenden:
   Hier können die gerade vorgenommenen Einstellungen aktiviert und auch wieder deaktiviert werden.

Abbildung 56: Einstellungen für »Bearbeiten einschränken«

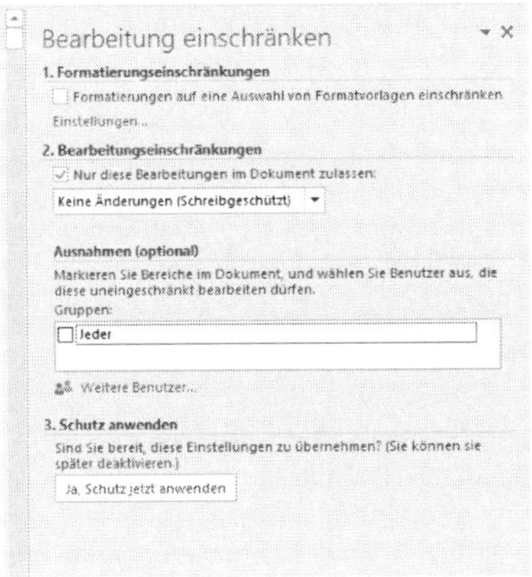

Eine Verschlüsselung einer Office Datei sollte, sobald sie auf dem eigenen Rechner liegt, entschlüsselt werden, damit mit ihr ganz normal gearbeitet werden kann.

Die Verschlüsselung eines Dokuments entfernen

1. Die Datei öffnen, deren Verschlüsselung entfernt werden soll.
2. Auf *Datei/Information/Dokument schützen/Mit Kennwort verschlüsseln* klicken.

3. Das Passwort anklicken und löschen.
4. Das Dokument schließen und damit speichern.

Die Verschlüsselung ist nun aufgehoben.

e. Verschlüsseln von PDF-Dateien

Nicht nur bei Office-Dokumenten kann es sinnvoll sein, den Inhalt zu schützen und das Öffnen der Datei oder die Bearbeitungsmöglichkeiten einzuschränken. Nur dann ist sichergestellt, dass nur diejenigen sie lesen, die dazu berechtigt sind oder dass niemand einen Ausdruck macht oder Veränderungen im Text vornimmt.

Mit dem kostenlosen »Acrobat Reader« ist das Verschlüsseln oder Sperren von Bearbeitungsfunktionen nicht möglich. Vorbildlich leisten das Profiversionen wie das teure »Adobe Acrobat« oder das bedeutend billigere »Power PDF Advanced« von Nuance.[80]

Stehen diese Programme einem Gremium nicht zur Verfügung, so kann die IT ggf. das kostenlose Programm »BeCyPDFMetaEdit«[81] installieren. Mit BeCyPDFMetaEdit lassen sich unter »Metadaten« einige Informationen entfernen und unter »Sicherheit« kann die Bearbeitung oder das Öffnen per Verschlüsselung festgelegt werden.

80 *http://www.nuance.de.*

81 *http://www.chip.de/downloads.*

Abbildung 57: BeCyPDFMetaEdit

Eine noch hilfreichere Alternative wäre die Software »PDF-XChange Editor«. Die Software kann verschlüsseln und entschlüsseln.[82] Darüber hinaus bietet das Tool noch einige Funktionen zum Erstellen oder Bearbeiten von PDF-Dateien an.

> **Wichtig:**
> Immer die beste Verschlüsselung wählen, die das Programm bietet, da schlecht verschlüsselte Dateien, beispielsweise nur mit 40-bit oder 128-bit, sehr leicht zu entschlüsseln sind.

Damit Empfänger die PDF-Datei öffnen können, müssen sie auch hier das Passwort erhalten, dabei ist genauso zu verfahren wie bei geschützten Office-Dateien. Um die Verschlüsselung dauerhaft aufzuheben, ist die »Acrobat« Vollversion notwendig oder »Power PDF Advanced« oder eine andere PDF-Software wie »PDF-XChange«. Dort kann dann in den Sicherheitseinstellungen entweder das Passwort gelöscht oder die Option »Kein Schutz« aktiviert und das Dokument gespeichert werden.

---

82 *https://www.pdf-xchange.de/.*

f. Verschlüsseln mit ZIP

Eine Möglichkeit, mehrere Dateien gleichzeitig zu verschlüsseln, ist das Programm ZIP. Allerdings nicht jede Variante von ZIP. Die in Windows integrierte ZIP-Funktion ermöglicht kein Verschlüsseln. Möglich ist dies aber mit der kostenlosen Software »7-ZIP«. Damit sie genutzt werden kann, muss sie allerdings auf dem Rechner installiert sein (*https://www.7-zip.de*). Da eine Installation durch das Gremium normalerweise nicht möglich sein dürfte, da IT-Abteilungen sich Installationen vorbehalten, wird ein Gespräch mit dem Arbeitgeber bzw. mit der IT-Abteilung notwendig sein.

30. Verschlüsseln mit dem Betriebssystem

Je nach Betriebssystem, bietet Microsoft an, ganze Laufwerke und/oder Dateien und Ordner zu verschlüsseln. Dazu gibt es das verschlüsselte Dateisystem »Encrypting File System« (EFS) und »BitLocker«.
Allerdings funktioniert die Verschlüsselung nur mit dem Dateisystem NTFS (= NT File System) und nicht mit dem alten FAT-Dateisystem. NTFS ist inzwischen aber das Standarddateisystem, denn es bietet vor allem eine bessere Sicherheitszugriffskontrolle.
Mit NTFS kann die Verschlüsselung unbemerkt vom Benutzer im Hintergrund laufen, ohne dass die Arbeitsgeschwindigkeit darunter leidet. Es muss nur ein Schlüssel erzeugt und festgelegt werden, welche Ordner oder Dateien automatisch verschlüsselt werden sollen. Die Verschlüsselung erfolgt mit einer Schlüssellänge von 128 Bit oder 256 Bit.

a. Einzelne Dateien und Ordner verschlüsseln mit »Encrypting File System« (EFS)

Bei der EFS-Verschlüsselung können per Klick mit der rechten Maustaste auf eine Datei oder einen Ordner die Daten verschlüsselt werden, aber *keine* ganzen Festplatten oder Partitionen. Das leistet dann BitLocker – allerdings nicht in Windows Home, sondern nur in den Profiversionen von Windows, wie Windows 10 oder 11 Professional etc.).

Abbildung 58: EFS-Verschlüsselung mit Windows

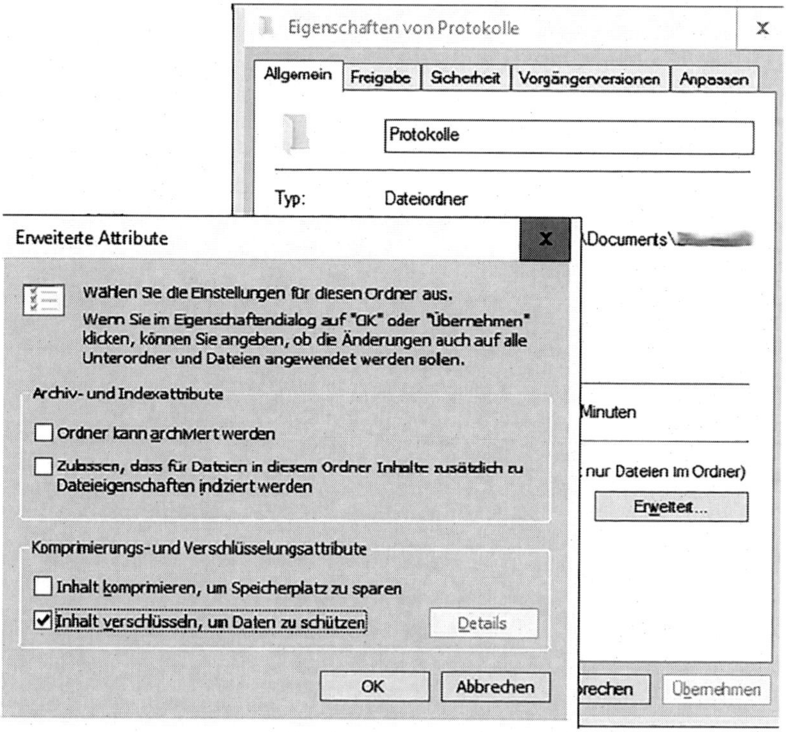

Verschlüsselte Daten in Windows farbig anzeigen lassen.

Damit verschlüsselte Dateien gleich als solche sichtbar sind, müssen die Ordnereinstellungen verändert werden. Dazu in Windows 10 oder Windows 11 mit der gleichzeitig gedrückten Tastenkombination [Windows] + [E] den »Explorer« öffnen. Im neuen Fenster nun in der Menüleiste auf die drei Punkte »…«klicken und »*Optionen*« auswählen.
Nach dem Öffnen der »*Ordneroptionen*« in den Reiter »*Ansicht*« wechseln und hier bei »*Verschlüsselte oder komprimierte NFTS-Dateien …*« einen Haken setzen und mit »*OK*« bestätigen.

Abbildung 59: Verschlüsselte Daten in Windows farbig anzeigen lassen

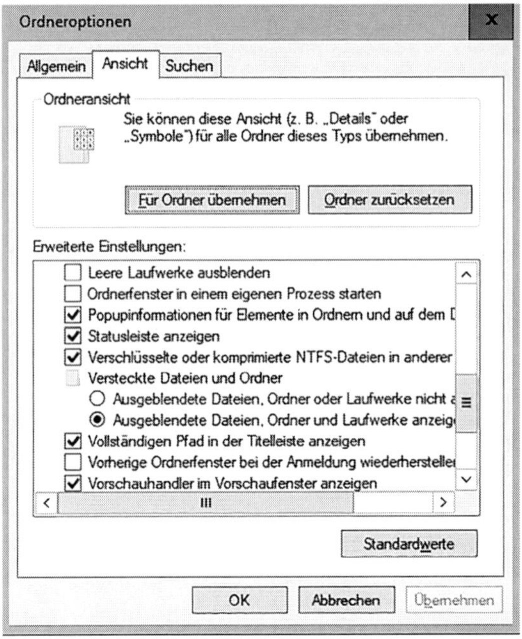

b. Festplatte mit Windows 10 oder 11 verschlüsseln mit BitLocker

Es gibt zwei Wege, die Festplatte(n) mit Windows 10 oder 11 zu verschlüsseln: mit oder ohne TPM (Trusted Platform Module). TPM ist ein Chip, der Computer um Sicherheitsfunktionen erweitert.

Ist ein TPM-Chip im Mainboard

1. auf »*Start*« (das ist die Windows-Flagge unten links) klicken und »*BitLocker*« eintippen.
2. Nun auf »*BitLocker verwalten*« klicken.
3. Es werden nun die Festplattenlaufwerke aufgelistet, die mit »BitLocker« verschlüsselt werden können.
4. Nun neben der Festplatte auf »*BitLocker aktivieren*« klicken und die Verschlüsselung kann eingerichtet werden.

Gelingt die Verschlüsselung mit BitLocker so nicht, gibt es einen zweiten Weg:

1. Mit der rechten Maustaste auf »*Start*« klicken und auf »*Systemsteuerung*« und dort »*Gruppenrichtlinie*« eintippen.
2. Den Eintrag »*Gruppenrichtlinien bearbeiten*« öffnen.
3. In der linken Spalte bei *Computerkonfiguration* auf »*Administrative Vorlagen*«, »*Windows-Komponenten*« und »*BitLocker-Laufwerksverschlüsselung*« und »*Betriebssystemlaufwerke*« klicken.
4. Dort im rechten Fenster den Eintrag »*Zusätzliche Authentifizierung beim Start anfordern*« per doppeltem Mausklick öffnen und »*Aktiviert*« auswählen.
5. Bei »*TMP-Start konfigurieren*« die Option »*TPM nicht zulassen*« auswählen.
6. Mit »*OK*« übernehmen und auf »*BitLocker aktivieren*« klicken und der Computer überprüft.
7. Danach muss man sich entscheiden, was mit dem Kennwort passieren soll, im *Microsoft-Konto, auf einen USB-Stick oder in einer Datei gespeichert oder ausgedruckt* werden soll. Die Sicherung muss sehr gut aufbewahrt werden, denn ohne diese Infos kommt man im Notfall nicht mehr an seine Daten.
8. Bevor es dann endgültig losgeht, muss noch entschieden werden, ob »BitLocker« den restlichen freien Speicher oder die komplette Festplatte verschlüsseln soll. Am sichersten ist es, die komplette Festplatte zu verschlüsseln.
9. Nun kann man normal weiterarbeiten, während im Hintergrund »BitLocker« verschlüsselt.
10. Zukünftig bootet das System nur noch, wenn beim Start das Passwort eingegeben beziehungsweise der erstellte USB-Stick eingesteckt ist.

Achtung:
Das Passwort kann später geändert werden, aber ohne Passwort kommt man nicht mehr an die Daten heran. Daher unbedingt die Sicherung des Kennworts (z. B. in einer Datei – siehe oben) geschützt aufbewahren.

c. USB-Stick verschlüsseln

Einen USB-Stick zu verschlüsseln, ist bei Windows mit wenigen Mausklicks erledigt:

1. Im Dateimanager von Windows, dem Explorer, mit der rechten Maustaste auf den USB-Stick klicken.
2. Dann »*BitLocker aktivieren*« auswählen.

3. Bei »*Kennwort zum Entsperren des Laufwerks verwenden*« einen Haken setzen und das Passwort eingeben.
4. Im nächsten Fenster das Passwort in einer Datei sichern.
5. Nun weiter zu Verschlüsselungsarten und am Ende alles schließen.

Der USB-Stick ist ab jetzt nur noch mit dem Passwort zu öffnen.

Da BitLocker in Mehrbenutzersystemen nicht den Datenzugriff auf einzelne Nutzer beschränken kann, ist es sinnvoll, als Alternative über eine ergänzende Verschlüsselung wie EFS oder VeraCrypt (siehe Abschnitt 31.b. »Kostenlose Verschlüsselung mit VeraCrypt«) nachzudenken, vor allem wenn relativ wenige Daten für nur wenige Benutzer verschlüsselt werden müssen. Also ein denkbarer Einsatz für die Interessenvertretung. Zudem bietet sich VeraCrypt zusätzlich per Datencontainer zum Datenaustausch an. Dabei ist dann auch die Datenübertragung verschlüsselt (auch auf einem Netzlaufwerk).

Eine echte Alternative zu BitLocker ist die Windows-Verschlüsselungsmöglichkeit EFS derzeit nicht, da EFS nur die Inhalte von Dateien und Ordnern verschlüsseln kann. Es kann also immer noch erkannt werden, wie Dateien benannt sind, und auch das können dann schon vertrauliche Information sein. Denkbar ist auch, dass eine solche Datei einfach gelöscht wird. Da die Betriebssystempartition nicht verschlüsselt wird, besteht eventuell die Möglichkeit, an Klartextkopien von verschlüsselten Dateien zu gelangen. EFS ist also für PCs als alleinige Verschlüsselung nicht optimal.

Werden die Verschlüsselungen des Betriebssystems *richtig* eingesetzt, kommt selbst der Systemverwalter nicht mehr an die Interessenvertretungsdaten heran. Aber Vorsicht, es sind da eine Reihe von Einstellungen und Vorgaben zu beachten!

Momentan scheint die Verschlüsselung per BitLocker sicher zu sein, die Computerfachzeitschrift »Chip« schreibt aber: »Wie sicher BitLocker ist, zeigt eine Meldung der BBC[83]. Angeblich denkt die britische Regierung darüber nach, eine Backdoor, also eine Art Nachschlüssel, für BitLocker von Microsoft zu fordern. So etwas wollen Geheimdienste und andere Behörden nur, wenn sie Angst haben, sonst keinen Zugriff mehr auf geschützte Systeme haben zu können.«

83 British Broadcasting Corporation – englischer Radiosender.

d. Sicherheitsprobleme

Wird eine z. B. mit Windows verschlüsselte Datei über das Netzwerk verschickt, wird sie dazu entschlüsselt und erst im Zielordner wieder verschlüsselt, sie ist also auf dem Transportweg lesbar, wenn hier nicht eine End-zu-End-Verschlüsselung eingesetzt wird. Noch problematischer ist es, wenn eine verschlüsselte Datei auf einen FAT- oder FAT32-Datenträger, also beispielsweise auf einen Rechner mit einem alten Windows-Betriebssystem kopiert wird, denn dann ist die komplette Verschlüsselung aufgehoben. Das Gleiche geschieht, wenn die Datensicherung beispielsweise auf einem entsprechenden Datenträger erfolgt.
Um auf der Festplatte eine Datei sicher zu löschen, wird eine Zusatzsoftware benötigt.

e. Betrieblicher Nachschlüssel

Damit verschlüsselte Dateien und Ordner auch nach dem Ausscheiden eines Beschäftigten oder dem Vergessen eines Passworts noch entschlüsselt werden können, gibt es normalerweise bei einer Verschlüsselungssoftware den sogenannten Recovery-Schlüssel (= Wiederherstellungsschlüssel). Praktisch funktioniert das so, dass beim Verschlüsseln immer ein »Nachschlüssel« für den Systembetreuer erzeugt wird. Wer hier ohne Kontrolle sein will, muss diesen betrieblichen Nachschlüssel verhindern bzw. ihn alleine besitzen.
In Windows darf beispielsweise nicht der sogenannte EFS-Wiederherstellungsagent aktiviert werden. Dazu mit dem Systemadministrator sprechen und ihn kontrollieren. Ein Löschen des Wiederherstellungszertifikats des Administrators reicht nicht aus, da er es wieder aktivieren kann. Ein Nachschlüssel ist allerdings sinnvoll, wenn der Interessenvertreter allein, also ohne Systemadministrator den Zugriff auf das Betriebssystem hat. Denn auch hier scheiden Mitglieder aus oder haben beispielsweise einen Unfall und können dann dem Gremium dringend benötigte Dateien nicht geben.

f. Microsoft und der Bitlocker-Nachschlüssel

Wird in Windows 11 eine Festplatte mit BitLocker verschlüsselt, erfolgt automatisch die Übertragung des Wiederherstellungsschlüssels in die Microsoft Cloud des Nutzers, also zu Microsoft, und zwar gemäß der Datenschutzbestimmungen von Windows 11. Konkret: Der Bitlocker-Nachschlüssel landet im eigenen Microsoft-Konto und Azure Active Directory-Konto.
Das kann nicht im Interesse einer Firma, Behörde oder der Interessenvertretung sein. Unabhängig davon, ob man Microsoft insoweit vertrauen möchte, zeigt der NSA-Datenschutzskandal, dass es immer auch um Wirtschaftsspionage geht.

g. Daten versenden

Sollen Dateien sicher über das Netz verschickt werden, ist bei den hier behandelten Windows-Betriebssystemen »IPsec« vorgesehen. »IPsec« (Internet Security Protocol = Internetsicherheitsprotokoll) schützt den Datentransport (das Erkennen und Verhindern von Änderungen) und verschlüsselt die Daten während des Transports.
Voraussetzung ist aber, dass auch der Empfänger IPsec benutzt. Daran kann diese Verschlüsselungsmöglichkeit aber immer wieder scheitern, besonders außerhalb des eigenen Betriebs. Daher ist es sinnvoll, alternative Verschlüsselungssoftware einzusetzen (siehe weiter unten).

h. Sicherheit durch die »digitale Signatur«

Wer eine wichtige E-Mail bekommt, möchte natürlich sichergehen, dass diese Nachricht auch wirklich von demjenigen stammt, der sie abgeschickt hat, und dass der Inhalt unverändert geblieben ist. Selbstverständlich ist das nicht. Gerade bei der elektronischen Kommunikation ist es verhältnismäßig einfach, eine falsche Absenderangabe zu benutzen. Und weil es auf dem Weg einer E-Mail durchs Internet nicht nur möglich ist, unbefugt deren Inhalt zu lesen, sondern sie abzufangen, zu verändern und dann weiterzuschicken, ist es besonders wichtig, sicherzustellen, dass eine Nachricht auch tatsächlich genauso ankommt, wie sie abgeschickt wurde.

Dafür lässt sich die »digitale Signatur« benutzen. Sie ist so etwas wie eine persönliche Computerunterschrift – also eindeutig einem bestimmten Menschen zuzuordnen. Microsoft bezeichnet sie als ID (= Identifikation). Damit eine digitale Signatur dies leistet, muss ihre Echtheit durch eine unabhängige, vertrauenswürdige Stelle bestätigt, d. h. zertifiziert werden. Dafür gibt es allerdings unterschiedlich sichere Verfahren. Das reicht dann beispielsweise vom kostenlosen Expresszertifikat, einer einfachen Bestätigung, dass eine E-Mail-Adresse existiert und der Besitzer den dazugehörigen Schlüssel für den Zugriff auf diese E-Mail-Adresse hat, bis hin zu kostenpflichtigen Firmenzertifikaten.

In jedem Fall hängt die Zuverlässigkeit und Sicherheit letztlich an den Zertifizierungsstellen: Man muss darauf vertrauen, dass sie korrekt arbeiten.

Auch Internetprogramme wie »Outlook« bieten Zertifizierungen an – allerdings zumeist englischsprachige, bei denen natürlich erst einmal die Sprachbarriere bei der Antragstellung überwunden werden muss. Einfacher geht es beispielsweise mit D-Trust, der Trustcenter-Tochter der Bundesdruckerei, und der T-Systems-Tochter Telesec. Wie ein digitales Zertifikat beantragt und in einem Browser oder einem E-Mail-Programm zu nutzen ist, wird auf den Internetseiten der Zertifizierungsstellen ausführlich beschrieben.

Qualifizierte elektronische Signatur

Eine »qualifizierte elektronische Signatur« (= qualifizierte digitale Signatur) ist die Steigerung einer einfachen digitalen Signatur und kann daher in bestimmten Bereichen eine eigenhändige Unterschrift ersetzen. Ein Betriebsratsgremium benötigt auf jeden Fall eine »qualifizierte digitale Signatur« für eine Einigungsstelle *(§ 76 Abs. 3 BetrVG)* oder eine Betriebsvereinbarung *(§ 77 Abs. 2 BetrVG)* oder Interessenausgleich *(§ 77 Abs. 2 BetrVG)*, wenn das Dokument als digitale Textdatei erstellt wird. Die qualifizierte elektronische Signatur ersetzt dann die persönliche Unterschrift.

Das neue BPersVG sieht ein solches Verfahren nicht vor. Das ist irritierend, da die Digitalisierung ja gerade im öffentlichen Bereich vorangetrieben werden soll.

E-Mails lassen sich aus Browsern oder in E-Mail-Programmen mit einem sicheren Verschlüsselungsgrad per Mausklick verschicken – wenn ein entsprechendes Verschlüsselungsprogramm wie OpenPGP eingesetzt wird (siehe nächstes Kapitel).

Checkliste Verschlüsselung mit Windows

- Nicht nur Dateien, sondern gleich ganze Ordner verschlüsseln, da ansonsten die Sicherungskopie der Datei im Klartext vorliegen kann.
- Zugriffsrechte für die Ordner der Interessenvertretung auf die Mitglieder begrenzen, da sonst die verschlüsselten Daten auf einen anderen Datenträger (FAT oder FAT32) kopiert werden können und dadurch die Verschlüsselung automatisch aufgehoben würde.
- Dateien beim Verschicken über das Netzwerk mit einer anderen Methode verschlüsseln.
- Den betrieblichen Nachschlüssel verhindern, wenn die Interessenvertretung die betriebliche Verschlüsselung mitbenutzt.
- Den Wiederherstellungsschlüssel unbedingt aus OneDrive entfernen.
- Den privaten Schlüssel nicht auf der Festplatte aufbewahren, sondern nur von einem USB-Stick aus benutzen.

31. Die Verschlüsselungsspezialisten

Neben dem achtsamen Umgang mit E-Mail und den Windows-Verschlüsselungen gibt es Software, die eine höhere Sicherheit bieten und E-Mails und/oder auch Dateien verschlüsseln. Eine kleine Auswahl daraus wird auf den nächsten Seiten mit ihren Vor- und Nachteilen vorgestellt.

a. OpenPGP – E-Mails von Betriebs- und Personalräten und Schwerbehindertenvertretungen verschlüsseln

Um beim Datenschutz und gegenüber neugierigen Arbeitgebern auf der sicheren Seite zu sein, sollten E-Mails innerhalb des Gremiums nur verschlüsselt versendet werden. Eine praktische und kostenlose Möglichkeit dazu ist OpenPGP.

Nur wenige Gremien haben eine Verschlüsselungsmöglichkeit für ihre E-Mails, obwohl das Datenschutzrecht dies unter Umständen fordert, insbesondere bei besonders schützenswerten personenbezogenen Daten und wenn die E-Mails nicht nur über einen internen E-Mail-Server verschickt werden.[84] Genauso wichtig ist eine Verschlüsselung wenn dem Arbeitgeber nicht vertraut wird oder Anhaltspunkte dafür vorliegen, dass die E-Mails von Unbefugten gelesen werden oder ein Gremium einfach auf Nummer sicher gehen will.

Gibt es in Betrieben und Verwaltungen die Möglichkeiten E-Mails zu verschlüsseln, so sollten Gremien diese Möglichkeit nutzen. In kleinen und mittleren Betrieben ist das selten der Fall.

---

84 Haverkamp, Wann müssen Sie Mails verschlüsseln?, CuA 04/2021, S. 32–34.

Verschlüsselung für das Gremium

Hat der Arbeitgeber keine Verschlüsselung im Einsatz, so sollte das Gremium dafür sorgen, dass sie eine Verschlüsselung erhält, beispielsweise die kostenlose Software »*Gpg4win*« die OpenPGP einsetzt und damit eine Ende-zu-Ende Verschlüsselung ermöglicht. Das Kürzel PGP bedeutet »Pretty Good Privacy« und lässt sich am ehesten mit »ein richtig nettes Unter-uns-sein« übersetzen. Mit ihr lassen sich recht einfach sowohl E-Mails als auch die Daten auf der Festplatte so sicher verschlüsseln, dass Unbefugte keine Möglichkeit mehr haben, sie zu lesen oder zu verändern. OpenPGP hat gute und sichere Verschlüsselungsmöglichkeiten und wird auch von vielen Datenschutzbeauftragten der Bundesländer eingesetzt; nicht ohne Grund, denn PGP bietet gleich eine ganze Reihe von Vorteilen:

- eine sehr starke Verschlüsselung,
- weite Verbreitung,
- Einsatz unter den verschiedensten Betriebssystemen (Linux, Windows, Apple OS),
- komfortable Bedienung durch Einbindung in E-Mail-Programme, wie Outlook oder bei Webmailern,
- Verschlüsselung von Dateien auch auf der Festplatte.

Eine PGP-Option allerdings gibt es, die in den *kommerziellen* Versionen zur Vorsicht mahnt: Wird eine dieser Versionen von PGP in einem Betrieb eingesetzt, sind selbst verschlüsselte Daten in E-Mails und auf dem Computer der Interessenvertretung nicht wirklich sicher. Der Grund: Der Verwalter der betrieblichen Software kann über die Einstellungen des Programms einen weiteren »Schlüssel«, also eine Art Nachschlüssel (z. B. für die Geschäftsleitung), erzwingen. Das ist vergleichbar mit dem Nachschlüssel bei der Windows-Verschlüsselung. Dann bedarf es einer Betriebs- und Dienstvereinbarung, die den Einsatz der Hintertür regelt.

Wie die Verschlüsselung funktioniert

Zur Erinnerung: Das Problem einer Verschlüsselung ist neben der Qualität des Programms und der gewählten Verschlüsselungsstärke, wie eine andere Person das Passwort erhält, um meine verschlüsselten E-Mails lesen zu können. Dieses Problem löst die asymmetrische Verschlüsselung, bei der jeder Benutzer des Verschlüsselungsverfahrens über zwei Schlüssel, also ein Schlüsselpaar, verfügt – einen öffentlichen Schlüssel (= Public Key) für die Verschlüsselung und einen privaten, geheim gehaltenen (Private Key) für die Entschlüsselung. Anstatt vom privaten oder öffentlichen Schlüssel spricht man auch von öffentlichen oder privaten Zertifikaten. Der Grund-

gedanke dieser Art der Verschlüsselung ist, dass das eigentliche Problem nicht in der Verschlüsselung liegt, sondern in der Entschlüsselung.
Und so funktioniert es praktisch: Der öffentliche Schlüssel wird entweder einem »Public-Key-Ring-Server« (Zertifikatsserver) mitgeteilt und kann dort von Interessierten abgefragt werden und/oder der Versender einer verschlüsselten E-Mail schickt ihn direkt an diejenigen, mit denen verschlüsselt kommuniziert werden soll.
Wird nun eine verschlüsselte Nachricht verschickt, benutzt man für die Verschlüsselung den öffentlichen Schlüssel des Empfängers. Entschlüsselt werden kann diese Nachricht nur vom Besitzer des zweiten, zum Schlüsselpaar gehörenden geheimen Schlüssel – und das kann dann eigentlich nur der richtige Empfänger sein. Ein Empfänger kann daher auch nicht alle verschlüsselten Nachrichten eines Absenders lesen, sondern nur die für ihn bestimmten (denn sein Schlüssel wurde ja benutzt).
Eine der Grundvoraussetzung für einen sicheren PC sind immer Benutzerkonten in Windows, damit nicht alle anderen, die den PC benutzen meine E-Mails sehen und lesen können. Die Datenschutzanforderungen in *Art. 32 DSGVO* machen Benutzerkonten zwingend notwendig (auch wenn keine Verschlüsselung eingesetzt wird), um über die technisch-organisatorischen Maßnahmen (TOM) beispielsweise eine Zugriffs- und Eingabekontrolle zu gewährleisten.

Abbildung 60: Installation Gpg4win

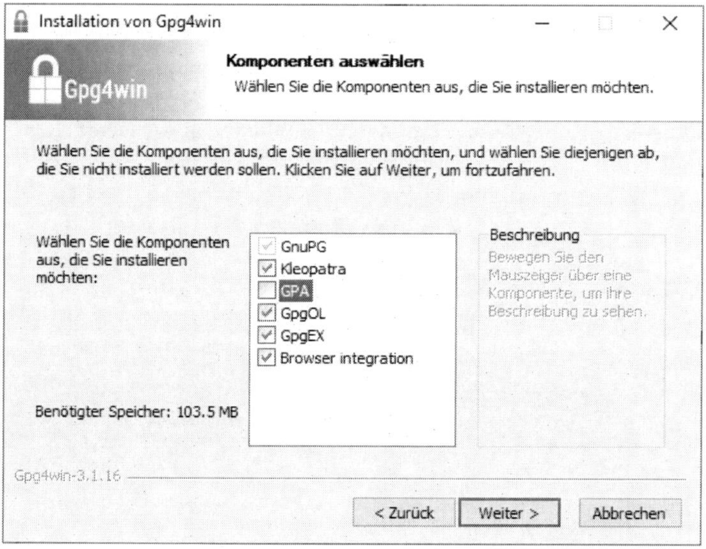

Gpg4win Verschlüsselung installieren

Das im Auftrag des »Bundesamts für Sicherheit in der Informationstechnik« (BSI) entwickelte Programmpaket »Gpg4win«, vereinfacht die Installation und Nutzung der Verschlüsselungssoftware GnuPG auf Windows-Systemen. GnuPG ist ein freies Kryptografiesystem, in dem S/MIME- und PGP integriert sind.

Das »Gpg4win« Programmpaket[85] enthält:

- das eigentliche GnuPG-Programm
- Kleopatra. Eine einfache Benutzeroberfläche, um Zertifikate zu verwalten (unterstützt OpenPGP und S/MIME)
- GPA (GNU Privacy Assistant) ist eine Alternative zu Kleopatra
- GpgOL. Ein Plug-In für Outlook. Ab Outlook 2010 wird auch Exchange Server unterstützt
- GpgEX ist eine Erweiterung für den Windows-Explorer, also den Dateimanager bei Windows. Für alle, die auch Dateien auf dem eigenen Rechner verschlüsseln wollen: Hinweis: da gibt es komfortablere Lösungen, z. B. VeraCrypt
- Browser Integration.

Da die Software mit Administratorrechten installiert werden sollte, dürfte das die IT-Abteilung machen, aber es sollten Gremienmitglieder dabei sein, um zu beobachten, was gemacht wird.

Eigenen Schlüssel erzeugen

Nun werden ein privater, geheim gehaltener Schlüssel (Private Key) für die Entschlüsselung und ein öffentlicher Schlüssel, der verschickt werden kann, benötigt.

Dazu in Kleopatra auf »Datei« und »Neues Schlüsselpaar« klicken, dann »Persönliches OpenPGP-Schlüsselpaar erstellen« auswählen und im neuen Fenster den Namen und die E-Mail-Adresse eintippen und eine Passphrase (Passwort) wählen und bei »erweiterte Einstellungen« die Gültigkeitsdauer festlegen.

Das Programm erzeugt automatisch Schlüsselpaare mit 3072 Bit. Das ist eine gute Verschlüsselung, die über den vom BSI geforderten Standard von mindestens 3000 Bit hinausgeht.

Die Zertifikate sind damit erzeugt und werden in Kleopatra angezeigt. Im nächsten Schritt eine Sicherung des eigenen Zertifikats speichern. Dazu in Kleopatra auf Datei/Sicherheitskopie geheimer Schlüssel erstellen …

85 *www.gpg4win.org/index-de.html.*

klicken und speichern. Danach den gespeicherten Schlüssel vom PC auf ein externes Speichermedium, z. B. einen USB-Stick übertragen und sichern.

Privaten Schlüssel von anderen importieren

Hat man einen privaten Schlüssel per E-Mail von einer Person erhalten, mit der zukünftig verschlüsselt kommuniziert werden soll, so muss überprüft werden, ob er während des Transports nicht ausgetauscht worden ist.
Dazu den privaten Schlüssel des Kommunikationspartners auf der Festplatte herunterladen, dann in Kleopatra auf den »Importieren«-Button klicken und die Datei laden. Mit der rechten Maustaste auf das geladene Zertifikat klicken und dann »Beglaubigen« auswählen.
Es öffnet sich ein neues Fenster, in dem »Fingerabdruck« und eine Buchstaben- und Zahlenreihe steht. Im nächsten Schritt den Besitzer des öffentlichen Schlüssels anrufen und die Buchstaben- und Zahlenreihe vorlesen. Wird diese Buchstaben- und Zahlenreihe vom Angerufenen bestätigt, so ist sie unverfälscht und der öffentliche Schlüssel kann für eine verschlüsselte Kommunikation benutzt werden.

Vertrauensstufe festlegen

Das Vertrauen in das eigene Zertifikat und in das öffentliche Zertifikat von anderen, mit denen verschlüsselte E-Mails getauscht werden soll, muss bestätigt werden. Der Weg dazu ist einfach: In Kleopatra mit der rechten Maustaste auf den eigenen Schlüssel klicken und mit der rechten Maustaste die »Beglaubigungsstufe« festlegen und dabei die höchste Stufe auswählen.
Nun nacheinander auf die anderen Zertifikate klicken und diese ebenfalls bestätigen. Bei Mitgliedern im Gremium wäre das dann die Stufe »Es wird sehr sorgfältig geprüft«.

Abbildung 61: Zertifikat beglaubigen

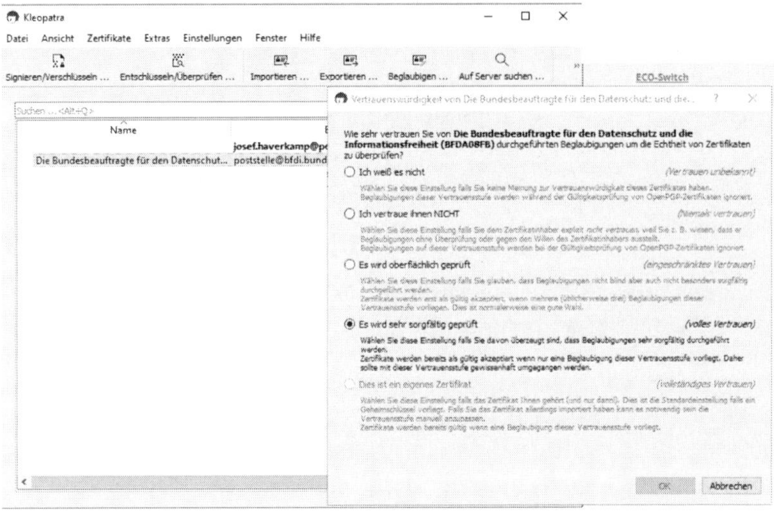

Den öffentlichen Schlüssel verteilen

Zuerst wird der öffentliche Schlüssel (das öffentliche Zertifikat) aus Kleopatra auf den Rechner gespeichert. Dazu im Programm auf den »Exportieren«-Button klicken und auf dem PC speichern. Nun eine neue E-Mail öffnen, die Empfängeradresse eintragen und das Zertifikat als Datei einfügen und die E-Mail verschicken.

In einem Gremium ist das relativ einfach. Der öffentliche Schlüssel wird direkt an die anderen Mitglieder verschickt.

Ein Empfänger speichert dann den Schlüssel auf dem eigenen Rechner, startet Kleopatra und lädt ihn per Mausklick auf den Button »Importieren« ins Programm. Danach den importierten Schlüssel mit der rechten Maustaste anklicken und wie oben beschreiben im Auswahlfeld die Option »Beglaubigungsstufe« auswählen und nun die zweithöchste Stufe einstellen.

Es kann aber auch in Betrieb oder Verwaltung der Empfehlung des »Bundesamtes für Sicherheit in der Informationstechnik« (BSI) gefolgt werden und ein Web Key Directory (WKD), also ein Schlüsselverteiler, auf dem Server aufgesetzt werden. Das ist dann aber die Aufgabe der IT im Hause. Weitere Informationen bietet das BSI unter *https://www.bsi.*

bund.de und dann nach »BSI-Projekt ›EasyGPG‹: E-Mail Verschlüsselung vereinfachen« suchen.
Benutzt nur das Gremium »Gpg4win«, so ist überhaupt kein Zertifikatsserver notwendig, da die Echtheit problemlos überprüft werden kann.

E-Mail signieren oder versenden

Die Vorbereitungen sind abgeschlossen, nun könnten signierte oder verschlüsselte E-Mails zwischen den Gremienmitgliedern verschickt werden. Zuvor sollte in Outlook aber noch ein Schritt gemacht werden, damit es auch funktioniert.
Das GpgOL Plug-In in Outlook bietet zwei Optionen für eine E-Mail an: Einerseits das Verschlüsseln und andererseits das Signieren.
Signieren bedeutet, dass eine von mir an eine E-Mail angehängte digitale Signatur eindeutig meine Urheberschaft bestätigt. Wenn jemand also meinen öffentlichen Schlüssel auf diese Datei (die Signatur) anwendet (geschieht automatisch), so wird sie geprüft. Ist es ok, so kann diese Datei nur von mir kommen. Wurde sie verändert, also beispielsweise von einer anderen Person verschickt, so erhält der Empfänger eine entsprechende Warnmeldung.
Damit alle eigenen E-Mails immer eine Signatur haben, muss das Signieren in Outlook voreingestellt sein. Dazu in den »Posteingang« gehen und in der Symbolleiste unter den Button »Unsicher« bei Symbolleiste GpgOL auf den kleinen Pfeil klicken.

Abbildung 62: GpgOL Einstellungen öffnen

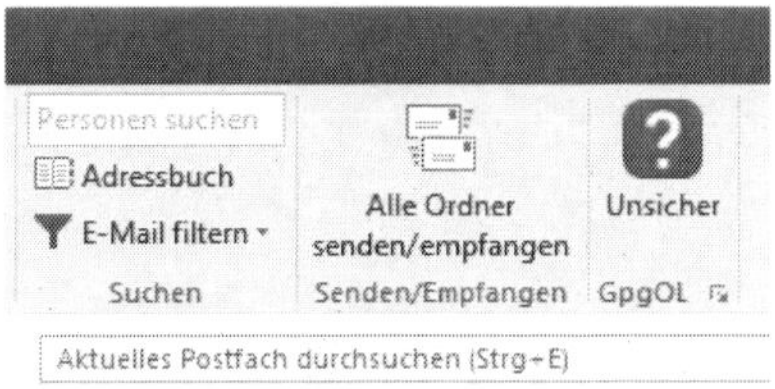

Nun öffnet sich ein Fenster mit dem GpgOL konfiguriert werden kann. Hier bei S/MINE-Unterstützung einen Haken setzen und unter »Allgemein« einen Haken bei der Option »Neue Nachrichten per Voreinstellung signieren« setzen und auf »OK« klicken.

Abbildung 63: GpgOL konfigurieren

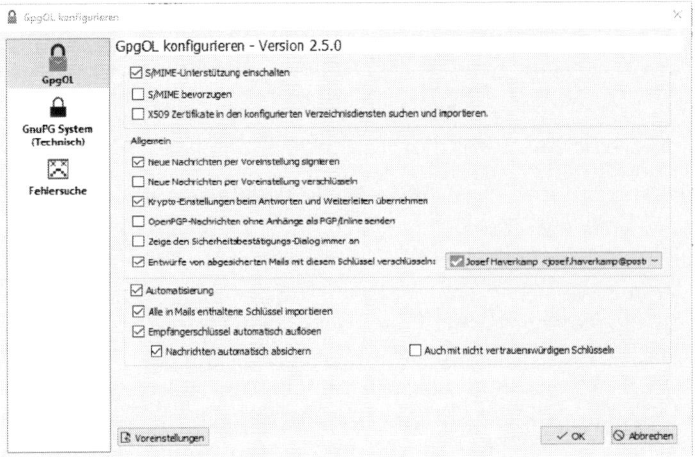

Ab jetzt werden alle ausgehenden E-Mails automatisch signiert.
Nun wie gewohnt eine E-Mail schreiben: Die Mailadresse(n) einfügen, einen Text in den Betreff und einen E-Mail-Text schreiben und eventuell einen Anhang hinzufügen.
Damit diese E-Mail nun verschlüsselt und signiert versendet wird, auf den Button »Absichern« und in der E-Mail auf »Senden« klicken. Damit ist sie verschickt.

Abbildung 64: Verschlüsselung E-Mail aktivieren

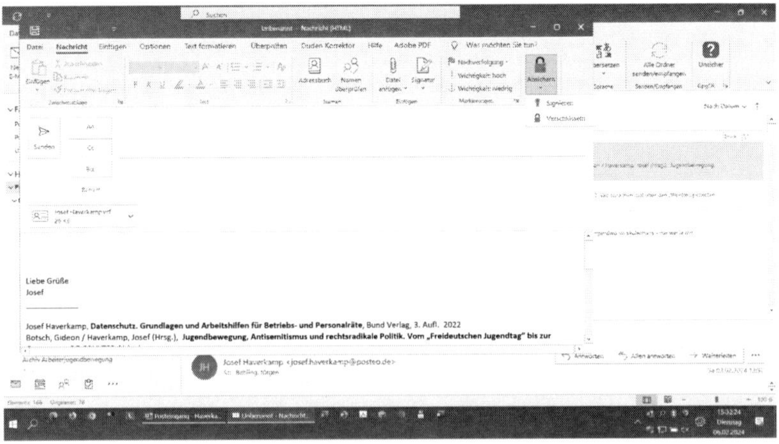

Wird eine verschlüsselte E-Mail empfangen, so wird diese automatisch entschlüsselt, wenn der öffentliche Schlüssel des Absendenden in Kleopatra gespeichert ist. Soll eine E-Mail dauerhaft entschlüsselt sein, einfach auf die geschlossene E-Mail im Posteingang und per rechter Maustaste auf »dauerhaft entschlüsseln« klicken.

Fazit

OpenPGP lässt sich mit Gpg4win einfach installieren und betreiben und dürfte für keine IT-Abteilung ein Problem sein. Betriebs- und Personalräte und Schwerbehindertenvertretungen steht mit diesem Programmpaket ein einfach zu bedienendes Werkzeug zur Verfügung, um per Mausklick E-Mails zu verschlüsseln und damit sicher untereinander zu kommunizieren.

Elemente einer Betriebs- und Dienstvereinbarung E-Mail-Verschlüsselung

In einer solchen Vereinbarung sind einige Aspekte zu beachten:

- Das Verschlüsselungsverfahren und die Verschlüsselungsstärke
- Installation durch die IT im Haus
- Die Installation sollte mit Administratorenrechten durchführt werden
- Eine betriebliche Hintertür im Programm ausschließen
- Schnellen Support durch IT zusichern lassen
- IT oder andere haben kein Recht in Inhalte zu schauen oder Kopien von Zertifikaten anzulegen
- Das Gremium verwaltet selbst die Zertifikate

Checkliste OpenPGP

- OpenPGP nur nach intensiver Beschäftigung mit den Optionen und der richtigen Konfiguration einsetzen, damit sich keine Bedienungsfehler einschleichen! Also testen!
- Der SfD sollte sich daher in den Umgang mit OpenPGP einarbeiten und die Interessenvertretung in die sichere Bedienung einweisen sowie als Ansprechpartner zur Verfügung stehen!
- Eine Sicherungskopie des privaten Schlüssels auf einem anderen Datenträger sicher aufbewahren, damit die Daten auch noch nach einem »Festplattencrash« gelesen werden können. Die abgeschlossene Schublade eines Schreibtischs ist für den Sicherungsdatenträger kein sicherer Ort!
- Eine längere Passphrase benutzen.

- Die Passphrase niemals im Klartext aufschreiben, nicht auf der Festplatte speichern und niemals anderen mitteilen!
- Die Passphrase niemals für etwas anderes benutzen!
- Sich nicht bei der Eingabe der Passphrase beobachten und auch nicht auf die Finger schauen lassen!
- OpenPGP automatisch alle E-Mails mit der persönlichen Signatur versehen lassen und, wenn notwendig, verschlüsseln.
- Eine betriebliche Hintertür nur mit klarer Betriebs-/Dienstvereinbarung zulassen.

Software

Zur Auswahl stehen unter anderem die folgenden Programme und Plug-Ins:

- Tool-Sammlung für Apple OS X inkl. Plugin für Apple Mail: *https://gpgtools.org/*
- Tool-Sammlung für Windows inkl. Plugin für Outlook: *www.gpg4win.org/index-de.html*

Literatur

Handbuch zu Gpg4win (mit Erklärungen zu Kleopatra) *https://www.gpg4win.de/*

Anleitung Verschlüsseln mit Kleopatra *https://www.german-privacy-fund.de/dateien-verschlusseln-mit-kleopatra-windows/*

Video: Eine Anleitung zur Installation und Nutzung von GPG4WIN mit weiteren Hinweisen *https://www.youtube.com/watch?v=B94G6w2r-C4*

b. Kostenlose Verschlüsselung mit »VeraCrypt«

Als sehr sicheres Verschlüsselungstool gilt »VeraCrypt«. Es ist eine Freeware unter Open-Source-Lizenz und darf daher kostenfrei benutzt werden. Mit »VeraCrypt« lassen sich, ähnlich wie bei BitLocker und EFS (den Verschlüsselungsoptionen von Microsoft), verschlüsselte Dateien oder Festplatten ganz oder teilweise verschlüsseln (siehe Kapitel 30. »Verschlüsseln mit dem Betriebssystem«). Das geht dann auch mit USB-Sticks oder Speicherkarten. Selbst das Betriebssystem kann VeraCrypt verschlüsseln. Anders als beim BitLocker gibt es hier jedoch keine betriebliche Hintertür!

Abbildung 65: Das Logo von »VeraCrypt«

Das deutschsprachige Verschlüsselungstool »VeraCrypt« erzeugt verschlüsselte Dateicontainer bis zu einer Größe von 4 TB, in der extrem viele Dateien unterzubringen sind. Es ist möglich mehrere Container anzulegen. Ein geöffneter Container bindet sich dann als Laufwerk in Windows ein und kann aus jedem Programm heraus genutzt werden.

»VeraCrypt« im Einsatz

Abbildung 66: Der Startbildschirm von »VeraCrypt«

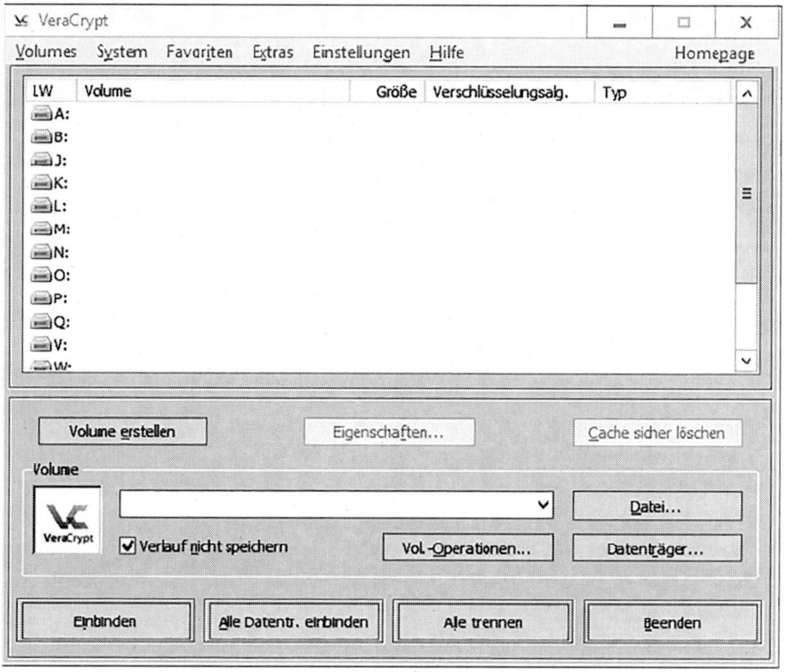

aa. Verschlüsseltes Laufwerk oder Containerdatei erstellen

1. Im geöffneten VeraCrypt kann durch einen Mausklick auf *Volumes erstellen* ausgewählt werden, ob eine komplette Festplatte oder eine »Containerdatei« verschlüsselt werden soll. Bei einem Klick auf »Containerdatei« wird ein verschlüsselter Ordner angelegt, in dem dann beliebige Dateien abgelegt werden können (siehe Grafik oben).
2. Im nächsten Schritt wird dann festgelegt, ob eine »normale« oder eine »*versteckte*« Containerdatei anlegt werden soll. Das »*Versteckte VeraCrypt-Volume*« ist natürlich noch sicherer als ein normal sichtbarer Container.

Abbildung 67: Einen verschlüsselten Container mit VeraCrypt erstellen

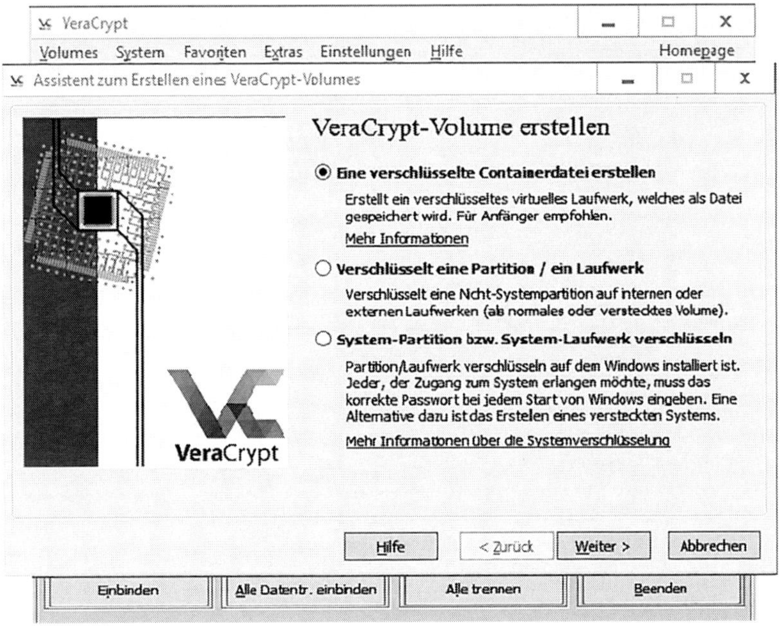

3. Nun den *Speicherort* (dazu auf *Datei* klicken) und einen *Namen* für den »Container« eingeben.
4. Im nächsten Fenster wird die Verschlüsselungsstärke ausgewählt (die vorgeschlagene Stärke ist sicher genug) und dann die Größe des Containers gewählt.
5. Zum Abschluss ein *Passwort* vergeben und *Formatieren* anklicken. Der Container wird dann verschlüsselt.

bb. Verschlüsselten Container öffnen

1. Um einen verschlüsselten Container zu öffnen, einfach im Startbildschirm auf »*Datei*« klicken und den gerade gespeicherten Container auswählen.
2. Einen beliebigen freien Laufwerksbuchstaben auswählen.
3. Nun auf »*Einbinden*« klicken und das *Passwort* eingeben.
4. Der Container öffnet sich und kann ganz normal über Windows genutzt werden.

Abbildung 68: Einen verschlüsselten Container mit »VeraCrypt« öffnen

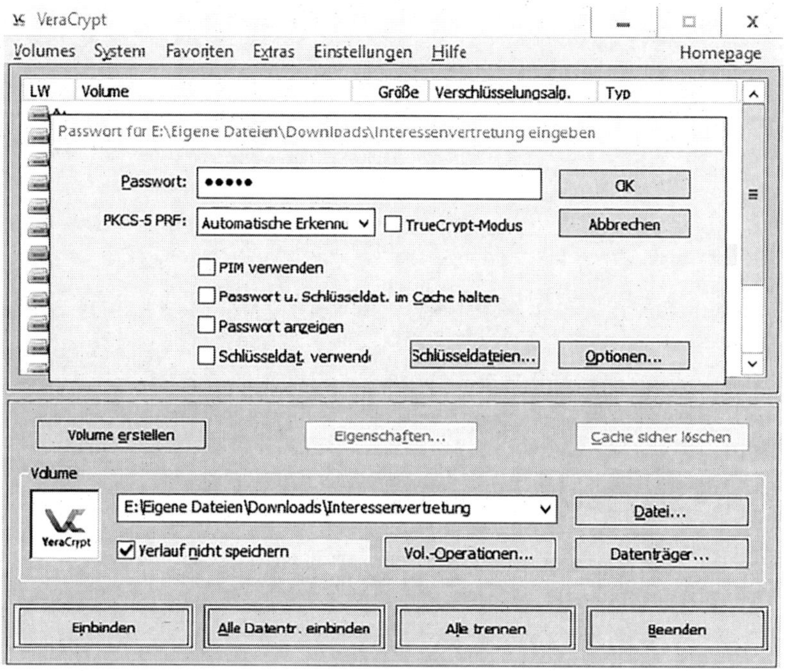

cc. Verschlüsselten Container schließen

1. Um einen verschlüsselten Container zu schließen, einfach im Startbildschirm von »VeraCrypt« auf den geöffneten Container gehen und auf »*trennen*« klicken.
2. Der verschlüsselte Container wird geschlossen und ist auch nicht mehr als Laufwerk sichtbar.

Weitere Infos zu »VeraCrypt« unter *http://de.wikipedia.org/wiki/VeraCrypt*

Eine englische Bedienungsanleitung findet sich in der Software unter »Hilfe«. Eine deutschsprachige *Bedienungsanleitung* wird vom Hersteller bislang noch nicht angeboten, viele gute Tipps, Hinweise und kleine Bedienungsanleitungen finden sich aber im Internet.
Die Programmoptionen dieser kostenfreien Software sind erstaunlich vielfältig. Daher lohnt es sich, sie sich genauer anzuschauen.
Da »VeraCrypt« ohne Hintertüren oder ein Masterpasswort auskommt, ist es zur Verschlüsselung der Dateien für Betriebs- und Personalräte geeignet.

c. Steganos Safe

So viel wie »VeraCrypt« kann das Verschlüsselungstool »Steganos Safe« nicht, aber es erzeugt verschlüsselte Dateicontainer (sogenannte Safes) bis zu einer Größe von 2 TB und es ist ebenfalls möglich mehrere Container anzulegen. Ein geöffneter Safe bindet sich als Laufwerk in Windows ein und kann aus jedem Programm heraus genutzt werden.
Nach Aussage des Herstellers wurde das Tool noch nie geknackt. Da auch in der IT-Welt bislang kein erfolgreicher Angriff auf die Software bekannt geworden ist, darf man davon ausgehen, dass das Tool sicher ist.
Die zum Einsatz kommende Verschlüsselungstechnik lässt zurecht einen hohen Sicherheitsstandard vermuten, denn »Steganos Safe« verwendet den Advanced Encryption Standard (AES). In »Steganos Safe« wird AES mit einem 384-Bit-Schlüssel eingesetzt.

Abbildung 69: Die Benutzeroberfläche von »Steganos Safe«

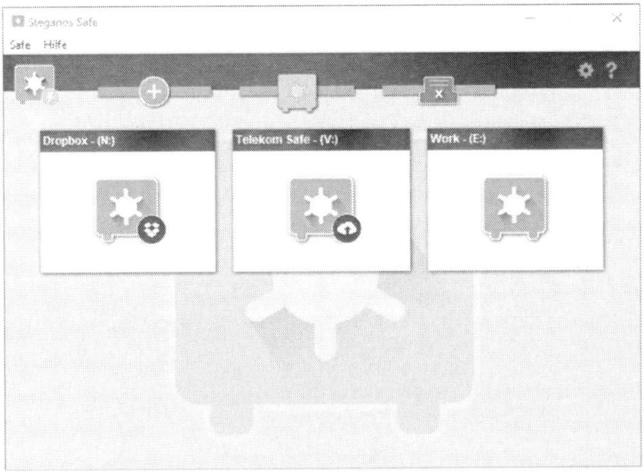

Die Benutzung ist denkbar einfach. Der »Safe« erzeugt einen scheinbaren Datenträger (»virtuelles Laufwerk«), der sich genauso benutzen lässt wie eine Festplatte oder einen USB-Stick. Die Größe des Safes wird bei der Erstellung festgelegt, wächst später aber mit, sobald die Datenmenge im Container so groß wird, dass der angelegte Container nicht mehr ausreichen würde. Benutzbar wird dieses zusätzliche »Laufwerk« erst nach der Eingabe des richtigen Passworts.
Gut gelöst ist, dass das »virtuelle Laufwerk« nach dem Schließen des »Safes« wieder verschwindet, also im Explorer (Windows-Dateimanager) nicht gleich zu sehen ist. Wer den »Safe« sucht, findet ihn zwar, kann ihn aber ohne Eingabe des richtigen Passworts nicht öffnen. Natürlich ist es möglich, den Speicherort für den Safe zu verändern und dies sollte man auch tun.
Das Verschlüsselungstool »Steganos Safe« kommt ebenfalls wie »VeraCrypt« ohne Hintertüren oder ein Masterpasswort aus und ist daher für Betriebs- und Personalräte zur Verschlüsselung ihrer Dateien geeignet. Allerdings gilt die kostenpflichtige Lizenz immer nur für ein Jahr.
Im Internet gibt es unter *http://www.steganos.de* eine kostenlose 30-Tage-Testversion.

32. Kryptografie verstehen mit »JCrypTool«

Was ist Kryptografie und wie funktioniert sie? Diese Fragen beantwortet das kostenlose Programm »JCrypTool«. Diese als Open-Source-Projekt entwickelte E-Learning-Plattform ist ein relativ einfach zu bedienendes Tool, um Kryptografie auszuprobieren. Allerdings ist es nicht so einfach, um es ohne einen Blick in die Anleitung bedienen zu können.
»JCrypTool« bringt viele Assistenten und Dialoge mit, sodass das Ausprobieren und Anwenden von kryptografischen Verfahren selbst mit beliebigen Daten ausprobiert werden kann. Damit das gelingt, führt das Tool Schritt für Schritt durch den Prozess. Die Onlinehilfe gibt Hintergrundinformationen zur Geschichte oder Funktionsweise eines Algorithmus oder einer kryptografischen Analyse.
Weitere Informationen zu den Möglichkeiten und zur Anwendung von »JCrypTool« finden sich in der Onlinehilfe im Bereich Anwenderhandbuch (siehe Grafik unten).

Abbildung 70: Die Startoberfläche des »JCrypTool«

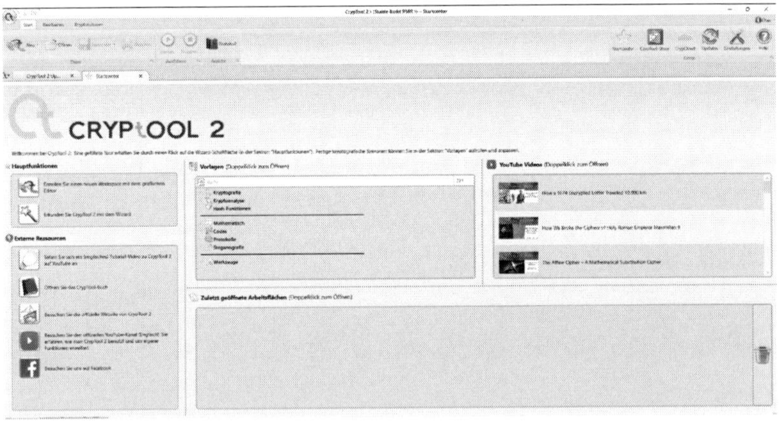

Mit »JCrypTool« können neue Dokumente erstellt oder bereits bestehende geöffnet und mit den unterschiedlichsten Verschlüsselungsverfahren, etwa mit der Caesar-Verschlüsselung, ver- und entschlüsselt werden. Besonders spannend wird es, wenn »JCrypTool« verschlüsselte Dateien knackt und so eine schlechte Verschlüsselung aufdeckt.
Das Programm zeigt unter anderem:

- zahlreiche klassische und moderne kryptografische Algorithmen (Ver- und Entschlüsselung, Schlüsselerzeugung, sichere Passwörter, Authentisierung, sichere Protokolle, ...),
- Visualisierung einiger Verfahren (z. B. Caesar, Enigma, RSA, Diffie-Hellman, Digitale Signaturen, AES),
- Kryptoanalyse gegen ausgewählte Algorithmen (z. B. RSA, AES),
- kryptoanalytische Messverfahren,
- unterstützende Verfahren,
- Lernprogramm zur Zahlentheorie,
- umfangreiche Onlinehilfe,
- weiterführende Informationen über Kryptologie.

Die Benutzung des Programms erschließt sich nicht von allein, daher unbedingt in die »Hilfe« schauen und unter *»Erste Schritte«* und *»Tutorials«* die Hinweise lesen. Inzwischen gibt es vier Versionen von CrypTool, wobei CrypTool 2 eine optisch sehr ansprechende Variante ist.
https://www.cryptool.org Weitere Infos zu CrypTool finden sich unter *https://de.wikipedia.org/wiki/CrypTool* und in dem kostenfreien Buch »Das CrypTool-Buch« (siehe unter Literatur).

Was es sonst noch gibt

Es gibt noch eine Reihe professioneller Verschlüsselungsprogramme, die zwar nicht sehr bekannt sind, trotzdem aber eine gute und sichere Verschlüsselung bieten; und die deshalb auch in vielen deutschen Betrieben oder Einrichtungen eingesetzt werden. Da sie jedoch nicht so im Fokus der Öffentlichkeit stehen, werden Sicherheitslöcher bei diesen Programmen auch nicht so schnell bekannt. Zudem muss bedacht werden, dass normalerweise auch der Empfänger die Software besitzen muss, um E-Mails entschlüsseln zu können. Das ist bei diesen Programmen aber selten der Fall.
Größte Vorsicht ist im Internet bei Verschlüsselungssoftware aus unbekannten Quellen geboten. Ihre Sicherheit kann nicht eingeschätzt werden.

Literatur

Bernhard Esslinger und das CrypTool-Team, Das CrypTool-Buch: Kryptographie lernen und anwenden mit CrypTool und SageMath, 2021 *https://www.cryptool.org/de/documentation/ctbook*

Albrecht Beutelspacher, Kryptologie. Eine Einführung in die Wissenschaft vom Verschlüsseln, Verbergen und Verheimlichen, Vieweg+Teubner, 10. Aufl., 2015. Ein nicht ganz einfach zu lesendes Lehrbuch, es bietet aber eine fundierte Einführung ins Thema.

33. Was Office-Dateien und PDFs so alles verraten

Um an interne Informationen der Interessenvertretung zu gelangen, muss nicht unbedingt der Computer der Interessenvertretung »angezapft« werden. Vertrauliche Informationen können auch versehentlich durch die Interessenvertretung selbst nach außen gelangen.
Eine gedruckte Betriebs- oder Dienstvereinbarung enthält nur das, was auf dem Papier zu sehen ist – mehr nicht. Das kann sich ändern, sobald ein Text als Datei weitergereicht wird. Denn insbesondere in einem mit einer alten Word-Version erstellten Dokument stecken weitaus mehr Informationen, als es im ersten Moment ersichtlich ist.
Ein kleiner Überblick über die Gefahren und ihre Abwehr.

a. Kommentare

Eine sehr praktische Option, gemeinsam an einem Text zu arbeiten, bietet die Funktion »Kommentare«:

Abbildung 71: Kommentarfunktion bei Word

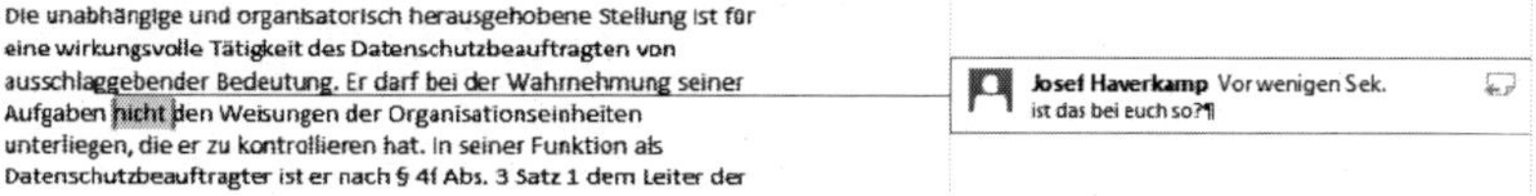
Die unabhängige und organisatorisch herausgehobene Stellung ist für eine wirkungsvolle Tätigkeit des Datenschutzbeauftragten von ausschlaggebender Bedeutung. Er darf bei der Wahrnehmung seiner Aufgaben nicht den Weisungen der Organisationseinheiten unterliegen, die er zu kontrollieren hat. In seiner Funktion als Datenschutzbeauftragter ist er nach § 4f Abs. 3 Satz 1 dem Leiter der

Josef Haverkamp Vor wenigen Sek.
ist das bei euch so?¶

Ein »Kommentar« unterbricht nicht den fließenden Text und verschiebt daher auch nicht den dann folgenden Text, sondern heftet ihm sozusagen nur eine Anmerkung an. Über den Button »*Überprüfen*« und ein Klick auf »*Neuer Kommentar*« wird die Textstelle, an der »Cursor« (die Schreibmarke) sich gerade befindet, automatisch farblich gekennzeichnet und der Text kann eingefügt werden; und rechts neben dem Text erscheint ein Fenster, in dem der Name des Kommentators angezeigt und die Zeit und später auch das Datum eingetragen werden. Darunter ist Platz für den Kommentar.

Damit der Name des Kommentierenden hier eingetragen wird, muss er vorher in den Grundeinstellungen, beispielsweise bei Word, eingetragen sein. Sicher funktioniert das immer nur dann, wenn man über das eigene Benutzerkonto angemeldet ist.

Wird ein Text nur ausgedruckt und dann verschickt, können die Kommentare natürlich in der Datei verbleiben. Sollen sie nicht mit ausgedruckt werden, im Menüband »*Überprüfen*« das Listenfeld »*Markup anzeigen*« und dann den Haken für »*Kommentare*« rausnehmen. Nun kann gedruckt werden.

Abbildung 72: Kommentare drucken deaktivieren

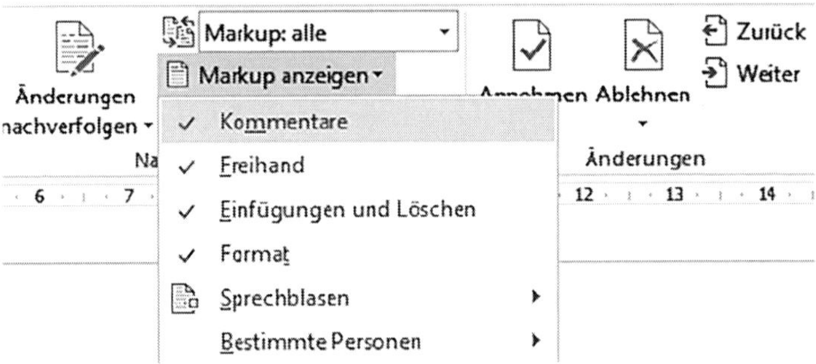

Nach dem Druck einfach die Kommentare wieder aktivieren. Wird das vergessen, kann jede Person, welche die Datei besitzt, die Kommentare wieder einblenden, denn sie sind nur ausgeblendet und nicht entfernt.

Wird eine Endfassung des Dokuments weitergegeben, müssen die Kommentare unbedingt gelöscht werden!

Darüber hinaus sollte noch eine Prüfung mit der Option »*Dokument prüfen*« durchgeführt werden (siehe weiter unten).

b. Änderungen nachverfolgen

Abbildung 73: »Kommentare« und »Änderungen nachverfolgen« in Word

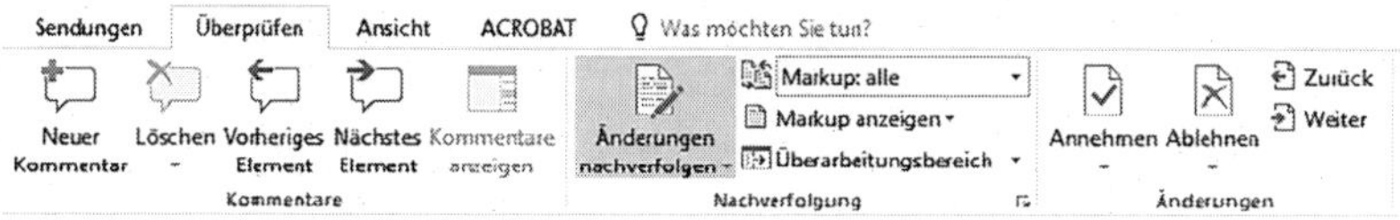

Alle Office-Programme enthalten die Option »*Änderungen verfolgen*«. Seit Word 2007 ist diese Funktion unter *Überprüfen/Änderungen nachverfolgen* zu finden. Diese sehr hilfreiche Funktion erlaubt es, mit mehreren Menschen an einem Dokument zu arbeiten und dabei genau zu sehen, wer welche Änderungen vorgenommen hat.
Dazu *muss* man mit seinem persönlichen Benutzerkonto angemeldet sein, denn nur dann kann ein Office-Programm die Namen von Personen anzeigen, die Änderungen vorgenommen haben. Das gilt ebenso für *Kommentare* (siehe weiter unten). Bei *Änderungen nachverfolgen* erscheinen neu eingefügte Texte in Rot und die gelöschten Texte in Blau und durchgestrichen. Natürlich ist es auch möglich, diese farblichen Einstellungen zu ändern. Wird *Änderungen nachverfolgen* genutzt, so ist für alle, die diese Datei lesen, sofort zu erkennen, welche Änderungsvorschläge es gibt und wer sie eingetragen hat. Mit einem Klick auf *Annehmen* oder *Ablehnen* können dann die Änderungen *akzeptiert* oder *abgewiesen* werden.

> **Wichtig:**
> Damit alle Änderungen im Text angezeigt werden, muss im Menüband »*Überprüfen*« das Listenfeld »*Markup alle*« ausgewählt sein.

Damit am Ende der Bearbeitungen, bei einer Weitergabe der Datei nicht versehentlich noch Änderungen im Dokument stecken, sollte man dies mit den Optionen *Zurück* bzw. *Weiter* geprüft haben.
Darüber hinaus sollte noch eine Prüfung mit der Option »*Dokument prüfen*« durchgeführt werden.

c. Ausgeblendet – der verborgene Text

Die Option »*Ausgeblendet*« erlaubt es, Texte in einer Datei zu einem unsichtbaren Text zu machen und sich diesen nur dann anzeigen zu lassen, wenn man ihn benötigt.
Das kann beispielsweise dann hilfreich sein, wenn man nur die Seiten 1–10 und 16–19 ausdrucken möchte, aber die Seitennummerierung im Dokument trotzdem durchgängig sein soll.
Der Weg dazu ist einfach: In Word den Text markieren, der nicht sichtbar sein soll, und dann auf *Start/Schriftart/Ausgeblendet* klicken. Der Text ist dann verschwunden, d.h. nicht mehr sichtbar und das Drucken kann beginnen.
Manchmal verbleibt ein Text auch länger im nicht sichtbaren Modus. Das kann dann der Fall sein, wenn man an einer Betriebs- oder Dienstvereinbarung arbeitet und es für kleinere Abschnitte unterschiedliche Textvarianten gibt. Damit die Textvarianten nicht irritieren, wird mal die eine und mal die andere Textvariante ausgeblendet.
Möchte man sowohl den sichtbaren wie den ausgeblendeten Text im Dokument sehen, so hilft ein Klick auf das *Absatzzeichen* im Menü *Start*. Der ausgeblendete Text ist an einer gepunkteten Linie, die unter dem eigentlichen Text verläuft, zu erkennen. Mit einem erneuten Klick auf das *Absatzzeichen* »verschwindet« der Text wieder.
Wie beim *Kommentar* kann der Text bedenkenlos ausgedruckt werden, wenn die entsprechende Druckoption nicht aktiviert wird, da der verborgene Text ja in der Datei verbleibt und nicht auf dem Papier erscheint. Wird die Datei hingegen weitergegeben, muss auch hier der verborgene Text gelöscht werden, da man sich nicht darauf verlassen kann, dass er nicht entdeckt wird.

d. Versteckte Infos – die Dokumenteigenschaften

Word und andere Office-Programme sammeln zu jedem Dokument Informationen, die unter anderem dazu dienen sollen, eine Datei über die »Suche«-Funktion leichter zu finden. Diese Infos stecken zwar in jedem Dokument, sind aber nicht sofort sichtbar.
Als wichtigste gespeicherte Informationen gehören dazu

- der Dateiname,
- Autor:in
- wann es erstellt wurde,

- wer es zuletzt bearbeitet hat,
- wann es zuletzt ausgedruckt wurde und
- um die wievielte Version eines Dokuments es sich handelt.
- Im deutschsprachigen Office ist die Funktion »Gesamtbearbeitungszeit« deaktiviert, denn das wäre eine Leistungskontrolle. Wird allerdings ein englischsprachiges Office eingesetzt, so sollte geprüft werden, ob die Funktion auch dort deaktiviert ist.

Als Autor eines Dokuments wird die Person eingetragen, die eine Datei erstmals speichert. Das ist zumeist unproblematisch, doch manchmal soll dieser Name nicht unbedingt weitergegeben werden. Das könnte etwa dann der Fall sein, wenn ein umfangreicher Beschwerdetext der Interessenvertretung als Datei zu Verfügung gestellt wurde, oder auch wichtig sein, wenn es um einen besonders brisanten, von einem bestimmten Interessenvertretungsmitglied verfassten Text geht. Dann genügt es jedenfalls nicht, im Text selbst alle Hinweise auf den Autor zu löschen; es muss auch der Autorenname in den »*Eigenschaften*« geändert werden. Ganz gelöscht werden kann der alte Name nicht, es müssen also mindestens ein paar Leerzeichen eingetippt werden.

Unabhängig davon sollte es einer Interessenvertretung nicht gleichgültig sein, welche Informationen ein Arbeitgeber in den Dateieigenschaften finden kann. Denn aus diesen Infos lassen sich beispielsweise Rückschlüsse darauf ziehen, wer normalerweise Dokumente der Interessenvertretung erstellt (Autor), wie häufig an einer Datei gearbeitet wurde (Revisionsnummer), also wie viel Arbeit das Dokument gemacht hat – vielleicht spricht das ja dafür, dass ein Dokument in der Interessenvertretung umstritten war.

Auch wer eine Datei zuletzt gespeichert hat, kann kritisch sein, falls im Betrieb oder in der Behörde jemand (z. B. ein befreundeter Spezialist) den Text gegenliest, dessen Name der Firmen- oder Dienststellenleitung nicht unbedingt bekannt werden soll.

Diese versteckten Infos in den Dateieigenschaften können geändert und gelöscht werden: Angezeigt werden die Infos an unterschiedlichen Stellen, zuerst einmal in der geöffneten Datei eines Office-Programms unter *Datei/Informationen* (siehe Grafik unten).

Abbildung 74: Die Dateieigenschaften von Word

Allerdings enthält diese Auflistung nicht alle Informationen, die in der Datei stecken. Um noch mehr über die gespeicherten Eigenschaften zu erfahren, einfach im Explorer, also im Windows-Dateimanager, mit der rechten Maustaste auf die Datei klicken und dann auf »*Eigenschaften*«. Nun auf den Reiter »*Details*« wechseln und die Einträge anschauen.

Unter den Einträgen gibt es dann die Möglichkeit, diese Daten auszuwählen und zu löschen. Dazu auf »*Eigenschaften und persönliche Informationen entfernen*« und »*Alle auswählen*« anklicken. Leider werden nicht immer alle Informationen entfernt. Es gibt aber eine Alternative zu dieser Löschoption (siehe weiter unten).

Abbildung 75: Informationen in den Dateieigenschaften entfernen

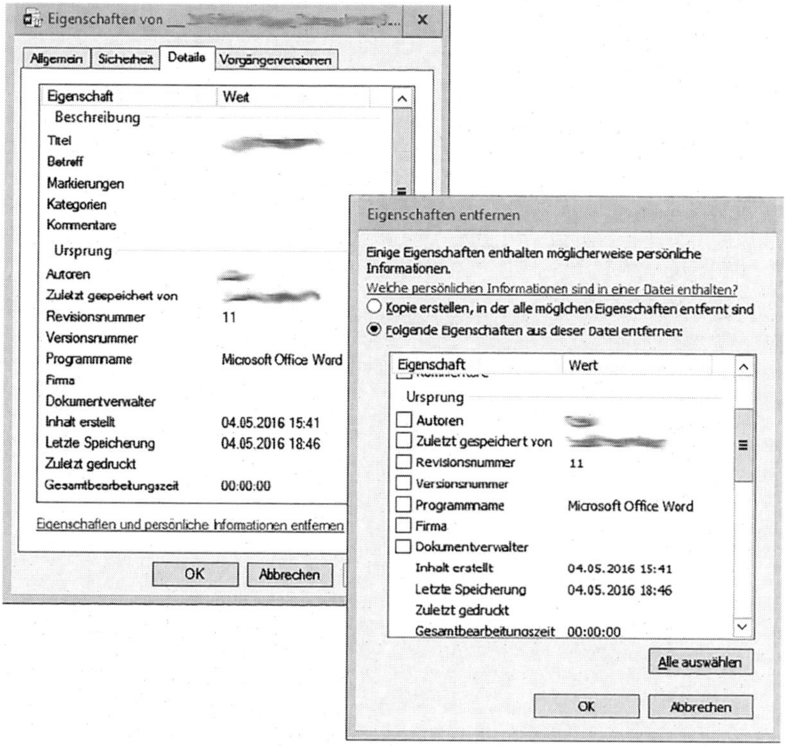

e. Versteckte Informationen in Office-Programmen löschen

Da Programme wie Excel, Access oder PowerPoint ebenso wie Word Funktionen wie *Dateieigenschaften* oder *Kommentare* enthalten oder ermöglichen, müssen für sie die gleichen Sicherheitsmaßnahmen ergriffen werden. Diese Informationen sollten sicher entfernt werden.
Dazu in einem Office-Programm auf *Datei/Auf Probleme überprüfen* klicken.

Abbildung 76: Dokument prüfen

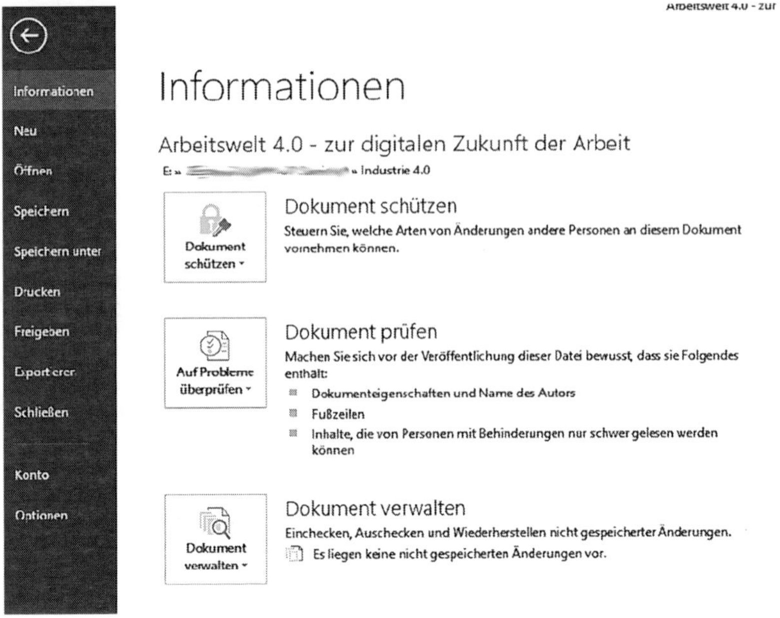

Dann die Option *Dokument prüfen* auswählen. Es erscheint ein neues Fenster mit den Prüfoptionen. Diese so belassen und auf *Prüfen* klicken. Im nächsten Schritt nun die Einzelergebnisse prüfen und sich fragen, welche Fundstellen entfernt werden können. Ganz sicher sind das bei der Endfassung eines Dokuments *die Kommentare, Überarbeitungen, Versionen und Anmerkungen*, ebenso wie die *Dokumenteigenschaften und persönlichen Informationen*, während *Fußnoten* wahrscheinlich im Dokument verbleiben sollen.

Nachdem alles erledigt ist, auf *Erneut prüfen* klicken, um zu schauen, was sich noch im Dokument befindet. Spätestens jetzt sollten sich keine versteckten Informationen mehr in dem Office-Dokument befinden.

Abbildung 77: Ergebnis einer Dokumentprüfung

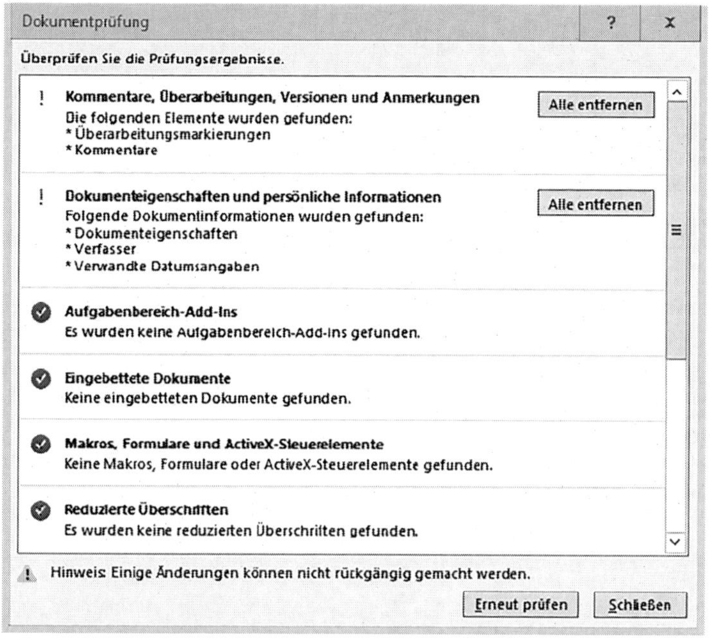

f. Dateien richtig löschen

Die Vorsicht bei der Weitergabe einer Datei ist natürlich nur dann sinnvoll, wenn die gleiche Sorgfalt auch am Arbeitsplatz selbst gilt – vor allem wenn mehrere Personen gemeinsam einen Computer, Programme oder Festplatten benutzen.
Dann genügt es nicht, eine gerade erarbeitete Datei auf einen USB-Stick zu kopieren und die auf der Festplatte befindliche Datei zu löschen.
Denn bei Windows landet sie erst einmal im Papierkorb, aus dem sie immer noch per Mausklick wiederherzustellen ist. Natürlich kann man sie dort dann »endgültig« löschen. Leider bedeutet das »Löschen« aus dem Papierkorb aber nur, dass die Datei nicht mehr so einfach zu finden und wiederherzustellen ist. Wirklich vernichtet ist sie damit noch nicht.
Werden übrigens die *Entfernen* (Entf)-Taste und die *Umschalt-Taste* (Groß-/Klein-Taste) gleichzeitig gedrückt, landet die Datei nicht im

Papierkorb, sondern wird sofort gelöscht. Dann ist sie nur sehr schwer wieder herstellbar.

g. Vertrauliche Informationen in PDF-Dokumenten

Die Sicherheit von PDF-Dokumenten kann nicht mit dem kostenlosen »Acrobat Reader« erhöht werden, sondern nur mit dem »großen Bruder«, dem »Adobe Acrobat«, der preiswerteren, aber sehr guten Software »Power PDF« von Nuance oder beispielsweise mit der Freeware »BeCyPDFMetaEdit« (siehe Kapitel 29. »Topsecret! Dateien und E-Mails verschlüsseln«).
Wer diese Programme nicht einsetzen kann, sollte daher aus jedem Office-Dokument, noch vor der Umwandlung in ein PDF, die versteckten Informationen aus dem Dokument entfernen.

Checkliste verräterische Informationen in Dokumenten

- Vor der Weitergabe einer Datei die versteckten persönlichen Informationen prüfen und entfernen.
- Vor der Weitergabe einer Datei *Kommentare, Überarbeitungen* und *ausgeblendete Texte* löschen.
- Prüfen, ob in Word eingebundene Excel-Tabellen nicht zusätzliche Informationen enthalten.
- Die Umwandlung eines Word-Dokuments in ein PDF erst dann erledigen, wenn die versteckten Informationen aus dem Word-Dokument entfernt sind.
- Dateien, die endgültig vernichtet werden sollen, unbedingt mit einem »Schredder« löschen.

34. Überwachung im Personalwesen

Arbeitgeber möchten gerne möglichst viel über Beschäftigte erfahren, um ihre Effektivität, Leistungsbereitschaft und -fähigkeit, ihr Sozialverhalten und mehr einzuschätzen und für die Arbeit nutzbar zu machen.
Dazu werden vom Arbeitgeber nicht nur Vorgesetzte befragt: eine Arbeits- und Beschäftigtenanalyse wird heutzutage oftmals durch eine Software mit künstlicher Intelligenz durchgeführt, manchmal zusätzlich mit der Möglichkeit, dass nicht nur Vorgesetze Mitarbeiter:innen beurteilen, sondern auch Beschäftigte sich gegenseitig. Die Algorithmen der Software erfassen Muster und Wahrscheinlichkeiten bei Beschäftigten, um Leistungen und Verhalten von Beschäftigten zu analysieren und zu bewerten.
Typische Begriffe, die in diesem Zusammenhang auftauchen sind »people analytics« oder »workforce analytics«. Sie stehen für die Analyse von personenbezogenen Daten im Personalwesen.
Bekannte Programme sind beispielsweise Microsoft 365 Workplace Analytics, IBM Watson Talent Insights, SAP Success Factors People Analytics oder Zonar.
Da stellt sich die Frage, worum es genau geht:

»Viele Entscheidungen, welche die Mitarbeiter und Organisation betreffen, werden aus der persönlichen Erfahrung des jeweiligen Entscheiders heraus getroffen. People Analytics soll ergänzend handfeste Informationen liefern, um Entscheidungen, die Mitarbeiter, Zusammenarbeit und Kommunikation im Unternehmen betreffen, hypothesengetrieben und datengestützt treffen zu können. Daher kann People Analytics unter den Begriffen Workforce Analyse, HR-Analyse, Talentanalyse, Mitarbeiter-Analyse, Humankapitalanalyse und HRIS-Analyse und in den Bereichen Recruiting, Onboarding, Training&Development, Mitarbeiterentwicklung, Mitarbeiterführung und vielen weiteren Szenarien zum Einsatz kommen.«[86]

86 Wikipedia, *https://de.wikipedia.org/wiki/People_Analytics*, zuletzt abgerufen am 28. 10. 2021.

Wie mächtig diese Tools sind, zeigt sich schon daran, dass die Analysen auf Team-, Abteilungs- oder Unternehmensebene in unterschiedlicher Tiefe der Datenanalysen (personenbezogen oder anonymisiert) erfolgen. In allen Ebenen bedarf es einer klaren, spezifischen und transparenten Datenschutzregelung sowie der Mitbestimmung des Betriebs- oder Personalrats.

Das Ziel solcher Software ist es also, dass personelle Entscheidungen über Beschäftigte nicht nur auf der Grundlage persönlicher Erfahrungen von Vorgesetzten gefällt werden, sondern zusätzlich mit »objektiven« Informationen über die Fähigkeit zur Zusammenarbeit und zur Kommunikation im Unternehmen, aber auch mit Unternehmenszielen etc. angereichert werden. Dazu werden diese Informationen aus vielen Unternehmensbereichen zusammengeführt.

Die Algorithmen von KI schaffen es mit diesen Daten Verhaltensvorhersagen zu treffen und mit den Unternehmenszielen abzugleichen.

Abbildung 78: Analytics

Als Rechtsgrundlage zur Nutzung von personenbezogenen Daten, die für »people analytics« oder »workforce analytics« benötigt werden, fordern die Datenschutzgesetze eine Einwilligung von Beschäftigten oder nach *§ 26 BDSG*, eine Betriebs- oder Dienstvereinbarung.

Eine Einwilligung ist allerdings nur dann gesetzeskonform, wenn sie in »informierter und freiwilliger Weise« durch die Beschäftigten erfolgt. An die Freiwilligkeit werden hohe Maßstäbe angelegt.

Bei Bewertungstools, bei denen es um Beförderungen oder sogar Lohnerhöhungen geht, kann von keiner Freiwilligkeit ausgegangen werden.

Außerdem könnte die Einwilligung jederzeit von den Beschäftigten widerrufen werden *(Art. 7 Abs. 3 DSGVO).*
Wird *§ 26 Abs. 1 Satz 1 BDSG* bzw. Art. 5 DSGVO herangezogen *(»ist zur Durchführung des Beschäftigungsverhältnisses erforderlich«),* greift der Verhältnismäßigkeitsgrundsatz. Der Arbeitgeber muss nachweisen, dass die Sammlung und Auswertung der personenbezogenen Daten erforderlich ist und die Angemessenheit und Sinnhaftigkeit ist darzulegen. Gerade bei dauerhafter Bewertung in regelmäßigem Turnus ist ein Anpassungszwang für die Beschäftigten vorhanden (nur keine schlechte Bewertung bekommen). Dass ist dann schon sehr nah an einer Totalüberwachung. Deshalb ist eine hohe Eingriffsintensität in das allgemeine Persönlichkeitsrecht von Beschäftigten zu unterstellen und ein legitimer Zweck wohl kaum begründbar.
Existiert ein Betriebs- oder Personalrat, ist die Einführung solcher Software als technische Einrichtung gemäß *§ 87 Abs. 1 Nr. 6 BetrVG* bzw. *§ 80 Abs. 1 Nr. 21 BPersVG* mitbestimmungspflichtig. Wenn Lohngestaltungsfragen betroffen sind, auch nach *§ 87 Abs. 1 Nr. 10 BetrVG* oder *§ 80 Abs. 1 Nr. 8 BPersVG.*
Eine verhandelte Betriebs- oder Personalvereinbarung kann dann gemäß *§ 26 Abs. 4 BDSG in Verbindung mit Art 5 DSGVO* eine Rechtsgrundlage sein. Sie darf aber das datenschutzrechtliche Schutzniveau der DSGVO nicht unterschreiten. Das heißt, auch hier gelten die Grundsätze der Geeignetheit, Erforderlichkeit und Angemessenheit.
Soll eine Bewertungssoftware eingesetzt werden, so muss sie durch eine Betriebs- oder Dienstvereinbarung sinnvoll geregelt und ausgestaltet sein. Nur dann kann sie eine Rechtsgrundlage gemäß des Datenschutzrechts sein. Alle Möglichkeiten einer Software zu nutzen, um eine regelmäßige Bewertung von Beschäftigten zu ermöglichen, ist datenschutzrechtlich nicht zulässig, da sie einer Totalüberwachung gleichkäme.

a. Microsoft 365 – Überwachung und Bewertung

Die Bürosoftware Microsoft Office gehört für viele schon lange zum Arbeitsalltag. Aber anders als früher wurden vielerorts die klassischen Microsoft Office-Programme durch »Microsoft 365« ersetzt (alter Name »Office 365«). Das ist eine Cloud-Version der Microsoft-Office-Software, die nicht mehr auf den Einzelrechnern oder im Netzwerk von Betrieb oder Verwaltung installiert ist, sondern über das Internet genutzt werden kann. Diese Variante, so praktisch sie ist, hat aber eine Reihe von Überwachungs- und Datenschutzproblemen.

Abbildung 79: Microsoft 365

Quelle: Microsoft

Es gibt Gründe, die für Microsoft 365 sprechen:

- Microsoft 365 stellt immer die aktuellste Version zum Arbeiten zur Verfügung. Updates, Patches oder Neuinstallationen werden von Microsoft eingespielt.
- Die Administratoren haben weniger Arbeit mit der IT.
- Es gibt eine gemeinsame Dateiablage.
- Teamprojekte sind schneller und effizienter, da zusammen an Dokumenten gearbeitet werden kann.
- Mobile Mitarbeiter können über das Web auch von außen auf ihr Office zugreifen, ohne dass etwas installiert werden muss.
- Die alte Hard- und Software kann weiterhin benutzt werden, da sich die technischen Anforderungen nicht erhöhen, immer vorausgesetzt, dass es eine gute und stabile Webverbindung gibt.
- Technisch bietet Microsoft 365 die Möglichkeiten für einen sicheren Betrieb (Zugriff, Authentifizierung, Verschlüsselung, …).

Es sprechen aber auch gewichtige Gründe gegen Microsoft 365:

- Das Programm bietet vielfältige Möglichkeiten zu einer Verhaltens- und Leistungskontrolle (insbesondere Microsoft Graph und Delve – siehe weiter unten).
- Beim Einsatz von Microsoft 365 liegen die Daten auf fremden Servern. Microsoft 365 und die dazugehörende IT-Infrastruktur in Rechenzentren werden zwar in der EU betrieben, aber Microsoft ist nach dem »Patriot Act«[87] verpflichtet, Daten von Servern in der EU an amerikanische Behörden weiterzugeben. Ob das neue Datenschutzabkommen mit den USA dazu führt, das Microsoft 365 DSGVO-konform betrieben werden, muss sich noch zeigen.

87 Das ist ein am 25.10.2001 vom Kongress der USA im Zuge des Krieges gegen den Terrorismus verabschiedetes US-amerikanisches Bundesgesetz. Eine Reaktion auf die Terroranschläge vom 11. September 2001. Das Gesetz führte u.a. zu großen Einschränkungen der amerikanischen Bürgerrechte.

- Fällt das Internet aus oder ist die Internetverbindung schwach, so kann nicht mehr mit Microsoft 365 gearbeitet werden.

Leistungs- und Verhaltenskontrolle durch Microsoft 365

Zum Programmpaket von Microsoft 365 gehört »Microsoft Graph«, eine Software, die auf Grundlage eines selbstlernenden Algorithmus ununterbrochen personenbezogene Daten analysiert, die durch die Nutzung von Microsoft 365 entstehen. Beispielsweise werden Daten aus E-Mails, Dateien, Kalendereinträgen etc. gesammelt, die die Beziehungen von Beschäftigten und ihre Aktivitäten spiegeln. Dabei entstehen natürlich auch sehr viele Daten über Kunden oder andere Kontakte.
All diese Daten werden dann den Anwendungen »Delve«, »MyAnalytics« und »Workplace Analytics« zur Verfügung gestellt.

Abbildung 80: Was Microsoft Graph analysiert und in Verbindung setzt

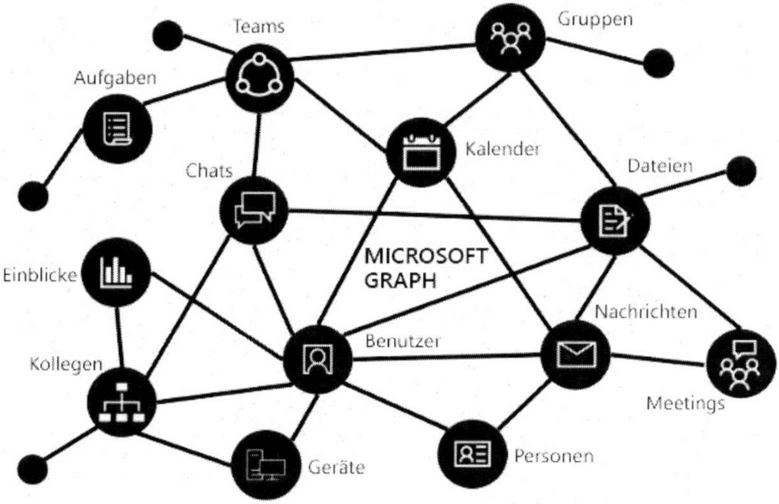

Quelle: Microsoft

Was wird gesammelt?

- Welche Kontakte bestehen (Häufigkeit und Dauer).
- Mit wem viel zusammengearbeitet wird (Rangliste von Kollegen).
- Welche Dokumente bearbeitet wurden.

- Welche Meetings anstehen und die dazugehörigen Arbeitsmaterialien und Verlinkungen.
- Die Qualität von Meetings (Bewertung nach Kriterien wie zu häufige Meetings, zu viele Teilnehmer).
- Wie viel Zeit für Besprechungen und E-Mails verwendet wurde.
- Wie schnell E-Mails gelesen und beantwortet werden.
- …

Mit Hilfe dieser Daten ist es möglich ein sehr präzises Bild von der Arbeitsweise, der Effektivität und dem Kommunikationsverhalten einzelner Mitarbeiter zu gewinnen.
Laut Microsoft werden diese Informationen nur den betroffenen Beschäftigten zur Verfügung gestellt. Aber kann man darauf vertrauen?
Deutlich wird, hier besteht ein sehr großer *Handlungsbedarf* der gesetzlichen Interessenvertretung. Microsoft 365 zu regeln ist allerdings nicht einfach, und ohne eine präzise Betriebs- oder Dienstvereinbarung unmöglich.
»Microsoft Graph« kann deaktiviert werden, aber nur für alle, die zu dem jeweiligen Microsoft 365 Netz gehören. Es ist nicht möglich nur Teilbereiche »abzuschalten«. In internationalen Konzernen dürfte das aber kaum durchzusetzen sein.

Literatur

Beispiel aus der Praxis: Einführung und Anwendung von Microsoft Office 365. Auch wenn der Name des Vorläufers von Microsoft 365 hier genannt ist, ist die Broschüre sehr hilfreich, da in 2020 nur der Name des Pakets von Office 365 auf Microsoft 365 geändert wurde, nicht aber die Funktionalität.
https://www.boeckler.de/pdf/mbf_bvd_praxis_office_365.pdf

Fazit:
Ob mit Microsoft 365 eine DSGVO-konforme Lösung möglich ist, wird die Zukunft zeigen.
Aber selbst wenn, wird ohne eine präzise Betriebs- oder Dienstvereinbarung es auch dann kaum möglich sein, die Auswertungsmöglichkeiten von Microsoft 365 auszubremsen.
Für eine Interessenvertretung selbst ist Microsoft 365 keine gute Option, da der Schutz der personenbezogenen Daten und der Daten der Interessenvertretung nicht wirklich gegeben ist. Ziel sollte es daher sein, ein klassisches Office zu nutzen.

b. Zonar: Ein Beispiel für Überwachung und Bewertung

Einen anderen Weg der Überwachung und Bewertung von Beschäftigten als Microsoft 365 geht die Personalsoftware »Zonar«.
Aus dem Internet kennt man Bewertungsportale bei denen Restaurants, Ferienwohnungen oder neue Produkte bewertet werden. Ganz ähnlich funktioniert Zonar. Nur ist es ein internes Rating-System, mit dem Zalando, ein Online-Versandhändler für Schuhe und Mode, seine Beschäftigten beurteilten lässt.
Vorgesetzte und Beschäftigte können mit der Personalsoftware die Stärken und Schwächen von Kolleginnen und Kollegen untereinander beurteilen. Dadurch werden Informationen zu den Leistungen aller Beschäftigten generiert (z. B. die sehr Guten, die Mittleren und die Low Performer).[88] Mittels eines Algorithmus werden diese Bewertungsdaten in einen individuellen Beurteilungswert (sogenannte Scorewert) umgewandelt. Die so errechneten Scorewerte entscheiden unter anderem über Aufstiegschancen oder Lohnsteigerungen und können auch andere negative Konsequenzen zur Folge haben.

Feedback-Kultur oder Überwachung?

Für das Unternehmen Zalando ist das gelebte Feedback-Kultur, die dazu dient, dass die Beschäftigten die eigene Leistung besser einschätzen und dadurch die eigene Karriere besser planen können. Es ist für Zalando ein Karrieretool, das eine objektive Bewertung der Arbeitsleistung ermöglicht.
Für viele Beschäftigte ist es hingegen ein System der Arbeits- und Leistungskontrolle[89] und damit ein Überwachungs-Instrument. Denn die Beschäftigten werden dazu angehalten, permanent das Verhalten der Kolleginnen und Kollegen zu beobachten, um deren Arbeit und Leistung einzuschätzen. So wird eine Konkurrenzsituation unter den Beschäftigten erzeugt, die Leistungsdruck, Selbstdisziplinierung und Stress auslöst und damit das Betriebsklima vergiftet.

---

88 *https://www.deutschlandfunkkultur.de/bewertungssystem-zonar-zalando-mitarbeiter-klagen-ueber.2165.de.html?dram:article_id=463914*, zuletzt abgerufen 19. 12. 2023.

89 Staab/Geschke, Ratings als arbeitspolitisches Konfliktfeld – Das Beispiel Zalando, Study 429 Hans Böckler Stiftung, 2020, *https://www.boeckler.de/fpdf/HBS-007864/p_study_hbs_429_2.pdf*.

Datenschutzrechtlich problematisch

Daran, ob bei Zalando eine ausreichende Rechtsgrundlage für die Datenverarbeitung durch Zonar vorliegt, bestanden nach Bekanntwerden des Einsatzes von Zonar berechtigte Zweifel.

Vor der Einführung von Zonar wurden die Beschäftigten nicht über die Datenverarbeitung informiert. Es fehlten die Informationen, welche Daten zu welchem Zweck wie lange erhoben werden, wann die personenbezogenen Daten wieder gelöscht werden und wie der Algorithmus funktioniert.

Laut DSGVO sind dies aber notwendige Informationen der Transparenz, die vom Arbeitgeber zur Verfügung gestellt werden müssen.

Normalerweise sind Leistungsbeurteilungen von Beschäftigten ein rechtlich anerkanntes und zulässiges Mittel für die Verarbeitung von personenbezogenen Daten im Beschäftigtenverhältnisses. Allerdings muss nach dem Datenschutzrecht die Verhältnismäßigkeit der Maßnahme geprüft werden. Hier steht vor allem die Frage im Raum, ob ein milderes, gleich wirksames Mittel möglich ist, das den Grundsatz der Datensparsamkeit sowie das datenschutzrechtliche Gebot der Transparenz einhalten kann.

Durch Veröffentlichungen über den Einsatz von Zonar wurde die Berliner Beauftragte für Datenschutz und Informationsfreiheit auf dieses System aufmerksam und leitete eine Überprüfung ein.

Die Überprüfung ergab, dass die Aufsichtsbehörde den Einsatz einer solchen Software nicht grundsätzlich ablehnte, sondern unter Einhaltung von datenschutzrechtlichen Vorgaben für möglich hält.

Nach Gesprächen mit Zalando wurden einige Änderungen in Zonar vorgenommen:

- Nur noch drei Kolleg:innen dürfen eine Bewertung abgeben.
- Die zu bewertende Person muss mit den Bewertenden einverstanden sein.
- Der Inhalt der Bewertung muss sachlich sein.
- Ein reines Punktesystem reicht nicht aus.
- Die Speicherdauer der Bewertung ist zu reduzieren.
- Wird eine neue Bewertung erstellt, muss die alte Bewertung gelöscht werden.
- Führt eine Bewertung zu einem Arbeitszeugnis, darf diese in die Personalakte aufgenommen werden.
- Betroffene habe nach Abschluss der Bewertung ein umfassendes Auskunftsrecht zur Gesamtbewertung, aber nicht darüber, welche Bewertung untergeordnete Kolleg:innen abgegeben haben.

Weiterhin gilt, dass weder Bewertete noch Bewerter:innen am Bewertungssystem teilnehmen müssen und dadurch auch keine Nachteile zu befürchten haben.
Das Fazit der Aufsichtsbehörde war dann:

»Aufgrund der Umstrukturierung des Verfahrens halten wir dieses in seiner aktuellen Form nun für zulässig.«[90]

Zalando scheint sich an die neuen Vorgaben zu halten und hat zudem inzwischen die Bewertungssoftware umbenannt.
So sehr der Einsatz der Berliner Beauftragten für den Datenschutz zu loben ist, bleiben Frage, beispielsweise wie festgestellt werden kann, dass eine Nichtteilnahme am Bewertungsfahren keine Nachteile bringt?
Unabhängig von der Beurteilung durch die Berliner Datenschutzbehörde in diesem konkreten Fall stellt sich bei einer Personalsoftware dieser Art immer die Frage nach der Notwendigkeit einer Datenschutz-Folgenabschätzung nach *Art. 35 DSGVO.*

»Hat eine Form der Verarbeitung, insbesondere bei Verwendung neuer Technologien, aufgrund der Art, des Umfangs, der Umstände und der Zwecke der Verarbeitung voraussichtlich ein hohes Risiko für die Rechte und Freiheiten natürlicher Personen zur Folge, so führt der Verantwortliche vorab eine Abschätzung der Folgen der vorgesehenen Verarbeitungsvorgänge für den Schutz personenbezogener Daten durch.«

In *Art. 35 Abs. 3 DSGVO* wird auch klar vorgegeben, wann dies zu geschehen hat:

»... a) systematische und umfassende Bewertung persönlicher Aspekte natürlicher Personen, die sich auf automatisierte Verarbeitung einschließlich Profiling gründet und die ihrerseits als Grundlage für Entscheidungen dient, die Rechtswirkung gegenüber natürlichen Personen entfaltet oder diese in ähnliche erheblicher Weise beeinträchtigen; ...«

90 Jahresbericht 2020 der Berliner Beauftragten für Datenschutz und Informationsfreiheit, S. 123 – 126.

Fazit

Personalbeurteilungssysteme wie Zonar erzeugen durch die Beurteilung der Beschäftigten durch Kolleg:innen und Vorgesetzte einen erheblichen Überwachungs- und Leistungsdruck. Ein Gremium sollte daher darauf dringen, dass auf ein solch umfangreiches System der Leistungsbeurteilung verzichtet wird.

35. Sicherheit bei USB-Sticks

Die tägliche Arbeit einer Interessenvertretung fordert eine immer größere Flexibilität an den unterschiedlichsten Standorten des Betriebes oder der Behörde. Um problemlos die dabei notwendigen Fachdaten und Informationen dabei zu haben, werden daher häufig portable Datenträger wie USB-Sticks[91] eingesetzt. Sie sind praktisch, ihr Einsatz ist für die gesetzliche Interessenvertretung aber nicht ohne Risiko.

USB-Sticks sind klein und bieten doch die Möglichkeit, selbst große Datenmengen von einigen hundert Gigabyte (GB) jederzeit mit sich zu tragen und per Einstecken in den USB-Anschluss eines PC Daten auf den Rechner oder hin zum Stick zu übertragen.

Doch so komfortabel ein USB-Stick auch ist, die Sicherheit der Daten ist durch Verlust, Diebstahl, Viren und Hackertools bedroht.

Das alte Bundesdatenschutzgesetz gab auch beim Einsatz von USB-Sticks an die Interessenvertretung eine klare Richtlinie vor.

In der Anlage zu § 9 Satz 1 zum BDSG-**alt** (Punkt 4) heißt es:

»… zu gewährleisten, dass personenbezogene Daten bei der elektronischen Übertragung oder während ihres Transports oder ihrer Speicherung auf Datenträger nicht unbefugt gelesen, kopiert, verändert oder entfernt werden können …«.

Auch wenn dieser Satz so in der DSGVO und im neuen BDSG nicht mehr enthalten ist, gilt er inhaltlich weiter (siehe auch Kapitel 2. n. »Sicherung der Verarbeitung. Technische und organisatorische Maßnahmen (TOM)«).

Um diese Anforderung zu erfüllen, dürfen Betriebs- und Personalräte USB-Sticks nicht bedenkenlos benutzen, sondern müssen zuerst die Ge-

91 »Universal Serial Bus«-Sticks. Diese kleinen Plastikstifte ermöglichen im laufenden Betrieb die Verbindung zu einem PC über das serielle Bussystem (Universal Serial Bus = USB) und lassen sich dabei als Datenspeicher benutzen.

fahrenlage analysieren und notwendige Vorsichtsmaßnahmen im Gremium absprechen und umsetzen. Auch dies ist eine Aufgabe, um die sich der SfD kümmern sollte.

a. Viren und Trojaner bei USB-Sticks

Auf USB-Sticks können über Dateien Viren und Trojaner (Spionagesoftware) auf einen Rechner gelangen; aber auch Programme, die auf einem USB-Stick lauffähig sind, können auf den angeschlossenen PC zugreifen. Das kann auch sinnvoll sein, wenn es z. B. bei Reisen notwendig ist, Daten zu bearbeiten, und man kein eigenes Notebook zur Hand hat, und dann an dem PC im Hotel oder im Internetcafé sitzt. Diese Möglichkeiten sollten nur im Notfall genutzt werden, da die Gefahren nicht wirklich einzuschätzen sind.
An fremden Computern, dazu sind alle PCs zu rechnen, die nicht im Büro der Interessenvertretung stehen, gilt es, besonders vorsichtig zu sein, sobald der eigene USB-Stick eingesteckt wird. Das gilt vor allem für Internetcafés, wo es inzwischen vielfach erlaubt ist, USB-Sticks zu benutzen. Denn es gibt Spionagetools, die den kompletten Inhalt eines Sticks auf die Festplatte kopieren, ohne dass ein User dies mitbekommt, z. B. durch das Programm »USB-Dumper«. Das Programm kann zudem, wenn der Schreibschutz für den Stick nicht aktiviert ist, Daten auf den Stick kopieren, also auch ein Hackertool hinterlegen. Fremde USB-Sticks sollten allein schon wegen Viren und Trojanern nicht am Rechner der Interessenvertretung benutzt werden. Der PC der Interessenvertretung muss zwingend durch ein Viren- und Antihackertool abgesichert werden.

b. Verlust und Diebstahl

Da USB-Sticks nur wenige Zentimeter lang sind, drohen besonders Verlust oder Diebstahl, die schon bei einer kleinen Unachtsamkeit passieren können.
Der erste Schritt zur Datensicherheit besteht darin, den USB-Stick gleich nach dem Kauf mit der in der Regel beiliegenden Schnur zu verbinden und ihn bei Mitnahme, z. B. am Gürtel, zu befestigen oder den Stick in die Hosentasche zu packen. Alternativ könnte er auch am Schlüsselbund befestigt sein. Nach der Benutzung ist immer zu prüfen, ob er vom PC abge-

zogen und wieder sicher verstaut ist. Wird der USB-Stick nicht benutzt, ist er im Schreibtisch oder im Schrank im Büro der Interessenvertretung einzuschließen. Bei Reisen sollte der USB-Stick im Safe des Hotelzimmers aufbewahrt werden. Grundsätzlich gilt: Man sollte den Stick nie und nirgends offen herumliegen lassen!

c. Verschlüsselung von Daten auf USB-Sticks

Da der Verlust bzw. Diebstahl eines USB-Sticks nie wirklich auszuschließen ist, müssen die abgelegten Daten verschlüsselt werden. Dazu bieten sich unterschiedliche Methoden an. Eine sichere Möglichkeit bieten USB-Sticks, die schon beim Kauf eine Verschlüsselung mitbringen. Alternativ kann diese Aufgabe durch eine gesonderte Software erledigt werden.
Bei einigen USB-Sticks ist der Zugriff zudem noch durch einen integrierten Fingerprint-Reader[92] gesichert.
Allerdings werden hier immer wieder Sicherheitslücken bekannt.
Ein USB-Stick mit integrierter Verschlüsselungssoftware ist z. B. der Nitrokey Pro.[93] Der Einsatz ist denkbar einfach: Unabhängig vom Betriebssystem liegen Daten und Zugangsberechtigungen für PCs, E-Mails etc. verschlüsselt auf dem Nitrokey USB-Stick.

Abbildung 81: Nitrokey Pro Verschlüsselungsstick

Quelle: Nitrokey

92 »Fingerprint-Reader« = Fingerabdruckleser. Der Fingerabdruck eines Menschen wird eingescannt, um die Zugangsberechtigung eines Users zu prüfen.
93 *http://www.nitrokey.com/de.*

Abbildung 82: So arbeitet Nitrokey

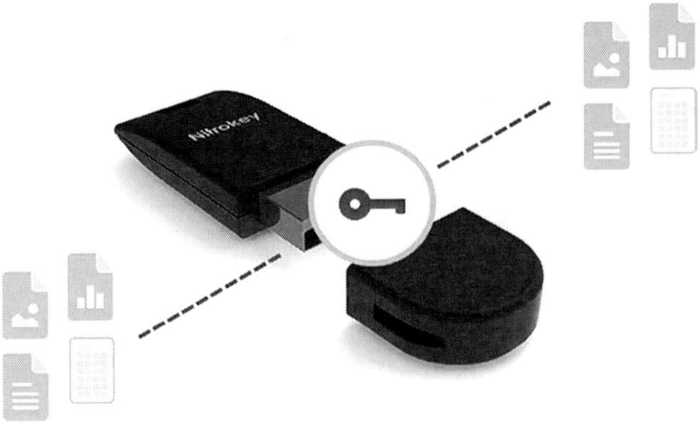

Quelle: Nitrokey

E-Mails, Dateien, Festplatten, Server-Zertifikate und Benutzerkonten werden verschlüsselt und die geheimen Schlüssel in dem Nitrokey USB-Stick gespeichert, der durch eine PIN gesichert ist.

Abbildung 83: Die Benutzersoftware von Nitrokey

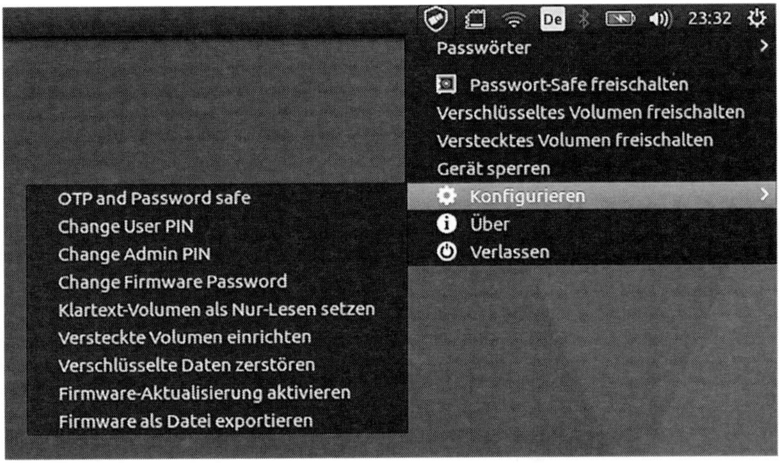

Quelle: Nitrokey

Als alleinstehende Verschlüsselungssoftware bietet sich z. B. Steganos Safe an. Mit ihr lassen sich verschlüsselte Laufwerke auf dem Hauptrechner erzeugen, aber auch ein Safe für einen USB-Stick, der Portable Safe. Die notwendige Software wird automatisch auf dem Datenträger installiert und kann dann gleich benutzt werden.
Eine kostenfreie und nach geringer Einarbeitungszeit auch einfach zu handhabende Verschlüsselung der Daten bietet das deutschsprachige Programm VeraCrypt (siehe Kapitel 31. »Die Verschlüsselungsspezialisten«).
Bei der Auswahl eines Verschlüsselungsprogramms muss immer daran gedacht, dass bei Windows-Betriebssystemen dazu zumeist Administratorenrechte benötigt werden und dass die Verschlüsselungssoftware oftmals auf dem eingesetzten PC installiert sein muss.
Ist der Windows BitLocker im Einsatz, so können auch damit USB-Sticks verschlüsselt werden (siehe Kapitel 30. »Verschlüsseln mit dem Betriebssystem«).
Die Software des eigenen Betriebs oder der Verwaltung einzusetzen, bietet sich zwar an, will aber gut überlegt sein. Schließlich enthält die Verschlüsselungssoftware zumeist eine Hintertür für den Systemadministrator. Denn wer seine persönlichen Zugangsdaten verloren oder vergessen hat, kommt an die verschlüsselten Daten ansonsten nicht mehr heran. Für einen Betrieb kann das fatale Folgen haben, da auf wichtige Informationen nicht mehr zugegriffen werden kann. Daher haben die Entwickler von Verschlüsselungssoftware oftmals eine Funktion zur Schlüsselrekonstruktion integriert. Hier stellt sich die Frage, wer den Zugriff auf die Schlüsselrekonstruktionsfunktion hat und wie die Interessenvertretung sichergehen kann, dass keine Unbefugten auf ihre Daten zugreifen können (siehe z. B. Kapitel 30. »Verschlüsseln mit dem Betriebssystem«).

d. PC-Zugriff per USB-Stick

In der Praxis ist es immer wieder möglich, einen Computer über einen USB-Stick zu starten und damit die normale Anmeldung zu umgehen. Die Folge: Es besteht der Zugriff auf die Daten der Interessenvertretung, und das auch dann, wenn der Computer ansonsten durch ein Passwort geschützt ist. Diese Option kann und sollte im PC-BIOS deaktiviert werden. Eine weitere Gefahr besteht bei USB-Funkadaptern für WLANs. Über sie ist es dann anderen Rechnern möglich, auf das Betriebssystem zuzugreifen und den PC aus der Ferne zu steuern. Zur Sicherheit ist hier

eine klare Rechtevergabe für den Verbindungsaufbau durch USB-Funkadapter notwendig.
Inzwischen gibt es auch eine Reihe von USB-Sticks, die hohe Anforderungen an die Datensicherheit erfüllen, die also beispielsweise eine starke Benutzerauthentisierung beim Zugang zu einem Netzwerk ermöglichen und mit bestehenden Sicherheitselementen des Netzwerks zusammenarbeiten (Crypto-Box USB von Marx Software[94], ...). Für eine Interessenvertretung dürften solche USB-Sticks im Normalfall aber eine Nummer zu groß sein. Trotzdem kann es nicht schaden, zu prüfen, was im Betrieb oder in der Verwaltung eingesetzt wird und ob es sinnvoll und sicher ist, dass die Interessenvertretung sich an dieses System andockt.

Vorsicht bei Mehrfachnutzung

Bei USB-Sticks, die von mehreren Personen benutzt werden, ist besondere Vorsicht geboten, da die Mehrfachnutzung einzelnen Usern kaum den Überblick über die Sicherheitseinstellungen ermöglicht. Jedes Mitglied einer Interessenvertretung sollte daher für vertrauliche Daten einen eigenen USB-Stick besitzen, der die Daten verschlüsselt.

e. Fazit

USB-Sticks unterliegen, wie wohl fast alle Elemente und Zubehörteile von Computern, der schnellen Weiterentwicklung. Die Möglichkeiten und die Leistungsfähigkeit steigern sich ständig. Daher ist es vor der Anschaffung und dem Einsatz von USB-Sticks notwendig, ihre einzelnen Komponenten und Optionen mit den Anforderungen der Interessenvertretung abzugleichen und eine Checkliste für den sicheren Einsatz zu erstellen und umzusetzen.

Checkliste sichere USB-Sticks

- Gefahrenlage analysieren und festlegen, welche USB-Sticks angeschafft werden sollten (eigene USB-Sticks für die Interessenvertretung mit Verschlüsselungssoftware).
- Verschlüsselungssoftware aktivieren. Eine ganze Reihe von USB-Sticks ist bereits mit einer Verschlüsselungssoftware ausgestattet. Um auf der sicheren Seite zu sein, sollten USB-Sticks von bekannten Herstellern angeschafft

94 *http://www.marx.com/de.*

und über eine Internetsuchmaschine wie Google vorher geprüft werden, ob es Hinweise auf Sicherheitslöcher bei den Sticks und ihrer Software gibt.

- Eine Verschlüsselung bringt nur etwas, wenn das verwendete Verschlüsselungsverfahren und die Länge des verwendeten Schlüssels gut sind. Einige Anhaltspunkte: Momentan gelten bei der AES-Verschlüsselung (symmetrisches Verfahren) Schlüssellängen von 128, 192 oder 256 Bit als sicher, bei RSA (asymmetrisches Verfahren) sollten es mindestens 3000 Bit sein (neuer BSI-Standard).
- Der Zugriff auf die Daten darf nur über ein sicheres Passwort erfolgen. Daher ist ein als sicher geltendes Passwort mit 12 bis 15 Zeichen für den Zugang zu erstellen. Konkret bedeutet das: ein Passwort mit Klein- und Großbuchstaben, Zahlen und Sonderzeichen, das kein aussprechbares Wort sein darf. Ein Passwort mit acht Zeichen gilt inzwischen als nachlässiges Passwort, also als nicht mehr sicher.
- Wenn möglich sind auf dem USB-Stick zwei Partitionen einzurichten: ein unverschlüsselter Bereich für allgemeine Daten wie Präsentationen und ein verschlüsselter Bereich für vertrauliche Daten der Interessenvertretung.
- Es gilt: Vertrauliche Daten auf dem USB-Stick müssen immer verschlüsselt werden.
- Um ein automatisches Auslesen der Daten des USB-Sticks durch fremde Rechner zu verhindern (wie es das Hackertool »USB-Dumper« versucht), ist vor dem Einsatz die Schreibschutzfunktion des Sticks zu aktivieren.
- Private USB-Sticks dürfen normalerweise nicht am PC der Interessenvertretung angeschlossen werden und USB-Sticks der Interessenvertretung nicht für private Daten genutzt werden.
- Wenn überhaupt einmal fremde USB-Sticks in den PC der Interessenvertretung eingesteckt werden müssen, dann ist vorher die Autostart-Funktion im Rechner abzuschalten, da nur so sichergestellt ist, dass Programme nicht automatisch vom Stick aus starten.
- Der PC der Interessenvertretung muss durch ein Viren- und Antihackertool abgesichert werden, um unter anderem die Gefahren beim Einsatz von USB-Sticks zu minimieren.
- Auf dem Stick dürfen sich nur Kopien von Daten befinden, damit die Daten auch bei einem Verlust des Sticks noch vorhanden sind.
- Sollen USB-Sticks aussortiert werden, weil sie z. B. veraltet sind, müssen die Daten auf ihnen sicher durch einen Datei-»Shredder« gelöscht werden, der die Daten überschreibt, bis keine Daten mehr wiederhergestellt werden können. Wie oft das sein muss, ist umstritten, als ganz sicher gilt das sogenannte Gutmann-Verfahren.[95] In sogenannten »Schredder-Programmen«

95 Gutmann-Verfahren: Methode zur vollständigen Löschung von Daten auf magnetischen Speichermedien. Die Daten werden insgesamt 35-mal überschrieben. Die Methode gilt als sehr sicher, ist aber auch sehr zeitaufwendig.

lässt sich die Qualität der Datenvernichtung einstellen (siehe Kapitel 39. »Daten sicher löschen«).

- Alle USB-Sticks der Interessenvertretung sollten in einer Inventarliste erfasst werden, die genaue Informationen zu den Sticks enthält, also Seriennummer, Größe, eingesetzte Verschlüsselung (mit Versionsnummer), Besitzer, Vernichtung, ...
- Wenn möglich ist auf dem Stick eine ungeschützte Datei abzulegen, auf der Kontaktmöglichkeiten für eine Rückgabe bei Verlust des Sticks notiert sind. Wenn keine ungeschützte Datei abgelegt werden kann, ist der Stick mit einem wasserfesten Aufkleber mit Kontaktdaten zu versehen. Dabei dürfen aber keine Anhaltspunkte dafür gegeben werden, welche Infos auf dem Stick vorhanden sein könnten (z. B. Interessenvertretung XY-Dateien). Solche Infos machen nur neugierig.
- Vor dem Einsatz von USB-Sticks sollte eine mündliche und schriftliche Information der Interessenvertretung zu den Gefahren und zum sicheren Umgang mit USB-Sticks stehen!

36. Multifunktionsgeräte als Sicherheitsrisiko

Eine nicht gleich erkennbare Sicherheitslücke im Büro der Interessenvertretung sind Drucker und Kopierer bzw. Multifunktionsgeräte, die drucken, kopieren, scannen, faxen oder Unterlagen direkt per E-Mail versenden können. Denn sie speichern jede Kopie und auch jeden Druck auf einer internen Festplatte. Das hat den Vorteil, dass eine Vorlage bei Mehrfachkopien oder -drucken nicht mehrfach eingescannt bzw. eingezogen werden muss (daran kann man auch gleich erkennen, dass ein Gerät eine Festplatte hat). Die gespeicherten Daten werden normalerweise nicht sofort nach der Benutzung automatisch von der Festplatte gelöscht.

Wird das Gerät nur von der Interessenvertretung benutzt, kann da nicht viel passieren, denn normalerweise kommen keine Fremden an das Gerät. Anders sieht es aus, wenn das Gerät am Firmennetzwerk hängt oder wenn über den PC der Interessenvertretung z. B. Multifunktionsgeräte ausgewählt werden können, die am Netzwerk hängen. Sobald das falsche Gerät ausgewählt wird, landet der Ausdruck irgendwo im Betrieb, jedenfalls nicht mehr im Büro der Interessenvertretung. Auf die ausgedruckten Daten haben dann auch Personen Zugriff, die nicht Mitglied der Interessenvertretung sind.

Auch wenn solche Geräte im Büro der Interessenvertretung stehen, sollten einige Sicherheitsmaßnahmen umgesetzt werden. So ist es sinnvoll, dass die Daten auf der Festplatte dieser Geräte verschlüsselt abgelegt werden (wer das Passwort zur Wiederherstellung hat, muss dann natürlich geregelt sein). Zudem sollte es über die Sicherheitsfunktion der Geräte möglich sein, die gespeicherten Dokumente regelmäßig mehrfach zu überschreiben (damit sie nicht mehr rekonstruierbar sind). Bedacht werden muss auch, dass Multifunktionsgeräte eine Reihe von Auswertungsfunktionen besitzen. Denn jede Bedienung, jeder Ausdruck, jede Kopie oder das Scannen kann mit einem Zeitstempel versehen werden und ist bei einer Anmeldung per Authentifizierung einer Person zuzuordnen.

Eine weitere Gefahrenquelle für die Vertraulichkeit der Daten der Interessenvertretung kann die Wartungsfirma für solche Geräte sein, z. B.

wenn die gespeicherten Daten von der Festplatte bei einem Austausch der Festplatte nicht gelöscht wurden. Doch auch bei einer einfachen Wartung muss die Datensicherheit bedacht und berücksichtigt werden, dass der Service auf die Festplatte zugreifen kann.

Abbildung 84: Speichereinstellungen eines Druckers

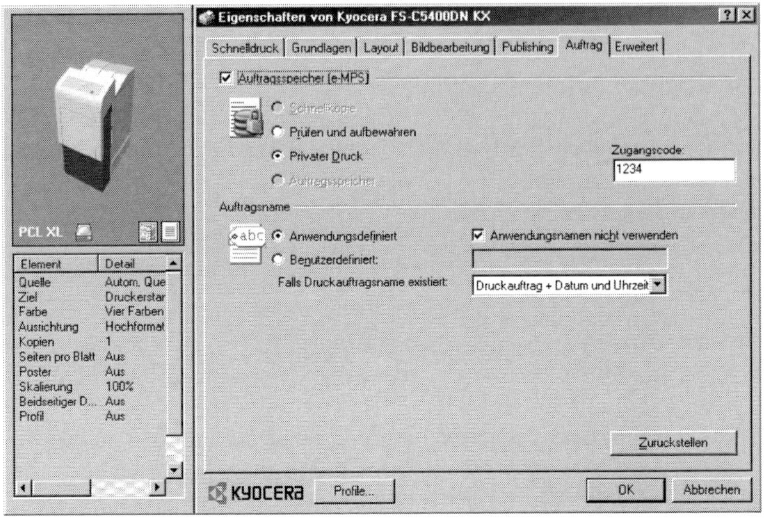

Noch weitergedacht: Damit Wartungstechniker immer einen Zugriff auf diese Geräte haben, gibt es für sie einen speziellen Code. Die Sicherheit ist so natürlich nicht mehr gegeben, da dieser Code normalerweise im Betriebshandbuch steht und manchmal sogar im Internet zu finden ist. Somit ist er auch für andere Personen als die Wartungstechniker herauszufinden und damit illegal zu benutzen. Dieser Wartungscode muss unbedingt verändert werden, damit der Zugriff sicher zu kontrollieren ist. Um hier auf der sicheren Seite zu sein, ist es nötig, die Bedienungsanleitung des Geräts genau zu lesen und offene Fragen mit dem DSB und der Herstellerfirma zu besprechen. Moderne Geräte haben Einstellmöglichkeiten, um den Datenschutz zu gewährleisten, z. B. eine persönliche Anmeldung durch eine mehrstellige PIN-Nummer. Dazu gehört dann auch, dass nicht automatisch von jeder Kopie eine E-Mail verschickt wird. Die Einstellungen müssen regelmäßig vom SfD kontrolliert werden.

Checkliste Drucker und Kopierer

- Das Gerät, wenn möglich, im Büro der Interessenvertretung aufstellen, nicht in anderen Räumlichkeiten.
- Ist das Gerät in das Firmennetzwerk eingebunden, müssen die Zugriffsrechte genau geprüft werden.
- Die technische Dokumentation bzw. Bedienungsanleitung des Geräts genau lesen (stehen oftmals auch im Internet) und offene Fragen mit dem DSB und der Herstellerfirma besprechen.
- Technische Features der Geräte zum Datenschutz aktivieren.
- Den Wartungscode verändern.
- Regelmäßige Kontrolle der Einstellungen des Geräts durch den SfD.

37. Datensicherung und Archivierung

Die Daten auf der Festplatte sind nicht nur durch Diebstahl bedroht, sondern auch durch technische Probleme. Wohl alle, die viel am PC arbeiten, haben schon erlebt, dass der Zugriff auf die Daten der Festplatte plötzlich nicht mehr möglich war, weil der PC den Dienst »verweigerte«. Mal sind es Probleme im Betriebssystem, mal ein »Festplattencrash«. Liegt es an Problemen mit dem Betriebssystem, ist normalerweise der Zugriff auf die Daten über einen, für wenige Euro erhältlichen Festplatten-Converter (Anschluss der betroffenen Festplatte per USB an einen anderen PC) oder der Einbau der Festplatte in einen anderen PC problemlos möglich. Anders sieht es da schon aus, wenn die Festplatte defekt oder zerstört ist. Denkbar sind Materialfehler, Diebstahl, Sabotage (Dateien werden gelöscht), Brand, Blitzschlag (Überspannungen), Anwendungsfehler (versehentliches Löschen von Dateien) etc.

Im schlimmsten Fall sind die gespeicherten Daten dann verloren. Da auch große Festplatten heutzutage nicht mehr viel kosten, sollten die Daten der Interessenvertretung daher regelmäßig automatisch auf einer weiteren Festplatte gesichert werden. Automatisch deshalb, weil eine Datensicherung »per Hand« schnell vergessen wird und schon der Verlust der Daten einer Woche sehr viel Arbeit bedeuten kann.

Für die Datensicherung bieten sich unterschiedliche Medien an:

- USB-Sticks: Inzwischen gibt es Sticks mit sehr hoher Speicherkapazität; für die Daten der Interessenvertretung dürften sie oftmals ausreichen, aber an eine regelmäßige Sicherung der Daten muss immer selbst gedacht werden.
- Magnetbänder und Bandlaufwerke: Sie sind teuer und lassen sich problemlos durch andere Medien ersetzen.
- CDs, DVDs, Blu-Ray-Discs: Sie haben oftmals zwar eine ausreichende Speicherkapazität für alle zu sichernden Daten, aber sie sind zu arbeitsaufwendig. Zudem ist die dauerhafte Haltbarkeit der Medien nicht gesichert. An eine regelmäßige Sicherung der Daten muss aber immer selbst gedacht werden.

- Cloud: Ablage der Daten auf Onlinefestplatten im Internet. Keine Kontrolle der Interessenvertretung über die Datensicherheit. Allerdings ist eine Cloud denkbar, wenn die Daten verschlüsselt sind und nur mit Zustimmung durch das Gremium wiederhergestellt werden können.
- Netzwerklaufwerk der Firma: keine Kontrolle der Interessenvertretung über die Datensicherheit. Auch denkbar, wenn die Daten verschlüsselt sind.
- Externe Festplatten: optimales Speichermedium; aber auch hier müssen die Daten in gewissen Abständen auf weiteren externen Festplatten gesichert werden. Die regelmäßige Sicherung der Daten kann automatisiert erfolgen.
- Die gesicherten Daten müssen, egal welches Medium benutzt wird, immer verschlüsselt abgelegt werden!

Externe Festplatten zur Datensicherung

Selbst sehr große Festplatten mit USB- oder Firewire-Anschluss sind inzwischen für wenig Geld zu bekommen. Werden sie groß genug gewählt, lassen sich die Daten der Interessenvertretung damit schnell sichern.
Die Bedienung ist einfach und es sind dazu keine besonderen PC-Kenntnisse erforderlich. Es muss nur das USB-Kabel der externen Festplatte am zu sichernden PC eingesteckt werden und die externe Festplatte wird als Datenträger erkannt. Zu einer guten externen Festplatte gehört eine Back-up-Software (Sicherungssoftware) mit Verschlüsselungsmöglichkeit. Bei einer großen Festplatte können dann nicht nur die Daten der Interessenvertretung, sondern auch gleich das ganze Betriebssystem und die Programminstallationen gesichert werden. Damit die Datensicherung nicht vergessen wird, kann in der Back-up-Software eingestellt werden, wann die Datensicherung automatisch erfolgen soll.
Bei der Auswahl der Back-up-Software sollten die Dateiformate der zu sichernden Dateien durch die Software nicht verändert werden, da dann gewährleistet ist, dass problemlos auch einzelne Dateien wiederhergestellt werden können. Genaue Infos finden sich bei den Herstellern von Festplatten im Support-Bereich.

Checkliste Datensicherung und Archivierung

- Optimales Speichermedium auswählen, z.B. externe Festplatte mit automatischer Datensicherung und Verschlüsselungsoption.
- Daten auf dem Sicherungsmedium verschlüsseln.
- Die Datensicherung sollte automatisch und täglich erfolgen.

Datensicherung und Archivierung

- Speichermedium in einem verschlossenen Schrank aufbewahren.
- Auch externe Festplatten halten nicht ewig, daher müssen die Daten in gewissen Abständen auf weiteren externen Festplatten gesichert werden.
- Langzeitarchivierung: Die Daten müssen auf mehreren Medien gesichert werden, also z. B. verschlüsselt auf einer externen Festplatte abgelegt und auf DVDs gebrannt und sicher verschlossen aufbewahrt werden.

38. Der sichere Zugang zum Computer der Interessenvertretung

Arbeiten mehrere Personen gemeinsam mit einem Computer bietet Windows in allen aktuellen Versionen die Möglichkeit, »Benutzerkonten« einzurichten. Ein »Benutzerkonto« regelt den individuellen Zugriff auf einen Rechner und legt fest, welche Rechte ein Nutzer hat, also ob er beispielsweise auf Systemeinstellungen und bestimmte Ordner zugreifen darf. Zudem schützt die Vergabe von Benutzerkonten betriebliche oder persönliche Daten ebenso wie Dateien oder E-Mails und *www-Favoriten* vor unbefugtem Zugriff. Allerdings muss – bezogen auf den Grad der Sicherheit – zwischen den Windows-Versionen unterschieden werden. Die Profiversionen bieten mehr Schutz als die Home-Versionen, die für private Anwender gedacht sind. Die Daten und Dokumente, die unter den einzelnen Benutzerkonten abgelegt sind, sind nur dann sicher, wenn die entsprechende Verschlüsselung von Windows aktiviert ist (siehe Kapitel 30. »Verschlüsseln mit dem Betriebssystem«.

a. Sicherheit bei PC-Start

Sind »*Benutzerkonten*« eingerichtet, verlangt der Rechner beim Hochfahren den Benutzernamen und ein Passwort. Nach der Eingabe sind persönliche Daten, wie z. B. die Word-Dateien anderer Nutzer, nicht mehr sichtbar.
Doch aufgepasst: Profibetriebssysteme von Windows 10 bieten zwar einen gewissen Schutz, denn mit ihnen ist die Benutzeranmeldung nicht so leicht auszutricksen, unmöglich ist es gleichwohl nicht.
Während des Bootens (= Hochfahren) lädt der Computer Windows von der Festplatte und verlangt dann die Anmeldung eines Benutzers. Wenn aber beim Rechnerstart eine bootfähige CD im Laufwerk steckt, ist es problemlos möglich, auf die Festplatte des PCs zuzugreifen.

Ein Schutz gegen diese simple Art von »Angriff« ist über das »BIOS« möglich. BIOS steht für »Basic Input/Output System« und koordiniert den »Datenverkehr« zwischen Betriebssystem und Hardware. Wird dort die **Bootsequenz** auf »C:« (Festplattenlaufwerk) gestellt und der Zugriff auf ein CD-Laufwerk oder einen USB-Stick verboten und außerdem noch ein BIOS-Passwort vergeben, dann ist der Rechnerzugang schon besser geschützt.
Die Rechte eines Benutzers werden zumeist durch den Systemverwalter des Betriebes oder der Behörde festgelegt. Erledigt dies die Interessenvertretung selbst, ist es wichtig, sich mit den Möglichkeiten dieser Funktion vertraut zu machen. Falsche Einstellungen machen jedes Sicherheitsnetz sofort löchrig.
Es sprengt den Rahmen dieses Buchs, die Einstellungen und Optionen von »Benutzerkonten« in den verschiedenen Betriebssystemen darzustellen, einige grundlegende Informationen finden sich aber im Abschnitt **Windows-Benutzerkonten**. Weiterführende Informationen gibt es auch in der ausführlichen Onlinehilfe im Betriebssystem und in guter Fachliteratur.[96]

BIOS-Passwort

Eine Möglichkeit, den Zugang zum Rechner zu erschweren, besteht – wie eben schon gesagt – darin, ein Passwort für das BIOS zu vergeben. Einen optimalen Schutz bietet das aber immer noch nicht, da das Passwort gelöscht wird, wenn die Batterie des Rechners auch nur ganz kurz herausgenommen wird. Zudem gibt es Standardpasswörter der BIOS-Hersteller; wer sie kennt, hat den Zugang zum Rechner. Und schließlich ist es noch möglich, über ein sogenanntes Crackprogramm das BIOS-Passwort auszuspionieren. Dazu muss der Angreifer allerdings Zugriff auf den laufenden Rechner haben (beispielsweise während einer kurzen Abwesenheit). Ist der Rechner ausgeschaltet, nutzt ein solches Programm gar nichts. Wird eine Festplatte gestohlen und z. B. in das Gehäuse einer externen Festplatte gesetzt, ist der Zugriff auf die Daten problemlos möglich. Hier wird deutlich, dass nur eine gute Verschlüsselung der Daten sie wirklich schützen kann.

96 Siehe bspw. Heiting, Windows 11. Das große Handbuch, 2023.

b. Sperrbildschirm mit Passwort

Soll man nun den Rechner auch während einer kurzen Kaffeepause jedes Mal herunterfahren, um so zu verhindern, dass Unbefugte sich Dokumente anschauen oder auf einen USB-Stick laden? Das macht wohl kaum jemand. Die schnelle Alternative ist es, den Bildschirmschoner so einzustellen, dass ein Passwort benötigt wird, um ihn zu deaktivieren und so den Rechner gegen eine unbefugte Benutzung zu schützen. Für eine kurze Zeit reicht dieser Schutz auch aus.

Abbildung 85: Sperrbildschirm

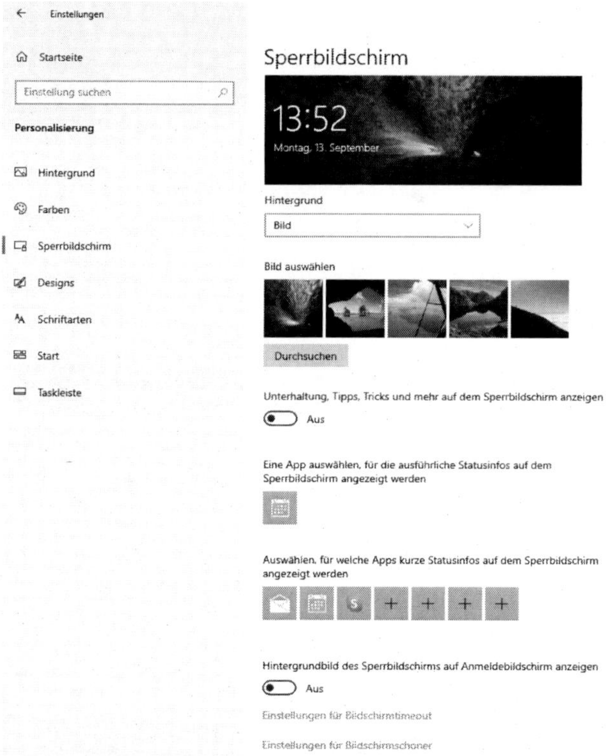

Sicherer ist es natürlich, wenn der Sperrbildschirm so eingestellt ist, dass er nach einiger Zeit der Inaktivität am PC automatisch startet und nur mit einem Passwort wieder reaktiviert werden kann.

Dazu auf »*Start*« (ganz links in der Taskleiste auf die Windows-Flagge) und *Einstellungen* klicken. Nun *Personalisierung* auswählen und auf *Sperrbildschirm* und ganz unten auf *Einstellungen für Bildschirmschoner* klicken. In dem sich nun öffnenden Fenster für *Bildschirmschoneroptionen* festlegen welcher Sperrbildschirm angezeigt werden soll, nach wie vielen Minuten der Inaktivität am PC er starten soll und einen Haken bei *Anmeldeseite bei Reaktivierung* setzen.

c. Passwortschutz durch das Zuklappen des Notebooks

Für Notebooks gibt es noch eine weitere Option: Beim Zuklappen des Notebooks kann beispielsweise auch das *Herunterfahren* des Rechners festgelegt werden.
Dazu auf »*Start*« und *Einstellungen* klicken. Nun in die Suche *Verhalten beim Zuklappen von Laptops* eintippen und auf das Suchergebnis klicken. Im dem sich nun öffnenden Fenster unter *Beim Zuklappen* festlegen, wie der PC reagieren soll.

Abbildung 86: Verhalten beim Zuklappen des Bildschirms

d. Sicherer PC-Zugang mit Smartcard oder USB-Token

Einen sehr sicheren Zugang zum PC der Interessenvertretung bieten sogenannte »Smartcards«. Das sind Chipkarten ähnlich einer EC-Karte, die eine persönliche Zugangsidentifikationsnummer enthalten. Die Smartcard wird in ein spezielles Lesegerät gesteckt und gibt erst dann den Rechner frei.
Allerdings ist das eine relativ teure Lösung. Preisgünstiger sind sogenannte »USB-Token«. USB steht für »Universal Serial Bus« (universelle, externe Schnittstelle) und »Token« bedeutet so viel wie Geschenk oder Andenken. Der USB-Token ist ein kleiner Stecker mit Chip für den USB-Anschluss, in dem die Zugangsdaten gespeichert sind. Daher benötigt er kein zusätzliches Lesegerät, sondern muss einfach nur in einen USB-Anschluss des Computers gesteckt werden. Zudem ist er so klein, dass er bequem am Schlüsselbund getragen werden kann.

e. Sichere Passwörter – das kleine Passwort-ABC

Überall im PC-Bereich werden Passwörter verlangt. Das führt immer wieder dazu, dass zu einfache, nicht sichere Passwörter benutzt werden und ein Passwort überall benutzt wird, da es schwierig ist, sich die vielen Passwörter zu merken.
Die Administratoren machen Vorgaben, um ein sicheres Passwort zu garantieren. Dazu gehören die Länge und Zusammensetzung des Passwortes, also mit Zahlen, Großbuchstaben, Sonderzeichen etc.
Gibt es keine Mindestvorgaben, so führt das immer wieder dazu, dass zu einfache, nicht sichere Passwörter benutzt werden und/oder ein Passwort überall benutzt wird, da es schwierig ist, sich die vielen Passwörter zu merken. Da machen dann häufig leider auch die Computer der gesetzlichen Interessenvertretung keine Ausnahme.
Passwörter werden auch im Internet immer häufiger verlangt, ob beim Kauf eines Produkts oder beim Anmelden zum E-Mail-Account. Browser fragen beim Besuch von passwortgeschützten Websites, ob sie das Passwort speichern sollen. Das ist zwar praktisch, da beim erneuten Besuch der Website das Passwort nicht erneut eingeben werden muss, aber nicht wirklich sicher, da es dann für alle, die den Rechner ebenfalls benutzen, leicht ist, in den geschützten Bereich zu gelangen. Zudem werden die

Passwörter zwar verschlüsselt abgelegt, lassen sich aber mit einem entsprechenden Hackertool recht problemlos knacken.
Besonders das Speichern von Passwörtern im Browser ist gefährlich, da sie oftmals leicht auszulesen sind. In allen Browsern lässt sich das Speichern von Passwörtern in den Einstellungen deaktivieren.
Wie leicht sich ein Passwort ermitteln lässt, zeigen Passwortknacker. Der Werbetext für Knacksoftware ist eindeutig: »ElcomSoft hat zahlreiche Innovationen eingeführt, die es deutlich erleichtern, verlorene Passwörter von Betriebssystemen, Microsoft Office-Produkten, Adobe PDF-Dateien, ZIP- und RAR-Archiven sowie diversen anderen Formaten zu ermitteln. Unsere neueste Entwicklung revolutioniert die Geschwindigkeit der Passwort-Ermittlung – ohne den Bedarf an teurer Hardware.«[97]
Die Herstellerfirma und der IT-Branchenverband BITKOM definieren diese und ähnliche Software aber nicht als Passwortknacker, sondern als Passwortwiederherstellungstool. Es ist auch hier die Frage, wie die Software eingesetzt wird.
Auf der Website der Firma ElcomSoft werden zahlreiche Passwortknacker angeboten, neben den gerade genannten kommen noch Passwortknacker für E-Mail-Konten, Telefone und Apps hinzu.
Zum Softwarepaket »Elcomsoft Desktop Forensic Bundle« schreibt der Hersteller: »Elcomsoft bietet Unternehmen und Behörden eine umfassende Suite an Tools zur Wiederherstellung von Kennwörtern an. Die Software zur Wiederherstellung von Kennwörtern wurde entwickelt, um Dateien bearbeiten zu können, die durch die Verwendung gängiger Computeranwendungen geschützt sind.« Denn das Paket enthält: »Alle Passwortwiederherstellungs-Tools in einem einzigen Paket. Sie können mit dem All-in-One Password Recovery Bundle Dokumente entsperren, Archive entschlüsseln und in verschlüsselte Datenträger einbrechen.«
Das Komplettpakt enthält alle auch einzeln erhältliche Knackprogramme und gibt es ab 2999 €.

97 *http://www.elcomsoft.de.*

Abbildung 87: Bedienoberfläche eines Passwortknackers

Eine häufig verwendete Methode, um Passwörter zu knacken, ist der Einsatz eines »Brute Force«-Programms (= Methode der rohen Gewalt), das nach dem Start alle Begriffe aus verschiedenen Wörterbüchern und die Kombination von Buchstabenfolgen in der Passworteingabe automatisch durchprobiert. Obwohl dabei mehr als 300 000 Passwörter pro Sekunde getestet werden, kann eine solche Suche mehrere Stunden oder sogar Tage dauern. Sind jedoch Teile eines Passworts bekannt, vermindert sich die Suchzeit gewaltig.

Regelmäßige Passwortwechsel?

In Betrieben und Verwaltungen setzt sich das Passwortproblem fort, da dort immer noch alle 90 Tage die Passwörter gewechselt werden müssen. Seit 2003 gehörte das zum Standard für sichere Passwörter. Diese Vorgabe wurde vom »National Institute of Standards and Technology« (NIST) eine US-Behörde, die die Technologiestandards für die USA festlegt, gemacht, aber schon 2017 zurückgezogen. In Deutschland brauchte es dann nochmals drei Jahre, bis 2020 das »Bundesamt für Sicherheit in der Informationstechnik« (BSI)[98] ebenfalls den dreimonatigen Passwortwechsel für überflüssig, ja sogar als nachteilig für die Sicherheit hielt.

98 Das BSI ist die Behörde in Deutschland, die für Fragen der IT-Sicherheit zuständig ist.

Im aktuellen »IT-Grundschutz-Kompendium«[99] fordert das BSI keinen regelmäßigen Passwortwechsel mehr. Zurecht, denn die Erfahrung zeigt, dass ein regelmäßiger Passwortwechsel dazu führt, dass sich die Betroffenen das Passwort viel schlechter merken können. Um diese Lücke zu schließen, wird das Passwort daher häufig in der Nähe des Arbeitsplatzes notiert oder von vorneherein ein unsicheres Passwort verwendet.
Die Empfehlung des BSI ist daher: Gilt ein Passwort als sicher und ist noch nicht bei anderen Menschen im Umlauf, so sollte es nicht geändert werden. Eine Änderung des Passwortes ist aber immer dann notwendig, wenn es offengelegt wurde oder dies zu vermuten ist. Doch was ist ein sicheres Passwort und wie geht man sicher mit einem Passwort um?

Ein sicheres Passwort

Die Datensicherheit auf dem Computer der Interessenvertretung ist häufig unter anderem abhängig von den Passwörtern. Drei Aspekte sind hierbei wichtig:

- Wie sicher ist das benutzte Programm konstruiert, d.h. liegen Passwörter beispielsweise in einer Klartextdatei?
- Hat das Passwort eine ausreichende Qualität?
- Wird es sicher aufbewahrt?

Das Passwort sollte aus mindestens zwölf Zeichen bestehen und eine Mischung aus Ziffern und Zeichen mit Sonderzeichen sein. Dabei dürfen weder bekannte Begriffe noch so simple Passwörter, wie z.B. Vornamen, Geburtsdaten, Personalnummern oder Aufzählungen wie 234567, verwendet werden.
Gute Passwörter lassen sich leider schlecht merken. Eine »Eselsbrücke« können Passwörter sein, die quasi das Konzentrat aus einem Zitat oder einem anderen gut zu merkenden Satz sind.
Ein Passwort kann sich beispielsweise aus den jeweils ersten Buchstaben des Satzes »Millionen sind stärker als Millionäre! Das gilt immer noch!« und zwei weitere Zeichen wie »4§« zusammensetzen. Das Passwort lautet dann
»MssaM!Dgin!4§«
Aber Achtung: Groß- und Kleinschreibung beachten!

In dieser Art erzeugte Passwörter empfiehlt auch das BSI.

99 Das »IT-Grundschutz-Kompendium« ist die grundlegende Veröffentlichung des IT-Grundschutzes durch das BSI. Zusammen mit den BSI-Standards bildet es die Basis für alle, die sich umfassend mit dem Thema Informationssicherheit befassen möchten: *https://www.bsi.bund.de.*

Abbildung 88: Passwort merken

Ein gutes Passwort lässt sich schnell eintippen, aber schlecht merken.
Ein Passwort kann beispielsweise aus den jeweils ersten Buchstaben jedes Wortes des Satzes »Am liebsten esse ich Pizza mit vier Zutaten und extra Käse« generiert werden. Wobei in diesem Beispiel noch mit den Worten »vier« bzw. »und« gespielt wird, indem anstatt dem Anfangsbuchstaben die Zahl 4 und das +-Zeichen und vom Satzende das! benutzt werden. Das Passwort lautet dann: »AleiPm4Z+eK!«. Aber Achtung: Groß- und Kleinschreibung sind zu beachten!
Zum Passwortschutz gehört dann noch, es nicht im Klartext zu speichern, es nicht auf Zettel etc. zu notieren oder jemandem mitzuteilen.

Checkliste Passwörter

- Ein Passwort sollte aus mindestens zwölf Teilen bestehen. Dabei Buchstaben und Zeichen mischen, mindestens ein Sonderzeichen verwenden und zwischen Groß- und Kleinschreibung wechseln. Jeder Buchstabe und jedes Zeichen mehr erhöht die Sicherheit!
- Keine Namen, bekannte Begriffe oder simple Passwörter verwenden (wie z. B. Geburtsdaten, Personalnummern).
- Nicht ein Passwort für alle Anwendungen benutzen, da eine Sicherheitslücke im Programm sofort die Datensicherheit des gesamten Rechners aufhebt.

Der sichere Zugang zum Computer der Interessenvertretung

- Das Passwort nicht auf dem Rechner speichern.
- Das Passwort nicht notieren und niemandem mitteilen. Wenn überhaupt, dann nur in einem versiegelten Umschlag an einem abgeschlossenen Ort deponieren.
- Das Passwort sollte nicht im Klartext auf dem Bildschirm angezeigt werden.
- Passwort regelmäßig ändern.
- Wenn möglich: Zugang nach drei ungültigen Kennworteingaben automatisch sperren lassen.

39. Daten sicher löschen

Möchte eine Interessenvertretung Dokumente sicher entsorgen, landen die Papiere im Aktenvernichter. Was für Papier gilt, muss natürlich auch für die Dateien der Interessenvertretung gelten, vor allem bei personenbezogenen Daten.
Sie nur zu löschen und dann aus dem Windows-Papierkorb zu entfernen reicht nicht aus, da es Programme gibt, die auch gelöschte Dateien wiederherstellen können. Das ist oftmals recht einfach, da normal gelöschte Dateien zuerst einmal nur in den Papierkorb verschwinden und wenn der Papierkorb dann geleert wird, nur der Verzeichniseintrag der Datei nicht mehr sichtbar ist. Die Datei liegt aber weiterhin auf der Festplatte und wird dann irgendwann von neuen Dateien überschrieben.

> **Wichtig:**
> Mancherorts wird behauptet, dass das BSI sagt, dass gelöschte Dateien nicht mehrfach überschrieben werden müssen, um sie sicher zu löschen. Eine Rückfrage beim BSI ergab aber, dass das nur gilt, wenn Windows so eingestellt ist, dass Dateien *nicht* erst im Papierkorb landen, sondern direkt gelöscht werden.
> Normalerweise wird in Betrieben und Behörden der Papierkorb aber nicht umgangen!

Um Daten sicher zu löschen, wird daher ein guter Dateischredder benötigt, der eine zu löschende Datei nicht nur drei- oder viermal überschreibt, sondern mehr als 20-mal, da Profis die Dateien ansonsten wiederherstellen könnten. Verschlüsselungsprogramme wie »Steganos Privacy Suite« haben einen guten Schredder schon im Programmpaket, es gibt aber auch eigenständige Programme, z. B. die Software »Eraser«. Das leider nicht in Deutsch vorliegende, aber einfach zu bedienende Programm ermöglicht es, Dateien sicher zu löschen. Dabei kann zwischen verschiedenen

Löschmethoden gewählt werden, bis hin zur sichersten Löschmethode, der Gutmann-Methode.

Abbildung 89: Benutzeroberfläche Eraser

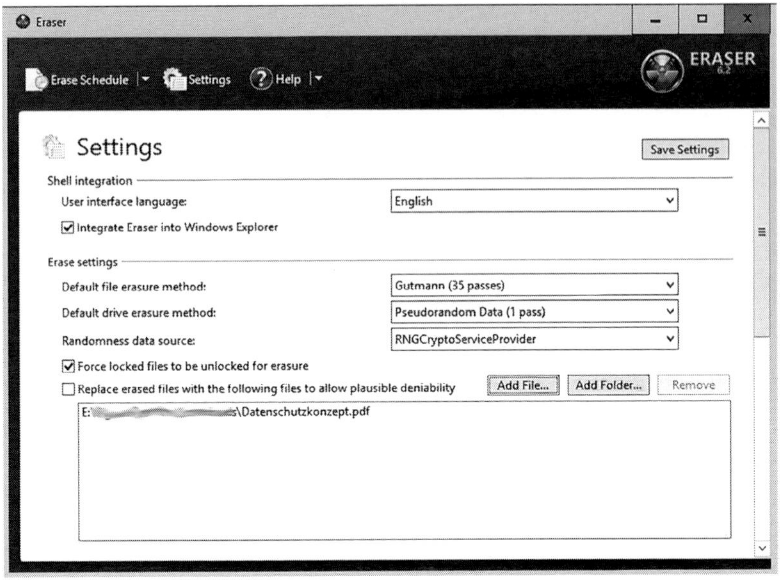

Selbst ganze Festplattenpartitionen lassen sich sicher löschen. Das ist dann wichtig, wenn eine von Interessenvertretern genutzte Festplatte ausgemustert wird. Muss eine Festplatte entsorgt werden, darf sie nicht einfach im Elektronikschrott landen. Die Daten der Festplatte müssen zuerst sicher entsorgt werden. Dabei reicht es nicht aus, die Festplatte neu zu formatieren, da Profis sie ansonsten wiederherstellen können. Zur endgültigen Datenvernichtung für ganze Festplatten sollte eine Software, wie z. B. »Freeware Darik's Boot And Nuke« (DBAN), oder eine vergleichbare Software eingesetzt werden.

a. »Wirkliches« Löschen – gar nicht so einfach

Wir hatten es schon: Wirklich vernichtet (»physikalisch gelöscht«) ist eine Datei nach dem »Entleeren« des Windows-Papierkorbs immer noch nicht. Sie ist sozusagen nur unsichtbar gemacht und kann mit einfachen

Zusatzprogrammen relativ problemlos wieder hervorgeholt werden. Erst wenn der Bereich auf der Festplatte, der durch die »gelöschte« Datei belegt ist, irgendwann häufig genug neu überschrieben wird, ist die Datei endgültig vernichtet.
Dazu gibt es zwei Möglichkeiten: entweder die komplette Festplatte einer Tiefenreinigung (alle freigegebenen Bereiche einer Festplatte werden endgültig gelöscht, indem sie einige Male überschrieben werden) unterziehen[100] oder einzelne Dateien gleich sicher löschen.
Sollen Dateien sofort und dauerhaft vernichtet werden, wird daher ein elektronischer Reißwolf benötigt. Kostenlos erledigt diese Aufgabe ein Schredder wie »Eraser«. In kommerzieller Verschlüsselungssoftware sind solche Programme oftmals schon integriert.
Ähnliche Vorsichtsmaßnahmen wie für Dateien sollten natürlich auch für E-Mail-Programme gelten. Wurde eine Datei mit einer E-Mail verschickt, ist sie selbstverständlich nicht vom Rechner verschwunden, sondern liegt immer noch unter »gesendet«. Und auch wenn sie dort gelöscht wird, befindet sie sich weiterhin im Browser-Papierkorb (und *nicht* im normalen Windows-Papierkorb!). Erst wenn sie daraus entfernt wurde, kann sie nicht mehr per Mausklick eingesehen werden.

b. Richtig schreddern im Büro der Interessenvertretung

Personenbezogene Daten und interne betriebliche Informationen gehören zum täglichen »Geschäft« von Interessenvertretungen. Natürlich liegen diese Informationen als Ausdrucke oder in elektronischer Form vor und die Gremien wissen um ihre Schutzbedürftigkeit. Doch was passiert mit den Daten, wenn sie nicht mehr benötigt werden? Werden sie sicher entsorgt? Die DIN 66399 schafft Gewissheit.
Interessenvertretungen haben oftmals Material, das nicht in fremde Hände gelangen darf, auch dann nicht, wenn die Bearbeitung abgeschlossen ist. Das sind beispielsweise personenbezogene Beschäftigtendaten, interne Papiere der Interessenvertretung und Firmendaten. Im Papierkorb

100 Bei den sehr schnellen Solid-State-Drive (SSD)-Festplatten ist das nicht ratsam, da sie *nicht* beliebig oft überschrieben werden können. Auch eine Defragmentierung ist *nicht* mehr notwendig, da die Festplatte keine beweglichen Teile mehr hat und damit keine echten Fragmentierungen mehr bestehen. Defragmentierungen verringern nur die Lebensdauer einer SSD.

oder im Altpapiercontainer dürfen diese ganz sicher nicht landen. Daher haben viele Interessenvertretungen einen Papierschredder.

Abbildung 90: Ein Schreddererergebnis, das modernen Datenschutzansprüchen nicht mehr genügt

Aber wie gut ist der? Das lässt sich manchmal schon optisch an den bei Schreddern entstehen Papierschnitzeln feststellen. Ein ganz schlechter Schredder macht nur lange Papierstreifen, die – wenn auch mit viel Puzzlearbeit – wiederherstellbar sind. Doch der Augenschein reicht zur Prüfung nicht, denn die exakten Anforderungen stehen in der DIN-Norm DIN 66399 zur Vernichtung von Datenträgern. Gemeint sind damit nicht nur Papierausdrucke, sondern auch digitale Dokumente und Speichermedien, wie z. B. Festplatten, CDs/DVDs, USB-Sticks, Chipkarten und Disketten.

Wenn eine Interessenvertretung die sichere Vernichtung von Datenträgern prüft, so lohnt auch gleich der Blick in den ganzen Betrieb; das Bundesdatenschutzgesetz (BDSG) fordert in § 3 Abs. 4 Nr. 10 das Löschen gespeicherter personenbezogener Daten, wenn ihre weitere Nutzung nach dem BDSG nicht mehr erlaubt ist.

Im aktuellen Kompaktkommentar zum BDSG wird festgestellt: »Angesichts der technischen Möglichkeiten der Rekonstruktion nach Löschungsversuchen ist die Auslegung des Begriffs vom aktuellen Stand der Technik abhängig. Dieser wird durch Standards festgelegt, zuletzt durch die seit 2012 ggültige DIN 66399 ›Büro- und Datentechnik, Vernichtung von Datenträgern‹.«[101]
So stellt sich dann die Frage, ob im eigenen Betrieb überall diese gesetzlich geforderte Datenvernichtung einhalten wird.

c. Sichere Vernichtung

Schon im Oktober 2012 wurde die alte DIN 32757 von der neuen DIN 66399 abgelöst. Die neue Norm legt fest, was bei welchem Sicherheitsbedarf erfüllt werden muss, um eine sichere Datenvernichtung zu gewährleisten.
Obwohl die neue Norm schon so lange in Kraft ist, haben bislang viele Betriebe, Verwaltungen und auch die Interessenvertretungen noch nicht überprüft, ob die vorhandenen Schredder oder externen Datenvernichter die Norm einhalten.
Zwar ist die Umsetzung einer Norm nicht automatisch zwingend, denn sie spiegelt nur den offiziellen Stand der Technik wider, aber die Anforderungen der DSGVO und des neuen Bundesdatenschutzgesetzes sind so hoch, dass aus meiner Sicht immer die Zugriffskontrolle zutrifft. Das bedeutet, dass Betriebe, Verwaltungen und Interessenvertretungen aktiv werden müssen.

d. Schutzklassen, Sicherheitsstufen unter Materialklassifizierungen

Um festzulegen, wie der Schutz zu gewährleisten ist, gibt es drei Schutzklassen, sieben Sicherheitsstufen und sechs Materialklassifizierungen. Unter *Schutzklassen* wird der Schutzbedarf der zu vernichtenden Daten festgelegt, unter *Sicherheitsstufen* der Grad der Sicherheit und unter *Materialklassifizierungen* die Sicherheitsstufe bei den unterschiedlichen Ma-

101 Däubler, Wedde, Weichert, Sommer, EU-DSGVO und BDSG, 3. Auflage 2024, S. 98.

terialen. Erst durch das Zusammenspiel und die Umsetzung dieser drei Elemente ist die notwendige Sicherheit gegeben.

e. Richtiges Vorgehen

Im ersten Schritt muss die Schutzklasse herausgefunden werden. Von den drei Schutzklassen dürfte im Normalfall für Interessenvertretungen insbesondere die Schutzklasse 2 zutreffen, was Folgendes bedeutet.

Hoher Schutzbedarf für vertrauliche Daten

- Beschränkung der Informationen auf einen kleinen Personenkreis erforderlich.
- Eine unberechtigte Weitergabe hätte erhebliche Auswirkungen auf das Unternehmen und könnte gegen vertragliche Verpflichtungen oder Gesetze verstoßen.
- Der Schutz personenbezogener Daten muss hohen Anforderungen genügen. Andernfalls besteht die Gefahr, dass der Betroffene in seiner gesellschaftlichen Stellung oder in seinen wirtschaftlichen Verhältnissen erheblich beeinträchtigt wird.[102]

Im zweiten Schritt ist die Sicherheitsstufe festzulegen. Für Interessenvertretungen kommen da die Sicherheitsstufen 3 oder 4 infrage.

Sicherheitsstufe	Datenart und Ergebnis der Vernichtung
3	Sensible Daten Eine Wiederherstellung ist nur mit erheblichem Aufwand möglich (Personen, Hilfsmittel, Zeit).
4	Besonders sensible Daten Eine Wiederherstellung ist nur mit einem außergewöhnlichen Aufwand möglich (Personen, Hilfsmittel, Zeit).

Im nun folgenden dritten Schritt muss in einer Tabelle der DIN-Norm (66399–1) nachgesehen werden, ob die herausgefundenen Schutzklassen

102 Wiedergegeben mit Erlaubnis des DIN – Deutsches Institut für Normung e. V. Maßgebend für das Anwenden der DIN-Norm ist deren Fassung mit dem neuesten Ausgabedatum, die bei der Beuth Verlag GmbH, Burggrafenstraße 6, 10787 Berlin, erhältlich ist.

und Sicherheitsstufen miteinander kombinierbar sind, denn dadurch werden die Anforderungen an zulässige Partikelgrößen oder andere Formen wie Verformung oder Zerkleinerung zur Vernichtung der verschiedenen Datenträgerarten festgelegt.

Abbildung 91: Schutzklassen und Sicherheitsstufe

Schutzklasse	Sicherheitsstufen						
	1	2	3	4	5	6	7
1	x[a]	x[a]	x				
2			x	x	x		
3				x	x	x	x

[a] für personenbezogene Daten ist diese Kombination nicht anwendbar.

Quelle: Deutsches Institut für Normung[103]

Im vierten Schritt, der Materialklassifizierung, geht es darum, welche Art und Größe das Material nach der Unkenntlichmachung der Inhalte noch haben darf.

Für Papier, digitale Dokumente und Speichermedien, wie Festplatten, CDs, USB-Sticks, Chipkarten, Disketten usw., gibt es jeweils gesonderte Anforderungen, die mit einem kennzeichnenden Buchstaben versehen sind. Für Papier ist dies beispielsweise der Buchstabe P und für optische Datenträger der Buchstabe O. Durch die Verbindung der Materialklassifizierung mit der Sicherheitsstufe lässt sich nun in einer Liste (DIN 66399–2) nachschlagen, welche Anforderungen für das betroffene Material erreicht werden müssen.

Konkret: Für Interessenvertretungen sollte bei einem Reißwolf mindestens die Sicherheitsstufe P-3 erreicht werden (= Datenträger mit sensiblen und vertraulichen Daten). Noch sicherer und besser wäre die Sicherheitsstufe P-4 (für besonders sensible und vertrauliche Daten).

103 Wiedergegeben mit Erlaubnis des DIN – Deutsches Institut für Normung e. V. Maßgebend für das Anwenden der DIN-Norm ist deren Fassung mit dem neuesten Ausgabedatum, die bei der Beuth Verlag GmbH, Burggrafenstraße 6, 10787 Berlin, erhältlich ist.

f. Material finden

Die DIN-Normen gibt es beim Deutschen Institut für Normung e. V. (*http://www.din.de*):

- DIN 66399–1: Vernichten von Datenträgern – Grundlagen und Begriffe
- DIN 66399–2: Vernichten von Datenträgern – Anforderungen an Maschinen zur Vernichtung von Datenträgern
- SPEC 66399–3: technische und organisatorische Anforderungen an den Prozess der Vernichtung von Datenträgern

g. Schredder prüfen

Um eingesetzte Schredder zu überprüfen, ist es sinnvoll, die Herstellerfirma, den Namen des Produkts und die Seriennummer zu notieren und bei der Herstellerfirma nachzufragen, welche Sicherheitsstufe das Produkt nach der neuen DIN-Norm erfüllt. Erfüllt es nicht zumindest die Sicherheitsstufe 3, so ist dieses für eine Interessenvertretung ungeeignet.
Wird datenschutzwürdiges Material durch eine Fremdfirma vernichtet, so sollten die Vorgaben der SPEC 66399–3 erfüllt werden (siehe Fremdentsorgung).

h. Hardware vernichten

Natürlich müssen digitale Daten auch dann sicher gelöscht werden, wenn die Festplatte auch weiterhin benutzt wird, aber die Daten nicht mehr benötigt werden. Einfach nur die Entf-Taste zu drücken, reicht dann nicht aus, da die Daten relativ problemlos wiederhergestellt werden können. Daher muss eine entsprechende Software zum Einsatz kommen. Ein gutes, kostenloses und zudem einfach zu bedienendes Löschprogramm ist Eraser:
http://www.chip.de/downloads/Eraser_12994923.html

i. Vernichtung durch Dritte

Die Entsorgung durch eine Fremdfirma ist natürlich auch möglich. Allerdings ist zu klären, welche Sicherheitsanforderungen wie erfüllt werden. Geregelt ist dies in der DIN SPEC 66399–3. Dieser Teil 3 der DIN ist keine offizielle Norm des Deutschen Instituts für Normung, sondern eine Spezifikation des Arbeitsausschusses »Vernichtung von Datenträgern« des Normenausschuss Informationstechnik und Anwendungen (NIA). Sie enthält technische und organisatorische Anforderungen an den Prozess der Datenträgervernichtung. Dazu gehört auch, dass zu entsorgende Papiere oder Datenträger bis zur Abholung sicher aufbewahrt werden. Zudem muss mit der Entsorgungsfirma vereinbart werden, dass die Sicherheitsstufe 3 oder 4 eingehalten wird.

j. Fazit

Eine sichere Vernichtung, insbesondere personenbezogener Daten, erfordert einmalig etwas Arbeitsaufwand. Ist das richtige Gerät angeschafft oder der optimale Vertrag mit einer Fremdentsorgungsfirma abgeschlossen, so sind Betrieb, Verwaltung und Interessenvertretung auf der sicheren Seite.

40. Sicherheit bei Tablet und Notebook

Der Einsatz von Tablets und Notebooks in der Arbeit der Interessenvertretungen setzt sich immer häufiger durch, denn tragbare Computer haben klare Vorteile: Das benötigte Material muss bei Gesprächen oder Besprechungen nicht aktenweise mitgeschleppt werden und benötigte Kommentierungen zum Betriebsverfassungsgesetz oder zum Arbeitsrecht lassen sich blitzschnell finden (der Bund-Verlag bietet dazu entsprechende Software und auch den Onlinezugriff an[104]). Prinzipiell gelten für Tablets und Notebooks erst einmal die gleichen Anforderungen wie für Arbeitsplatz-PCs. Darüber hinaus gibt es weitere Aspekte zu beachten:

- Diebstahlschutz,
- Blickschutz,
- Sperrbildschirm mit Passwort,
- automatisches Herunterfahren von Notebook und Tablet,
- integrierte Sicherheit,
- WLAN-Hotspots.

a. Diebstahlschutz

Wenn unterwegs ein Notebook benutzt wird, reicht schon ein unbewachter Augenblick, um es zu stehlen. Um das zu verhindern, gibt es ein spezielles Kabelschloss – das sogenannte Kensington-Schloss. Damit lässt sich das Notebook an Heizungen, Tischen etc. festbinden. Es ist geeignet, einen schnellen Griff nach dem Notebook zu verhindern. Einem Angriff mit einem Bolzenschneider hält das Kabel allerdings nicht stand.

---

104 Weitere Informationen unter *http://www.bund-verlag.de.*

Abbildung 92 und 93: Ein Kensington-Schloss im Einsatz

b. Blickschutz

Notebooks werden im Zug, im Flugzeug oder auch während einer Besprechung eingesetzt. Man ist also nicht allein und Sitznachbarn haben eventuell die Möglichkeit, auf den Bildschirm des Notebooks zu schauen und damit interne Daten zu lesen. Dagegen schützen besondere Folien die einfach und schnell zu montieren sind. Ein solcher Blickschutz verhindert, dass Sitznachbarn etwas auf dem Bildschirm des Notebooks erkennen können. Natürlich gibt es den Blickschutz auch für Monitore, Tablets und Smartphones (siehe Kapitel 18. »Blickschutz: Unterwegs und im Homeoffice«).

c. Notebookschutz bei kurzzeitiger Abwesenheit

Windows kann so eingestellt werden, dass sobald der Deckel des Notebooks zugeklappt wird, das Gerät in den »*Stand-by-Modus*« geht oder der Benutzer automatisch abgemeldet wird (siehe Kapitel 38. c. »Passwortschutz durch das Zuklappen des Notebooks«).

d. Integrierte Sicherheit

Neben dem BIOS-Passwort bieten einige Notebooks weitere Schutzmaßnahmen beim Start des Rechners an, z.B. den Start des Notebooks über einen Fingerabdruck oder durch das Einschieben einer speziellen Steckkarte, die die BIOS-Informationen enthält, die zum Start des Betriebssystems notwendig sind.

e. WLAN-Hotspots

Öffentliche WLANs gibt es inzwischen an vielen Orten, z.B. in Hotels, Tagungshäusern oder Cafés. Die Sicherheit dieser Zugänge kann oftmals nicht wirklich eingeschätzt werden, daher sollten sicherheits- und datenschutzrechtlich relevante Daten nicht unverschlüsselt übermittelt werden.

Eine wichtige Möglichkeit sicher ins Netz zu gehen ist für Betriebs- und Personalräte eine verschlüsselte VPN (siehe Kapitel 22. e. »VPN – der Sicherheitstunnel«).

f. Verschlüsselung

Gerade bei einem mobilen PC ist es besonders wichtig, die Daten der Interessenvertretung zu verschlüsseln, damit sie bei einem Diebstahl nicht in unbefugte Hände geraten.

Checkliste Sicherheit bei Tablets und Smartphones

Smartphones oder Tablets sind von ihren Funktionen her kleine, aber leistungsstarke Computer. Daher gelten für sie vergleichbare Gefahren und Sicherheitsanforderungen wie für PCs.
Ein Smartphone oder Tablet der Interessenvertretung

- muss eine Virenschutz-App haben,
- sollte nur die Apps einsetzen, die wirklich benötigt werden (viele Apps = viele Sicherheitsgefahren),
- sollte nur geprüfte Apps installiert haben,
- sollte alle Updates sofort übernehmen,
- sollte die Daten verschlüsseln,
- sollte den Zugriff nur mit einem Passwort erlauben,
- sollte bei einem Verlust aus der Ferne deaktivierbar sein (und die Daten sollten auch aus der Ferne löschbar sein),
- sollte nicht geroutet sein, da dadurch Sicherheitslöcher entstehen können!
- sollte einen Blickschutz haben (siehe Kapitel 18. »Blickschutz: Unterwegs und im Homeoffice«).

Der Datenschutzspezialist der gesetzlichen Interessenvertretung (SfD) muss somit auch Smartphones in sein Sicherheitskonzept mit aufnehmen, insbesondere dann, wenn man mit ihnen auf die PCs der Interessenvertretung zugreifen kann.

41. Gegenwart und Ausblick – Datenschutz weltweit und die Gefährdungen für die Demokratie

In immer mehr Staaten der Welt gibt es autoritäre Regierungen, selbst in Europa. Die Folge ist, dass Freiheitsrechte eingeschränkt werden. Zu diesen Freiheitsrechten gehört auch der Datenschutz. Eine Regierung, die über die Menschen in ihrem Staat beliebig Daten sammeln, sie auswerten und nutzen kann, bekommt eine noch nie dagewesene Macht zur Lenkung und Überwachung der Menschen.
Auch wirtschaftsradikale Ideologien bedrohen die Freiheit, da – wenn der Wirtschaft keine Schranken auferlegt werden – die »kleinen Leute« zum Spielball der Mächtigen werden.
Bekannt ist die NSA-Spionageaffäre oder »Pegasus«. Man muss davon ausgehen, dass noch viele andere Überwachungsformen eingesetzt werden.
In den USA überwachen mindestens 80 % der größeren US-Firmen ihre Mitarbeiter durch Wanzen, Videokameras und »Spionagesoftware«. Als demokratischer Staat hat gerade die USA einen hohen Nachholbedarf beim Datenschutz
Für die »Nationalen Sicherheit« wird seit dem 11. September 2021 nicht nur in den USA der Datenschutz ausgehebelt. Erschreckendes Beispiel ist die, gerade in autoritären Staaten, eingesetzte Spionagesoftware »Pegasus«, mit der es möglich ist, den kompletten Zugriff auf ein Handy zu erlangen.
Und in Deutschland gibt es beispielsweise den Bundestrojaner, der es ermöglicht auf Rechner zuzugreifen.
Viele Staaten schränken den Datenschutz ein und gehen immer öfter aber auch viel weiter. Selbst eine demokratische Gesellschaft wie Australien hat in Teilbereichen der Gesellschaft autoritäre Strukturen geschaffen. Zeitungen wie »Der Standard« aus Österreich titelten daher schon »Australien wird zum Überwachungsstaat.«[105]

---

105 *https://derstandard.at/2000095795945/Australien-wird-zum-Ueberwachungsstaat.*

»Der Spiegel« sah es ähnlich und titelte »Australien bekommt beispielloses Überwachungsgesetz« und stellte fest »Die australischen Geheimdienste und Strafverfolger können in- und ausländische Firmen künftig zwingen, ihr beim Überwachen von Verdächtigen zu helfen – bis hin zum Entschlüsseln von Nachrichten und dem nachträglichen Einbau von Hintertüren in ihre Produkte. Die Behörden können den Unternehmen Stillschweigen über ihre Anfragen auferlegen.«[106]

Was sich aus solchen und ähnlichen Tendenzen in Gesellschaften entwickeln kann, zeigt China mit seinem Sozialkredit-System. Einen Fortschritt gibt es aber selbst in China, es gibt nun ein Datenschutzgesetz, dass zumindest die Sammelwut von Firmen bremst – leider aber nicht den chinesischen Staat.

Somit bleibt es bei der Feststellung, dass guter Datenschutz keine demokratischen Strukturen in einer Gesellschaft ersetzt oder schafft, aber sie zumindest unterstützt.

In Deutschland sind die DSGVO und das BDSG gute Möglichkeiten, den Datenschutz zu stärken, gleichwohl geht es aber immer auch darum, ihn als demokratische Errungenschaft zu verteidigen und auszubauen.

---

106 *http://www.spiegel.de/netzwelt/netzpolitik/australien-bekommt-beispielloses-ueberwachungsgesetz-a-1242324.html* (zuletzt abgerufen am 24.10.2021).

42. Wichtige Internetseiten zum Datenschutz

Bundesbeauftragter für den Datenschutz

http://www.bfdi.bund.de

Der oberste Datenschützer in Deutschland. Ist vor allem zuständig für Datenschutz bei den Bundesbehörden. Bietet Infomaterial rund um den Datenschutz auch im Betrieb.

Bundes- und Landesbeauftragte für den Datenschutz

http://www.bfdi.bund.de und dort in die »Infothek« und zu »Anschriften und Links« wechseln.

Hier finden sich die Kontaktdaten zu den Datenschutzbeauftragten der Bundesländer. Sie sind zuständig für den Umgang mit Daten bei Landes- und Kommunalbehörden und teilweise Kontrollbehörden. Sie bieten ebenfalls Infomaterial rund um den Datenschutz auch im Betrieb.

Virtuelles Datenschutzbüro

http://www.datenschutz.de

Das Virtuelle Datenschutzbüro ist eine informative Website zum Datenschutzwissen im Internet. Sie enthält Artikel, Dokumente, Broschüren, Orientierungshilfen und Links zu wichtigen Datenschutzfragen. Projektpartner sind unter anderem die Datenschutzbeauftragten der Länder, der Kirchen und einiger Radio- und Fernsehanstalten.

Bundesamt für Sicherheit in der Informationstechnik (BSI)

http://www.bsi.de

Anspruchsvolle Website des Bundesamtes für Sicherheit in der Informationstechnik (BSI) rund um den IT-Datenschutz in Behörden und Betrieben. Bietet immer wieder kostenfrei ausführliches Infomaterial in Form von Studien und Anleitungen an.

Besonders wichtig ist das Nachschlagewerk »IT-Grundschutz-Kompendium«, in dem der aktuelle Stand und die Sicherheitsmaßnahmen in der

IT-Technik beschrieben werden. Es kann dort als PDF-Datei kostenlos heruntergeladen werden.

BSI für Bürger

https://www.bsi-fuer-buerger.de
Eine Website des Bundesamtes für Sicherheit in der Informationstechnik (BSI) rund um die IT-Sicherheit für Bürger. Recht einfach zu verstehen, daher ein guter Einstieg ins Thema.

Digitalcourage

https://digitalcourage.de
Die Macher der Website sind unter anderem durch die jährliche Verleihung der BigBrotherAwards bekannt geworden. Preisträger sind Firmen, Organisationen und Personen, »die in besonderer Weise und nachhaltig die Privatsphäre von Menschen beeinträchtigen oder persönliche Daten Dritten zugänglich machen.« Beobachtet kritisch aktuelle Datenschutzprobleme.

Gesetze im Internet

http://www.gesetze-im-internet.de
Fast alle deutschen Gesetze und Rechtsverordnungen (z. B. das Bundesdatenschutzgesetz) sind hier kostenlos in der jeweils aktuellen Fassung online zu lesen oder als PDF-Datei herunterzuladen.

Stichwortverzeichnis

C

D

Kompetenz verbindet

Schröder / Höfers

Praxishandbuch Künstliche Intelligenz

Handlungsanleitungen, Praxistipps, Prüffragen, Checklisten
2022. 452 Seiten, gebunden
€ 48,00
ISBN 978-3-7663-7264-2

Dieses Praxishandbuch bietet umfangreiche Checklisten und Prüffragen zur Gestaltung von Systemen künstlicher Intelligenz in Betrieben und Verwaltungen. Es vermittelt Qualitätsfaktoren, Gestaltungsbeispiele und Rechtsgrundlagen. Das Buch richtet sich an Betriebs- und Personalräte sowie Fachverantwortliche, Gewerkschafter, aber auch an interessierte Beschäftigte.

Im Fokus stehen Beschäftigte: Es geht um deren Persönlichkeitsrechte, um Würde, Ethik, Diskriminierungsfreiheit und um das Primat menschlicher Entscheidungen. Kontrolle der Systeme, Transparenz, Schutz, Beschäftigung und Qualifizierung sind weitere Themen.

Das Buch hilft dabei, sich über diese Aspekte des komplexen Themas künstliche Intelligenz zu informieren, Gestaltungsaspekte kennen zu lernen und Systeme künstlicher Intelligenz zu unterscheiden. Es soll dazu anregen Gestaltungskonzepte zu entwickeln. Dazu beleuchtet es den „Maßstab Mensch" und fasst wesentliche Expertenempfehlungen zusammen.

Bund-Verlag

Kompetenz verbindet

Wirlitsch / Reinke / Breyer

Arbeitszeit in Frage und Antwort

Die wichtigsten Fragen aus der Praxis an
Betriebs- und Personalräte
2023. 282 Seiten, kartoniert
€ 29,–
ISBN 978-3-7663-6975-8

Betriebsräte und Personalräte bestimmen die Arbeitszeitregelungen in Betrieb und Dienststelle maßgeblich mit. Zudem sind sie die erste Anlaufstelle für die Beschäftigten, gerade bei Fragen zur Arbeitszeit.

Dieser Ratgeber gibt Betriebs- und Personalräten Rückendeckung. Durch den Aufbau in Frage und Antwort stehen die Fakten sofort im richtigen Kontext – sowohl in Sachen Mitbestimmung als auch bei Einzelfällen der Kolleginnen und Kollegen.

Im Mittelpunkt stehen Fragen zu:
- Beginn und Ende der Arbeitszeit
- Tägliche und wöchentliche Höchstarbeitszeiten
- Pausen und Ruhezeiten
- Arbeitszeiterfassung und Arbeitszeitkonten
- Teilzeit, Altersteilzeit, Elternzeit, Pflegezeit und Familienpflegezeit
- Mehrarbeit und Überstunden
- Mobiles Arbeiten, Home-Office und Telearbeit
- Wege- und Umkleidezeiten
- Arbeitszeit und Freizeit, Zeitsouveränität der Beschäftigten

Bund-Verlag